Nationalsozialismus als Phantom und Fiktion

虚構のナチズム

「第三帝国」と表現文化

Ikeda Hiroshi

池田浩士

人文書院

目次

【写真説明】

カバー（表）　SA（突撃隊）聯隊長と握手するヒトラー。

カバー（裏）　（聯隊旗にヒトラーが手を触れることで旗が神聖なものとされる儀式にさいして）

表紙　ナチズム運動の犠牲者を追悼する国民の祭日「死者追憶の日々」の集会。ラッパを吹くSA。『われらの船』第19号（一九三三年七月）の表紙。

扉　ニュルンベルクでのナチ党大会で市街を行進するSA。

虚構のナチズム

「第三帝国」と表現文化

装幀　間村俊一

序章　ナチズムの現在

1　あの時代は良かった……

「第三帝国」と呼ばれた一時期のドイツは、いまなお、さまざまな問題を後世にたいして提起しつづけている。一九三三年一月末から四五年五月上旬まで、二十世紀前半のわずか十二年余りのあいだ存続したにすぎないひとつの社会体制が、世紀を越えて、しかもドイツでのみならず世界の多くの文化圏で、くりかえし想起され、論じられ、研究されるテーマであることをやめようとしない。

それは、まず第一にはもちろん、「第三帝国」のドイツ国家とドイツ人によってなされた凄惨な所業のゆえである。民族絶滅政策《ホロコースト》の実行としてのユダヤ人大虐殺。障害者や同性愛者、さらにはシンティ＝ロマ（「ジプシー」と蔑称される民族）など、「生きる価値のない存在」とされた人びとの抹殺。大規模な侵略戦争と、そのなかでの厖大な数に上る非戦闘員の殺戮。そしてそれらを可能ならしめた一党独裁と全体主義――いわば拭いがたい歴史の汚点ともいうべきこうした諸事象が、その時代を体験しなかった後世にとっても、ただちに思い浮かぶナチス・ドイツのイメージなのだ。アウシュヴィッツをはじめとする強制収容所・絶滅収容所や、秘密国家警察《ゲーシュターボ》、『アンネの日記』などとの関連で思い描かれるものとして、ナチズムのドイツはある。これほどまでの著しいマイナス・イメージは、それ自体としてすでに衝撃的であり、時間の経過につれて忘れ去られていくという種類のものではない。ところが、暴虐と惨状の具体的な実態とその細部が明らかになればなるほど、衝撃はさらに深いものとならざるをえなかった。それらナチズムの名によってなされた所業が、じつは一握りの狂信者や特定の犯罪者集団によって行なわれたのではなく、大多数の「国民」の合意によって、それどころか積極的な協力と参加によってなされた、という否定しがたい事実に、後世は直面しなければならなかったのである。

この事実こそは、ナチズムというテーマを依然として現実的《アクチュアル》でありつづけさせている根拠のひとつ、おそらくは最大のひとつにほかならない。この事実は、いったい何故《なにゆえ》に「国民」たちはそのような罪悪に加担したのか？——という重い問いを触発せざるをえないからだ。しかも、その問いは、ナチズム体制が敗戦によって崩壊するまでの過去の一時代における加担にたいして向けられるばかりではない。問いは、ナチズムの崩壊の時点を超えて、戦後にまで及ばずにはいない。——ナチス・ドイツが第二次世界大戦に敗北した一九四五年五月ののちも、それどころかナチズムの支配下における残虐行為の実情が明らかになったのちにさえ、少なからぬドイツ人が「あの時代は良かった」という実感をいだきつづけたからである。

たとえば、一九八六年二月にイギリスの歴史雑誌に発表された一論文で、一九五一年生まれのドイツの歴史研究者、ウルリヒ・ヘルベルトはこう書いている、

> すでに一九五一年にもなった時点で、世論調査の質問に答えたドイツ連邦共和国の市民の半数近くが、一九三三年と一九三九年とのあいだの時期がドイツにとって一番うまく行った時期だった、と述べたのである。(1)

ナチズムの支配下における残虐の概要が周知のこととなっていた敗戦後六年という時点で、それにもかかわらずなお少なからぬ人びとが、ナチス時代にたいしてこのような思いをいだいていたのだった。戦後のドイツで「第三帝国」のことを体験者たちが「良い時代」として回顧したことについては、ほかにも多くの言及がある。

一九三三年一月三十日にヒトラーは首相の座に就いた。一九三九年九月一日にヒトラーの軍隊はポーランド侵攻を開始し、第二次世界大戦が始まった。一九五一年の世論調査で人びとが「ドイツにとって一番うまく行った時期」と答えたのは、ナチス時代のうちの前半期、戦争に突入するまでの平時の六年半のことだった。この時期が、そのあとに来た戦争の時期と比べて相対的に良い時代として回顧されるのであれば、それは納得できないことではないだろう。だが、五一年のアンケートに最初に表われたドイツ連邦共和国（西独）住民の意識を考察して、ウルリヒ・ヘルベルトは、「住民の大部分にとって、国民社会主義のイメージを基本的に特徴づけるものは、テロルと大量虐殺と戦争ではなく、失業の減少と景気の急上昇と、安寧と秩序なのであった」と指摘している。つまり、マイナス・イメージとしての戦争やそれにともなう困窮の体験にもまして、それに先立つ前半期のプラス・イメージのほうが、「第三帝国」についての基本的イメージとして生きている、ということなのだ。

もちろん、体験者のなかには、一九三九年九月以降の戦争時代を「第三帝国」のイメージから排除してしまうことなどできない人びとがいるはずである。たとえば、緒戦の進撃と勝利の一時期ののち、四一年六月の対ソ連戦への突入に始まり、四三年二月初旬のスターリングラートでのドイツ軍の降伏による戦況の決定的な悪化を経て、四五年五月八日の敗戦に至る時代の体験は、前線兵士として生きた人びとにとって、とりわけ捕虜となって抑留生活を送らねばならなかった人びとにとって、それに先立つ時期のどんな体験をも消し去るだけの重さを持たざるをえないだろう。けれども、このことは、戦後のかれらが国民社会主義《ナチズム》とそれに協力した自分自身とを否定的に見ている、ということをそのまま意味するものではない。

一九五四年生まれの社会心理学者、ハインツ・ブーデは、一九九二年に刊行された『後継者による決算——連邦共和国と国民社会主義』と題する著書のなかで(2)、フランクフルト社会研究所が一九五六年から五七年にかけて行なった調査にもとづきながら、捕虜となったのちに帰還した元ドイツ兵の意識について、つぎのように記している。

元兵士たちの多くは、自分たちが行なった戦争への貢献と捕虜生活とにそぐわしい敬意と尊崇の念を示してもらえなかった、という感情をいだいていた。国民的英雄として歓迎を受けるかわりに、ドイツの過去を恥じる公衆に直面させられたのである。このことが、ともすればかれらを腹立たしい気持にさせ、困惑させた。

かれらの腹立ちと困惑は、戦後のドイツに向けられたものである。祖国のために身を挺して戦い、苛酷な抑留生活を送ってきた自分たちを、正当に評価し報いようとしない戦後の現状への怒りであって、自分たちをそのような現状に追いやったナチズムにたいする反省や否定ではない。むしろ、戦後社会で正当に評価されないことにたいするかれらの怒りは、苦しかった戦場と抑留の体験を媒介にして、かえってナチズムの過去を懐かしむ方向へとかれらを導きかねない。なぜなら、第二次世界大戦を中心的な兵士として戦った世代、すなわちほぼ一九一〇年から二五年までのあいだに生まれた世代とナチズムとの関係を、ハインツ・ブーデは、つぎのようなものとして描いているからである。

おおよそ一九一〇年生まれから二五年生まれまでのものたちにとって、国民社会主義は、カビが生えたような状況を攪乱するひとつの青年運動であった。たとえばカトリック教会が近代という時代の影響などまったく受けずに支配をつづけていた諸地域、つまりミュンスターなりコーブレンツなりでは、国民社会主義はさながら文化革命的な社会運動のような働きをした。〔……〕年少者たちにとってはまさに、その運動はきびきびして、実効的で、未来を指し示しているように見えた。社会を近代化するのだという意志が、所有はただ業績によってのみ正当化されるのであって出自によってではない、ということのなかに表現されていた。国民社会主義的な世界観は〔……〕旧来の支配体制と権威体制に歯向かうような平等主義的要素を含んでいたのである。それに加えて、ヴァイマル共和国の末期に明らかになりつつあったドイツ社会の経済的、政治的、文化的な危機を一九三三年と三八年とのあいだに首尾よく解消することに成功した権力は、とりわけ年少者たちにたいして深い印象を与えずにはいなかった。いったいだれが「新しい時代」とともに行進したくないなどと思うであろうか?

「あの時代は良かった」という回想には、現実的な根拠があったのだ。少なくとも、ナチズム時代の肯定的な記憶は、「第三帝国」後半の苦難と困窮と悲痛との記憶を後景に押しやるだけの現実性《リアリティ》を持っていた、と考えざるをえないのである。ナチズム支配の崩壊からすでに五十五年以上を経た二〇〇一年の時点で、一九五五年生まれの現代史家ノルベルト・フライは、「民族共同体と戦争——ヒトラーの人気」と題する論文(3)であらためてその現実性を分析し、ヒトラーが民衆に支持された理由を明らかにすることを試みているが、そのなかで二点の注目すべき指摘がなされている。簡潔に要約すれば、ひとつは日常の私的な生活実感にかかわることであり、もうひとつは、日常生活の具体的な問題とは別の次元での「ドイツ人」の感情にかかわることである。

ノルベルト・フライは、第一の点に関して、「ナチ社会政策のもっとも特筆すべき成功のひとつは、社会的平等感を広く行き渡らせたことであった」と指摘する。地位や身分の違いをわきまえることが絶えず問われたドイ

「歓喜力行団」のレクリエーションと「労働奉仕」はセットになっていた（写真は「労働奉仕」の一光景）。

ツのような社会にあって、一般大衆がほんの慎ましい贅沢にでもあずかることができるようになるという兆候は、それだけでもう「ばら色の未来の指標」となりえたのである。フライはその実例として、貯蓄・貸付組合に加入して自家用車が持てるようになるという希望に言及している。フライはただ実例として挙げているだけにすぎないが、のちに「フォルクスヴァーゲン」と呼ばれることになるこの乗用車をごく普通の庶民が購入できるという希望は、ナチ体制の社会的平等性と、それによってこそ可能となった生活の豊かさを象徴する典型的な例だった。

――ヒトラー政府が発足した翌年の一九三四年、自動車製造業者フェルディナント・ポルシェは、一〇〇〇マルクで買える自家用自動車を開発するという構想を政府に持ちかけた。ヒトラーはこれを採用し、三五年冬にその試運転に成功したのち、構想は国家の事業として推進されることになった。三八年五月、製造工場の起工式が行なわれ、自動車は「歓喜力行車」（KdF-Wagen《カーデーエフ・ヴァーゲン》）と命名された。この名称は、ナチ当局によって組織された大規模なレクリエーション団体、「歓喜力行団」（Kraft durch Freude《クラフト・ドゥルヒ・フロイデ》＝喜びを通して力を）にちなむものだった。労働のみならず余暇をも統制する意図にもとづいて組織されたこの団体の構成員が、積み立てによって自家用車を購入できる仕組みになっていたのである。「週に五マルクの貯金をして車を持とう！」という「歓喜力行団」のキャンペーンに応じて、たちまち三三万六〇〇〇人が積み立てに参加した。価格一〇〇〇マルクの自動車は、積み立てが七五〇マルクに達すれば引き渡され、残額は乗りながら支払えばよいことになっていた。

ヒトラーが民衆に支持された理由としてノルベルト・フライが指摘するもうひとつの点は、このような自家用車の夢とはまったく別のものである。それをフライはつぎのように説明している。

> ヒトラーはドイツをふたたび「大国」にした。ザール地方とラインラントを「解放」し、オーストリアとズデーテン地方とメーメル地域とを「帝国に奪回」した。そして、ボヘミアとモラヴィアをドイツの保護領にした。「ヴェルサイユの屈辱」はほとんどすべて解消された。これが、ドイツ人が自分たちの総統《フューラー》を愛し誇りとした理由であった——かれが最後の数年間に冒した危険のゆえにではなく、かれが外交上で収めたこれらの勝利のすべてが少しも血を流すことなく達成されたという事実のゆえにである。

フライがこのように叙述する「ドイツ人」としての感情は、社会的不平等の解消や生活の改善というような日常生活と直接かかわることがらではない。それは、生活の具体性とは次元を異にするように見えることがらであり、ある意味では物質的生活の充実とは無関係と思われることがらである。だが、もしもこのような感情が人びとのなかに醸成されることがなかったとしたら、そもそも人びとは、ついに「血を流す」ことが不可避となったときにもヒトラーを支えつづけることなどなかったはずなのだ。生活の安定と経済的上昇だけがナチズム支持の理由ではなかった。経済生活とは必ずしも直接つながらない生きがいの実感や社会的な連帯感、そしてその社会の一員であることに誇りを持つことができるという思い——もしもこれがなかったとすれば、失業の減少と景気の急上昇という戦前期の実感が、戦時期と敗戦との苦難の体験にもまして「第三帝国」時代の基本的イメージとなることなどなかっただろう。

これを確認することは、もちろん、生活の具体性ではなく生きがいや連帯感や誇りといった観念的・情緒的な要因こそがナチズムの魅力の源泉だった、と主張することを意味するものではない。日常生活の物質的な充実が実感できないところで観念的・情緒的な要因をいくら鼓吹してみても、それは空文句であり精神主義にすぎないだろう。「ドイツ人」であることの誇り、社会的な連帯感、等々を、単なる精神主義のスローガンにするのではなく、実生活の手応《てごた》えに根ざした理念として、まさしく実感として人びとにいだかせたことこそが、ナチズムの本質的な魅力だった。そして、それこそがまた、敗戦後にいたってもなお「あの時代は良かった」という思いを強固に生きつづけさせずにはいなかったものなのだ。

しかし、それにもかかわらず、生活の実態とそのなかでいだかれた生きがいの実感とのあいだには、じつは無限ともいえる大きな隔たりがあったのである。ナチズムは、その現場においても崩壊後においても、この隔たりを解消してみせた。いかにしてか？――ナチズムの名によってなされた過去の罪業を後世が真に克服するためには、これこそが問われなければならないのだ。

2　過去とは過ぎ去ったこと――？

過去とは、文字通り、過ぎ去ったことである。けれども、過ぎ去ることのできない過去や、過ぎ去らせてはならない過去というものがある。

二十世紀の歴史においては、たとえば、アジア諸地域にたいする日本の加害の全過程が、このような過去の典型的なひとつとして、なお後世のまえに生きつづけている。

「大東亜戦争」と公式に呼ばれていた侵略戦争に日本が敗れてから、すでに六十年近い年月が過ぎた。人間の生涯でいえば還暦も遠くない長い歳月である。この戦争を身をもって体験した人びとは、加害者の位置にいたものも被害者となったものも、そしてその両方であった自分を見つめざるをえないものも、いまでは人口の一少部分にすぎなくなってしまっている。大多数の人びとにとっては、あの戦争は「歴史」の一ページでしかない。いつまでも過去のことに拘泥していないで未来をこそ考えるべきだ、という意見が唱えられるとき、これがだれによって、どのような意図で唱えられるにせよ、過ぎ去った年月の長さは、この意見に実感のレベルでの説得力を与えずにはいない。いつまでも過ぎ去ることのできない過去など、この観点からすれば、現在にとっても未来にとっても不毛をもたらすだけなのである。

こうした意見にたいしては、当然のことながら、過去の加害を償う責任を果たしきらないうちは過去を過ぎ去らせてはならない、という自覚が、侵略戦争を担った「国民」とその後裔たち自身のなかにも、形成されてきた。過去は過去として現在と未来をこそ見つめるべきだ、という主張は、ほとんどの場合、みずからの加害責任を無化し、過去の行為を正当化しようとする意図と歩調を合わせているからである。「大東亜戦争」にも正義があった、日本は悪いことをしただけではない、悪いことをしたのは日本だけではない、という種類の見解に抗して、過去の現実にこだわり、過去の現実を現在に引き寄せ再生させる作業が、少なからぬ人びとによって続けられている。

過ぎ去ることのできない過去、過ぎ去らせてはならない過去、という問題は、歴史上の何らかの事象にたいする思想的・イデオロギー的な姿勢にのみかかわるものではない。言いかえれば、「史観」にのみかかわるものではない。それは、すぐれて実感的な、感情や情緒の次元とかかわる問題でもあるのだ。過ぎ去ろうとしない過去を実感し、過去を過ぎ去らせることなどできない位置に人間が身を置くのは、みずからの過去にたいする責任の意識とのかかわりにおいてだけではない。たとえば、愛するひとの死と直面しつづけるときが、やはりそうである。このとき、その死を生者が耐えることができるようになるのは、じつは、過去を過ぎ去ったものにすることによってではない。過去を現在と未来のなかに生かすことによってなのだ。死が無に帰することなく、死者が生きつづけることによってなのだ。過去の加害にたいする責任を果たそうという試みが、過去を現在と未来のなかに生かす実践であることは、言うまでもないだろう。だが、侵略戦争を免罪し、あるいはその戦争に何らかの正義を見出そうとする試みもまた、死者の死を過去のなかに置き去りにし忘却することなどできない人間にとっては、過去を過ぎ去らせないためのひとつの実践なのである。いつまでも過去に拘泥しているのではなく、と説く主張は、現実には、過去を過去たらしめることを求めているのではなく、過去を正当化することによって現在に生かすことを、意図しているのだ。

それゆえ、過去をめぐる闘いは、本質的に、過去を過ぎ去らせることをめぐっての闘いではなく、過去を現在と未来に生かすことをめぐる闘い、どのように生かすかをめぐる闘いなのである。ひいてはまた、どのような現在を実現し、どのような未来をめざすか——これをめぐる闘いなのである。

ナチズムの過去をもつドイツ（およびオーストリア）でも、その過去をめぐる闘いは、過去を過去たらしめ、現在と未来をこそ見つめよう、という主張と、過去を想起しつづけ、過去の罪業にたいする反省と償いを現在と未来のための必須の要因としていこう、という主張との対立——という形式を、外見的にはとっている。ナチズムの過去を過ぎ去ったことにする意思を、国家の意思として戦後の西ドイツが明らかにしたのは、一九八四年一月のことだった。イスラエルを訪問した当時の首相、ヘルムート・コールが、現地で行なった演説のなかで、「遅く生まれたものが受ける恩恵」（die Gnade der späten Geburt）という言いかたによって、かれ自身をも含む後世はナチズムの過去にたいする責任を免除されるべきだ、との見解を示したのである。コール首相はまた、翌八五年には、訪独したレーガン米大統領とともにＳＳ（ナチ親衛隊）隊員たちの墓地に赴き、過去を過去たらしめようとする姿勢をあらためて公にしたのだった。戦後ドイツにおけるナチズム合理化の試みをきびしく批判したジーゲン大学教授で社会学者のトーマス・ヘルツは、死の翌々年、一九九七年に刊行された遺著[4]のなかでこの二つの事件に言及して、「ドイツ人が過去を過ぎ去ったことにしてしまおうとする思いが、もっとも大きな権力を持つドイツの政治家によって公認されたのである」と確認している。

1920年代末のナチ党ポスター。「われらの最後の希望、ヒトラー」。

　コール首相によるこの公認は、ナチズムの過去を現在から切り離そうとする長期にわたる志向のすえになされたものだった。たとえば、ナチズム体制下で一九四三年からヴァティカン大使の任にあったエルンスト・フォン・ヴァイツゼッカーが、敗戦後、四七年に帰国すると同時に「ヴィルヘルム街《シュトラーゼ》グループ」関係の戦犯として占領軍に逮捕され、四九年四月にニュルンベルクの軍事法廷で禁固七年の判決を受けたさいにも、かれを弁護する論調のなかにすでにこの志向は歴然としていた。ヴィルヘルム街とは、首相官邸をはじめ政府の中枢機関が置かれていたベルリン中心部の町名で、ナチ政権の高級官僚たちの責任を追及する一連の裁判がこの町名を冠されたのである。エルンスト・フォン・ヴァイツゼッカーは、ニュルンベルク裁判のＡ級戦犯として絞首刑に処せられたナチ政権外相、ヨアヒム・フォン・リッベントロプの下で、三八年から五年間、外務次官を務め、そのうえ四二年にはＳＳの旅団長という高い地位に任命されていたのだった。

ヴァイツゼッカー事件は、とりわけ二つの事実との関連で、ナチズムの過去にたいする戦後西ドイツの姿勢が問われざるをえない歴史的な出来事となった。ひとつは、被告の息子のひとりで、のちに西ベルリン市長となり、さらにドイツ連邦共和国大統領となるリヒャルト・フォン・ヴァイツゼッカーが、父を弁護しその無罪をかちとる活動をきわめて積極的に展開したという事実である。のちに大統領時代のかれがドイツの敗戦の四十周年を記念して行なった国会演説は、「過去にたいして目を閉じるものは、ついには現在にたいして盲目になる」という言葉によって日本でも大きな反響と共感を呼んだ。だが、そのかれは、西ドイツ社会のありかたに異を唱える過激な学生や青年労働者たちの叛乱に直面した一九六八年にすでに、「わが国家の諸機関にたいする今日《こんにち》の抵抗のなかには、第三帝国の権力者たちにたいする抵抗のなかではなされずに終わったものが見られる、などと考えるのは、危険な誤謬である。そのような比較できないものを比較するのは、危険だ」と述べていた。かれにとって、ナチス時代のドイツは、戦後の連邦共和国とは比較すべくもないまったく別のものなのであり、現在とは無関係の過ぎ去った過去だったのだ。

だが、ヴァイツゼッカー事件を歴史的な出来事にすることになるもうひとつの事実は、息子ヴァイツゼッカーの認識を、根底から覆さざるをえないものだった。父ヴァイツゼッカーが刑期を大幅に短縮されて早くも五〇年十月に釈放された当時、かれのかつての任務部署である外務省は、その後ようやく一九六七年以降に明らかにされることになるデータによれば、西ドイツのあらゆる公的機関のうちで元ナチ党員の比率がもっとも高い官庁だった。管理職のじつに八五パーセントが元党員だったのである。この比率は、なんと、リッベントロプ外相時代の「第三帝国」外務省よりも高い数値だった。息子ヴァイツゼッカーの「わが国家」は、父ヴァイツゼッカーが活躍した「第三帝国」と比較できないどころではなかったのである。それればかりではない。戦後国家は、かつて外務次官でありナチス親衛隊《エス・エス》の高官であったエルンスト・フォン・ヴァイツゼッカーを、ナチズム体制における一種の内部的抵抗者として認知し、こうしてみずからと「第三帝国」との近さを確認したのだった。一九八三年一月、ヒトラーの首相就任五十周年にさいして、ある雑誌の特集号でヴァイツゼッカー事件を論じたハンス・ディーター・ハイルマンは、その論説を、「当然のことながら、自分では直接手を下さない指令者であるこの戦犯E・フォン・ヴァイツゼッカーは、今日では抵抗の闘士ということになっている」というコメントで結び、かれをそのような人物として位置付けた研究書や論文を列挙している。(5)

ナチ時代の経歴を問われた人物やその弁護者たちが、過去と現在とを切り離すことによって現在の現実を免責し、それとともに過去を過ぎたこととして不問に付すやりかたは、一九七八年の五月から八月にかけて大きな社会問題となった「フィルビンガー事件」にも見られた。当時バーデン・ヴュルテンベルク州の首相だったハンス・カール・フィルビンガーが、敗戦の直前から直後にかけて、海軍の軍事法廷の裁判官として兵士たちに敵前逃亡のかどで死刑を含む重刑判決を下していたことが、発覚したのである。その妥当性をめぐって論争が展開され、それは結局、かれの州首相辞任で終わった。けれども、批判者による責任追及から自己を弁護してかれが発した言葉、「当時は正当であったことが今日では不当であるということがありうる」という言葉は、かれの政治的失脚にもかかわらず、過去を過去たらしめようとする志向がコール首相によって公認されるための確実な礎石のひとつとなったのである。

過去を過去たらしめようとする志向は、だがしかし、ナチズムの過去に関してもまた、本質的には、過去を過ぎ去ったことにしてしまうのではなく現在と未来に生かすための、ひとつの実践にほかならない。当事者たちが何を意図していたにせよ、「遅く生まれたものが受ける恩赦」という言葉をコール首相に発せしめたドイツの歴史的・社会的状況は、やがてその言葉から二年半後の八六年初夏、いわゆる「歴史家論争」を触発する。(6)そして、この論争の当時すでに深刻な社会問題となっていた外国人労働者排撃の風潮は、ベルリンの壁の瓦解と西独による東独の併合ののち、外国人労働者とその家族や外国からの避難民にたいする「ネオナチ」の攻撃の激化として、あからさまなかたちで噴出したのだった。遅く生まれたものがそれゆえに免罪の恩恵を受けられるわけではないという事実をネオナチは体現してしまったがゆえに、当時正当であったことを今日でも正当であるとして実行するこの年少者たちが出現してしまったがゆえに、「あの時代は良かった」という実感を抑圧したまま過去を過去たらしめようとした戦後は、あらためて過去と向き合う試みを避けるわけにいかないのである。

3　実感の現実性をめぐって

一九八三年一月三十日、ドイツはヒトラー内閣誕生の五十周年を迎えた。これを特集テーマとした西ドイツの批判的な思想・文化雑誌、『エステーティク・ウント・コムニカツィオーン』（審美と伝達）は、その特集に「一九三三・一九八三・二〇三三——現在にたいする無力」という総タイトルを付けた。そして、「三三年の五十周年、きょうの五十周年」と題する編集部の論説を掲載して、五十年後に「一九八三年を二度とくりかえすな」と言われることがないようにするために、われわれはいま何をなすべきか、と問うたのである。ヒトラーの権力掌握を許してしまった一九三三年が歴史の汚点だとすれば、それから五十年後のいま、くりかえし一九三三年の教訓について論じてきたはずのわれわれは、このいまの一九八三年が五十年後に歴史の汚点として否定的に回顧されるようなことにならないためには、何をなすべきか？——この問いは、過去にたいするさいに現在が失ってはならない基本姿勢についての、ひとつの新しい示唆を含んでいた。[7]

ヴァイマル共和国の崩壊とヒトラー内閣登場の五十周年を迎える一九八二年から八三年にかけて、西ドイツでは、アメリカ主導の軍事同盟、NATO（北大西洋条約機構）軍に核ミサイルを配備するという計画にたいして大規模な「反核」運動が展開され、また「緑の人びと」を初めとする広範な市民のあいだに、原子力発電所建設や自然破壊の深刻化への強い抗議と将来への懸念が高まりつつあった。そして一方では、不況の進行にともなって外国人労働者とその家族への反感と敵意が拡がりを見せ、ネオナチが次第にその影を濃くしていた。「三三年の五十周年、きょうの五十周年」という問いは、そのような現在に直面した自分たち自身の、未来にたいする責任を問うたのだった。

たしかに、過去を過ぎ去ったことにしない、ということは、このいまの現在を、未来のいつかに、過ぎ去った過去として処理するしかないようなものにはしない、ということである。過去を過去たらしめないということは、過去を直視しつづけることをやめない、ということであるだけではなく、現在を直視することをやめないということである。これは、とりわけ過去を体験しなかった後世にとっては、過去を過ぎ去ったことにしてしまわないための、本質的に重要な作業なのだ。後世にとって重要なのは、じつは、「現在にたいして目を閉じるものは、過去にたいして盲目にならざるをえない」ということにほかならない。過去は、後世にとって、現在との対決を通してしか現実性《リアリティ》を持ちえないのである。

そしてもちろんこれはまた、過去を身をもって生きた体験者にとっても、無縁のことではないだろう。なぜなら、体験者がその過去の現実をもっともよく知っている、などということはないからだ。人間は、ある現実をひたすら懸命に生きれば生きるほど、周囲のことが見えなくなる。これはだれもが身に覚えのあることであり、たとえば「恋は盲目」という俗諺《ぞくげん》がそれを語ってもいる。体験者は、体験しなかった後世と向き合い、後世のまなざしと問いとに身をさらすことによってのみ、あらためて過去の現実を体験しなおすのである。そして後世は、体験者と向き合うことによって、体験しなかった過去を追体験しつつ、自分がいま生きる現在にたいする自分のまなざしを問いなおし、いっそう深めるのだ。過去にたいして目を閉ざさないということは、実体験にもとづく体験者の実感を後世がそのまま受け入れるということではない。

「あの時代は良かった」と少なからぬ体験者に実感させたひとつの過去と後世が対決しようとするとき、後世は、体験者たちのその実感が本当に生活の実態に即したものだったのかどうかを、まず問いなおさざるをえない。たとえば、これまでしばしばそうした実感の典型的な一例として挙げられてきた「歓喜力行車」の場合がそうである。

週に五ライヒス・マルクを積み立てれば自家用自動車が購入できる、というあの制度は、ナチズム体制によって社会的平等と生活の豊かさが実現されつつあるという実感を当時の人びとにいだかせたばかりでなく、戦後になってもなお、人びとがナチ時代を肯定的に回顧するさいの代表的な根拠のひとつでありつづけた。さきに述べたとおり、余暇を組織するためのレクリエーション団体「歓喜力行団《クラフト・ドゥルヒ・フロイデ》」の募集に応じて、三三万六〇〇〇人が積み立てに参加した。これが、ナチズム社会で社会的平等が実現されたことの実例としてしばしば語られてきた事実である。当時のドイツの人口は、三八年三月に併合されたばかりのオーストリアを含めたいわゆる「大ドイツ」全体で、約八六〇〇万人だった。「歓喜力行団」の組織母体である「ドイツ労働戦線」(DAF)——労使協調の全員加入制による唯一の労働者組織——の加入者数は、約二三〇〇万人だった。「歓喜力行車」のために週給のなかから五マルクを投じようとしたのは、鳴り物入りのキャンペーンにもかかわらず、じつは全人口のわずか〇・四パーセント、労働戦線加入者の一・五パーセント弱にすぎなかったのである。さらに、この時点において、全納税者の四九パーセント、つまりほぼ半数が、月収二五〇マルク以下、週給に換算すると五八マルク以下の階層だった。サラリーマン(ホワイトカラー)の七・五パーセントが五〇マルク以上の週給を得ていたが、工業労働者(ブルーカラー)の三三・五パーセントは平均週給三六マルクにすぎなかった。個人商店主の三四・

七パーセントは、その前年度の実収入が月額一二五マルク以下だった。(8) いずれにせよ、一〇〇〇人の勤労者のうち九八五人は、ついに自家用車が持てるようになったその機会とは無縁だったのだ。――そして、週給のなかから五マルクの積立金を支払った人びとは、それが七五〇マルクに達したときに引き渡してもらえるはずの自家用車を、ついに持つことがなかった。積み立てが始められた翌年の三九年九月に大戦が勃発し、自家用車の生産に費やす工業的余力などあるはずはなかったからである。製造された同型の自動車はすべて軍用車として使われた。

完成した「歓喜力行車」に試乗するヒトラー（後部座席はヒムラー）。

敗戦の前年、一九四四年末までの購入積立金の総額は約二億六七八〇万ライヒス・マルクに達していた。つまり、これだけの軍事費を、購入希望者はナチス国家に献納したのである。この金額は、ブーヘンヴァルト強制収容所が一九四四年の一年間に所内での囚人労働にたいして産業界から受け取った六七二〇万マルクの、約四倍に相当する。それはまた、国内深く進攻しつつある連合国軍を迎え撃つために重点的に製造されていた対戦車砲（バズーカ砲など）の四四年十一月における月間生産数、一〇八万挺の製造費である二七〇〇万マルクの、ちょうど十倍にも相当する額である。夢の自家用自動車が、「フォルクスヴァーゲン」（Volkswagen＝民衆車、あるいは民族の車）としてドイツのもっともポピュラーな乗用車となったのは、戦後のドイツ連邦共和国の時代になってからのことだった。かつての積立者が、定価の六〇〇マルク引きでそれを買うことができるようになったのは、ようやく一九六一年のことだった。

これが現実だった。それにもかかわらず、人びとは自家用車の夢のなかにナチズム体制の良さを実感したのである。それどころか、その夢がついえ去ったのちの戦後になってさえもなお、「あの時代は良かった」という実感の根拠として、フォルクスヴァーゲンの例がくりかえし想起されるのである。過去の現実を懸命に生きた体験者は、その過去の現場であらわな現実を見なかったのみか、戦後になってもなおそれを見ようとしなかった。それればかりではない。戦後から過去の現実を見る後世が、その体験者たちの実感をナチズムの明るさについての証言として受け入れるとき、後世もまた、生活の実態とそれについての実感との乖離を直視することができなかったのだ。この乖離を直視させないこと、実態ではなく実感を現実として体験させること――これこそは、ナチズムがその現場においてのみならず戦後にいたってもなお持ちつづけた力なのである。ナチズムを過ぎ去ったことにしてしまうわけにいかない後世は、ナチズムのこの力に肉薄する試みを避けることはできない。

「第三帝国」の崩壊から三十六年を経た一九八一年十一月、『忘却に抗して』(9)という表題の一冊の本が西ドイツで出版された。編集と発行の主体は、「教育・研究労働組合」（ＧＥＷ）のベルリン支部である。ファシズムおよびネオ・ファシズムというテーマを学校教育との関連で追究してきた組合内のワーキング・グループがその共同研究の結果をまとめたもので、「学校における反ファシズム教育――経験・企画・提言」という副題が付されている。ナチズムではなくファシズムという呼称を用いたのは、過去の特定の政党やそのイデオロギーの回帰ないしは再生にとどまらず、名称と装いを変えて現在に生きる広い意味でのファシズム的な傾向を、問題にするためだろう。

ＧＥＷは、組合員十数万人を擁する学校教職員や教育研究者の全国組織で、分裂以前の日本の「日教組」（日本教職員組合）にほぼ相当する。この組合に所属する教員や教育関係者たちが一九七〇年代末から過去および現在のファシズムというテーマと取り組むことになったきっかけは、序文によれば、「若者たちのあいだの右翼的傾向と学校におけるいくつかのネオナチ的な突発事件とにたいする憂慮」からだった。戦後のドイツが、ナチ時代に被害を与えた他民族や他国民にたいする賠償の責務を果たそうと努めたばかりでなく、学校教育においてもナチズムの過去を生徒たちに直視させようとしてきたことは、たとえば自国の加害の歴史にほとんど目を向けなかった同時期のみずからの学校教育との対比で、日本でもしばしば指摘されている。それにもかかわらず、その社会は「ネオナチ」と呼ばれる極右ファシストの青少年を生み出してしまったのである。このことの責任の少なからぬ部分を学校教育が担っている、という自覚と、こうした状況のなかで教育が何をなしうるか、何をなさねばならないか、という自問とが、過去を忘れ去ろうとする趨勢に抗して教員たちをこの共同作業に向かわせたのだった。

『忘却に抗して』は、「フィッシャー叢書《ビューヒエライ》」の名で知られるポケットブック・シリーズの出版社から、B6判の単行本として刊行された。三百ページ近いスペースのなかには、ナチズムおよびファシズムと関わるテーマを授業であつかうさいの生徒たちの反応や関心のありかた、それにともなう種々の困難と問題点、それらの原因を問いなおしつつ解決の方途を模索する試みの実例などが、主として十代の初めから半ばまでの年齢の生徒を対象とする中等教育にたずさわる教員たちの報告と考察のかたちで、具体的に示されている。体験しなかった少年少女たちに過去の現実が自分と無関係ではないと感じさせることの困難と直面しながら、しかしそれでも反ファシズム教育を形骸化させないための可能性を探し求めようとする実践を、この一冊のいたるところに見ることができる。だが、全部で四十八篇の報告やコメントのうちでも、「教育テーマとしてのファシズム」と題したヒルデ・シュラムの論稿(10)は、全冊のほぼ二割を占める分量のゆえにだけでなくその内実のゆえに、とりわけ注目を惹かずにはいない。

ヒルデ・シュラムのこの論稿は、ワーキング・グループの世話人のひとりでもあるかの女が、一九七九年十一月から八〇年七月までのあいだに男女の教員四十三名から聞き取った反ファシズム教育の実践体験を、くわしく報告したものである。教員たちはいずれも、将来の進路に応じて四種に分けられている西ドイツの中等教育課程——基幹学校（ハウプトシューレ）、実科学校（レアールシューレ）、高等中学校（ギムナージウム）、総合制学校（ゲザムトシューレ）——のいずれかで教育にたずさわっている。ヒルデ・シュラムによって報告されたかれらの実践体験は、必ずしも反ファシズム教育の著しい成果や効果的な方法の発見を語るものではない。むしろ、ナチズムという歴史上の事象が生徒たちにとっていかに遠いものであり、この遠い事象をあつかう授業がいかに大きな無関心と反撥をかれらのなかに触発するかを、これらの教員たちの体験はさまざまな実例にそくして浮き彫りにしてみせる。たとえば、ユダヤ人差別や強制収容所を授業のテーマにするとき、生徒たちはかえって逆に、それらを笑いごとにしてしまったり正当化したりするような替え歌を反抗的に歌うことで、授業にたいする拒否の姿勢をあからさまに表明しさえする。日本における同和教育の授業が直面したのと同質の問題を、反ファシズム教育の授業も避けることができなかったのである。あるいはまた、ナチズムの前史としてのヴァイマル時代を取り上げるなかで、その時代の前衛的な芸術に接したときの生徒の反応についての報告も、深刻な問題を浮き彫りにしてみせる。生徒たち、とりわけ上級の学校への進学を予定せず九年間の義務教育だけで終わる基幹学校（ハウプトシューレ）の生徒たちは、ダダイズムを始めとする前衛的な芸術表現にたいしては、総じてつねに拒絶反応を示した。この反応を見た教員たちは、そのあと引き続きナチスの絵画や彫刻を生徒に見せることを躊躇せざるをえなかったという。それらのほうが、ナチスによって「頽廃芸術」とされた前衛的な表現よりもずっとすばらしい、と生徒たちが感じるのを恐れたからである。

これらの事例のなかには、ナチズムを過ぎ去ったことにしようとする傾向を基底において支えるものが、さまざまなかたちで現われている。これらに働きかけ、これらを変えることは、容易ではないだろう。しかし、それらに働きかけ、それらを変えていこうとする教育の側にも問題があることを、ワーキング・グループは一連の試みのなかで自覚したのだった。このことを、序文はこう確認している、「ファシズム的な暴力支配との有意義な対決が行なわれうるのは、学習過程それ自体が民主主義的な形態をとることによって説得力を持つ場合だけである。民主主義的な内容と民主主義的な方法とは相互に励ましあわねばならない、という一般的な見地が、ここではとりわけ不可欠となる。逆に、その両者がたがいに相手の足を引っ張るという危険は、ここではいっそう強く現われる。」――現在の抑圧的な管理教育のありかたをそのままにしておきながら、その教育によって反ファシズムを生徒に学ばせることなどできない。学習現場そのものが民主主義的なものとならなければならないのだ。だが、過去と現在のファシズムと向き合うさいのこうした民主主義的な学習過程が、容易ではないにせよ不可能ではないことを示唆する思いがけない事例もまた、ヒルデ・シュラムによって報告されている。高等中学校（ギムナージウム）の一女性教員によるあるひとつの試みがそれだった。

反ファシズム教育を生徒たちの実情に適したやりかたで行なうため、ナチズムについて生徒がどの程度の基礎知識を持っているかをまず確かめることは、ワーキング・グループの課題のひとつだった。この女性教員は、大学進学を前提とした課程である高等中学校で、その第一〇学年、つまり日本の高校一年にあたる学年の数クラスの生徒を対象に、ユダヤ人迫害についての知識を問うアンケート調査を行なった。ユダヤ人迫害は、ナチズムに関することがらのうちもっともよく知られたテーマであり、生徒たちは当然これまでに、家庭や学校を通じても、あるいはテレビその他のメディアによっても、これについて多くのことを知っているはずなのである。

かの女の質問項目のひとつは、「第二次世界大戦前の世界全体におけるユダヤ人の総数はどれくらいだったでしょう？」というものだった。回答は、(a) 二〇〇〇万人、(b) 約一七〇〇万人、(c) 四六〇〇万人、(d) 約一億人、のうちから選択するようになっている。――正解は(b)である。生徒たちの解答がどのようなものだったかについては、ヒルデ・シュラムは言及していない。しかし、この数字が生徒たちにとって衝撃だっただろうことは、想像に難くない。なぜなら、ナチ・ドイツが殺戮したユダヤ人の六〇〇万人という数は、全世界のユダヤ人の三人に一人を超えていたからである。

もうひとつの問いとその正解は、生徒たちを文字通り打ちのめすものだった。

一九三〇年当時のドイツの人口に占めるユダヤ人の比率はどれくらいだったと思いますか？

(a) 三〇％　(b) 一〇％　(c) 五％　(d) 約一％

生徒たちの多くが、(a) 三〇パーセントという数値を正解として選んだ。——真の正解は(d)である。シュラムはそれ以上くわしく述べていないが、統計資料によれば、一九三〇年当時のドイツの人口は、約六三〇〇万人だった。ドイツ国内のユダヤ人の数に関しては、一九二八年から三一年の期間についての統計がある。これによると、その数は五六万四三七九人である。つまり、ユダヤ人が一九三〇年前後のドイツの人口に占める比率は、〇・九パーセント弱にすぎなかったのだ。ちなみに、ドイツ国籍を持つユダヤ人は、そのうちの八〇・二パーセントだった。これは、全人口の〇・七二パーセントに当たる。

「生徒たちは、その低い人口比率に驚き、一パーセントの比率にすぎないユダヤ人がどうして脅威と感じられるなどということがありえたのか、また自分たち自身が過大な数値を作り出してしまったことのなかに何が現われているのかを、じっくりと考えることになった」とシュラムは書いている。かれらは、ドイツ国内にユダヤ人が五〇万人しかいなかったとしたら、殺された六〇〇万人はどこから来たのか、という疑問に突き当たる。そして、この疑問を追究するなかで、「アウシュヴィッツは嘘だ」という主張があることを知るとともに、周囲の国々にたいするドイツの加害を発見する。いくつかのクラスの生徒たちは、さらに、自分の家族や近所の住民や街ゆく人びとを対象にして同様のアンケートを行なった。ユダヤ人迫害についての大人《おとな》たちの解釈が、どのような不確かな先入観に影響されているかを、知ろうとしたのである。

4　現在という立脚点

ヒルデ・シュラムによって報告されたこの女性教員と生徒たちとの共同作業は、実感の現実性《リアリティ》というナチズムの本質的な力と対決したひとつの実例として、少なからぬ意義をもっている。シュラムは、学校のカリキュラムの時間的制約が問題の核心にさらに迫ることを許さなかった、というコメントで報告を結んだ。けれども、この実例が、もちろん学校における反ファシズム教育という枠を越えて、ナチズムの現実に迫るためのひとつの足掛かりを提供していることに変わりはない。

ヒトラーが政権を獲得する数年前のドイツで、ユダヤ人は人口のわずか一パーセント、厳密には一パーセントを下回る比率でしかなかったということに、驚きと衝撃を感じるのは、一九八〇年における戦後生まれの十五歳の生徒たちだけではない。生徒たちが大人を対象にして行なったアンケートの結果については述べられていないが、こうしたアンケートをかれらが思い立ったということ自体が、大人たちもまたこのような低い比率を想定してはいない、という予測があったからだろう。この低い数値からかれらが受けた衝撃と驚きは、それほど大きかったのである。——だが、その数値は、では虐殺された六〇〇万人のユダヤ人はどこから来たのか、という疑問だけにつながるわけではない。それは、もうひとつの重要なことを物語っているのだ。

ナチ党が、ヴァイマル共和国時代の末期に、失業の解消を公約にかかげて選挙に勝利したことは、よく知られている。一九二九年十月二十四日のニューヨーク株価大暴落に端を発した世界経済恐慌は、ドイツにもたちまち深刻な影響を及ぼし、失業率は上昇の一途をたどった。ナチ党が、わずか一二にすぎなかったそれまでの国会議席を一挙に一〇七に増やし、得票率も二八年五月の前回選挙の二・六パーセントから一八・三パーセントに伸ばしたのは、三〇年九月十四日の総選挙でのことである。ヒトラーは、ヴェルサイユ条約の破棄、賠償金の支払い拒否とともに、金権貴族の撲滅、全ドイツ人にパンと職を与えること、などを公約して有権者の心をつかんだのだった。不況は、かつて前世紀の一八七三年に始まる経済恐慌のときと同じように、強い反ユダヤ主義の気分をドイツ社会に生み出した。この気分がナチ党にとって有利に働いたことは、多くの研究者によって指摘されている。ユダヤ人こそがドイツ人の困窮と貧困の元兇である、というナチ党のかねてからのキャンペーンが、ドイツ人からパンと職を奪っているユダヤ人への憎悪をかきたて、ドイツ人のためにそれを取り返してくれる党への期待をいだかせるものだったことは、否定できない。失業状況がますます深刻化するなかで、ナチ党は、ドイツ国民の反ユダヤ主義感情を煽り立てながら注目を惹く言動を意図的に行なった。たとえば、三一年九月十三日、ユダヤ教徒にとっての新年にあたるこの日を期して、首都ベルリンでヒトラーを先頭に大規模なユダヤ人排撃のキャンペーン行動を挙行し、四十名の逮捕者を出す混乱状態を現出したのが、その一例だった。ユダヤ人経営の商店や事務所を襲撃し、ユダヤ人と思《おぼ》しい通行人に暴力をふるったこの日の行動は、ナチスが権力を掌握したときユダヤ人にたいして何がなされるかを予期させるものだった。そして、三一年九月のこの日も、ヒトラーの政権掌握と同時にユダヤ人排撃が政策として実行に移されはじめたときも、ほとんどすべてのドイツ人はそれをただ座視していたのである。——失業者数がついに頂点に達する一九三二年には、憔悴しきった失業者たちの顔と「われらの最後の希望、ヒトラー」というスローガンとを描く選挙ポスターによって関心を集めたナチ党は、七月三十一日の総選挙で、ついに議席総数六〇八のうち二三〇を獲得して第一党となり、その得票率も三七・七パーセントにまで上昇したのだった。

だが、それでは、当時のドイツの失業状況とはどのようなものだったのか？

世界恐慌が始まった翌年、一九三〇年四月十五日現在での完全失業者数、つまりパート労働や日雇い・臨時雇いの職もないまったくの失業者の数は、二九三万七〇〇〇人だった。それが、年末の十二月十五日には、三九七万七〇〇〇人に増加していた。この時点で、何らかの労働組合に加入している労働者の三〇パーセントが完全失業状態にあった。労働組合員の二五・八パーセントは、定職以外の短期労働しかなかった。ナチ党による大規模な反ユダヤ人キャンペーン行動がなされた三一年九月中旬には、失業者は四三二万四〇〇〇人を数えていた。ナチ党が国会の第一党に躍進する半年前の三二年二月十五日には、完全失業者数は六一二万七〇〇〇、全労働人口の二〇パーセントに達した。労働組合員の四四・九パーセントが完全失業者だった。労働組合員の完全就業率、つまり定職のある勤労者の比率は三三パーセントに過ぎず、残りの二二パーセントは日雇い・臨時雇いなどの短期労働で生きていた。この失業者数には、失業手当の受給資格がないものや、職を必要としながら就職できない女性や若年労働者など、統計数字に表われない約一六〇万人は含まれていないので、実際の失業率はさらに高かったことになる。(11)

このような驚くべき失業状況に、乳児から高齢者まで含めても人口のわずか一パーセントにも及ばないユダヤ人が何らかの関わりを持っているなどとは、とうてい考えられるはずもないだろう。それにもかかわらず、この失業状況が人びとのユダヤ人にたいする憎悪と敵意をかきたて、ナチ党の躍進をもたらす社会的雰囲気を醸成したのだった。過去の歴史のひとこまをその現場で生きていた人びとは、具体的な数値を一目見れば明らかであるはずの単純な事実と、自分の生活実感とのあいだの大きな隔たりを、ついに直視することがなかったのである。

高等中学の生徒たちが発見したユダヤ人の愕然とするほど低い人口比率は、現場で生きたその人びとの過去の責任を問うているばかりではない。「第三帝国」が崩壊してすでに三分の一世紀が経過した時点でなお、このような基本的事実が初めて驚きをもって発見されねばならなかった戦後社会の責任をも、それは問うているのである。そして、その社会のなかで事実と実感との距離を意識することがないままになされてきた学校教育や歴史の反省の責任をも、それは問うているのである。

　生徒たちの発見から三年ののち、雑誌『エステーティク・ウント・コムニカツィオーン』のスタッフたちが「三三年の五十周年、きょうの五十周年」という問題を提起したとき、かれらは特集関連の書評で『忘却に抗して』を取り上げ、ヒルデ・シュラムの論稿にもくわしく言及した。だがしかし、かれらは、みずからの責任を問うその試みを共感をこめて論評しただけでなく、ナチズムの過去とのかかわりにおいて、さらにもうひとつの責任をみずからに問うたのだった。この問いにとっては、ユダヤ人排撃は過ぎ去ったこととしての過去でなどないばかりか、いま自分たちが生きる現在そのものだったのだ。

　ヒトラー政権誕生の五十周年を迎えようとする一九八二年末の西ドイツは、深刻な経済不況に直面していた。日本の「高度成長」にほぼ対応する「奇跡の経済成長」の時代とその余韻は、一九七九年の世界同時不況とともに終わり、前年の八一年には経済は六年ぶりのマイナス成長になっていた。企業の倒産があいつぎ、失業率も上昇の一途をたどっていた。一九五五年から国家の重点政策として迎え入れられた「外国人移民労働者《ガストアルバイター》」の帰国促進策が、国家の新しい政策として八二年二月から始まっていた。ドイツ人から職を奪う外国人労働者とその家族にたいする憎悪と敵意を、ネオナチやスキンヘッドの若者たちが体現する状況だった。この若者たちだけにとどまらず、社会全体が外国人労働者とその家族たちにたいして向けるすさまじい差別感情と憎悪については、たとえば、西ドイツの全外国人の三四パーセントを占めるトルコ人の労働者に変装して働いた実体験を『最底辺』と

題するルポルタージュ作品に描いた一九四二年生まれの作家、ギュンター・ヴァルラフによっても報告されている。(12)

一九八二年十月現在、ドイツ連邦共和国（西独）の総人口は六一六七万人だった。この月、失業者はついに二〇〇万人を突破した。それは、労働人口の八・四パーセントに当たる高い失業率だった。同じ時期、連邦共和国に暮らす外国人労働者は、一九〇万人だった。家族を合わせると、外国人の数は四六五万人に上った。全人口に占めるその比率は、七・五パーセントだった。(13)これは、ナチ党が躍進した一九三〇年におけるユダヤ人の比率の八・三倍以上に相当する。――そして、そればかりではなかった。一九〇万人という外国人労働者の数は、ドイツ人失業者の二〇〇万人をほぼ解消しうる数値だったのである。

一九三三年一月三十日の五十周年を迎えようとしていたとき、ドイツは、じつは、ヒトラー内閣発足の直前にもまして危機的な状況にあったのだ。二〇三三年に「一九八三年を二度とくりかえすな」と言われることになる契機は、社会に充ちていた。その現実のなかで、一方では過去を過ぎ去ったことにする政策が推進され、他方では過去の実感がくりかえし再生産されて過去を生きつづけさせていたのである。前者は、「第三帝国」と現在のドイツとは別であるとして、過去と現在とを切り離しつつ現在の実像を遮蔽し、後者は、実感と過去の実像との乖離を意識化しようとしないまま、ナチズムの過去への密《ひそ》かな郷愁となって、現在の外国人排撃や抑圧的管理体制を黙許していた。――だが、「三三年の五十周年、きょうの五十周年」という問題提起は、ナチズムを免罪しようとするこれらの志向だけを批判対象としていたのではなかった。ナチズムの過去を忘れてはならないとする思いが、未来の生態系破局《エコ・カタストロフ》をひたすら危惧する一部のエコロジストたちとまったく同じように、現在の現実との対決を――過去に向かうか未来に向かうかの違いこそあれ――回避していることを、それは批判したのである。

後世が過去のナチズムと向きあうのは、現在の現実との対決を通してでしかない。このことを、西ベルリンの高等中学校の生徒たちが教師たちとともに試みたひとつの現実発見の作業も、また、物語っていた。反ファシズムを生徒たちが自分の問題としてとらえたのは、歴史的な知識と倫理的な判断を一方的に押しつける現在の教育が無効であることが発見され、それとは別の道が模索されたことと、無関係ではないだろう。そしてもちろん、「三三年の五十周年、きょうの五十周年」という問題提起そのものが、きょうにたいする鮮烈な危機意識と批判とにもとづいてのみ可能だったのだ。ナチズムの過去を過ぎ去ったことにしないというのは、過去を想起し、過去をこころに刻むことではない。現在の現実がもうひとつのナチズムを生むのを許さない試みを、現在に生きるものが実践することである。この試みがなければ、過ぎ去った過去は実感というもっとも身近なところで現在に生きつづけるのだ。そればかりではない。ナチズムの過去が、過ぎ去ったものとしてではなく生きた姿を現在のまえに現わすのは、過去を体験しなかった後世が、現在の現実のなかにあるまったく別の姿をとった新たなナチズムとの対決を、みずからの課題として引き受けるときだけなのだ。

第一部　ドイツの受難と英霊神話の創生

行進するSA。エルク・エーバー画。

I　虚無に向かってさすらうものたち

――レオ・シュラーゲターとメラー＝ヴァン＝デン＝ブルック

1　総統に捧げられた戯曲

一九三三年四月二十日、アードルフ・ヒトラーは満四十四歳の誕生日を迎えた。それは、かれがこの年の一月三十日に首相の座についてから初めての誕生日だった。

内閣成立の当初、かれの率いる国民社会主義ドイツ労働者党（NSDAP＝ナチ党）は、政権与党とはいえ、首相以外の十一名の閣僚のうちわずか二名を占めるのみで、しかもそのうち一名は無任所相でしかなかった。それが、三ヵ月もたたぬうちに、反対派諸政党の活動を封じ込め、批判勢力を沈黙させて、事実上の独裁体制を確立しつつあった。

三月二十三日に国会で採択され翌日から施行された「全権委任法」によって、かれの政府は、法律の発布、国家予算の運営管理、外国との条約の締結、憲法の改定を、国会での審議なしに行なう権限を与えられた。しかも、これらの政府権限はすべて中央政府の首相、つまりヒトラーに委託されることになっていたのである。それよりさき、三月五日の国会選挙で、連立与党は過半数をわずかに上回る三四一議席を獲得したにすぎず、ナチ党単独の議席数は二八八、得票率は四三・九パーセントにとどまった。だが、よく知られているとおり、ナチ党は、二月二十七日に起きた国会議事堂炎上事件を共産党の犯行であるとして、当選した共産党議員八一名の全員が逮捕またはそれを逃れるための「地下潜行」によって登院できなくなる状態をつくりだした。「全権委任法」の成立には、議員総数六四七名の三分の二以上の出席と、出席者の三分の二以上の賛成とが必要だったが、この共産党議員の数を除外することで議員総数は五六六となり、その三分の二も、本来の四三二から三七八に減じるとされた。それでもなお、法案に反対の社会民主党（一二〇議席）と、最後まで態度を決めかねていたカトリック政党の中央党（七三議席）がもしも欠席戦術をとれば議事は行なえなくなるため、無断欠席議員を出席の扱いにできる裁量権を議長に与える措置がとられたのである。そして、「全権委任法」の運用にあたっては中央党と協議する、という約束をヒトラーと党首脳との会談で与えられた中央党が、結局は賛成にまわったことによって、法案は四四一対九四で可決された。反対は社会民主党ただ一党だったが、社会民主党議員のうち二六人は、妨害のために登院できないままだった。

すでにこれに先立って、三月十三日には新たに設置された国民啓発・宣伝省の大臣に、ナチ党宣伝部長で党ベルリン大管区長《ガウライター》のヨーゼフ・ゲッベルスが就任していた。「全権委任法」を審議する国会の議長席から双眼鏡で野党議員の表情を監視した国会議長、ヘルマン・ゲーリングは、四月十一日、プロイセン首相となり、首都ベルリンを管轄するもっとも重要なこの州をナチによる中央集権体制に従属させる仕事にとりかかった。ヒトラー内閣の無任所相でもあったかれは、やがて四月末には新設の航空大臣ポストに就くことになる。施行された全権委任法のもとで三月三十一日と四月七日の二次にわたって発せられた「均質化《グライヒシャルトウング》法」は、各州議会の政党の議席数を国会（従来から「帝国議会《ライヒスターク》」と称されていた）における議席数に比例させること、各州の行政長官として帝国総督を中央政府が任命することを定め、伝統的な地方分権を解体してナチ党による中央集権を確立する過程を推し進めつつあった。全権委任法の成立に決定的な貢献を行なった中央党も、やがて七月五日には解党を余儀なくされ、六十三年余の歴史を閉じるのである。

この年の誕生日をヒトラー自身が特別の感慨をもって迎えたであろうことは、それゆえ、想像に難くない。権力掌握に至るまでの「闘争時代」をともに歩んできたナチ党幹部たちにとっても、それどころか、かれの首相就任を蜿蜒たる松明《たいまつ》行列で祝った「突撃隊」（ＳＡ《エス・アー》）や「ヒトラー青年団《ユーゲント》」をはじめとする国民社会主義者とその支持者たち、さらには事態の進行を見て急遽ナチ党に身をすり寄せた「三月の戦歿者」[1]たちにとってさえ、一九三三年の四月二十日は、慶賀に値する日であるにちがいなかった。

その日、ベルリンの国立劇場で、ひとつの戯曲が初演の幕を開けた。四幕三十二場からなる『シュラーゲター』[2]がそれである。作者、ハンス・ヨーストは、この戯曲をすでに前年の一九三二年に完成させていたが、上演にはこの記念すべき日が選ばれたのだった。

ハンス・ヨーストの戯曲『シュラーゲター』は、ヒトラーの誕生日を祝うのにふさわしい作品だった。ひとつには、作者が、国民社会主義《ナチズム》運動の内部で、それにふさわしい位置にいたからである。初演と時を同じくして出版され、版を重ねつづけることになる脚本の単行本には、「アードルフ・ヒトラーのために——敬愛の念と変わらぬ誠実さとをこめて」という献辞が掲げられていた。これは、それから二年後に刊行されたかれの旅行記、『仮面と素顔——ある国民社会主義者のドイツからドイツへの旅』[3]に添えられた親衛隊（ＳＳ《エス・エス》）長官、ハインリヒ・ヒムラーへの献辞——「誠実な友情をこめて」——とともに、ナチズム体制におけるヨーストの位置をよく表わしている。だが、それにもまして、この一篇の戯曲は、首相としてのヒトラーの最初の誕生日を契機に、「国民革命」、つまりナチ党による権力掌握の意味を、あらためて問いなおし、観衆のこころに刻みつけるのに適した内実をそなえていたのである。そしてまた、この内実によって、作品そのものが、新しいドイツの演劇の

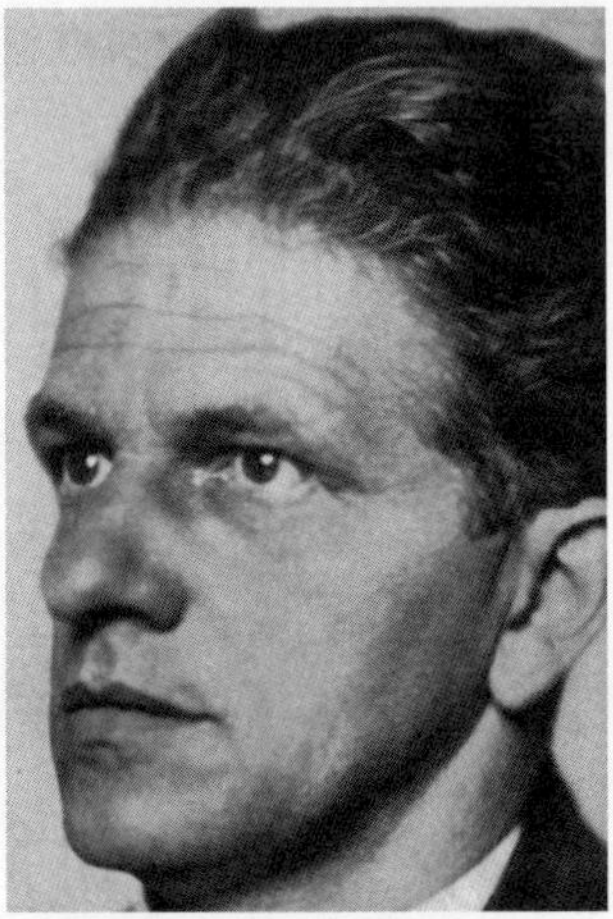

ハンス・ヨースト

開幕を告げるものともなったのだった。「新しいドイツ演劇が途についた。ヨーストのシュラーゲターとともに、それは、新政権の最初の数週間のうちにみずからの地位を獲得するのに勝利したのである。」――「第三帝国」の文学界で重鎮のひとりと見なされるようになる文学史家パウル・フェヒターは、『シュラーゲター』初演の当時、新聞紙上でこう評している。(4)

一八九〇年七月八日、シュレージエン（シレジア）とベーメン（ボヘミア）に近いザクセンの都市ドレースデンの近郊に生まれたハンス・ヨーストは、第一次世界大戦のさなかに劇作家の道を歩みはじめ、そのころ前衛的な文化運動として社会を震撼させていた表現主義（Expressionismus）の、演劇分野におけるもっとも代表的なひとりと目されるようになった。戦後はナショナリズムの傾向を強め、早くも一九二四年には、文化領域で最初のひとりとしてナチズム支持を表明したのだった。一九二九年からは、ナチ党の文化組織、「ドイツ文化闘争同盟」の文学部門における責任者に任命されていた。二七年八月のナチ党第三回全国大会での決定にもとづいて二八年十二月に設立されたこの団体は、党の代表的なイデオローグのひとり、アルフレート・ローゼンベルクの主導のもとで、二十世紀の初頭に始まる前衛的な芸術・文学や、文化領域のあらゆるモダニズム的潮流にたいする攻撃をくりひろげ、政権獲得後は、文化のナチ化に大きな役割を演じたのだった。つまり、ヨーストのナチズムへの転向は、みずからの芸術的過去にたいする全面否定の実践でもあったのである。政権獲得とともに開始された文化領域での「均質化」の過程で、ヨーストはベルリンのプロイセン国立劇場の首席演劇監督ならびに芸術部長となり、さらにはヴァイマル民主派の文学者やユダヤ人作家たちを追放して改組された「ドイツ文学アカデミー」の総裁と、文化の国家統制のための機関である「帝国文化院」の一部門、「帝国著作院」の総裁にも就任する。「帝国文化院」をも支配下に置いていた民衆啓発・宣伝大臣、ヨーゼフ・ゲッベルスに次いで、ハンス・ヨーストは、「第三帝国」の文学界の第二人者、いや、実作者としてはまさに第一人者だったのである。それに加えて、かれはまた、プロイセン州政府首相のヘルマン・ゲーリングによって任命されるプロイセン政府行政顧問官のひとりであり、ナチ党親衛隊《エス・エス》の幹部としては旅団長（少将相当）の地位にまで昇進したのだった。(5)

戯曲『シュラーゲター』は、ナチズムの運動のなかでこのような位置を占めている一作家によって書かれたのである。ナチス文学の代表作のひとつと見なされて当然のこの作品にたいしては、反ナチズムの側からは、ともすれば、劇中で主人公シュラーゲターの同志たるフリードリヒ・ティーマンが吐くセリフ、「文化なんて言葉を聞くと、おれは拳銃の安全装置をはずすんだ」というセリフを引きあいに出して、文化を敵視するナチズムの正体をむきだしにした典型的な実例、という非難が投げつけられることが多かった。(6) 初演のさいにそのティーマン役を演じた俳優のファイト・ハーランが、のちに、ナチ映画におけるメロドラマの代表作とされる『ティルジットへの旅』（一九三九年）や、反ユダヤ主義の煽動映画として悪名高い『ユダヤ人ジュース』（四〇年）、敗戦直前に制作上映された「第三帝国」最後の映画のひとつ、『コルベルク』（四四年）などの監督となったことも、あるいは、ティーマンのセリフを強く印象づける一因だったかもしれない。けれども、じっさいに脚本を読んでみれば、この作品はけっして簡単に軽蔑しておけばすむような通り一遍の駄作ではないことがわかるだろう。むしろ、ひとつの芸術表現としても、またそこに含まれている問題の重要性の点でも、ナチズム文学を代表する所産のひとつとされるにふさわしい内実を、この劇はそなえているのである。

る。

2　レオ・シュラーゲターの衝撃

ハンス・ヨーストの戯曲『シュラーゲター』は、ほんの十年ほど前に起こった現実の一事件に題材をとっている。

——一九二三年三月十五日の深夜、ドイツ西端のルール地方をほぼ南北に走る鉄道が、デュッセルドルフとデュースブルクのあいだの地点で爆破された。

爆破の実行者たちは、事件ののち一ヵ月ほどのあいだにあいついで逮捕された。仲間のうちに当局のスパイが入り込んでいたためだ、とも、また逮捕されたものが簡単に共犯者の名を自白したためだともされている。逮捕された青年たちは、フランスの軍事法廷で裁かれることになった。そこは、フランス軍によって占領されていたからである。

フランスとベルギーによるいわゆるルール進駐は、同じ年の一月十一日に開始された。ヴェルサイユ条約で定められた賠償責任を敗戦国ドイツが実行せず、木材、電柱、石炭などの引渡しが遅滞している、というのがその理由だった。ドイツの石炭の七二パーセントを産出する国内最大の石炭産地であり、鉄鋼総生産量の五〇パーセント以上を占める重要な工業地帯でもあったルール地方の占領が、壊滅状態に置かれたドイツの工業と経済をさらに決定的に悪化させるものであることは、目に見えていた。その直前の二二年十一月二十二日、中央党のヴィルト内閣が、共和派の色彩を強めていたドイツ人民党（DVP）の入閣を連立相手の社会民主党（SPD）が拒否したことによって退陣したあとを受けて、中央党（Zentrum）、人民党、ドイツ民主党（DDP）などの連立によるクーノ内閣が発足していた。クーノ政府がルール進駐にたいしてとった方針は、「消極的抵抗」を国民に呼びかけることだった。被占領地域の公務員がフランスの命令に従うことや、国民が石炭を始めとする物資や食料品、宿泊施設などをフランス軍に提供することを禁止するかたわら、軽率な行動に出ないよう、くりかえし訴えたのである。だがもちろん、政府のこの対応を手ぬるいとする愛国者たちや右翼グループは、もっと「積極的」な反撃に転じることを主張した。フランスがルールの石炭を本国へ輸送する幹線鉄道の線路を爆破したこの青年たちは、そうした歴然たる右翼的部分の主張を代表していたばかりでなく、一応は政府の方針を黙許しながらも反仏感情を疑いもなくつのらせ内攻させていた広範なドイツ国民の心情を、身をもって代弁したのだった。

裁判は形式《かたち》だけのものだろう、という一般の観測を裏切って、占領地デュッセルドルフで開かれたフランスの軍事法廷は、主犯と目されたひとりに銃殺刑、他のものたちにも十五年ないし二十年の重労働を宣告した。ドイツ政府の抗議、ローマ教皇やスウェーデン女王、国際赤十字社などからの助命の呼びかけ、そしてもちろんドイツ国内の激しいフランス糾弾の声の高まりにもかかわらず、二十八歳の主犯の青年は、四月七日に逮捕されてからちょうど五十日目の五月二十六日未明、デュッセルドルフ郊外のフランス軍駐屯地で銃殺によって処刑された。

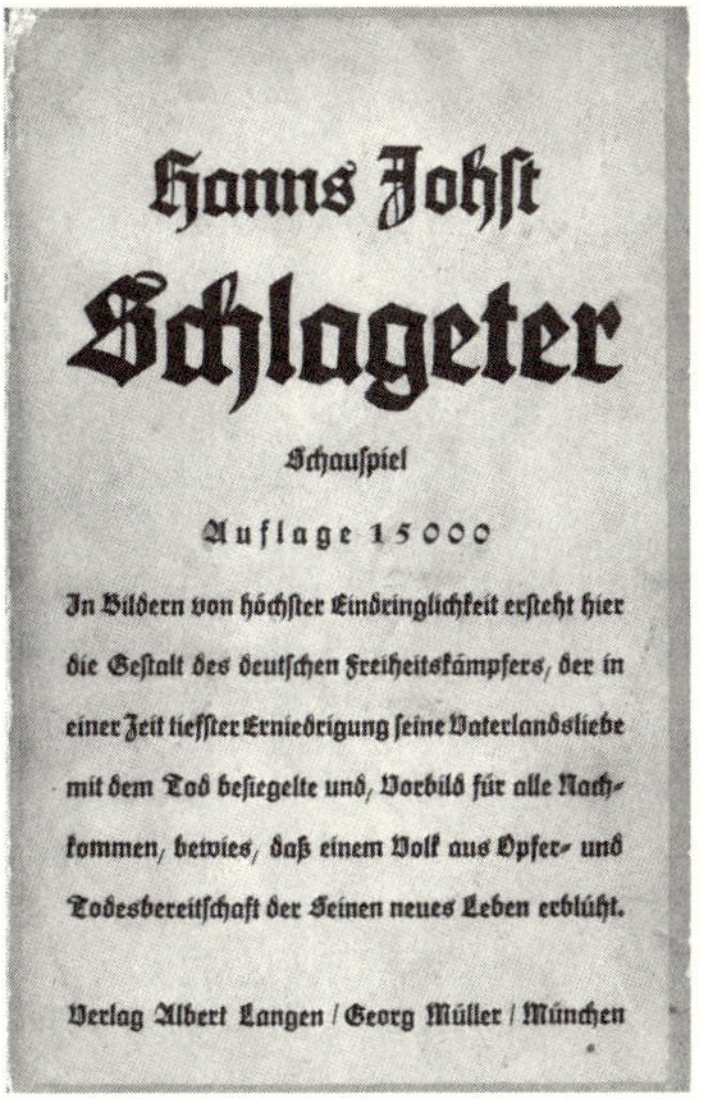

『シュラーゲター』表紙。

その青年、アルベルト－レオ・シュラーゲターの刑死は、おそらくフランスの思惑を超えて、ドイツの、そして世界の歴史に深刻な影響をおよぼすことになったのである。敗戦のドイツに勃発し燃えひろがった社会主義・共産主義革命を鎮圧するのに大きな功績のあった右翼的諸勢力、とりわけ反革命義勇軍団《フライコール》のメンバーたちやその同調者たちにとって、シュラーゲターは国民的英雄となった。すでに退潮が歴然としていたとはいえ、一九一八年十一月に始まるドイツ革命の一時代が、一九二三年という年を最終的な敗退・終焉のときとしてその歴史を閉じなければならなくなったのも、シュラーゲターの行動が革命の実践を超える衝撃と共感を国民のなかに生み出したからでもあったかもしれない。そして、もしも、シュラーゲターが一九二三年春に決起し処刑されることがなかったとしたら、同じ年の十一月九日、かれらにとって祖国への裏切りであり背後からの一突きであったドイツ革命の五周年を期して、かれら自身の革命の第一撃たるあのミュンヒェン・クーデタを敢行する決意を、ヒトラーたちが固めたとは限らないのだ。ナチ党は、逸早く、「シュラーゲターは一九二二年中頃にナチ党に入党しており、その党員番号は六一番である」と発表していたのだった。かれの死は、時間とともに風化していくこともなかった。かれの墓碑には、第一次世界大戦当時の愛国主義的なドイツ詩を代表する「労働者詩人」、ハインリヒ・レルシュの、人口に膾炙した「兵士たちの別れ」[7]の反復句《リフレーン》、「ドイツは生きねばならぬ、われらは死なねばならぬとも！」が、銘として刻まれた。六月十日には、ナチ党を始めとして「積極的抵抗」を呼号する諸団体が、ミュンヒェンでシュラーゲターの葬儀を挙行した。そして、かれの死から八年を経た一九三一年には、処刑の場に、高さ三十一メートルの巨大な十字架の慰霊碑が、民族主義的な諸勢力の醵金によって建立された。ナチ党が二度の国会選挙で飛躍的に躍進して政権に大きく近づく一九三二年の、前年のことである。

アルトゥーア・メラー-ヴァン-デン-ブルックもまた、レオ・シュラーゲターに大きな共感を寄せたひとりだった。ヨーロッパで最初の包括的なドストエーフスキー全集である全二十二巻のドイツ語版全集（一九〇五―一五年刊）の編訳者E・K・ラージン（E. K. Rahsin）としても知られるアルトゥーア・メラー-ヴァン-デン-ブルックは、のちの歴史のなかでは、ナチズムに影響を与えた先駆者のひとりとして位置づけられることになる。

かれの代表作、『第三帝国』（*Das Dritte Reich*）は、よく知られているとおりヒトラー支配下のドイツ国家の名称となって生きつづけるのだが、一八七六年四月二十三日に生まれて一九二五年五月三十日に死んだ著者の生前の最後の著作であるこの本が刊行されたのは、シュラーゲターたちが決起し処刑されたまさにその同じ一九二三年だった。このなかではシュラーゲターの名も、かれらのフランスにたいする行動も、直接的には何ひとつ触れられていない。おそらく、鉄道爆破と軍事裁判の事件以前に、すでに本文のすべてが書き終えられ、著者の手を離れていたからだろう。[8] しかし、二六〇余ページからなる大判のこの一巻のテーマは、まさにシュラーゲターたちが実行に移すことになることがらを、実現されるべき理念として歴史的・思想的に論じることだったのである。刊行をまえにして最後に書かれたと思われる序文のなかで、著者は、ルール侵攻に言及して、これにいたる過程とそれが触発した事態が、敗戦後もっぱら政党政治に身をゆだねてきたドイツ人のなかに、ひとつの変化を生み出したこと、「ルール侵攻」はそれゆえひとつの転機となりえたはずだったことを、指摘している。この本ではそれ以上のことを記せなかったとはいえ、鉄道爆破が実行され、実行者たちが断罪されたのち、メラー‐ヴァン‐デン‐ブルックは、わずか一ヵ月たらずの期間に少なくとも三篇の文章を、シュラーゲター事件について発表したのである。

いずれもかれ自身が中心的な執筆者だった週刊誌、『ゲヴィッセン』（良心）に掲載され、のちに論文集『若い諸民族の権利』[9] に収められたこれらのなかで、メラー‐ヴァン‐デン‐ブルックは、シュラーゲターをみずからの陣営の同志として敵の手から守ろうとする。それも、敵の攻撃からではなく、敵による防御から守ろうとするのである。――というのは、敵でさえもシュラーゲターたちの行為を擁護し称揚したからだった。

三篇の文章が著者の死後、単行本『若い諸民族の権利』におさめられたとき、おそらく編者の配慮によってだろう、それらの冒頭に「レオ・シュラーゲター――虚無に向かってさすらうもの」（*Leo Schlageter, der Wanderer* ins Nichts) という表題で、著者のものではないひとつの発言が再録された。発言者はカール・ラデック、発言の時と場所は、一九二三年六月二十日、共産主義インターナショナル（コミンテルン）拡大執行委員会の席上である。ウクライナのポーランド国境に近いリボフに生まれたラデックは、その当時、コミンテルン執行委員会の常任幹部会員として、とりわけドイツの運動の指導を担当していた。この年から激化するトロツキー派とスターリン派の抗争では、かれは当初トロツキー側の中心人物のひとりだった。その後、曲折をかさねながら国際共産主義運動とともに歩んだかれの道が、ついにスターリンによる粛清のなかで断たれたのは、一九三九年のことである。(10)

一九二三年六月のラデックの発言は、共産主義者であるかれがフランス帝国主義にたいする抵抗としてシュラーゲターの行動を擁護する、という次元をはるかに超えて、シュラーゲターを英雄と認め賞讃する響きをおびていた。シュラーゲターたちの実践が、コミンテルンの基本方針である国際主義《インターナショナリズム》とは相容れない国粋主義《ナショナリズム》的な愛国主義にもとづくものだったことを考えるなら、これは奇異の感を与えずにはいない。たとえば、「反革命の勇敢な兵士、シュラーゲターは、革命の兵士たるわれわれによって男らしく誠実な評価を与えられるだけの価値がある」というような言いかたは、敵対する陣営からの発言としては、意想外のものだからだ。

ラデックは、しかしじつは、手放しでシュラーゲターをほめたたえていたわけではなかった。「かれが選んだ死の危険をともなう道は、かれが自分はドイツ民衆に奉仕しているのだと確信していたことを物語り証し立てている。だがシュラーゲターは、これまでドイツ民衆を導いて名状しがたい不幸のなかに連れ込んだその諸階級が立直るのを助けてやることで、自分がもっともよく民衆に奉仕していると信じたのだ。シュラーゲターは、労働者階級は平定されなければならない暴徒どもだと見なしていた。そして、内部の敵が打倒されてしまわないかぎり協商国側とのいかなる闘いも不可能である、と平然とうそぶくレーヴェントゥロー伯爵とかれが意見を同じくしていることは、まったく確実だ。その内部の敵とは、しかしシュラーゲターにとって、革命的な労働者階級だったのである。」――レーヴェントゥローとは、その翌年ナチ党選出の国会議員となった軍人ジャーナリスト、エルンスト・グラーフ（伯爵）・ツー・レーヴェントゥローである。少なくとも、ラデックがシュラーゲターの政治的立場を誤りであると考えていたことは間違いない。

ラデックは、ドイツの民衆もしくは民族（Volk《フォルク》）に奉仕するはずだったシュラーゲターの行為が、じつはドイツの権力者たちにとっては迷惑なものであり、「国際ファシスト」たちにとっては内輪もめにほかならず、かれの死はかれの味方の陣営内でも生かされないままに終わっていく、と見ていたのである。「虚無に向かってさすらうもの」という表現は、呼応するものも後続部隊もないこのような空しい行為を言い表わすために、ある小説の題名を引いてラデックが述べたものだった。シュラーゲターの行為がそのようなものでしかありえないのは、ラデックからすれば、敵を見誤り「革命的労働者階級」に敵対しつづけてきたシュラーゲターたちの当然の報いだった。

シュラーゲターの短い生涯は、それにたいする評価はともかく、たしかに、ラデックが指摘するとおりのものだった。一八九四年八月十二日に西南ドイツのシュヴァルツヴァルト地方で生まれたかれは、大戦が勃発したときちょうど二十歳となった世代のひとりだった。高等中学《ギムナージウム》の最上級生として開戦を迎え、砲兵聯隊を志願して、繰り上げ卒業によって前線に送られた。西部戦線を転戦し、一九一八年十一月の敗戦がやってきたときには、鉄十字勲章第一級を授与された少尉になっていた。復員して大学で神学の勉強を始めたものの、戦後の激動を座視していることができなかったかれは、ふたたび武器を執って、反革命義勇軍《フライコール》（Freikorps）に身を投じたのである。そして、共産主義革命を殲滅するためにドイツ国内で戦ったばかりか、ロシア革命に干渉して平和維持活動を展開する協商国側の部隊とともにバルト海沿岸のラトヴィアに侵攻し、さらに一九二一年春には、上部《オーバー》シュレ

アルベルト・レオ・シュラーゲター。

ージエンの帰属をめぐってポーランド系住民が起こした反ドイツの武装闘争を撃滅する戦いに、やはり義勇軍の一員として参加したのだった。

ラデックの発言の第一の論旨は、それゆえ、身命を賭して民衆（民族）に奉仕することをシュラーゲターが希っていたとすれば、そのかれが歩むべき道は革命的労働者と共産主義革命とに通じる道以外にありえなかった、という確認である。この道を歩むかわりに、かれは革命的労働者に敵対し、列車を脱線させることはあっても協商国資本の勝利を阻止することなどできない爆破工作に生命を賭した。かれとかれの仲間たちは、ドイツ民衆が ルール占領にたいして行動に立ち上がらないことに絶望して、「ドイツ民衆《フォルク》の大多数を敵として扱った」のだ。こうして、民衆への奉仕を志しながらその民衆と敵対してファシズムの道をたどったシュラーゲターは、虚無に向かってさすらう旅人でしかありえなかったのだ。――こう確認することによってラデックは、もちろん、過激な、正当にも過激なドイツの極右青年たちに、国際共産主義の側からの呼びかけを行なっていたのである。ルール占領は、ドイツの極右勢力たる過激なナショナリストの陣営を一気に力づけた。ヴェルサイユ体制にかねてから反対していたドイツ共産党とコミンテルンの内部には、これらナショナリストとの連携によって、反ヴェルサイユ体制の国民感情を助長し、共産主義革命にとって有利な状況を切り開くべきだ、という見解が存在していた。カール・ラデックは、この見解にもとづいて、ナショナリストたちの獲得と、ナショナリズム陣営の分断とのために、シュラーゲターを称讃したのだった。

だが、それと同時にまた、ラデックが、「ドイツ・ナショナリズムのこの殉教者の運命は黙殺されてはならないし、吐いて捨てるようなきまり文句で片付けられるのであってはならない」と述べながらコミンテルン執行委員会の会議でシュラーゲターに言及したとき、かれは、自分自身の陣営に向かって語りかけようとしていたのである。これが、かれの発言の第二の、ひょっとするといっそう本質的な趣旨にほかならなかったのだ。もしもドイツの革命的労働者やその同志たちがシュラーゲターほどのラディカリズムを自己のものとしていたなら、ドイツ革命はこのように敗退を重ねることはなかっただろうし、ソヴィエト・ロシアのますますの孤立にかわって世界社会主義共和国が実現に向かう歩みをすすめていただろう――こういう思いがかれの胸をしめつけていたにちがいないことは、かれの発言の言葉のはしばしから読みとれるのである。戦後ドイツの進路を決する激動の一時期に、英雄的なラディカリズムを待望し、それに未来を託そうとしたのは、ナショナリズムの側だけではなかったのだ。そしてまた逆に、現在の現実を根底的な変革によって、革命によって覆そうとしていたのは、共産主義運動だけではなかった。インターナショナリズムを標榜する共産主義陣営と、ラディカルなナショナリスト諸派とが、ともに現状の変革をめざして、闘いをくりひろげていたのである。ここでは、ナショナリズムは共産主義にたいする「反動」などではなく、それ自体、革命の理念だった。

ラデックの発言にたいするメラー＝ヴァン＝デン＝ブルックの批判は、まず、一九二三年七月二日号の『ゲヴィッセン』誌に発表された。表題は、ラデックの言葉をそのままとって、「虚無に向かってさすらうもの」(*Der Wanderer ins Nichts*)となっている。

メラーはまず、シュラーゲターを英雄に仕立てようとするラデックのこうした発言をわれわれは予期していた、と述べる。ラデックというのは、あらゆることを自己の陣営の利益のために役立てようとする人物なのだ。「もしもそれが革命の打撃力をそぎかねない場合には、倫理的な配慮などというものにとらわれない点でラデックほど自由な人間はひとりもいない。」――三年前、やはりラデックがナショナリズムについて語ったことがあった。ラウフェンベルクらの「ナショナル・ボリシェヴィズム」について論じたときである。そのときは、ラデックはラウフェンベルクたちの運動に反対した。かれらのナショナリズムが党にとって脅威となると考えたからだ。その同じナショナリズムをラデックが今度は英雄的行為として称揚するのを、ドイツ社会民主党（SPD）の機関紙『フォーアヴェルツ』（前進）などは「日和見主義」と見なしているが、それは当たらない。ラデック自身、ラウフェンベルク一派を批判する文書のなかで、「日和見主義と事実の算定とは別だ」と書いている。「ラデックはつねにリアリストであった」とメラー＝ヴァン＝デン＝ブルックは言う。

ラウフェンベルクらの「ナショナル・ボリシェヴィズム」とは、一九一九年十月のドイツ共産党（KPD）第二回党大会で中央委員会のテーゼに反対して活動停止処分を受けた左翼反対派の方針のことである。自国のブルジョワジーまでも抱き込んで協商国側と闘うことを主張したハインリヒ・ラウフェンベルク、フリッツ・ヴォルフハイムらのグループは、「ハンブルク派」と呼ばれる分派をつくり、二〇年二月の第三回党大会で除名されたのち、「ドイツ共産主義労働者党」（KAPD）を結成したのだった。この党は、表現主義の左派やダダイストたちを中心とする二〇年代初期のプロレタリア文学・芸術運動に積極的にコミットしたことによっても、歴史に足跡をとどめている。メラー＝ヴァン＝デン＝ブルックは、その一派が登場した当時と現在との状況の違いをラデックが的確につかんでいる、と指摘する。世界革命の達成が現実性を持っていると信じられた三年前と比べて、いまやプロレタリア革命はほとんど絶望的な情勢である。ラデックたちの陣営が依然として固執する「資本」と「労働」との二項対立で現在の資本主義をとらえるやりかたは、もはや通用しないのだ。なぜなら、メラーは現下の世界情勢をつぎのようなものとして把握するからである。「自由な商業家資本主義に共同体的結合の企業家資本主義がとってかわるようなひとつの資本主義が形成されつつあるのであって、そこにおいては「資本」と

「労働」は同義であり、「資本」とはもはや貨幣ではなく、権力を、処置の権限を、活動の自由を意味するのである。このような資本主義によるこのうえなく深刻な逆転を、社会主義は恐れなければならない。このような資本主義は、多数者の搾取にかえて万人の労働をつくりだし、共産主義からその諸前提を奪い去る。地球全体の搾取が着々と準備されているが、それにはすべての優越民族が、自己の精神的な発展および労働面での発展による能力の度合に応じて、関与することになろう。ソヴィエト・ロシアはこの体制に適応せざるをえないであろうし、こんにちすでに適応せざるをえなくなっている。しかし、もしもソヴィエト・ロシアが協力を拒めば、世界資本主義がこの唯一の社会主義国家を外交的に包囲し、ついには圧殺する可能性——それは英露対立としてすでについさきごろモスクワをいたく興奮させたのだった——が、ますます高まるのである。」

メラー-ヴァン-デン-ブルックは、つまり、資本家階級のインターナショナリズムと労働者階級のインターナショナリズムとが階級闘争というかたちで対峙するような時代は終わりを告げ、民族国家が他の民族国家と利潤や権益をめぐって熾烈に闘う時代が始まりつつある、と見ているのだった。かれは、リアリストであるラデックもまたこのことを見通している、と考える。この見通しをまえにして、ラデックは最後の打開の道をさがし求め、国際資本主義の個々の国家のあいだの矛盾対立のなかにそれを見出して、闘うドイツのナショナリストを同盟者として獲得しようとするのだ。

アルトゥーア・メラー-ヴァン-デン-ブルック。

だが、記憶されなければならないのは、ラデックがかれの演説のなかで、再三再四つぎの問いをナショナリストに突きつけたことである。諸君はだれと同盟すべきなのか？　だれの側に立って諸君は闘うつもりなのか？　だれを頼りにしようと諸君は考えているのか？／われわれは答えよう。地政学上の理由からしてもすでに、ドイツが西にたいして、協商資本主義にたいして、世界資本主義にたいして行なう国際闘争のなかでドイツ民族が東を「頼りにする」のは既定のことである、というのは自明の理なのだ——何らかの政府をではなく、東そのものを、ひいてはまたロシアを、である。だが、もしも東が、もしもロシアが、まったく頼りにならないとしたら、どうだろう？　両国を同じように脅かすヴェルサイユ条約に反対して両民族が行なった闘争のなかで、ドイツ人とロシア人が一体となった、という感情は、崩壊ののちのドイツ民族のなかではきわめて生きいきとしたものだった。ラデックはよく知っているはずだ、なぜそれが当時そうした提携にまで至らなかったのかを。ラデックは知っているはずだ、当時ロシアがドイツの経済をボリシェヴィズムの従属下に置くことを要求したのを。そしてラデックはこのことに劣らず知っているはずだ、革命的なドイツのプロレタリアートというのが当時どのような精神状態にあったかを。かれらの幼稚な考えは、反資本主義的な憤激のあまり、有価物品を自分の手につかむというのは生産を叩きつぶすことだ、くらいに思っていたのである。ラデック自身、これを一再ならず嘆いたのだった。かれはまた、ドイツの社会主義者たちが平和主義に熱を上げる愚かしさを非難した。そのためにかれらが、最後の隠された武器までも協商国側に見せてしまうことになったからだ。当時、ドイツを任せられるようなドイツの共産主義者など、ひとりもいなかった。そして、もしもボリシェヴィズムのドイツになっていたとしたら、ドイツ経済が完全に使いものにならなくなってしまうような、ロシアの目的にとってもそうなってしまうような、そういう状態におちいっていたことであろう。〔／は改行箇所を示す〕

「崩壊」とメラーが言うのは、第一次世界大戦でのドイツの敗戦のことである。ドイツは戦争に敗れたのではなく、国内の裏切り分子のために背後から匕首《あいくち》で刺されて崩壊したのだ、というのが右翼・愛国主義陣営の主張だった。その崩壊直後の状況から、三年、四年、五年と経つなかで多くのことが変わったが、共産主義者たちは旧態依然ではないか、とメラー－ヴァン－デン－ブルックは詰問する。だが、かれがここで言おうとしているのは、ドイツの共産主義者たちは同盟の相手として信頼できない、ということだけではない。メラー－ヴァン－デン－ブルックは、マルクス主義と唯物論とからなる歴史哲学にもとづく共産主義はすでにナショナリズムの歴史哲学に乗り越えられている、と断定するのである。――ラデックたち共産主義者は、大戦勃発以前には、ヨーロッパの勢力配置がこんにちのようなものになるとは、夢にも考えなかった。いまもまた、一九二三年の状況を一八一三年の対ナポレオン戦争の状況と同一視し、いまナショナリズムが果たす役割もあの当時と同じであると考える誤りにおちいっている。そして、あのときナショナリストたちの反ナポレオン戦争の結果として農民が解放されたように、今度は労働者階級が解放されるのだ、などと考えて、闘うナショナリストに理解を示すのである。だが、ナショナリストは自分たちの役割がそんなものだなどとはこれっぽちも思っていない、とメラーは言う、

ドイツのナショナリストは幻想主義者《イリュージョニスト》ではない。かれらは、自分たちの国がなすべき事柄や置かれた状態を、絶望的なまでに深刻に、そしてまた、国のためを思えばこそ、絶望的なまでに醒めた目で、とらえている。もしもこんにちどこかに幻想主義が存在するとすれば、いまでもそれは、世界革命が「何もかもちゃんと作り出してくれる」などとドイツの労働者たちに保証してみせる連中のところに、いちばん手っ取りばやく見つけることができるだろう。しかし、ある特定の階級だけに縛られているのではなく諸民族に妥当するようなひとつの歴史哲学を有する点で、ナショナリズムは共産主義にまさっている。すなわちそれは、諸民族がそれに支配され、それに従ってすべての解放闘争が実行されるような一定の心理的および政治的な諸法則についての、知

識にほかならない。古典古代の解放闘争のことを思い起こすなり、ロマン主義のそれや近代のそれを思い起こすなりするのもよかろう。この諸法則にのっとるという意味では、われわれは一八一三年からも学ぶことはできる。だが、われわれが直面している解放闘争の諸形態は、まったく新しいものであるだろう。そして、国民全体のみがこの解放闘争を貫徹しうるのだということを、ナショナリスト以上に明確につかんでいるものは誰もいない。もちろん、プロレタリアートが数字のうえでの多数派としてその国民の一員たることは、自明の理である。／だが、プロレタリアート自身は、この解放闘争を独力で担うことはできない。多数者はみずからを指導しえない。ただ意識のみが指導しうるのだ、シュラーゲターが持っていたような意識のみが。そして、ラデックが演説のなかで多弁に呼びかけた「何百人ものシュラーゲターたち」が、そのためにシュラーゲターが死に赴いた自由というものを、「ドイツで労働しかつ苦しんでいるすべてのものの自由」として理解していることをラデックが見なかったとすれば、それは、ラデックがドイツのナショナリストたちを動かしている根拠にきわめて疎《うと》いことを示しているのである。

これに続けてメラー＝ヴァン＝デン＝ブルックは、「プロレタリアートは国民《ナツィオーン》ではない──しかもドイツ民族のような発展をとげ分化のすすんだ民族《フォルク》においてはすでにまったくそうである」と述べて、「ここではむしろ、ドイツのプロレタリアートが階級闘争にばかりかまけて解放闘争に敗北する、ということになりかねないのだ！」（強調は原文のまま）と強調する。「われわれドイツ・ナショナリストにとって、階級闘争は前世紀の思想のひとつにすぎない。それにかわって、すでにずっと以前から、もっと別の、もっと普遍的な思想がいくつも登場しているのだ。」──こう断言するメラー＝ヴァン＝デン＝ブルックは、シュラーゲターの生と死を奪回することによってマルクス主義の死を宣告し、シュラーゲターの行動とともにナショナリズムそのものを、新しい時代の解放闘争の指導理念として称揚したのだった。

そして、そのすぐあとに続くつぎのような一節で文章全体をしめくくったとき、一見これまでの論理展開から逸脱しているかに思われるこの一節は、のちに言及するとおり、かれの革命思想にとって本質的な意味を持っていたのである、「ラデックは、手工労働者と合一することを頭脳労働者に促す。これでは、マルクス主義はいつまでも手工労働者だけに限られたままだろう。頭脳労働者を獲得することはないだろう。しかし、精神労働者たちは、民族のなすべき事柄を、自分たち自身のこととして引き受けていくだろう。」

3　ナチズムはシュラーゲターから何を得たか

アードルフ・ヒトラーは、『わが闘争』[11]の最終章でフランスによるルール占領に触れ、こう述べていた、「ルール地方の占領とともに、運命はもう一度ドイツ民族に再起の手をさしのべた。なにしろ、一見したところではやっかいな不幸と思われざるをえなかったことが、くわしく観察してみると、ドイツの苦しみそのものの終結を限りなく約束するような可能性を包摂していたからである。」

ヒトラーのこの評価は、かれが、戦後ドイツの革命的状況、かれの目からすればユダヤ的・ボリシェヴィキ的な混濁状況を、ナショナリズムによる国民統合の可能性へと転じる契機として、ルール占領をとらえていたことを物語っている。

ハンス・ヨーストの戯曲『シュラーゲター』もまた、このような転機を現実のものとするうえで重要な役割を果たしたひとつの具体的な実践を、主人公たちの決起のなかに見ている。けれども、ヨーストは、当然のことながら、その実践を、演劇表現として、虚構として、描き出すのである。主人公や副人物たちの言動のなかに、ナチ党員であり文化政策の責任者であるハンス・ヨーストの思想や信条が、そしてその背後にあるナチズムのイデオロギーが、こめられていることは言うまでもない。だがそれらは、演劇という表現のなかで、劇中の人物たちのセリフや所作と、演出および舞台構成の効果を通してのみ、生命を獲得する。

劇の筋《すじ》だけを追えば、この作品においてもまた、作者のメッセージを受けとめることは困難ではないだろう。まずひとつには、それは、戦友として大戦をともに戦った友人からの決起の誘いを、主人公が拒みつづけるところに現われている。敗戦後、勤勉な大学生となり、複式簿記の勉強に専心している主人公シュラーゲターが、友人フリードリヒ・ティーマンや、爆薬を持って現われた同じくかつての戦友であるユーバーニッツの誘いにもかかわらず、頑として直接行動への参加を拒否しつづける第一幕。そこでは、かれがあくまでも個人的なテロ活動によってではなく国家の方針としてフランスにたいする闘いがなされるべきだと考えていたことが、くっきりと描き出されていく。もちろん、このシュラーゲターの頑強な拒否の姿勢のなかには、最高の栄誉たる鉄十字勲章一級を授与された世界大戦の勇敢な将校であるかれが、思いもかけぬ敗戦と退位というかたちで皇帝に裏切られ、反革命義勇軍の兵士としては、戦後の動乱が鎮静化するにつれていわば梯子《はしご》をはずされ使い捨てられようとしていることにたいする、深い怒りと絶望感がこめられている。それにもかかわらず、事態を憂える戦友たちの心情を見殺しにできないかれは、ついに、このひとだけは信頼に値すると信じていた老将軍Xを訪ね、決起の命令を下すことを懇請して決意を乞う。だが、ひそかに体制側の知事および国会議員と通じていたX将軍は、フランスにたいする積極的抵抗とそのあとに続くべき革命の指揮をとってほしい、というシュラーゲターの要請を、自分の老齢と成功の見込みがないこととを理由に拒絶する。シュラーゲターがついに決起を決意するのは、現在の国家が軍部ともども民族と国家の独立と誇りを投げ捨ててかえりみないことを見せつけられたすえのことだったのである。しかも、線路爆破の具体的計画を練る段階になってもなお、かれは、「ここの区間、三六キロと四七キロのところがいい……定規《じょうぎ》で引いたようにまっすぐだ。この真ん中で爆破すれば……列車が脱線することはありえない」（……も原文のまま）と、あくまでも人命の損傷を避け、被害を最小限に食い止めるための配慮をめぐらすのだ。このような展開のなかにこめられた作者のメッセージは、一方では、ヴァイマル政府とその支柱たちにたいする全面的な否定であり、そして他方では、あくまでも命令と服従との秩序関係のなかでしか行動はなされえない、という基本原理の強調である。この両者が劇の全篇に浸みわたっていればこそ、抗命に等しい行動も止むにやまれぬ悲劇的行為としての効果を高め、ヴァイマル共和制の頽廃を強調するとともに、これを告発する狼煙《のろし》としての決起の意味を、きわだたせることになるだろう。

　こうしたメッセージを舞台から観衆に向けて送るのは、しかし、劇としての表現の効果にほかならない。たとえば、フリードリヒ・ティーマンの妹、アレクサンドラと、主人公が愛し合うようになりはじめていた矢先の決意であることも、劇的効果を高める設定だが、それに加えて、シュラーゲターに私淑して実行に加わる若い大学生の父親が体制側の知事である、という設定も、大きな意味を持っている。息子たちが逮捕されたのち、ティーマン兄妹の両親、老将軍、知事が一室に会して判決のニュースを待つ場面は、さながら表現主義の戯曲のように、父と息子の世代対立をくっきりと描き出している。もちろん、作者の共感が息子たちの側にあることは言うまでもないが、この共感を観衆が共有できるような劇的効果が不可欠なのだ。

　世代対立劇という『シュラーゲター』の一特徴は、ハンス・ヨーストのそれまでの戯曲のもっとも基本的な特徴でもあった。かれの最初期の作品『若き人』(12)は、題名が示すとおり、若い世代と旧世代との対立という表現主義のもっとも主要なテーマを描いていた。それは、古い世代によってつくりあげられた世界と抗争しながら苦しみ、敗れ、そして再生していく若い世代の劇的葛藤である。学校教師たちや世間とのさまざまな悶着のすえ、精神病院に入れられる（「この世の蝶番をはずしてやろうとする、するとブチこまれてしまう」）という体験までしなければならなかった「若き人」は、かつて学生時代、かれの級友のひとりに妊娠させられたうえ棄てられたひとりの娘に人知れず援助の手をさしのべ、かの女に生きる力を与えてやったことがあった。世間からはじき出されたかれは、その娘がいま看護婦となって勤務している慈善病院で、ボランティアの看護人となって働くことになる。そしてついに、病人たちの看護に身をすりへらし、過労に倒れて、かの女に看取られながら死んでいく。最後の第八景は、墓地で自分自身の埋葬をかたわらに立って見ていた「若き人」が、「ぼくは新しく生まれかわるんだ！」と叫ぶ場面で終わる。古い世代が支配する世界に圧しつぶされた主人公が、新しい世界に再生するこの結末を、だが作者は、セリフに表われる理念としてだけ描くのではない。劇場で上演される演劇の固有の表現として、この再生を観衆にいわば体験させるのである。「さあ、ぼくは身を投げ出して諸君の餌食になってやるぞ！」、「ほら、拍手だ、拍手だ！」——幕がきわめて急激に降りる瞬間、舞台のかれは観客に向かって突進してくるのだ。

この幕切れは、主人公の生と死と再生が主人公個人のものにとどまるのではなく、観客たち自身がそれに深く関与しており、それに責任を負っていることを、象徴しているのだろう。けれども、そのような暗示そのものにもまして興味深いのは、この『若き人』と、のちの『シュラーゲター』とのあいだに見られる演劇手法上の共通点である。『シュラーゲター』でもまた、幕切れの瞬間に、観客席に向かって突進してくるものがあるのだ。それは人物ではない。観客を背にして銃殺隊のまえに立つシュラーゲターの心臓をつらぬいた処刑の銃弾の閃光が、観客席に向かって飛ぶのである。観衆は、見物人として舞台上の出来事を眺めているのではない。処刑されたのは観衆自身なのだ。決起すべきは自分なのだ。

舞台と観客席とのこのような結合は、作者が自分の芝居をどのようなものとして位置づけていたかをよく物語っている。そして、舞台からの観客席へのこのような肉薄は、『若き人』が体現していた表現主義演劇の、作劇法上のもっとも大きな特色のひとつだったのだ。『若き人』の抽象的・超現実的な舞台と比較すれば、『シュラーゲター』は、セリフの点でも場面設定の点でも、はるかに即事的で簡明である。けれども、観客のまえで演じて見せるのではなく観客に肉薄し観客を動かそうとするヨーストの芝居の基本線は、変わっていない。

「血と土」を標榜するナチズムの文学観からすれば、表現主義の文学は都市の頽廃の権化たる「アスファルト文学」として否定し去られるべきものだった。そして実際にまた、表現主義の文学作品のほとんどが、ナチス治下のドイツでは禁書とされた。にもかかわらず、ヨーストの表現主義時代の代表的な戯曲や詩は、『若き人』をはじめとして、すべてが、「第三帝国」の全時期を通じて、版を重ねつづけ読まれつづけたのである。この事実のなかにも、初期諸作品と歴然たるナチ作家になってからの作品とのあいだの連続性が暗示されている。

ではいったい、この連続性の本質とは何だったのか？

ハンス・ヨースト『若き人』初版の表紙。

観客をただ見物させておくのではなく、かれらに肉薄し、かれらを挑発し、かれらを行動へと駆り立てることが、ヨーストの芝居に一貫して連続する作劇原理だったとしても、ではそれはどのような挑発であり、どのような駆り立てであったのか？

ハンス・ヨーストがナチズムへと移行していった時期であり、表現主義の残響がドイツで最終的に消えようとしていた時期でもある一九二五年に発表されたかれの戯曲、『楽しげな町』[13]のプロットは、これを考えるうえで注目に値する。

――主人公のアレクサンダーは、世界大戦の戦場で悲惨な殺戮を体験して生き残り、戦後の大都会で絶望と孤独のなかに生きている。人間同士が戦場で殺しあっていたとばかり思っていたのが、じつは神を殺していたのだ、という考えにとりつかれて、極度の疲労と不眠のままにかれは街へさまよい出ていく。地下の酒場で酔客たちや給仕の娘と言葉を交えるうちに、かれは、いやひょっとすると神は死んだように見せかけながら、どこかで狡猾に生きているのかもしれない、ということに思い当たる。もしも神が生きているとすれば、この現実の貧富の差や上下関係は神が認めた秩序だということになる。だが、もしも神が死んだか、もともと存在しなかったのだとすれば、そのときこそ、人間は自分で新しい秩序を闘い取って、「おれたちはみな平等の権利を持つことになる」のだ。そうだ、「おれたちは神が死んだことを証明しなければならぬ。それができれば、世界はもうおれたちのものだ。」――こう考えたかれは、だれか信仰心に篤い女をひとり探して、それを女神にするのだ、と酒場の連中に呼びかける。すると神とその女神とで摑み合いを始めるに違いない。神を信じているその女は、絶望するだろう。その絶望が、おれたちの勝利になるのだ。夜の家並のあいだでかれが見つけたのは、小市民の家庭の娘、マリエッタだった。アレクサンダーの説得をついに受け入れて、マリエッタは女神になることを承諾する。

ドラマの結末は、もちろん破局である。最後の第八景で、マリエッタは象徴的な階段を一段一段と昇っていく。最後の段に立ったかの女は、神の怒りによって自分が八つ裂きにされるものと信じていたのに、何事も起こらない。信じるということがこれほど裏切られるとは思わなかった、とかの女は言う。そして、こうして天が地上にすぎないことが暴露された以上、自分が女神なのだ、と宣言する。かの女は、アレクサンダーと群衆とにたいして、女神である自分にひざまずくよう要求する。アレクサンダーは、以前には神は見えなかったとはいえ神を感じたのに、いま女神を見ながら何も感じるものがない、と独白する。信者のひとりが「人間が神様だといって崇めるものだけが神様になるんだ」と叫んだのに呼応して、一同が女神を讃える祈りを唱えはじめたとき、階段を駈け昇ったマリエッタの父親が、自分の手で娘を絞め殺す。アレクサンダーは、かの女が首を絞められながら微笑んでいた、かの女は神に召されたのだ、と叫び、それをこの女神にたいする裏切りであると解した狂信的な一信者の銃弾に倒れる。

新興宗教をデッチ上げることによって神が死んでいるかいないかを確かめようとした主人公の逆説的な試みは、こうして破綻する。『楽しげな町』は、表面的に見るなら、この試みの破綻を描いたドラマである。神に取って代わろうとした人間の不遜が、悲喜劇として描かれている、と解釈することも可能だろう。だが、それは表面的に見ればのことにすぎない。このドラマの何が、もっとも強く観衆のこころを撃つか？――少なくとも、終幕の破綻それ自体だけではない。その終幕においてすら、舞台から観客に向かって肉薄してくるのは、信じるに足るものを探し求める絶望的なまでに激しい希求である。この希求が、教祖であるアレクサンダーをも、女神に仕立てられたマリエッタをも、かれらに追随する信者たちをもとらえている。しかも、この希求は、ただ単に全能の神にすべてを委ねるために神を求めるのではない。いまある理不尽な差別的現実を神が認めているのだとすれば、そんな神は存在すべきではない、という思いが、神を求めるかれらの出発点なのだ。もしも神が存在しなければ、人間がみずから新しい平等な現実を闘い取らなければならないのである。神の死を確認しようとするかれらの絶望的な試みは、この現実を新しい現実として蘇生させなければならぬという激しい希求によって裏打ちされている。そしてこれこそはまた、信じるべき祖国と民族の死と再生を自己の生命を賭して確かめなければならなかった『シュラーゲター』の主人公の、絶望的に激しい希求でもあったのだ。

ハンス・ヨーストの四幕劇『シュラーゲター』は、それと『若き人』とのほぼ中間の時期に位置する『楽しげな町』を媒介にして見るとき、ナチス文学を代表する作品のひとつであるこの戯曲が、何を、どのように表現主義演劇から継承したのかを、われわれに教えてくれる。

舞台から観客席に向けてなされる肉薄と挑発、それによる観衆の能動化、ひいてはまた演じるものと観るものとの関係の流動化は、ドイツ表現主義が同時代の諸文化圏のさまざまな前衛的演劇とともに志向した基本的な理念だった。この理念は、ドイツではとりわけ、共産党員であると同時に共産主義労働者党の部分とも密接に共闘しながら労働者演劇運動を展開したベルリン・ダダの表現者たち、ジョーン・ハートフィールド、ジョージ・グロス、エルヴィン・ピスカートルたちによって、表現主義を乗り越えつつ、さらにラディカルに実践されていった。かれらにおけるダダイズムは、しかし、ダダがしばしば与えられる意味づけ——既成の現実の無意味さをシニカルに嘲笑するための無意味な行為——に充足するものではなかった。かれらが舞台から観衆に向けて行なった肉薄と挑発は、モナ・リザの肖像にヒゲを描き込み、展覧会場に便器を置いてそれに「泉」という表題を添える、というような表現方法によって人びとの既成の美意識や価値観を揺るがせることを試みた芸術家たちとも歩みをともにしながら、観衆に違和感をいだかせ、立ち止まらせ、別の可能性をみずから模索するきっかけを与えることを、めざしたのである。——表現主義者としてのハンス・ヨーストもまた、いまある支配的な現実の既定性や価値観を、観客たちが客席に安住していることを許さない挑発的な舞台効果によって観客から剝奪し、かれらがいわば共演者として別の現実に向かって動きはじめることを促したのだった。こうした挑発的な舞台が観衆に向けて投げかける根本的なメッセージは、いま眼前にある現実だけがありうる唯一の現実ではないということであり、いまある現実とは別の現実を創り出す主体は観衆自身、いまは観衆である民衆自身であるということだったのである。

『シュラーゲター』は、このメッセージを、信じるに足るものを激しく希求する観衆に向けて発したのだった。『若き人』によって、自分自身がこの抑圧的な社会の共犯者として生きているという現実、その社会から排除される主人公を文字通り餌食《えじき》として生きているという現実を突き付けられた観衆は、『楽しげな町』で、存在するはずの神が存在していない現実とあらためて向き合い、神を求める激しい希求をあらためて自己のうちに再発見したのである。そしていま、その希求は、シュラーゲターの心臓をつらぬいた銃弾を自分の身に浴びることによって、観客席から立ち上がり、ともに行動する共演者として、別の現実を創り出す主体へと、歩みはじめるのだ。

4　「第三の立場」とドストエーフスキー

「第三帝国」の発足とともに『シュラーゲター』が熱狂的に迎えられたとき、アルトゥーア・メラー＝ヴァン＝デン＝ブルックはもはやヨーストのこの芝居を観ることがなかった。ちょうど『楽しげな町』が初演されたのと同じ年の一九二五年五月末に、四十九歳でみずから生命を絶っていたからである。メラー＝ヴァン＝デン＝ブルックはそれゆえ、カール・ラデックによる簒奪からシュラーゲターを擁護したさいのかれ自身の理念が、ヨーストの戯曲をつうじて観客のなかに突入していったことを、知るよしもなかった。

メラー＝ヴァン＝デン＝ブルックは、「虚無に向かってさすらうもの」につづく第二の文章で、カール・ラデックたち共産主義者にたいするさらなる批判を展開しながら、シュラーゲターたちの行動の意味を歴史的・思想的に明らかにし正当化する作業を、行なっていたのだった。「第三の立場」(14)と題されたその一文は、『ゲヴィッセン』誌の二三年七月十六日号に発表され、論文集『若い諸民族の権利』に収載された。

そのなかでまず、かれは、ラデックがシュラーゲターたちを「ファシスト」と呼ぶことにたいして反撃する。ファシズムはイタリア固有のものであって、イタリアがたどった近代史に規定されている。ようやく十九世紀に国民的統一をかちとったイタリアは、ドイツがプロイセン体制によって体得したのと同じものを、いまファシズム体制のなかで学んでいるのである。そこでは、ナショナリズムは現状維持的であって革命的ではありえない。しかしドイツでは、プロイセン体制は過去のものとなり、しかも国民は敗戦のもとに苦しんでいる。ここでこそ、ナショナリズムは革命的なのだ。それどころか、ここではナショナリズムだけが革命的なのだ。なぜなら、いかに共産主義がプロレタリア革命をかかげようとも、そもそも「ドイツのプロレタリアートは革命的なプロレタリアートではない」からである。「かれらは、革命的な天分など持っていない」のだ。「ロシアが革命をなしえたのは、デカブリストにはじまってニヒリストたちや偉大なロシア文学をつうじながら、何百年もまえから革命を準備してきたからだった。しかも、ロシア民衆が革命の辛苦を甘受したのは、かれらが辛苦に耐える能力を持った民衆だからである。〔……〕ドイツの民衆は、辛苦に耐えることができない民衆である。」

そのような国家社会でプロレタリア革命など考えられない、というのが、メラー＝ヴァン＝デン＝ブルックの立場だった。ありうるのはただひとつ、ナショナリズムによる革命だけなのだ。——メラーが、イタリアのファシズムとドイツのナショナリズムとをはっきり区別し、ドイツで革命を担いうるのはファシズムではなくナショナリズムであると確信していること、そしてさらに、ドイツにおける革命はロシアとはまったく別の民衆を基盤とし、ボリシェヴィズムとはまったく別の理念によってしかなされえない、と考えていることは、かれの思想にとって本質的な意味を持っている。ここから、かれの「第三の立場」、資本主義とそれを否定するマルクス主義との両方を否定する新たな革命の理念と、その担い手についての、かれの思想が展開されてくるからであり、その展開は必然的に、否定の否定として、マルクス主義を否定することを最大のテーマとせざるをえないからである。

マルクス主義は、自分が「弁証法的」な考え方をすることを、誇りをこめて強調するのがつねである。マルクス主義は、何とも合理主義的なことに、資本主義的思想が社会主義的思想によって取って代わられるであろうと、思い込んでいる。いったい、いまやその第二の思想がまた第三の思想によって取って代わられるであろう、そして第一と第二の立場が統一されるような領域を占める第三の立場が存在するのだ、という結論を共産主義が引き出すほうがまったく弁証法的だということに、マルクス主義はついに思い至ろうとしないのだろうか？

かれがマルクス主義にもとづく社会主義を否定して「第三の立場」という思想に到達するうえで、いわば思考上の梃子《てこ》となったのが、ドストエーフスキーだった。それはしかし、たとえば『悪霊』なり『地下室の手記』なりの個別作品のなかでドストエーフスキーが開陳している反社会主義の言辞から学んだ、という意味ではない。メラー＝ヴァン＝デン＝ブルックはむしろ、「社会主義者ドストエーフスキー」によってマルクス主義を乗り越えるのである。

ラデックへの論駁に先立って、メラー＝ヴァン＝デン＝ブルックは、やはり『ゲヴィッセン』誌の二一年十月二十一日号に、「政治家としてのドストエーフスキー」(15)と題する一文を発表していた。そのなかでかれは、「精神は現実にたいしてつねに一世代だけ先行している」という冒頭の一節につづいて、つぎのように述べたのだった。

われわれはこんにち、だれがマルクスを論破するだろうか、と問う。そして、この論破と結びつけることができるような思想家の名前が見当たらないものだから、マルクス主義を論破するのはまさしく現実そのものにほかならない、という観念に次第に慣れっこになりつつある。／しかし、それは逃げ口上というものだ。あらかじめ精神のなかにその表現を持たなかったような変革は現実のなかに存在しない。マルクスが誤謬であることが明らかになるときには、マルクス主義の破綻を決定づけていた力が、すでにいつのときか認識され、感じとられ、告知されていたにちがいないのだ。マルクス主義を社会主義の名でドイツに適応させようとしているあの卑小な修正者たちのことを考えてはならないだろう。かれらは、マルクス主義をすっかり駄目にしてしまった。かれらはそれを、日和見主義にまでおとしめてしまった。かれらはドグマとしてのそれを破ることによって、それをリベラリズムに変え、それの力を奪い去った。／だが、マルクス主義が共産主義の試みを行なう可能性を獲得したロシアでは、実用化された社会主義の変転がいま起こりつつある。そしてロシアではすでにドストエーフスキーが、くりかえし妥当性を発揮してくるであろうさまざまな根拠、破局的でもあれば同時にまた保守的でもあるそうした根拠を、予見していたのだ。／ドストエーフスキーが精神性の面でマルクスを引き離して奪ったリードに、いま現実が追いつきつつある。／マルクスは最後から二番目の思想家だった。ドストエーフスキーは最後の思想家だった。

メラーのこのドストエーフスキー論は、ドストエーフスキーを反社会主義者としてとらえるのではなく、むしろまったく逆に、社会主義者としてとらえることを、基本姿勢にしている。ドストエーフスキーは、人間が「悟性の誤謬」という病《やまい》にかかることに気づいて愕然とし、合理主義や自由主義や西欧崇拝と闘った。また、人間が「こころの誤謬」という病にもかかることに気づいて愕然とし、社会主義や革命や無秩序《アナーキー》と闘った。それにもかかわらず、ドストエーフスキーは社会主義者だったのだ。「ドストエーフスキーは、社会主義的な世紀にあって、ただひとりの社会主義者であった。ただかれだけが、みずからを社会主義者と呼ぶことを許されたであろう」とさえメラーは言う。なぜならドストエーフスキーだけが、パリやロンドンのヨーロッパ人デマゴーグたちのだれひとり、ジュネーヴやチューリヒのロシア人亡命者たちのだれひとり持たなかったような、「民衆にたいする救世主にも似た近さ」を持っていたからである。シベリアでかれの民衆と生活をともに分かちあったかれだけが、こういう問いを発することを許されたのだ、「どちらが、より優《すぐ》れているのか――われわれか、それとも民衆か？　われわれが民衆を鑑《かがみ》とすべきなのか？　それとも民衆がわれわれを鑑とすべきなのか？」

ヨーロッパの社会主義は、民衆にかれらの社会主義的指導者たちを鑑とさせることで、この問いに答えた、とメラーは言う。ドストエーフスキーは、こうした知識人の思い上がりを、きっぱりと清算したのである。知識人は、自分を理想像として民衆に示すことなどできないし、自分と同じものになれと民衆に要求することもできない。世界全体を新しく建て直し、すべての人間を平等で自由にする、などと約束する人間を、ドストエーフスキーは信じなかった。かれは、そうした約束がなされるさいの情熱的な信念の実体を見誤らなかった。『共産党宣言』は政治的な激情で身を震わせている。だが、マルクスがプロレタリアートを自分の計算の基礎となる因数として扱うときの、人間としての冷酷さは、どう説明すべきなのか。「マルクスは数字において思考した。ドストエーフスキーは人間において思考した」とメラーは言う。政治家としてのドストエーフスキーは、こうした社会主義者たちが合理主義者や自由主義派や西欧かぶれにすぎないことを、確信していたのである。このような社会主義者によってなされる革命は、結局のところ、これまでの支配者たちが占めていた席に別の支配者たちが坐ることでしかないだろう、とドストエーフスキーは予見していたのだ。

メラー＝ヴァン＝デン＝ブルックの論旨に即して言うなら、マルクス主義がドストエーフスキーによって乗り越えられたのは、その唯物論がドストエーフスキーのように民衆を自己の鑑とすることがなかったからにほかならない。マルクス主義者たちは、ロシアの民衆のなかに神を見たドストエーフスキーとは逆に、自分たちが民衆を指導し、民衆を解放するのだと考えている。「第三の立場」が現実性を持ちうるのは、階級闘争が歴史的にその意味を喪失するなかで、階級としてのプロレタリアートではなく「国民《ナツィオーン》」としての民衆を、ナショナリズムが自己の鑑とするからである。――しかし、そうだとすれば、ラデックを批判した論説「第三の立場」の末尾で、かれが「頭脳労働者」ないしは「精神労働者」の積極的な役割について述べていることと、これは矛盾するように見えかねない。

メラー－ヴァン－デン－ブルックが言及した「頭脳労働者」、「精神労働者」は、たとえばかれが批判するマルクス主義者たちのような、革命運動の指導者を自任するインテリゲンチャを意味していたのではなく、まったく別の存在を意味していたのである。この用語は、元来はむしろマルクス主義の陣営によって使われたもので、戦後のドイツ社会で経済的に没落することを余儀なくされたホワイトカラー階層を意味していた。つまり、工場労働者を始めとする肉体労働者ないし「手工労働者」以外の、事務系の職業や販売業、サービス業に従事する社会階層の呼称だったのだ。現実のレオ・シュラーゲターもまたそうだったように、この階層の少なからぬ部分は、戦前の社会で保有していた社会的な地位が急激に失われていく状況のなかで、過激なナショナリズムに身を委ねたのである。中間層がプロレタリアへと没落していく過渡期の現象をそこに見た共産主義陣営は、「頭脳労働者」であるかれらがいまこそ「手工労働者」と合一すべきことを訴えた。ラデックもまた、シュラーゲターについての演説のなかで、その呼びかけをナショナリストたちにたいして行なったのだった。

この呼びかけを、メラー－ヴァン－デン－ブルックは、「精神労働者は、民族のなすべき事柄を、自分たち自身のこととして引き受けていくだろう」という言葉で拒絶したのである。ドイツではナショナリストだけが革命的なのだ、と確信していたかれにとっては、マルクス主義との連携など、問題外だった。そればかりではない。ナショナリストは、マルクス主義知識人の民衆との関係とは別の関係を、ドイツ民衆とのあいだに結ぶだろう。かれは、ドストエーフスキーがシベリアで民衆と生活を分かちあったように、ドイツ民衆と、ドイツ民族と、運命を分かちあうだろう。それは、みずからが肉体労働者になることではない。民衆＝民族のなすべき事柄を精神労働者として自分自身の行為によって引き受けていくことである。それは、シュラーゲターが歩んだ民衆＝民族への道を、そのまま意味しているのである。この道を歩んだナショナリストによって、ドストエーフスキーが告知したマルクス主義の破綻は、現実のものとなったのである。

「マルクス主義の理論のうちからは、ひょっとすると窮乏化理論だけしか正しいと言えるものは残らないかもしれない。しかしそれとても、マルクス主義が元来考えていたような資本主義の結果としてのそれではなく、社会主義が招きよせた革命の結果としてのそれなのだ。／けれども、ドストエーフスキーは、復活する人びとのひとりである。」――これが、メラー＝ヴァン＝デン＝ブルックのドストエーフスキー論の結びの一句だった。この文章が一九二一年秋に発表されていることを、看過するわけにはいかないだろう。その当時、ドイツ革命はまだ現実性を持ちつづけていると見なされていたのだ。マルクス主義者たちは、シュラーゲターたちを、革命にたいする反動の手先としてしか、見ていなかった。義勇軍団の傭兵でしかないシュラーゲターたちがひとつの「革命」の担い手になることなど、ありうべくもなかったのだ。

5　現実性としての「第三帝国」

ドストエーフスキー論からシュラーゲター論にいたる時期にメラー＝ヴァン＝デン＝ブルックが展開したナショナリズムの主張は、かれの主著とされる『第三帝国』のなかで、いっそう体系的な歴史観として提示されることになる。

この本の全巻は、序章を除いて八つの章から構成されている。「革命派」、「社会主義派」、「リベラル派」、「民主主義派」、「プロレタリア派」、「反動派」、「保守派」、そして最後に「第三帝国」というのが各章の表題である。

著者の死後、ナチズムがその最大の遺産相続人となったことによって、ほとんどそのことによってのみ古典的著作のひとつに数えられているこの本は、第一次世界大戦後のドイツで活動する政治勢力の指導理念を次つぎと俎上にのせて、その現実的役割を否定し、最後にみずからの立場である「第三帝国」の理念を、ドイツのあるべき未来像として提起する。批判と否定の対象となっている七つの政治傾向のうちでも、最大の、本質的な敵手は、もちろん「プロレタリア派」である。資本主義のもっともラディカルな否定者たるこの勢力にたいする批判に、メラー-ヴァン-デン-ブルックは当然のことながらもっとも多くのページをさいている。だが、それにほとんど劣らぬスペースを、かれは「保守派」を論じるのに費やす。ナショナリズムが保守主義の一表現形態であると見なされることにたいするかれの反撥が、ここにはよく表われている。最終章「第三帝国」においても、かれはみずからの立場と保守主義との違いをくりかえし強調し、ナショナリズムはドイツの歴史に根ざすことを重視するが、それは過去を保持するということではなく、ヨーロッパの中央に位置するドイツが真にそれにふさわしい「究極の帝国《エンドライヒ》」(Endreich)をついに実現するうえで不可欠のことだからだ、と述べるのである。

「第三帝国」という理念は、もちろん、かれが独自に考え出したものではない。よく知られているように、キリスト教のなかでは、第一の「父の国」、第二の「子の国」の後に第三の「聖霊の国」がやってきて救済が成就される、という信仰が生きつづけてきた。メラー-ヴァン-デン-ブルックもまた明らかに、この古い信仰に依拠したのだった。かれの独自性はしかし、この信仰を現世に移したことだった。それもユートピア的未来の現世ではなく、焦眉の革命によって獲得されるべき現世に、移し植えたのである。かれは、ドイツの過去の歴史が、二つの「帝国《ライヒ》」を持っていることを指摘する。「第一帝国」は、西暦九六二年に始まり一八〇六年にナポレオンのために瓦解した「神聖ローマ帝国」である。「第二帝国」は、フランスとの戦争、いわゆる「普仏戦争」に勝利したプロイセン国王ヴィルヘルム一世が皇帝となって一八七一年一月に樹立され、第一次世界大戦の敗北によ

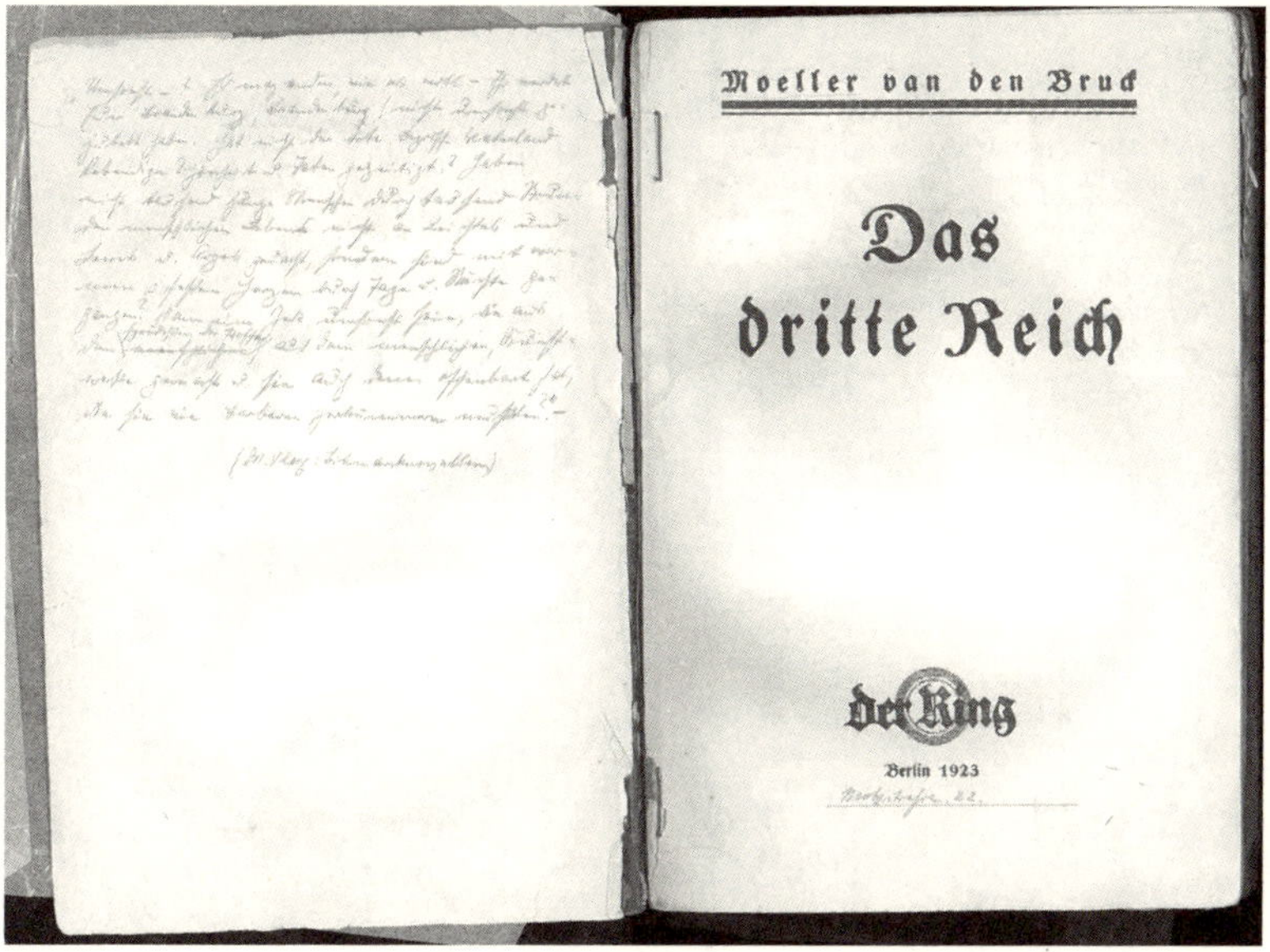

『第三帝国』初版本の扉。左の見返しページに旧蔵者による本文からの抜き書きが鉛筆で記されている。本文中にもいたるところに書き込みがあり、熱心に読まれた様子が伝わってくる。

って一九一八年十一月に終わったホーエンツォレルン王朝の「ドイツ帝国」である。だが、みずからの理念が保守主義とは無縁であることを力説するメラーは、これら過去の帝国の復古を唱えるのではもちろんない。かれが提起するのは、これまで一度として実現されなかった第三の帝国であり、それを超えるものはついにありえない「究極の帝国」としての「第三帝国」なのだ。

この「第三帝国」のための革命の担い手をかれがナショナリストたちのなかに見たことの理由は、すでに言及したかれ自身の文章から明らかだろう。かれは、苛酷な革命に耐えぬいているロシア民衆と、何世紀にもわたって革命を希求しつづけてきたそのかれらと、比肩しうるのは、ドイツにおいてはナショナリストだけだ、と信じていた。この信念は、ひとつには、マルクス主義者が期待するようなプロレタリアートはドイツには存在しない、とかれが見なしていたからであり、もうひとつには、何よりも、マルクス主義そのものがすでに現実によって超えられてしまっている、とかれが考えたからである。だが、名のみ高く、論じられることの少ないこの『第三帝国』という一巻の著作を見るとき、ともすれば美文調が論旨の粗雑さを包み隠しているとしか言えないような、あまりにも概念的で図式的なその本論にもまして興味深いのは、「親愛なるグライヒェンよ」という呼びかけで始まる序文だろう。メラー＝ヴァン＝デン＝ブルックはこの著作を友人のハインリヒ・フォン・グライヒェンに捧げた。作家だったこの人物は、のちに、ナチスの権力掌握によって文学分野の「均質化」が推進されるなかで、一九三三年十月下旬に八十八名の作家たちによるヒトラーへの「忠誠の誓い」が発表されたとき、ヴァイマル共和制に敵対してきた知識人のひとりとして、ハンス・ヨースト、ハインリヒ・レルシュらとともにそれに名を連ねることになる。序文が興味深いというのは、しかしそのことではない。ここには、この一巻を書かずにはいられなかった著者のモティーフが、きわめて具体的に表現されているからである。

シュラーゲターの決起と同じ年の一九二三年に刊行された『第三帝国』の初版では、この序文には執筆の日付は記されていない。ところが、著者の死から六年ののち、ヒトラー内閣成立の前々年、一九三一年にハンス・シュヴァルツによって刊行された新版(第三版)[16]では、この序文の末尾に、「ベルリン、一九二二年十二月」という記載がある。著者の生前に刊行されたものにはなかったこの日付が、死後の版になぜ記されることになったのかは不明だが、序文のなかに「ルール侵攻」について言及されている箇所があることを見れば、新版の日付は妥当ではないと考えざるをえない。ルール侵攻が一九一八年十一月以後はじめてドイツの人間のなかに転機をもたらしたことを指摘するこの箇所は、初版ではこう述べられている、「それまでずっと自分たちがあらゆる打擲《ちょうちゃく》を甘受してきたその無関心に疑いをいだくドイツ人が現われたのである。そして抵抗に起ち上がるドイツ人がふたたび現われたのである。それゆえ、一月十一日はひとつの転機であった。その日は、欺かれた国民を解放する展望をもう一度開いたのである。」――ハンス・シュヴァルツによる新版では、「それゆえ、一月十一日は……」の一節が「それゆえ、ルール闘争はひとつの転機となりえたはずであった。それは欺かれた国民を……」と書きかえられているが、メラーがルール侵攻という事件に言及していることに変わりはない。この序文は、シュラーゲターについては何ひとつ語っていないとしても、一九二三年一月に始まるルール占領の状況下で、シュラーゲターに決起を促したその同じ現実の空気を呼吸しながら書かれたものだったのだ。

その序文の冒頭で、メラーはグライヒェンにこう語りかける――

世界大戦が崩壊で終わったとき、その翌日から開始したわれわれの活動にさいして、われわれが出発点としたのは、ドイツの政治のいっさいの悲惨は政党から発している、という確信であった。そして、一九一九年六月、ヴェルサイユ条約調印後の一日、われわれがこの活動に確たる方向を与えたとき、われわれは、われわれが進む道の途上のいたるところに、みずからを「無党派」と呼び、「政党にかかわりない」と語り、「政党を超えた」位置に立とうとするドイツ人たちを見出したのだった。だが、政党を乗り越えるという思想は、つねに、個々人をとらえるにとどまっていた。政党は相変わらず残った。そして、もろもろの議会は、かれらの行動の場となるかわりに、相も変わらずわれわれの政治的生活のおしゃべりの場でありつづけた。公《おおやけ》に政治的な活動ができるようになりたいと望むものは、何らかの政党に加入せざるをえなかった。そして、たとえその制度に敵対している場合でも、議会に出ざるをえなかった。民衆のなかには、なるほど、これっぽっちの敬意も議会にたいして払うものか、というきわめて大きな広がりをもつ感情が存在しているが、大衆となると人間は性懲りもなく政党に集まるのである。そして、これらの政党がとりわけドイツ帝国議会でやってくれるお芝居をわれわれが見るとき、どうしてもこう考えざるをえないのではあるまいか――われわれが破滅すべきであるとすれば、政党のなかで破滅するであろう、政党はすでにこの破滅の表現であり、ドイツ帝国議会はその破滅が成就される運命の場所であるだろう。
『第三帝国』が現存の思想的諸潮流にたいして展開する批判とは、じつは、それらの思想潮流の政治的表現形態としての諸政党への批判だったのだ。その批判の果てに提起される「第三帝国」の理念は、とりもなおさず、政党政治の廃絶を前提としていたのである。党利党略による野合をくりかえし、連立の組み替えによって政党支配を維持しつづけるヴァイマル体制にシュラーゲターが突きつけた否定は、それゆえ、メラーにとっては、ラデックたちが統一戦線戦術の枠のなかで考えていたような政党政治とは、まったく次元を異にしていたのだった。ナショナリズムは、メラーにとって、諸政党の並存・抗争とは相容れないのである。国民《ナツィオーン》は、一体としてのみ革命の主体でありうるのだ。一体としてのみ、「プロレタリア派」のインターナショナリズムがドイツでは決してなしえない革命を、国民総体の解放を、成し遂げることができるのだ。

シュラーゲターが処刑された跡地に建立された、高さ31メートルの追悼の記念碑（インゲ・ヴェッセル編『少女のための新読本』より）。

だが、それにもまして、メラー-ヴァン-デン-ブルックの序文からは、政党と議会政治にたいして広範な民衆がいだく実感が切実に語りかけてくることに、着目せざるをえないだろう。人びとは、無党派であることを自己の政治的アイデンティティーとするほど、政党に絶望していた。それでいて、政党政治にみずからの運命をゆだねる以外の道を、見出すことはできず、見出そうともしないまま、政党と議会と、そして「民主主義」体制への軽蔑と不信を深めるのみだった。メラー－ヴァン－デン－ブルックがルール占領のさなかの時期に現場で確認しているこの実感こそは、レオ・シュラーゲターの行動と死をひとつの狼煙として受けとめる土壌だったのである。そして、それこそはまた、十年ののちに、ヒトラーの誕生日を祝する舞台からシュラーゲターの心臓を貫いて客席を撃つ処刑の銃弾を、ついに政党政治と議会主義に終止符を打つ新しい体制の実現を告げるしるしとして、受けとめる土壌でもあったのだ。

この土壌のうえで、シュラーゲターは神話的な英雄となって蘇《よみがえ》りつづけ、その死は英霊としてくりかえし現実の生命を獲得するのである。

II　最初のナチ詩人がのこした遺産
――ディートリヒ・エッカルトとアルフレート・ローゼンベルク

1　一九二三年十二月――第二の英霊神話が生まれる

空前絶後の大インフレーションによって歴史に特筆されるドイツの一九二三年は、政治の領域においてはまた、フランスとベルギーによるルール進駐で始まり、五月のレオ・シュラーゲター銃殺を経て、晩秋のミュンヒェンで勃発したナチ党によるクーデタへと、激動に終始する一年となった。

この年の十一月八日夜、ヒトラーはミュンヒェンのビヤホール、「ビュルガーブロイ・ケラー」で開催されていた愛国主義発揚の集会に武装したSA隊員たちを引き連れて乗り込み、「ドイツ国民政府」(Deutsche Nationalregierung) の樹立を宣言した。かれは、会場に居合わせたバイエルン総監グスタフ・フォン・カール、バイエルン軍管区司令官オットー・フォン・ロッソー将軍、バイエルン州警察長官ハンス・フォン・ザイサーら、かねてヴァイマル共和国中央政府にたいして叛旗を翻す構えを見せていた州の高官たちを監禁して、革命への参加を要請した。しかし、ヒトラーが席を外している間に共謀者のルーデンドルフ将軍がかれらの帰宅を認めてしまい、いったん協力を約したかれらは、いずれも一揆への加担を拒んで弾圧側に回ることになる。翌十一月九日の昼前に隊列を組んで示威行動に移った蜂起派は、〇・七キロほどの行進の目標地点である将官記念堂《フェルトヘルンハレ》の前で警官隊の銃弾を浴びて、十六人の「戦死者」を出し、その現場から脱出したヒトラーは二日後に知人の別荘で逮捕された。たまたま一揆の十日前に本放送を開始していたベルリン放送局は、ドイツのラジオ放送史上で最初の政治ニュースとして、ミュンヒェンでの事件を報じた。十一月九日の「崩壊」五周年を期して、あるいはむしろ、「十一月の裏切り」の五年間に終止符を打つために、この日を選んで企てたヒトラーの決起は、「ビヤホール一揆」という嘲笑を浴びる一座の茶番劇に終わったのである。

しかしじつは、それは茶番劇に終わりはしなかったのだ。しばしば指摘されてきたように、この失敗からヒトラーが多くのことを学び、その教訓がかれの最後の勝利に生かされた、ということももちろんあるだろう。だがそれにもまして、大衆運動としてのナチズムは、この敗北から、運動の根幹にかかわるひとつの収穫を得たのだった。レオ・シュラーゲターにつづく第二の英霊を、ナチズムは十一月の失敗によって勝ち取ったのである。それは、享年五十四歳の詩人・劇作家、ディートリヒ・エッカルトだった。

クーデタに加わったナチ党員たちのうちでもおそらく最年長のひとりだったと思われるエッカルトは、デモ隊が銃弾を浴びたときには無事に逃げ延び、数日後に逮捕された。一揆の首謀者の一員として裁判にかけるためではなく、保護検束という名目だった。禁止された党の再建活動にかれが従事するのを阻むのが、当局の目的だったのだろう。ミュンヒェン郊外のシュターデルハイム拘置所に収監されたのち、レヒ河畔のランツベルク要塞監獄に移送された。そこには、ヒトラーも拘禁されていた。けれども、エッカルトの健康はそのときすでに極度に害されており、ほどなく当局はかれを釈放せざるをえなかった。かれは、ベルヒテスガーデンの山荘に行き、そこで十二月二十六日に死んだ。直接の死因は心臓麻痺だったが、過度の飲酒と不摂生によって生命を蝕まれ尽くしていたのだと言われている。かれの遺骸はベルヒテスガーデンに埋葬された。そこは、ドイツ最南端の国境線がその東のはずれでさながら盲腸のようにオーストリア領に垂れ下がっている一角に位置しており、国境を隔てたオーストリアの町ザルツブルクから南へ二〇キロ、ザルツブルク・アルプスと呼ばれる山のなかの小さな村である。村の背後には、岩塩《ザルツ》を含む地層のゆえにオーバーザルツブルグ（上手《かみて》にそびえる塩の山）の名をもつ岩山がそびえている。この土地にエッカルトはかねてから深い愛着をいだいていた。前年の一九二二年六月にユダヤ人の外相、ヴァルター・ラーテナウが暗殺されたのをきっかけにして公布された「共和国保護法」にもとづいてエッカルトに逮捕状が出たとき、かれが身を隠したのも、ここだった。のちにヒトラーの山荘の所在地として有名になるそのベルヒテスガーデンをヒトラーに勧めたのも、エッカルトだった。

よく知られているとおり、ヒトラーは、『わが闘争』の第一巻が一九二五年六月に出版されたとき、ランツベルク要塞で刑期を務めるあいだに口述筆記されたその本の冒頭に、ミュンヒェン蜂起のさいに斃れた十六名の人物たちへの追悼を掲げた。黒枠で囲んだその一ページに、ヒトラーは、かれらの氏名と職業と生年月日を列挙し、「民族の再起を誠実に信じながら」斃れたかれらを「ともに記憶するために本書の第一巻を捧げる」と記して、「本書の正しさを血をもって証《あか》し立てる証人として、かれらが絶えずわれわれの運動をその先頭に立って照らしてくれるように」という希《ねが》いを表明したのだった。――だが、ヒトラーが『わが闘争』のなかで記した運動の殉難者たちにたいする弔意は、第一巻の巻頭のそれだけではなかったのである。翌二六年十二月刊の第二巻の大尾で、かれはもう一度あの十六名の死者たちに言及して、「ドイツ民族のために死という辛い道を歩んだものたち」のことを銘記するよう呼びかけたあと、つぎのような一文で全巻を結んでいる。

そしてわたしは、かれら死者たちのうちに、その最上のひとりとして、かれの民族の、われわれの民族の目覚めのために、詩作と思索とのなかで、そして最後には行為のなかで自己の生命を捧げたあの人物をも、数え

入れようと思う、すなわち

　　ディートリヒ・エッカルト

これによって、ディートリヒ・エッカルトは、ナチズム運動の歴史のなかに特別の位置を与えられることになった。ヒトラーより二十歳以上も年上だったかれは、ヒトラーが物心つくかつかないかのころ、すでに詩人であり劇作家だった。のちにナチ党の制覇を目の当たりにして急遽すり寄ってきた「三月の戦没者」たちを別とすれば、エッカルトは草創期のナチ党が擁した最年長の文化人でもあった。その古参党員が、あまつさえ、国民革命の決起に身をもって参加し、その結果として、権力による弾圧と迫害のために生命を落としたのである。かれこそは、『わが闘争』が称揚する死者たち――「優柔不断に堕するものや弱虫を繰り返し鼓舞して義務の遂行へと、自分自身が最上の信念をもって最後まで徹底的に果たし抜いた義務の遂行へと、呼び戻すにちがいない」死者たち――のうちで、まず第一に想起されるにふさわしい存在だったのだ。

ヒトラー『わが闘争』各版に共通するカバー。

　ヒトラー自身の手による神話化の翌々年、一九二八年春に、『ディートリヒ・エッカルト――ひとつの遺産』と題する一冊の本が刊行された(1)。版元の出版社はミュンヒェンのフランツ・エーアー書店、編著者はアルフレート・ローゼンベルクである。エーアー書店は、大戦中にヒトラー上等兵と同じ中隊の下士官（曹長）、つまりヒトラーの直接の上官のひとりだったマックス・アーマン

『ディートリヒ・エッカルト――ひとつの遺産』表紙。

によって経営されていた出版社で、最古参の党員であるアーマンは、ミュンヒェン一揆ののち禁止されたナチ党が一九二五年二月二十七日に再結党されたとき、ヒトラーを「一番」とする党員番号の「三番」を与えられた(2)。かれの出版社は、すでに一九二〇年代後半には「国民社会主義ドイツ労働者党中央出版所」として党関係の出版事業を管轄下に置いていたが、権力掌握後には、第三帝国のすべての出版ジャーナリズムを事実上支配する一大コンツェルンへと肥大していくことになる。一方、編著者のローゼンベルクは、一八九一年十一月二十四日生まれのアーマンよりわずか一歳あまり年少の、一八九三年一月十二日生まれで、当時三十五歳だったが、すでに一九二三年三月以来、党機関紙『フェルキッシャー・ベオーバハター』（民族の監視兵）の編集長の任にあって、党を代表する理論家のひとりと目されていた。そのローゼンベルクが、ディートリヒ・エッカルトの遺作を一巻に編み、詳細な解説を付したのが、この一冊だったのである。

「独創的《オリジナル》な人間であることがひとつの犯罪であるのは、実り多く生きるために個々人の強さを生み出すのではなく漫然と生きるために多数者を繁殖させる今日の民主主義においてばかりではない。ひとつの自己を提示することは、一九一八年の暴動の以前においてもまた、傍《はた》迷惑なことであった。」――アルフレート・ローゼンベルクは、『ディートリヒ・エッカルト――ひとつの遺産』の解説を、このような一文で書き起こしている。「ディートリヒ・エッカルト――あるドイツ的な生涯」（*Dietrich Eckart. Ein deutsches Leben*）と題するその解説は、正味二四三ページからなる一冊のうち五七ページを占める長大なものだが、それを貫くライトモティーフは、ディートリヒ・エッカルトという人物がきわめて独創的な存在であり、それゆえにかれが生きた時代と社会の現実からはその真価を認められることがなかった、という主張である。「下等人間が人間を支配する」「民主主義の時代」、「そのような時代にあっては、独創的なものたちはつねに革命的である」とローゼンベルクは言う。実生活においてであれ、芸術においてであれ、政治においてであれ、これに変わりはない。そして、独創的なものたちが「余すところなく自己実現をなしとげるための形式を見出しえないとき、かれらは、別の事情のもとであればかれらが有り余るほどもたらしたであろうような実りを結ぶこともないまま、きわめて苦痛に満ちた内面的分裂のうちに辛うじて世の中を渡っていかなければならないのである。」

解説の最初の部分におけるこうした確認は、つまり、ディートリヒ・エッカルトが実生活においても芸術においても政治においても、いわゆる成功者ではなかったという事実を、正当化し合理化するためのものであることは、疑う余地がない。ローゼンベルクは、エッカルトが「若いころモルヒネ中毒患者であった」こと、「その甘美な毒がなければかれは生きることができず、新たな必要量をつねに入手するために、この情熱に取り憑かれた人間特有の狡賢《ずるがしこ》さのすべてを傾注した」ことをも、時代と社会に理解されなかったかれの独創性の証拠として特筆する。そしてとりわけ、エッカルトがヘンリク・イプセンの戯曲『ペール・ギュント』に傾倒し、その主人公であるペールの虚言癖と自堕落と不誠実と身勝手な振舞を、まさに自身の姿と重ね合わせて理解し共感していた、という事実のなかに、かれの資質が典型的に表われていると見なす。その反面で、「下等人間」たち、つまりナチズムの価値基準によってそう名付けられていたユダヤ人、共産主義者、アナーキストなどに支配権を握られているがゆえにエッカルトの卓越した資質を認めることができなかったドイツ社会が、激しく非難されるのである。

ローゼンベルクのこの論法が一種のデマゴギーであり、エッカルトというひとりの人物があらゆる点で挫折者、破綻者でしかなかったという事実を、ローゼンベルクの解説そのものと、この一冊に採録されたエッカルト自身の諸作品とから明らかにすることは、もちろん困難ではない。けれども、それは、ナチズムがひとつのデマゴギーであり、ナチズム運動の指導者《フューラー》たちの多くが何らかの意味で挫折者、破綻者であったことを明らかにする作業と同じく、ナチズムが現実に持ったいわば吸引力にたいする、有効な批判にはなりえないだろう。ローゼンベルクは、ディートリヒ・エッカルトという典型的なひとりの人間を実例としながら、主観的な意欲にもかかわらず挫折者や破綻者としてしか生きることができない人間を生み出す社会を批判し、この批判によって、社会から自己の真価を認められることなく不遇な人生を余儀なくされているという不満と怨恨をいだく多数の人びとの共感に訴えかけているのである。そして、そのような人間が人間として生きることのできる社会を目指す革命運動として、ナチズムを標榜しているのである。このような人間たちを「ルンペン・プロレタリアート」や「落ちこぼれ」と名付けて黙殺し排斥することにもまして重要なのは、そのような人間たちを現実に輩出し、そのような人間たちを人間として扱わないことで社会的な矛盾と貧困を糊塗してきた社会そのものを、批判し変革することであるはずだろう。エッカルトとローゼンベルクの歩んだ道をデマゴギーとして否定するとすれば、かれらの道とは別の批判と変革の方途を模索しなければならないだろう。

アルフレート・ローゼンベルクのディートリヒ・エッカルト評価は、そしてまたナチズムの総体が、この別の方途の模索を後世に問うているのである。

2　ディートリヒ・エッカルトの生涯と作品

ディートリヒ・エッカルトは、一八六八年三月二十三日、バイエルン中部のオーバープファルツと呼ばれる一地方の古い町、ノイマルクトに生まれた。のちにナチ党の党大会が開かれる都市として有名になるニュルンベルクの南西約三〇キロに位置し、周囲には農村がひろがっていた。この町で少年時代をともに過ごし、のちに画家となった友人、アルベルト・ライヒに贈る詩で、エッカルトは故郷をつぎのように歌っている。(3)

友よ、ぼくらの揺籃が置かれているところには、
石ころだらけの畑地がひろがっている。
そこでは冬が過ぎ去ったかと思うと、
早くも秋が自分の出番を要求する。
人間たちもその土地と同様に固く非情だ。
だがどんなに小さな若い芽生えも
そこではもはや根絶やしにされることはない、
植物の根であれ愛であれ。

ディートリヒ・エッカルト（ローゼンベルク編著『ディートリヒ・エッカルト――ひとつの遺産』扉写真）。

この詩を献じられたアルベルト・ライヒは、エッカルトに

とって、ただ単に青春時代の友だったばかりではなく、思想信条を同じくする同志でもあった。ミュンヒェンで画家として活動したライヒは、すでにナチズムの「闘争時代」、つまり権力掌握以前の時代から、党関係の本の挿し絵を担当するなど、絵筆によって運動に貢献していたからである。そのかれは、法律顧問官の称号を持つエッカルトの父が誰知らぬものもない頑固者で、その息子がまたそれと瓜二つの頑固さで父と対抗していたありさまを回想している。酒場に入《い》り浸《びた》りになっている息子に激怒した父は、ついに息子が外出できないように衣服をすべて取り上げてしまった。すると息子は、凍るような極寒のなかをパンツとパジャマだけで常連の指定席が待つ酒場へと出かけていったのである。「一度として、のちになってもやはりそうだったが、かれがそのすべてを味わいつくした種々さまざまな生活条件が、かれを打ちひしぐことはなかった。かれはつねに自分自身を助けるすべを知っており、つねに生活条件を制御する達人でありつづけたのである。」

画家アルベルト・ライヒのこの証言を記録しているのは、エッカルトの「遺産」を編集刊行したアルフレート・ローゼンベルクである。だが、そのローゼンベルクは、エッカルトのこうした頑固さが絶えず周囲と悶着を引き起こす原因となったことに言及するにとどまらず、自分の意に染まぬ現実にたいする絶望がかれをモルヒネ中毒に導いたことをも指摘したのだった。アルベルト・ライヒの目には頑固に我意を貫く達人と映った友の姿が、ローゼンベルクの追憶のなかでは、現実との妥協を拒んで苦闘を重ね、屈服すまいとすれば麻薬と深酒に逃げ道を見出すことしかできなかった悲劇的な人物として、現われるのである。演劇を志したエッカルトは、二十六歳になった一八九四年のころからようやくバイロイト音楽祭の批評をいくつかの新聞に書くことができるようになり、数種の雑誌に発表の場を与えられて、ベルリンに出た。だがそこでは、十二年に及ぶ飢餓の年月が待っていた。雑文を書き、ある工業会社の宣伝部に雇われ、新聞の編集部員の口に短期間だけありつくなどして、辛うじてその日を暮らした。この時期にかれは六篇の戯曲を書き、それらのうち四篇は劇場で上演された。だが、反響はすべて否定的なものだった。ポケットに一ペニヒもなくなって、ベルリン市内の公園のベンチで幾晩も過ごしたこともあった。ある日、劇場総監督の某氏と会う予定になっていたのに、着て行く服がなかった。早朝からあらゆる知人のところを廻って、着るものを少しずつ借り集めた。このような状況がかれのなかに呼び覚ました思想と心情を物語るものとして、ローゼンベルクは、一八九五年ごろに書かれて故郷ノイマルクトのある友人に献じられた一篇の詩を引用している。(4)

きみはよくぼくが夢にふけりきっているのを見たね、
そしてふたたび闘争し、格闘し、猛進するのを見た。
きみはしばしばぼくが愛に溺れて歓呼の声を上げるのを、
そして憎しみでぼくの若い生命が汚されるのを見たね。
真実のために道を切り開こうとぼくは努めた、
そしてああその真実をしばしば自分で裏切ったのだ、
自由という字をわが旗に誇らかにしるしたが、
それでいて自分は重い鉄鎖に繋がれていた。
みずからの闇のなかから光を求めて格闘し
そして大声で笑った、ぼくの心はずたずたなのに。
真実ぼくが自分に誠実でありつづけたことは一度もない、
ただひとつきみをつねに誠実に愛していることを除いて。

こうした一種の内的な分裂ないし自己矛盾がディートリヒ・エッカルトの終生の基本的特質となった、というのがローゼンベルクの見解なのだ。そしてこの特質をかれのなかに形成したのは、ローゼンベルクによれば、有り余るほどの成果をもたらすことができたはずの才能を正しく評価しえなかった社会なのである。

エッカルトの戯曲がようやく一部の演劇関係者に認められるようになったのは、世界大戦が始まる直前になってからのことだった。一九一四年二月、イプセン原作の翻案劇、『ペール・ギュント』が上演され、好評をもって迎えられたのである。イプセンの一八六七年の作品であるこの戯曲は、それまでのドイツでは、グロテスクでユーモラスな詩によって知られるクリスティアン・モルゲンシュテルンが一八九八年に翻訳した台本に拠って上演されてきたのだが、エッカルトの台本はこれにたいする一種の挑戦とも見なされた。主人公のペールに自分自身の屈折した性格と心情の鏡像を見ていたエッカルトにとって、自己を投影した大胆な訳業が評価されたことは、大きな励みになったにちがいない。かれはそのあとすぐに続けてもう一篇の戯曲を完成した。十二世紀のホーエンシュタウフェン家のドイツ王で神聖ローマ帝国皇帝となったハインリヒ六世を主人公とする歴史劇、『ハインリヒ六世――四つの出来事で綴るドイツの歴史』(5)である。それはベルリンの王立劇場で上演され、やはり好評を博したのだった。

歴史上の人物としてのハインリヒ六世は、一一八九年から九二年にかけての「第三次十字軍」時代の神聖ローマ帝国皇帝だった。皇帝としての在位期間は一一九〇年から九七年だったが、十字軍遠征からの帰国途中、一一九三年にイングランド国王リチャード一世を捕らえて監禁し、翌年ようやく身代金と引き換えに帰国を許したことで知られている。かれはまた、父であるフリードリヒ一世(シュヴァーベン公、ドイツ王、神聖ローマ帝国皇帝)によってシチリア王国の継承者である王女コンスタンツと結婚させられ、この婚姻を基盤にしてシチリアおよび南部イタリアを領有することになる。「赤髯王《バルバロッサ》」と称される父フリードリヒ一世は、ドイツの歴史においては神聖ローマ帝国の最盛期を現出させた皇帝とされ、不死のままテューリンゲン地方のキュフホイザー山中に眠っているという伝説を生んだ。それによれば、かれはドイツの危難にさいしてそれを救うべく蘇ってくるのである。第一次世界大戦後に前線兵士たちの戦友会として結成された会員三百万を擁する右翼団体、「ドイツ帝国戦士同盟キュフホイザー」（略称＝キュフホイザー同盟）の名称や、第二次大戦でのナチス・ドイツ軍によるソ連侵攻作戦の暗号名「バルバロッサ」のなかに、このフリードリヒ伝説は受け継がれることになる。

第一次世界大戦の勃発という時点でエッカルトの『ハインリヒ六世』が人気を博したのは、もちろん、イングランド王にたいするハインリヒの勝利という歴史的題材のゆえだっただろう。作者のナショナリズムが時代の空気と合致したことが、この作品の成功の、最大の、ほとんど唯一の原因だったのである。ドイツ・ナショナリズムの発露を、作者自身は、主人公のセリフを借りてつぎのような言葉で描いていた。

よいかな、これこそがつまり／最高の意味において、ドイツ的であると解されておることなのじゃ／不可能なことがらへの意志、あらゆる目標のうちの目標への／地上においては決して見出されぬが予感はされる完成への、意志／ありとある音色と形式と色彩とに調和し／運命の星と法則とに合致し／永遠なる調和音の余韻につつまれたそれなのじゃ。／ひとつの統一性をドイツ人は欲する、欺瞞と／仮象とから脱却することを欲し、ひとつのまったき全体を欲する／そしてかれが闘うとき、かれを駆り立てるものは／勝利にあらず、戦利品にもあらずして、それは／完全性の奇跡ともいうべきものなのじゃ。ここから生じるのが／かれの安らうことなき精神、ありとある事物の底の底まで／究めて止まぬかれの粘り強い穿鑿じゃ／そこから生じるのが、しばしば利益を馬鹿にするかれの／鉄のごとき石頭《いしあたま》であり、目的への配慮という点でのまったく崇高な無思慮であり／かれの気の良さであり、かれの不屈の勇気であり／そしてかれの――（憤怒ニ燃エル諧謔ヲ込メテ）羊の

（／は原文の改行箇所を示す）

劇中の皇帝ハインリヒなりの、というよりもむしろ作者エッカルトなりの、このようなドイツ人像を披瀝したのち、そのドイツ人が果たすべき役割について主人公はさらにこう語っている。

人類をよく観察してみるがよい。たった一人の人間がそうであるように／人類も千もの弱点と千もの長所を持っては／おるまいか？　それぞれの民族は／人類のさまざまな特性の表現なのじゃ。ある民族が／支配するか別のものが支配するかによって、人類は／善に固執するか悪に固執するかが決まる。もしも／空疎なうぬぼれを抱く民族が指導権を握るなら／人類に勝利するのは孔雀の自負じゃ——それこそ詐欺師民族／人類のなかに仕掛けられた陰険な罠じゃ。ドイツ民族はしかし／人類がいだく光明への憧憬を体現しておる／そしてわれらのだれしもが、神性に近付かんがためには／この衝動を必要とするごとく、ドイツ民族はまた／ドイツ的な力と権力と栄光とを／必要とするのじゃ、世界がふたたび健全となるために。

ごとき忍耐なのじゃ。

劇の大団円は、こうした信念にもとづいて開始する戦争に臨んで、ハインリヒが神の加護を祈る場面である。エッカルトのこの戯曲が、勃発した現実の戦争と重ね合わせて受け取られたことは、疑いないだろう。しかも、大戦の開始にあたってドイツの全土を巻き込んだナショナリズムの高揚と、この作品は完全に波長を同じくしていたのだった。それにもかかわらず、上演は六回で打ち切られた。イングランド王がドイツ皇帝の前に跪いて臣従を誓う場面がロンドンを過度に刺激することを、ドイツ帝国首相ベートマン゠ホルヴェークが危惧したためである、とローゼンベルクは記している。いずれにせよ、こうしてエッカルトは現実社会を軽蔑し呪詛する根拠をさらにもうひとつ持つことになったのだった。

　戦争第二年目の一九一五年夏、ディートリヒ・エッカルトはミュンヒェンに移住した。そしてミュンヒェンで敗戦と革命を迎えることになった。革命が始まったとき、エッカルトは妻に向かって、雑誌を発刊することを宣言した。諫止は無駄だった。もちろん、革命に反対し、それを粉砕するための雑誌である。『ずばり直言《アウフ・グート・ドイチュ》』（*Auf gut deutsch*）という誌名が選ばれ、「秩序と正義のための週刊誌」（*Wochenzeitschrift für Ordnung und Recht*）という副題が付された。革命勃発の一ヵ月後、十二月七日には早くもその創刊号が完成した。当時二十五歳の建築技師、ゴットフリート・フェーダーが全面的に協力してくれたおかげだった。フェーダーは、それから間もなくミュンヒェンの極右政党、「ドイツ労働者党」（ＤＡＰ）の幹部のひとりとして党の綱領を起草し、さらにこの党がヒトラーのイニシアティヴによって「国民社会主義ドイツ労働者党」（ＮＳＤＡＰ）となったのちも、ヒトラーと歩みをともにして政治活動を続け、一九二四年五月の戦後三回目（ヴァイマル憲法下では二回目）の国会選挙からはナチ党の国会議員に選出されることになる。そのフェーダーとエッカルトが知り合ったのは、「トゥーレ協会」においてだった。「トゥーレ協会」（Thule-Gesellschaf）は、民族主義・反ユダヤ主義団体「ゲルマン騎士団」（Germanenorden）のバイエルン管区団長だったルードルフ・フォン・ゼボッテンドルフによってミュンヒェンに創立された秘密結社的な団体で、表向きは文化団体あるいは体育協会と称していたが、内実は過激なナショナリズムを信奉する人物たちの政治的サロンだった。エッカルトとフェーダー以外にも、ＤＡＰおよびＮＳＤＡＰの初代党首となるアントン・ドレクスラーや、獄中でヒトラーが口述する『わが闘争』を筆記し、のちにナチ党の総統代理に任命されるルードルフ・ヘス、さらにはナチ党の法律分野での最高権力者で、ナチス・ドイツによるポーランド占領ののちはその「総督」となって、ニュルンベルク裁判で死刑に処せられたハンス・フランクなど、その後のナチズム運動において重要な役割を演じる人物たちが会員に名を連ねている。

『アウフ・グート・ドイチュ』の創刊号に賛意を寄せたひとりが、一九二〇年三月にヴァイマル共和国を打倒するためのクーデタ、いわゆる「カップ一揆」を起こすことになる右翼政治家、ヴォルフガング・カップだった。カップが表明した共感をエッカルトは雑誌の宣伝のために引用したが、積極的にカップと連絡を取ることはしなかった。のちに、カップが蜂起したというニュースが伝えられたとき、エッカルトはヒトラーとともにベルリンへ駆けつけ、連携の道を探ろうとした。しかしすでに手遅れで、首相官邸でカップに会うことはできたものの、クーデタの失敗はもはや明らかだった。エッカルトの雑誌は、こうしてカップとの関係を生み出すことはなかったのである。だが、あるいはナチズム運動にとって致命的となっていたかもしれないカップとの関係のかわりに、エッカルトは、この個人雑誌によって、かけがえのない別の関係を手中にすることができたのだった。

3　「イェルサレムとの戦い」――バイエルン革命をめぐって

一九一八年十二月初め、わたしはバルト海沿岸の故郷をあとにした。それは、ボリシェヴィズムとそれに付随する諸問題との解明にドイツで自分なりに貢献するためであった。なにしろわたしは個人的にロシアで多くのことを体験することができていたからである。ただひとりの知り合いもないままにわたしはミュンヒェンにやってきた。「偶然」がわたしをあるバルト出身のご婦人と出会わせてくれ、わたしはそのひとに自分のさまざまな計画のことを語った。かの女は、あなたが意図しているのと似たような闘いをすでに当地で開始している人間をひとり知っている、と打ち明けてくれた。その人物は、この目的のために小さな闘争雑誌を刊行しているというのである。わたしは名前と所番地を書き留めた。その翌日、早くもわたしはディートリヒ・エッカルトのもとに立ち寄っていた。わたしを迎えたのは、苦虫を噛みつぶしたような、それでいて親しみのこもった表情の男であった。特長のある頭ときわめて個性的な顔つきをしていた。角縁《つのぶち》の眼鏡を額の上に押し上げると、まじまじとわたしを見つめた。イェルサレムとたたかう戦士を必要としておられるのではないでしょうか？　かれは声を上げて笑った——もちろんですとも。何かお書きになったものをお持ちかな？　わたしは講演原稿を一本と何篇かの論文をかれのもとに置いて帰った。早くもその翌日、かれがわたしの下宿の呼鈴を鳴らした。お書きになったものはとても気に入りましたよ。もう一度わたしのところにおいでいただけませんかな……。

そのとき以来、わたしたちはほとんど毎日いっしょに過ごした。そして、昔変わらぬ作家の怠け癖がかれを襲うと、わたしはしばしばかれの週刊雑誌を何号にもわたって自分ひとりで書かなければならなかった。

一九一九年の初めという時期を思い浮かべてもらいたい。ユダヤ人の煽動者にして公文書偽造犯たる一人物がバイエルンの内閣総理大臣になっていたのである。ドイツが唾を吐きかけられ隷従を強いられていたというのに、この男はパリにいるわれわれの不倶戴天の敵を「偉大な愛国者」などと賞讃して恥じなかった。われわれにはドイツ人戦時捕虜たちの帰国を要求する権利などないと公言し、国民的《ナショナル》な名誉心を下層世界とガリツィア地方からやってきた自分の同志たちとともに踏みにじったのである。国民派の側は浮き足立ち、倣岸にかまえていたかつてのお偉方たちはモグラの穴にもぐりこみ、だれひとりこの下等人間どもの独裁に敢えて反抗しようとするものなどなかった。独裁は、アイスナーの射殺のあと、レーテ共和国なる犯罪者の狂宴へとエスカレートしていった。「責任者」がすべて逃げ失せてしまったこの時期に、ひとりのドイツ的な詩人が現われて、うなりを立てるスズメバチの巣に勇敢にもつかみかかったのである。

（……も原文のまま）

アルフレート・ローゼンベルクは、エッカルトとの出逢いのことをこのように回想している。(6)

バルト三国と呼ばれる諸国のうちもっとも北に位置するエストニアのレーヴァル（現在のタリン）で生まれたローゼンベルクは、いわゆる「在外ドイツ人」、つまりドイツ国籍を持ちながら外国で生活するドイツ人のひとりだった。エストニアはロシア帝国の版図のうちだったからである。ラトヴィアのリガ、次いでモスクワの大学で工学と建築学を専攻したが、勉学途中で一九一七年の十月革命が勃発し、かれは郷里のレーヴァルへ帰った。やがてドイツ軍がそこを占領し、エストニアは一八年二月に革命ロシアからの独立を宣言する。かねてドイツ・ナショナリズムの激越な信奉者だったローゼンベルクは、義勇兵としてドイツ軍に加わることを志願したものの、これは認められず、やがてドイツの敗戦となった。かれはベルリンに逃がれ、やがてミュンヒェンに移った。そして、ちょうど二十七歳の誕生日を迎えたころ、おりから『アウフ・グート・ドイチュ』を創刊したばかりのエッカルトと邂逅したのである。それはまた、バイエルンで「下等人間どもの独裁」、つまり社会主義革命が進行していた時期でもあった。

ドイツ帝国の最南部に位置するバイエルンの首都ミュンヒェンでは、ドイツの敗戦の前々日、一九一八年十一月七日夜に、逸早く「臨時労働者・兵士・農民評議会《レーテ》」の名において「民主的・社会的共和国」樹立の呼びかけが発せられた。共和国首相となったのは、ドイツ独立社会民主党（USPD）の党員で作家のクルト・アイスナーだった。USPDは、反戦を掲げてドイツ社会民主党（SPD）と訣別した左派によって戦時下の一九一七年四月に結成された政党である。しかし、アイスナーの政府のもとで新たに選出された議会は、圧倒的多数が、USPDやアナーキスト以外の反評議会派によって占められ、アイスナーは一九年二月二十一日、辞任の決意をかためて登院する途上、右翼青年によって暗殺される。激昂した評議会派の民衆は、議会が選出したSPDの内閣をミュンヒェンから放逐し、四月七日、USPDの下部党員たちとアナーキストたちを中心とする「バイエルン共和国」の樹立を宣言したのだった。

評議会《レーテ》とは、革命における協議執行機関で、同じく「評議会」を意味するロシア語の「ソヴィエト」に相当する。革命中央評議会議長、つまり革命政権の首班となったのは、やがて表現主義の詩人・劇作家として知られることになるエルンスト・トラー（USPD）、教育人民委員（文部科学大臣にあたる）は、そのトラーにアイスナーと並んで決定的な文学的・人間的影響を与えたエッセイストで小説家のグスタフ・ランダウアー（アナーキスト）だった。共産党（KPD）は、時期尚早として当初は政権に加わらなかったが、四月十二日夜の反革命クーデタが労働者たちによって撃破された翌十三日、それまでの執行部に替わって新たに執行評議会が設置されたとき、初めてこれに参加し、かねて党中央から派遣されて来ていたオイゲン・レヴィネがその議長に選出された。このバイエルンにおける共産主義革命は、三月二十一日に「評議会《タナーチ》共和国」が成立していたハンガリーにおける革命とともに、ロシアのボリシェヴィキ革命を孤立させることなく世界革命への道を切り開くものとして、ロシア革命の担い手たちからも熱い思いを寄せられた。けれども、ベルリンでスパルタクス団《ブント》を始めとする評議会派勢力を弾圧して革命の主導権を掌握していたSPDを中心とする中央政府は、圧倒的な軍事力を投入して包囲網をせばめ、五月一日から二日にかけての戦闘でバイエルン評議会《レーテ》共和国は崩壊した。報復の白色テロルが、革命政権の要員たちや革命を支持したものたちのうえに降り注いだ。ランダウアーは、逮捕された直後、五月二日のうちにシュターデルハイム監獄内で殺害された。同じく逮捕されたレヴィネは、国家叛逆罪のかどで裁判にかけられたが、死刑の判決が下されたとき、「われわれ共産主義者はみな、一時帰休中の死者なのだ」という有名な言葉を発して、二日後の六月六日、銃殺された。エルンスト・トラーは五年の要塞禁固刑を受けた。報復を受けたのは革命政権のリーダーたちばかりではなかった。革命を基底部において支えた労働者や農民や知識人たちも、鎮圧ののちに摘発されて、あるいは国家叛逆罪で裁かれ、あるいは私刑によって殺害された。たとえば、最初の共和国宣言の時点からすでに「革命的労働者評議会」を結成してレーテ革命を目指し、そのために共産主義者とアナーキストの共闘を模索しつづけたアナーキスト詩人・劇作家のエーリヒ・ミューザームは、すでに四月十二日の反革命クーデタのさいに逮捕拘禁されて、レーテ政権には加わることができなかったにもかかわらず、国家叛逆罪のかどで十五年の要塞禁固刑を宣告された。ミューザームは、その後、一九二四年末に仮釈放され、ヴァイマル体制のもっともラディカルな批判者のひとりとして活動をつづけたが、ヒトラー政権成立の直後、一九三三年二月二十七日の「国会議事堂放火事件」をきっかけにした「非常事態」宣言のなかでナチ当局によって逮捕され、翌三四年七月九日、オラーニエンブルクの強制収容所で殺されることになる。[7]

アルフレート・ローゼンベルクがディートリヒ・エッカルトと知り合ったのは、一九一九年二月、「ユダヤ人の煽動者にして公文書偽造犯」たるバイエルン共和国首相クルト・アイスナーが殺害される直前のことだった。「すべての権力をソヴィエトに！」というロシアでの革命のスローガンに対して、アイスナーは「二分の一の権力をレーテに！」をモットーとしていた。議会を評議会《レーテ》が監視し掣肘することによって、政党政治が民衆から遊離することに歯止めをかけ、民衆は評議会といういわば革命の学校で自主管理と自治の能力を身に付けていくはずなのである。この構想が現実に実現可能だったかどうかは別として、アイスナー暗殺は、疑いもなく人類史上の新しい試みとなったはずのひとつの構想を、出発点において葬り去った。そしてもちろんこれは、エッカルトとローゼンベルクにとっては喜ぶべきことだった。とはいえ、かれらの反革命の闘いがこれで終わったわけではなかった。そのあとに来たのは、いっそう憎むべき陰謀たるレーテ共和国だったのだ。エッカルトは、週刊誌『アウフ・グート・ドイチュ』でローゼンベルクとともに反革命の論陣を張った。そして、過激な反ユダヤ主義のゆえにレーテ共和国をもっとも激しく敵視していた「トゥーレ協会」にローゼンベルクを勧誘した。かれらはあいたずさえて革命政権にたいする攻撃のビラを配り、人びとにサボタージュと反対行動を呼びかけるアジ演説を行なった。
革命が、六万の正規軍を含む中央政府側の圧倒的な軍事力によって風前の灯となっていたころ、ディートリヒ・エッカルトは、革命に止《とど》めを刺し時代の流れを変えるために、バイエルンの同胞たちに呼びかける一篇の詩を書いた。

嵐、嵐、嵐、嵐、嵐、嵐！
塔から塔へと鐘鳴らせ！
鐘打ち鳴らして男も、老人も、若者も、
眠っているものたちをみな部屋から連れ出すのだ、
鐘打ち鳴らして娘たちを階段から駆け降りさせ、
鐘打ち鳴らして母たちを揺籃から引き離すのだ、
空気はどよもしつんざく響きを立てねばならぬ、
復讐の雷鳴のなかで激しく、激しく荒れ狂わねばならぬ。
鐘打ち鳴らして死者たちを墓穴から呼び起こせ！
ドイツよ目覚めよ、目覚めよ！

これが、のちに最後の一行の文句、「ドイツよ目覚めよ！」（Deutschland erwache!）によって文字通り人口に膾炙することになるひとつの「詩」の、最初の誕生だった。
冒頭で六回くりかえされる「嵐」（Sturm《シュトウルム》）という語には、また「突撃」という意味もある。ナチ党の突撃隊

(Sturmabteilung《シュトゥルムアプタイルング》・略称SA《エス・アー》)のあの突撃《シュトゥルム》である。嵐を告げる鐘はまた、突撃を呼びかける鐘でもあるのだ。死者たちをも墓穴から呼び返して雷鳴のなかでともになされるこの突撃は、復讐の戦いなのだ。老若男女が、ことごとく復讐に立ち上がらねばならぬ。――何にたいする復讐かは、ここでは明示されていない。どのような状況のなかでのことなのかさえ、ここではまったく不明のままである。これについて、ナチズム運動のなかで歌われた大衆歌謡を詳細に分析・検討する包括的な研究、『国民社会主義の大衆歌謡』(8)(一九九三)の著者、アルフレート・ロートは、こう述べている、「強調しておかなければならないのは、呼びかけの要素のために意味伝達の要素が著しく後退していることである。感情的な要因が伝達の次元に覆いかぶさってそこを支配してしまっている。これは、ほとんどすべてのファシズム的な大衆歌謡に見られる現象である。」

だが、この「詩」が書かれた状況からすれば、もっぱら感情に訴えるアジテーションが何にたいしての、誰にたいしての復讐を呼びかけていたのかは、誤解の余地もなかったのである。圧倒的な反革命軍がミュンヒェンの郊外まで迫り、市内でレーテ政権にたいする武装叛乱が開始されるなかで、四月三十日、革命側に人質として捕らわれていた反革命派の十名が処刑される事態が生じたが、そのうちの七名は「トゥーレ協会」のメンバーだった。それゆえ、エッカルトの詩が呼びかける復讐を、この人質殺害にたいする報復として理解することは、もちろん的外れではないだろう。だが、それだけではなかった。復讐は、この人質殺しの背景にあるさらに大きな敵に向けられていたのである。

エッカルトのもとを初めて訪れたローゼンベルクが、最初に口に出した言葉は、「イェルサレムとたたかう戦士を必要としておられるのではないでしょうか?」という問いだった。「もちろんですとも」というのが、エッカルトの答えだった。かれらにとっては、クルト・アイスナーのバイエルン共和国も、そのあとに樹立された二次にわたるレーテ革命政権も、「下等人間どもの独裁」、「犯罪者の狂宴」以外の何ものでもなかったが、この犯罪者たる下等人間というのが、かれらによれば、「下層世界とガリツィア地方からやってきた同志たち」、つまりユダヤ人にほかならなかったのである。復讐が向けられるべき対象は、ユダヤ人総体だったのだ。――事実、アイスナーを始めとして、トラーもランダウアーもレヴィネも、そしてのちにナチスの強制収容所で殺されるミューザームも、ユダヤ人だった。バイエルンだけに限らず、ベルリンでの革命のさなかに虐殺されたローザ・ルクセンブルクとカール・リープクネヒトも、ローザのかつての恋人でやはり殺されたレオ・ヨギヒェスも、その他のスパルタクス・ブント＝ドイツ共産党幹部のうち少なからぬものたちも、さらにはレオ・シュラーゲターの死をめぐってメラー＝ヴァン＝デン＝ブルックの批判を浴びたドイツ担当のコミンテルン執行委員、カール・ラデックも、やはりそうだった。広義の社会主義政党であるドイツ社会民主党まで含めれば、その数はさらに大きくなるだろう。ロシア革命とハンガリー革命についても、同様のことが言えるのである。レーニンと並ぶロシア革命のリーダー、レオン・トロツキーがユダヤ人であることはよく知られているが、バイエルンでの革命と時を同じくして進行していたハンガリーの革命においても、これに変わりはなかった。エッカルトは、「嵐、嵐、嵐……」の詩とちょうど同じころ、革命政権の暴虐に屈したままそれに反対しないハンガリーの労働者を非難して、「ハンガリーの恐怖《テロル》の日々から」と題する一篇の詩を書いている。[9]

君たちにはいったい見えないのか？　いったい感じられないのか？
いったい石たちでさえそのことを叫んでいないか？
ユダヤ人が野放しにされたのだ！　生命と光明のうえに
卑劣なものが解き放たれてまっさかさまに落ちてくる。
古い悪魔的な力が現われる、

嘘と奸計にみちて、
そして地獄が高笑い、
そしてアンチクリストが……（中略）
だが労働者は、なぜ連中が暴利のことを
ただの一言一句も口にしないのかと
たずねるかわりに
連中を信任している、まるで神を信じるごとく！
ユダヤ人たちの言いなりになっていれば
悲惨と困窮が終わると、信じているのだ。
本気で善良にそう考えているものを
ユダヤ人は叩き殺す。

社会民主党と共産党との組織的合同によって推進されていたハンガリーの評議会革命《タナーチ》の場合も、そのリーダーたちの多くがユダヤ人だったことは、悪名高い反ユダヤ主義の煽動文献であるテーオドール・フリッチュの『ユダヤ人問題ハンドブック』(10)――この本をエッカルトは「われわれの精神的な七つ道具」と絶讃したのだった――が書き立てている。フリッチュの煽動書は、革命政権首班のベーラ・クン、教育人民委員のジグモンド・クンフィ、軍事人民委員のティボル・サムエイ、政治警察長官のオットー・コルヴィン、そしてこれら以外に八人のユダヤ人要人たちの名前を挙げたうえで、正副人民委員二十六人のうち十八人までがユダヤ人だったと述べて、同国におけるユダヤ人の人口比率が七パーセントであるのに対して政権は七〇パーセントがユダヤ人によって占められていたこと、ハンガリー革命がまさに「イスラエルの支配」以外の何ものでもなかったことを、強調していた。エッカルトの詩もまた、「ハンガリーの恐怖《テロル》」がユダヤ人によって生み出されていることを歌ったのである。そしてさらに、このユダヤ人こそは、ほかでもない「暴利のことをただの一言一句も口にしない」連中、つまり利潤と金利をほしいままにする巨大資本の一党にほかならないこと、それゆえかれらの革命が資本主義的搾取から労働者を解放することなどありえないことを、エッカルトの詩は労働者たちに訴えようとする。フリッチュの煽動書は言及していないが、ジグモンド・クンフィの下で副教育人民委員を務め、社会民主主義者であるクンフィが辞職したのちは教育人民委員として革命の文化行政を統括したジェルジ・ルカーチは、ハンガリー最大の銀行であるハンガリー中央信用銀行の頭取を父にもつユダヤ人だった。

エッカルトが「嵐、嵐、嵐……」の詩によって呼びかけ、ローゼンベルクとともに挺身していた反革命の戦い、復讐の戦いは、そのようなユダヤ人を敵とする反ユダヤ主義の戦いだったのである。

4　反ユダヤ主義の根拠　その一——ローゼンベルク

エッカルトの死後にナチ党を代表する思想家となったアルフレート・ローゼンベルクが、主著とされる『二十世紀の神話』[11]（一九三〇）の随所でユダヤ人やユダヤ精神にたいする批判と攻撃を行なっていることは、よく知られている。「北方的ヘラス」なる古代ゲルマン文化圏の歴史的実在を想定し、そこにおいてヘラス（古代ギリシア）のヘレニズム文化に比肩しうる高度な文化を創造してきたアーリア人種と、その対極にあって「反人種」（Gegenrasse）とさえ規定される非創造的なユダヤ人種とのあいだの、文化の興亡を賭した闘争として、ヨーロッパの歴史総体と現代の状況とを描き出すこと――これが『二十世紀の神話』のテーマである以上、ユダヤ人およびユダヤ精神は否定の対象でしかありえない。とりわけ、世界大戦後の「世界トラスト化」によって旧来のナショナリズムを世界経済に隷従させることに成功した、とされるユダヤ金融資本は、文化を蹂躙し破壊する焦眉の敵として、激しく弾劾されている。国際資本主義そのものであるユダヤ人勢力との闘争こそ、いままさに人類の興亡を賭けた最後の決戦でなければならないのである。

『二十世紀の神話』におけるこうした反ユダヤ主義の展開は、ただ単なる感情的な煽動の次元に止まっていないという点で、ナチズム陣営が展開したもっとも理論的な反ユダヤ主義の学説と目されるものだった。この理論闘争を、しかしローゼンベルクは単独で行なっていたのではなかったのである。それは、亡きエッカルトとの内的な共闘と呼ぶべき作業だったのだ。『二十世紀の神話』は、一九三〇年の初版も、その後の重版も、すべて「ホーエンアイヒェン・フェアラーク」（高い槲《かしわ》の木出版社）を版元としている。この出版社は、元来、エッカルトが反革命の週刊誌『アウフ・グート・ドイチュ』を発行するために、その二年前に設立されていた小出版社を買い取って自分の名義にしたもので、文字通りエッカルトがのこした最大の遺産のひとつだったのである。この出版社そのものは一九二九年にマックス・アーマンのエーアー書店（ナチ党中央出版所）に吸収されたが、エッカルトとゆかりの深い特定の出版物だけはホーエンアイヒェンという出版社名で刊行されつづけた。『二十世紀の神話』がそのひとつだったのである。それればかりではない。『二十世紀の神話』におけるローゼンベルクの反ユダヤ主義そのものが、じつは、ディートリヒ・エッカルトとの直接的な共闘の日々に構築されていたのだった。

バイエルン革命が鎮圧され、「安寧と秩序」がミュンヒェンを支配するようになった一九一九年秋、エッカルトの雑誌『アウフ・グート・ドイチュ』の十月二十三日号に、ローゼンベルクは「ユダヤ人という時事問題」と題する論評を書いた。(12) そのなかでかれは、「ユダヤ教正統派というのはそもそもの初めから、宗教というよりはむしろ、ユダヤ民族を維持するための、宗教の衣をまとった闘争組織であった」という確認から出発する。かれによれば、「いかなるユダヤ人団体もこの観点から見なければならない」のである。ユダヤ教の教典であるタルムードを拠《よ》り所とする結束は、何ひとつこれと比肩しうるものがないくらい強固なものだったが、時代の流れとともにここから分離する部分も出てくるようになり、それらは別の種類の闘争組織を創設したり、あるいは別の団体をユダヤ人世界勢力の特攻隊に改造したりしたのだった。博愛主義を標榜する秘密結社「フリーメイソン」、社会主義・共産主義革命のための国際組織である「インターナショナル」、さらにはユダヤ人国家の再建をめざす「シオニズム」、等々。しかし、それらのいずれもが、ユダヤ民族維持のための闘争組織であるという本質に変わりはないのである。これら脱宗教の色彩を強く打ち出した諸組織のうちで、ローゼンベルクはとりわけ「自由《リベラル》ユダヤ人」(das liberale Judentum)に矛先を向ける。かれがそれを攻撃目標に選んだのは理解できないことではない。前述の煽動文書、『ユダヤ人問題ハンドブック』の著者、テーオドール・フリッチュも、ユダヤ人と自由主義《リベラリズム》との密接な関係を取り上げて、「自由主義を撃つものはユダヤ人を撃つのである。ユダヤ人を撃つものは自由主義を撃つのである。〔……〕ユダヤ人はドイツにおける自由主義の先遣隊であった」と述べている。フリッチュによれば、「人間の平等と個人の「自由」という教説を掲げる自由主義《リベラリズム》は、かれら〔ユダヤ人たち〕が中立的な個人の仮面をかぶって自分たちの連帯のための共同作業を行なうことを可能にした」のであり、「自由主義という民間的、非英雄的、商売人的、「私的」、利己的な態度は、ユダ

アルフレート・ローゼンベルクとかれのサイン。『血と名誉』扉写真。

ヤ人の人種的資質にぴったりだった」からである。十八世紀の銀行家や工場主の家庭、文化的サロンで、つまりメンデルスゾーンやロートシルト（ロスチャイルド）の世界で生じた態度および志操としてのリベラリズムは、やがて一八四八年の革命の時代に「国民はすべて平等である」という基本的人権の思想となる。これは革命の挫折とともに没落したが、曲折を経ながらマルクス主義的社会主義のなかで政治的主張として蘇生し、二十世紀に至ってロシアの革命運動におけるプロレタリア独裁の実践のなかで、ユダヤ人がきわめて大きな位置を占めるところまで行き着くのである。この経過を跡づけて、フリッチュは、一九〇一年から一九〇三年のあいだに当局に逮捕されたロシアの革命家のうち二九・一パーセント、一九〇五年には同じく三四パーセントがユダヤ人だった、と指摘する。かれによれば、一九一七年の十月革命で権力を握ったボリシェヴィキは、トロッキー（ブロンシュテイン）、ジノヴィエフ（アプフェルバウム）、カーメネフ（ローゼンフェルト）、ボグダーノフ（ジルベルシュテイン）、ピアトニツキー（レーヴィン）、リトヴィノフ（フィンケルシュテイン）、ラデック（ゾーベルゾーン）など、最高幹部のうちに多くのユダヤ人を擁していたばかりでなく、革命の過程で反ボリシェヴィキ派として排除されたメニシェヴィキのマルトフ（ツェーデルバウム）やスハーノフ（ギンメル）、社会革命党《エス・エル》のチェルノフ（リーベルマン）らもまた、ユダヤ人だったのである。ドイツ革命のリーダーたちにあってもまた、ユダヤ人が大きな役割を果たしたことに変わりはない。しかもそれに加えて、アルベルト・アインシュタイン、エルヴィン・ピスカートル、ジークフリート・クラカウアーらの自由主義的《リベラル》なユダヤ人科学者・文化人たちが、共産主義や社会民主主義によるユダヤ人支配に協力したのである。――だが、フリッチュはさらに、こうしたユダヤ人の支配に抗しては「ドイツ民族の組織的な防御運動」が生まれずにはいなかった、というところに説き及ぶ。そしてその運動は、さしあたり「反ユダヤ主義」（Antisemitismus）と呼ばれた、とかれは書いている。

ローゼンベルクはこうしたフリッチュの所論に直接言及してはいないが、『アウフ・グート・ドイチュ』の論説、「ユダヤ人という時事問題」でのかれの「自由ユダヤ人」批判も、基本的にはフリッチュの反ユダヤ主義理論の延長線上にある。かれはまず、この団体のリーダーたちの最近の発言をいくつか引用しながら、それらのなかにユダヤ人の利害のみを重視する基本姿勢が露呈されていることを指摘したのち、とくにユダヤ人虐殺《ポグロム》にたいする非難への反論に移っていく。かれの論点の第一は、世界大戦でドイツに占領された諸地域や同盟国の領土内だった地域――ポーランド、ウクライナ、ガリツィア、ハンガリー――で起こったとされるポグロムそのものが事実無根であるか、さもなければ誇大宣伝である、ということにある。そして第二の、いっそう本質的な論点は、ユダヤ人への同情を喚起しようとするポグロム宣伝の真偽はさておき、反ユダヤ主義とユダヤ人迫害には正当な理由がある、という主張にほかならない。

> 指導的な反ユダヤ主義誌紙はすべて、いかなるポグロムをも嫌悪していることをきっぱりと断言してきた。しかしそれらはまた、ドイツ民族のこの国民的な運命の時にあたってドイツ人の人士たちが先頭に立つことを、同様にきっぱりと要求してきたのである。そうなるかわりに、またもや一人の新しいユダヤ人が影響力のある地位に任命されないまま過ぎるような日は、一日もない始末だ。でしゃばるな、自分たちの権力欲を抑制せよ、という要求はすべて、まるでゴムの雨合羽を流れ落ちる水のようにユダヤ人に聞き流され、ドイツ人の絶望の悲鳴はすべて空しく消えていこうとしている。〔……〕こうしてまたもや、あらゆる民族のもとで、まず最初は数ヵ所で燃え上がりながら、しばしば一国全体をとらえる反ユダヤ主義運動がいくつも、恐ろしい怒りを爆発させて出現するのだ。これら大規模なユダヤ人迫害のきっかけは多種多様であった。しかし、始まりつつある衝撃的な出来事のきっかけではなく根拠を解明するために、なんらかの場で歴史的考察が社会的な構造に注目しなければならぬとすれば、あらゆる国々でのユダヤ人問題の考察の場合が、とりわけそうなのである。

ではその根拠たる社会的構造とは何なのか。ローゼンベルクによれば、それは、ユダヤ人が現在のような位置を占めるのを許している社会の構造にほかならない。そしてユダヤ人にそれが許されているのは、「かれらが恣《ほしいまま》にしている測り知れない富《とみ》」のゆえであり、「全能の黄金」のゆえなのであって、もしもそれがなければ、「世界の政治を操縦し、あらゆる国々の政治家たちをユダヤ人の意志の操り人形として動かすこと」も、「平板化や分裂という害毒がそれ固有の本質をもってヨーロッパ人たちの心のなかに沈殿し、さまざまな精神をユダヤ人にとって好都合な気分に保っておくこと」も、およそ不可能だっただろう。ユダヤ人迫害の根拠はここにある、とローゼンベルクは言う。

そしてユダヤ人迫害は、これをここで予め言っておかねばならないのだが、主要には、暴利の桎梏を打破するために繰り返し新たに企てられる試みなのである。その桎梏が、人種的に異質な、宗教的および倫理的に敵対する不法侵入者に由来するものであってみれば、なおのことである。ドイツの反ユダヤ主義者たちの仕事は、ユダヤ人の飽くことを知らぬ強欲《ごうよく》がドイツ民族にたいする支配のなかでもはやこれ以上ない頂点に達したときに必ずや生ずるであろうこの非情な必然性にたいして、ひとつの合法的な打開の道を斡旋することなのであり、それはユダヤ人が法律にもとづいてすべての国家的職務から遠ざけられることを要求することによってなされるのである。〔……〕「汝らの内面を妨げるものを、汝らは許容してはならぬ」とゲーテは言っている。キリストは両替商のユダヤ人を鞭で宮から追い出した。ドイツ人もまた、自己が持つ最善のものを、自己の精神と自己の歴史とが、管理されるべき財産として伝えてくれた最善のものを、必要な場合には鞭によって防衛しなければならないであろう。ドイツ帝国は、長い長い時間ののちに、ふたたびドイツの国とならねばならぬのであって、解き放たれたユダヤ人の権力欲の遊技場になどなってはならないのである。

権力掌握の翌年に刊行された『血と名誉』(13)と題する評論集にこの反ユダヤ主義理論を収載したとき、ローゼンベルクはそれを、巻頭言としてのヒトラー頌「ドイツの指導者《フューラー》」(*Deutschlands Führer*)のすぐあとに置いた。発表年代の順を追って配列されているわけではない一冊の論集のなかでのこの位置は、著者がそれに与えていた意味の重さを暗示している。反ユダヤ主義理論は、かれにとって、単なる思想上の理論ではなかったのである。ボリシェヴィズムのなかに最新の、もっとも恐るべきユダヤ主義の具体的な顕現を見ざるをえなかったように、かれにとって反ユダヤ主義は、ドイツの将来を賭した闘いの問題、もうひとつの革命に抗して自己の陣営による革命を貫徹する闘いの問題にほかならなかった。そしてこの闘いを、かれが初めて開始することができたのが、ディートリヒ・エッカルトのもとでのことだったのだ。

5　反ユダヤ主義の根拠　その二——エッカルト

アルフレート・ローゼンベルクは、ナチ党の機関紙『フェルキッシャー・ベオーバハター』の一九二一年三月三十一日号に、「ゲルリヒ博士対ディートリヒ・エッカルト」という論説を書いた。(14)かれが被告側の証人として関わった裁判で、被告の敗訴が確定したことを報告し、同時に敵側をあらためて攻撃するためである。その裁判は、ディートリヒ・エッカルトにたいする名誉毀損の訴えによって起こされ、一、二審ともエッカルトが罰金百マルクの判決を受けて終わったのだった。原告は、ドイツ民主党に所属するゲルリヒという名のユダヤ人政治家で、かれにたいする批判の文章にエッカルトが、暴利をむさぼるユダヤ人という意味をこめた罵倒の言葉、「ユダヤのぶったくり野郎」(Judentzer)と書いたのが、名誉毀損とされたのである。

一九二〇年代初頭のナチ党において、もっとも戦闘的な反ユダヤ主義を体現していたのが、ディートリヒ・エッカルトにほかならなかった。ナチ党の機関紙『フェルキッシャー・ベオーバハター』の初代編集長だったかれが、この新聞でローゼンベルクの密接な協力を得て積極的に反ユダヤ主義の論陣を張ったことは、言うまでもない。名誉毀損の裁判も、そのような実践の付随現象のひとつにすぎなかったのである。——では、そのかれの反ユダヤ主義は、どのような理論的根拠のうえに成り立っていたのだろうか?

ローゼンベルクが「ユダヤ人という時事問題」を『アウフ・グート・ドイチュ』に発表する一九一九年十月より数ヶ月前、ディートリヒ・エッカルトは自分が主宰するその同じ雑誌に、「内外のユダヤ性」と題する論文を連載した(15)。一九一九年の年頭から半年間にわたる連載ののち未完のままで中断されたこの長篇論文は、エッカルトのもっともまとまった反ユダヤ主義理論として、さらにはまた、初期のヒトラーに大きな影響を与えたことが通説となっているエッカルトの基本思想の本質を知るうえでも、きわめて重要な意味を持っている。

エッカルトはまず、新約聖書「使徒行伝」の第二十三章に記されたパウロのエピソードに着目することから、かれのユダヤ人とユダヤ性にたいする批判を開始する。——もっとも激越な反キリスト教活動家だったサウロは、奇蹟を身をもって体験したのちキリスト教徒に転向してパウロとなり、布教のためにイェルサレムにやってくる。ところがそこでユダヤ人たちによって捕らえられ、殺されようとするところへ守備隊の千卒長と兵卒が駆けつけてくる。自分はローマの市民だ、とパウロが名乗ったので、ローマ市民を裁判にもかけずに罰するわけにはいかないということになり、議会が召集されることになる。さて、ここから、エッカルトが問題にする第二十三章が始まるのである。パウロは、議員の一部がサドカイ人《びと》で、一部はパリサイ人《びと》であるのを見て、自分は死者が復活する望みをいだいているがゆえに裁判を受けているのだ、と叫ぶ。するとサドカイ人とパリサイ人とのあいだに争論と分裂が生じる。サドカイ人は復活とか天使とか霊とかは存在しないと考えており、パリサイ人はこれらはすべて存在すると主張していたからである。ではなぜ、死者の復活を信じるパウロが罪人として告発されているのに、同じくそれを信じているパリサイ人は告発されないのか。これが、エッカルトの問題提起にほかならない。

　この疑問にたいして、かれは、パリサイ人が告発されないということ自体が、かれらの主張とパウロの信仰との違いを物語っている、と説明する。パリサイ人にとっての不死とは、現世がそのまま続くということであり、肉体を離れた魂の不滅などかれらには夢にも想像できない。かれらには、現世の持続としての永遠しか、考えられないのだ。だからこそ、イエスは折にふれてパリサイ人を偽善者として糾弾しているのである。そしてこのパリサイ人の現世主義こそは、ユダヤ人一般の基本的特質なのである。そしてじつは、ユダヤ人であるパウロ自身も、このユダヤ性から脱却してはいないのだ、とエッカルトは言う。そもそも、イェルサレムで捕らえられたとき、パウロは、自分はローマ市民だと言い立てて助かろうとする。どの国家社会にあってもそこの国民を装って生き延びようとすることこそ、ユダヤ人の習性なのだ。さらに、パウロは主イエスの復活を、肉体を備えた生身の人間の姿としてしか想定しえていない。問題は「魂の不死」なのであり、魂（Seele《ゼーレ》）以外に不死のものは何ひとつないのである。ところがユダヤ人には、このようなものとしての魂を感じ取ることなど不可能なのだ。「さてこうなると、死後に生命が生き続けることを完全に否定しながら育つような民族が、自己の想念をもっぱら現世にのみ、地上の生存にのみ限定せざるをえないことは、容易に明らかであろう」とエッカルトは言う。つまり、暴利をむさぼるユダヤ人、現世の富や権勢に汲々とするユダヤ人というかれらの基本的な特質はここから出てくるのだ、というのがエッカルトの見解にほかならない。しかも、かれによれば、「世界で唯一、ユダヤ人だけが、このような純地上的なものを目指す宗教を有している」のだ。そしてそれゆえにこそ、ユダヤ人は、たかが片隅の民族でしかないにもかかわらず、もっとも偉大でもっとも栄光にみちた諸民族を抑えて生き続けてきたのである。そしてまた、人類の救済のときまで、それは生き続けるであろう。しかし、ユダヤ人は単独では生きていけない。ある種のバクテリアが人間の身体の一部をなしているように、ユダヤ人は人類という有機体の一部となっている。このバクテリアがはびこりすぎると人体が危険となるように、ユダヤ人が手に負えなくなるくらいのさばると、たとえばわがドイツ民族は精神的な衰弱のために徐々に頽落していくのである。

では、このような基本的特質を持つユダヤ人は、われわれにたいして具体的には何をなそうとしているのか？——エッカルトは、「以前にユダヤ人の哲学者マルティン・ブーバーがミュンヒェンで行なった講演のなかで、ユダヤ人のパレスチナ国家が建設されたあかつきには、「この地上を超越するような方向の、どんなにかすかな痕跡も、そのなかに忍び込んではならない。もしもそんなことになれば、その国家も破壊されてしまわざるをえないであろう」と述べたことを取り上げる。

　ユダヤ性の秘密がこれ以上に容赦なく明かされることはありえなかった。世界から魂を抜き取ることが、まさにそのことだけが、ユダヤ性にとっての問題なのだ。だがそれは、世界を破滅させることと同じことを意味するのである。〔……〕人類から魂を抜き取ることがかれらの目標なのだ。それゆえにかれらは、生きた魂が活動するさいにおびる形式は何であれ破壊しようと試みる。根からの唯物論者であるかれらは、かれらにはぼんやりとしか予感できないもの、ほかならぬ魂に関わるものが、生きるにも死ぬにも形式と結び合わされており、形式が死ぬと同時に死なざるをえない、などという気狂いじみた見解をいだいているからである。それゆえにかれらはまた、意識的にであれ無意識的にであれ、ことごとくアナーキストなのだ。いやそれどころか、かれらは秩序と法との反対者以外の何ものでもありえないのである。〔……〕秩序と法とを抜きにしては国家という思想は実現されえない。それらはこれのための不可欠の基盤である。このことだけからしてもすでに、秩序と法との不倶戴天の敵たるユダヤ人は、生きていく能力を持つパレスチナ国家を決して創ることはできないのである。

エッカルトのユダヤ性にたいする攻撃は、さらにパスカルによるユダヤ人批判の検討と、ユダヤ人であるスピノザの哲学に「地上を超越する存在」にたいする信念が欠如しているという考察へと続いていく。だが、かれの反ユダヤ主義の思想的根拠は、これまでに見てきたところからすでに明らかだろう。これがどれほど一方的で独断的な誹謗であるとしても、このような信念のもとにかれが稀有な精神的エネルギーを傾注して反ユダヤ主義の実践に専心したという事実、それればかりかこの実践がローゼンベルクによって、さらにはヒトラーそのひとによって受け継がれ、ついには破滅にいたるまで発展させられたという事実は、変わらないのである。

エッカルトの死の翌年、ヒトラーとの対話という形式で共産主義と、それとまさに一心同体であるとエッカルトが考えていたユダヤ性とを批判する『ボリシェヴィズム、モーゼからレーニンまで――アードルフ・ヒトラーと私との対話』(*Der Bolschewismus von Moses bis Lenin. Zwiegespräch zwischen Adolf Hitler und mir.*)と題した小冊子が、ディートリヒ・エッカルトという著者名で出版された。一九二五年にはその第二版が『ボリシェヴィズム、その始まりからレーニンまで』(*Der Bolschewismus von seinen Anfängen bis Lenin.*)と題名を変えて刊行された。ただし、一九〇五年から二四年までのヒトラーのすべての著作を一九八〇年に編集刊行したエーバーハルト・イェッケルは、そこでヒトラーの発言とされているものは信憑性がないとして、これを資料から除外している。[16] だが、このことはエッカルトのヒトラーとのきわめて近い関係そのものを否定するものではない。かれは、たったひとりで『アウフ・グート・ドイチュ』を創刊してから間もなく、同じミュンヒェンで「ドイツ労働者党」（DAP）の指導権を握りつつあったヒトラーと知り合ったのである。「エッカルトがまず最初にヒトラーにたいして深い敬意を感じ、やがてこの「ドイツ労働者党の青筋」を衷心から尊敬するようになって、まだ若い奮闘中のその党を支援し、好意的なドイツの人びとに紹介することに全力を尽くしたのは、何ら不思議ではない」と、ローゼンベルクは記している。エッカルトがヒトラーにたいしていだいた思いは、党機関紙『フェルキッシャー・ベオーバハター』[17]の一九二三年四月二十日号にヒトラーの三十四歳の誕生日を祝して発表された詩からも、うかがうことができる。

アードルフ・ヒトラー

五年の苦難、いまだどの民族も耐えたことのないような！
五年のぬかるみ、山をなす低劣さ！
殲滅されてしまったのだ、われらのためにビスマルクが
かつて戦い取った高潔な熱情と純粋さと偉大さは！
それでもなお——たとえ吐き気がまだ咽喉を締めつけるにせよ——
それでもなおそれは、それは——あるいは伝説にすぎないのか？——
それでもなおそれはドイツの国ではなかったか？　それがこうして終わるのか？
われらに勝利を保障するような力はもはやひとつもないのか？
こころを開け！　見ようとするものには見えるのだ！
その力はここにある、これを前にすれば夜も逃げ出すその力が！

ディートリヒ・エッカルトがヒトラーを指導者《フューラー》とするナチズム運動のために なした絶大な貢献は、反ユダヤ主義の理論と実践に関わることだけではなかった。「ドイツ労働者党」（DAF）がヒトラーのイニシアティヴによって「国民社会主義ドイツ労働者党」（NSDAP）へと党名を変更した一九二〇年二月二十日から十ヵ月後の十二月十七日、党は固有の機関紙を持つことになった。休刊同様になっていた『ミュンヒナー・ベオーバハター』（*Münchner Beobachter*＝ミュンヒェンの監視兵）という週二回発行の小さな地方新聞を買収して、『フェルキッシャー・ベオーバハター』（*Völkischer Beobachter*＝民族の監視兵）と改題し、大戦中にヒトラーの上官だったマックス・アーマンのエーアー書店から週刊で発行することになったのである。この新聞は、翌二一年二月二十三日号から日刊紙となり、第三帝国崩壊の八日前、ヒトラーの自殺の当日、南ドイツ版の最後の号が出る一九四五年四月三十日にいたるまで、ナチズムの伝声管としての役割を果たし続ける。

親愛なるエッカルトさん！

『フェルキッシャー・ベオーバハター』がついに首尾よく党に譲渡されることになったいま、エッカルトさん、あなたが最後の瞬間になってわれわれに差しのべてくださった援助にたいし、このような書面で私のもっとも熱烈な感謝を表わしたいのです。

もしもあなたの御親切な金銭的援助がなかったなら、ことはおそらくこのようには運ばなかったでしょう。いやそれどころか私は、ひいてはまた自前の新聞を獲得する最良の見込みをもわれわれはきっと何ヵ月も先まで失っていただろうと信じるのです。私自身はいま、全身全霊をもって運動に打ち込んでいます。これまで切望してきたこの目標を達成した結果どれほど私が幸せであるか、そしてどれほど切実に私がこの今日の幸福にたいしてあなたに深い感謝を表わさずにはいられないか、あなたにはほとんど考えも及ばないくらいなのです。

誠実な敬意をこめて

あなたの　　　A・ヒトラー

一九一八年十二月十八日、ヒトラーはエッカルトに宛ててこう書き送った。[18] この新聞をナチ党のために獲得したのは、ディートリヒ・エッカルトだったのである。かれは、自分がその一員であり、またローゼンベルクを紹介してそれに加盟させた秘密結社、「トゥーレ協会」の機関紙だった『ミュンヒナー・ベオーバハター』の発行権を買い取るために、自分の財産を担保にして十二万マルクの金を工面した。のちにエッカルトの生誕七十五年を記念する記事を書いた「h・k」署名の筆者は、[19] この十二万マルクという金額と比較して、「『フェルキッシャー・ベオーバハター』が一九二三年八月から大判で発行されるようになったとき、街角の売り子が売るこの新聞一部が六万マルクの値段になっていた」と述べている。もちろん、激動の年、一九二三年に頂点に達した空前絶後のインフレのためである。――ルール進駐で始まり、ナチ党のミュンヒェン・クーデタとディートリヒ・エッカルトの死で終わった一九二三年は、ドイツの通貨であるマルクが、下記のような下落を体験した年だったのである。

一九二二年六月二十四日（ユダヤ人の外相、ヴァルター・ラーテナウ暗殺）	
	一ドル＝三五〇マルク
七月末	六七〇　〃
八月中旬	二〇〇〇　〃
十月末	四五〇〇　〃
十一月九日	九〇〇〇　〃

一九二三年六月三十日　一ドル＝一〇〇万マルク
八月八日　五〇〇万〃
八月十三日　一億〃
十月九日　一〇億〃
十一月十五日（新通貨「レンテンマルク」発行）
一ドル＝四兆二〇〇〇億マルク
十一月十六日（旧紙幣発行停止、一兆紙幣マルク＝一レンテンマルクとする）
一ドル＝四・二マルク

レンテンマルクの発行によって通貨価値は安定したものの、物価指数は、大戦前の一九一三年を一とすれば、二二年一月の二〇から、二三年一月の三二九、八月の一一万、十月の四億、と上昇を続けたまま、二三年十二月には八一八億に達していた。ディートリヒ・エッカルトは、このような時期に最期を迎えたのである。もちろんかれにとってこのドイツの窮状は、一貫してユダヤ人の責任に帰せられるべきものだった。バイエルン革命への敵意をこめて一九一九年春に書いた「嵐、嵐、嵐……」のあの詩に、かれはその翌々年、新たな一聯を加えていた。それは、ナチ党員の作曲家、ハンス・ガンサーによって曲を与えられ、その曲はヒトラーに捧げられた。そして楽譜とともにナチズム運動の諸団体の歌集に載せられ、初期の運動を代表する闘争歌のひとつとして、広く歌われるようになった。そのうえ、各聯の最後で反復される「ドイツよ目覚めよ！」の一句は、運動の合言葉となり、突撃隊《エス・アー》の聯隊旗にこの一句が染め抜かれた。ナチ党に機関紙を与えたエッカルトは、またこの党にもっとも効果的な合言葉をも与えたのである。

死を前にした一九二三年、かれはその歌にさらに一聯を加えた。こうして「嵐の歌」とも「ドイツよ目覚めよ」とも称されるようになるかれの詩は、最後に作られたものを一番とし、最初に生まれたものを二番として歌い続けられることになった。その中間で作られた一聯は三番として歌われたが、ナチ党関係の歌集には、この三番を省略しているものもある。[20]

嵐、嵐、嵐、嵐、嵐、嵐！
塔から塔へと鐘鳴らせ！
火花が散りはじめるまで鐘鳴らせ、
ユダが姿を現わす、国を奪いに、
血で綱が赤く染まるまで鐘鳴らせ。
あたりはただ焼き打ちと拷問と殺戮ばかり！
救いもたらす復讐の雷鳴の下
大地が立ち上がるまで鐘鳴らせ。
今日《きょう》に及んでもまだ夢を見ている民に禍《わざわい》あれ、
ドイツよ目覚めよ、目覚めよ！

嵐、嵐、嵐、嵐、嵐、嵐！
塔から塔へと鐘鳴らせ！
鐘打ち鳴らして男も、老人も、若者も、

眠っているものたちをみな部屋から連れ出すのだ、
鐘打ち鳴らして娘たちを階段から駆け降りさせ、
鐘打ち鳴らして母たちを揺籃から引き離すのだ、
空気はどよもしつんざく響きを立てねばならぬ、
復讐の雷鳴のなかで激しく、激しく荒れ狂わねばならぬ。
鐘打ち鳴らして死者たちを墓穴から呼び起こせ！
ドイツよ目覚めよ、目覚めよ！

嵐、嵐、嵐、嵐、嵐、嵐！
塔から塔へと鐘鳴らせ！
蛇が解き放たれたぞ、地獄の虫が、
愚かしさと嘘とが鎖をひきちぎった、
おぞましい寝床のなかの黄金への貪欲が。
血の色で赤く染まって空は炎に包まれている。
一撃また一撃、ここでもまた聖堂を
咆えながら廃墟と化する龍。
突撃の鐘鳴らせ――今をおいては二度とない！
ドイツよ目覚めよ、目覚めよ！

III　死者たちも、ともに行進する

――ホルスト・ヴェッセルとハンス・ハインツ・エーヴェルス

1　旗を高く掲げよ！

一九三〇年九月十四日、戦後六回目、ヴァイマル共和国が発足してから五回目の国会議員選挙が行なわれた。開票が進むにつれて、ドイツの全土に衝撃が走った。急報が外国にも飛んだ。

株価が急落する。外国の借款団体《コンソーシアム》は株券の束を次つぎと株式市場に投げ出す。「売り！　売り!!」。世界金融市場の外国為替相場は大きく変動する。ドイツ国立銀行は、株式市場を維持するために多額の金《きん》放出を決断せざるをえない。大口の銀行預金が解約される。警察本部の旅券課は、パスポートの発給申請のためにほとんど忙殺されかねないほどである……。

国立銀行総裁、ルターは、このたった一日がドイツの資本市場からほぼ十億ないし十五億金《きん》マルクを奪い去ったことを確認する。

この事件の翌々年、一九三二年に刊行された『ドイツよ目覚めよ!』(*Deutschland erwache!*)と題する作品のなかで、作家エルンスト・オットヴァルトは、その日のことをこのように描いている。共産党系の文学運動組織、「ドイツ・プロレタリア革命作家同盟」の一員であるオットヴァルトは、一九二〇年代末から三〇年代初頭にかけての一時期、ドイツ・プロレタリア文化運動のもっともアクチュアルな実作者のひとりだった。かれ自身の言葉によれば「みずからの体験の真実を忠実に記した供述書《プロトコル》」にほかならない長篇小説、『安寧と秩序』(一九二七)によって登場したのち、ルポルタージュ小説、『なぜなら彼らはなすべきことを知っているから』(一九三一)や、炭鉱労働者の過酷な日常をテーマとする戯曲、『日ごとに四人』(初演＝三〇年十一月)など、社会的現実との対決姿勢を鮮明にする諸作品をあいついで発表していた。前者は、ヴァイマル共和国の階級差別的な裁判の実態を告発するものであり、後者は、一九三〇年の七月から十月のあいだにドイツで立て続けに起こった一連の炭鉱惨事——シュレージエンのノイローデ炭鉱における一酸化炭素ガス突出(死者一五一人)、アーヘン近郊アルスドルフ炭鉱のガス爆発(死者二六三人)、ザール地方マイバッハ炭鉱の同じくガス爆発(死者一〇〇人)——に触発されて書かれたものだった。これらの作品にたいしては、ジェルジ・ルカーチ、アルフレート・カメーニイなどプロレタリア文化運動の中心的な理論家たちから、素材としての事実を充分に形象化しておらず、登場人物が作者の視線の代弁者になってしまっている、という批判がなされた。こうした批判は、ルポルタージュ形式の文学表現がともすれば露呈しがちな欠陥を衝《つ》いていたとはいえ、しかしオットヴァルトの諸作品が現実の歴史のひとこまをきわめて生きいきと的確に描き出していることは、疑いもない。[1] とりわけ、国民社会主義《ナチズム》の起源から現在までを多くの史料を駆使して批判的に叙述した『ドイツよ目覚めよ!』は、当時のソ連で「事実の文学《リテラトゥーラ・ファクタ》」と呼ばれて論議の的となっていたルポルタージュ、ノンフィクション、ドキュメンタリーなどの文学ジャンルの、ドイツにおける代表的な成果のひとつであり、また共産党陣営の公式的なファシズム批判を少なからず凌駕する具体的で事実に即したナチズム像を俎上に載せたものだった。「国民社会主義の歴史」（*Geschichte des National-sozialismus*）という副題を持つこの四〇〇ページに近い一冊のなかでは、ナチズムの反ユダヤ主義がドイツ近代史の脈絡に沿って克明に分析されているばかりではない。ナチズムの主要な支柱のひとつであるナショナリズム、とりわけ反革命義勇軍団《フライコール》や右翼諸団体に養分を供給するドイツの社会的風土についての切実な考察と批判がなされ、さらには現状を容認しえないがゆえに現状の打破をヒトラーに期待する民衆の心情と、やはり一種の現状打破をヒトラーに託す大資本の思惑、そしてこれらを巧みに利用して支持を広げていくヒトラーの政策が、有機的な連関において検討される。そしてそのうえで、このようなナチズムがもしも政権の座に着いたときにはどのような社会がやってくるかという問いを、読者に提起するのである。「ドイツよ目覚めよ！」――ディートリヒ・エッカルトの詩のあの反復句《リフレーン》、ナチのスローガンとなって巷間に溢れる周知の一句が、ここでは反ナチズムの側からのドイツ民衆への呼びかけの言葉として逆用されていることは、言うまでもない。

そのナチズム批判の書を、エルンスト・オットヴァルトはつぎのような情景から書き起こしたのだった――

一九三〇年九月十四日、ドイツ共和国は目覚めた。そして自分の最期の時が来たことを知ったのであった。電信ケーブルは国民社会主義者たちが選挙で勝利したという恐ろしい報《しら》せを大きすぎるほど大きな音量でがなりたて、アードルフ・ヒトラーの「第三帝国」を自分の一票によって支持した六五〇万人の勝利の雄叫《おたけ》びが、あまりにも大きすぎるほど大きな音量でわめきたてていた。民主主義の終焉！　ドイツ共和国を覆う茫然自失の眩暈《めまい》、世界の破滅だという気分！　激しくかつ絶望的な議論がいたるところでなされたが、それらは結局つぎのようなやりきれない問いに終わるのであった――「第三帝国がやってくるのだろうか？　独裁がやってくるのだろうか？」

この日の総選挙で、国民社会主義ドイツ労働者党（NSDAP）は、前回の二八年五月二十日の選挙での八一万票（得票率二・六％）を遙かに上回る六四〇万票（一八・三％）を獲得して、国会における議席をそれまでの一二から一挙に一〇七に増やし、社会民主党（SPD）の八五七万票、一四三議席に次ぐ第二党に躍進したのである。第三党は、これまた前回よりほぼ三割多い四五九万票を得て、全議席数五七五のうち七六議席（前回は五四議席）を占めた共産党（KPD）だった。

「地すべり」（Erdrutsch）という形容がなされたナチ党のこれほどの勝利は、党のベルリン・ブランデンブルク大管区長《ガウライター》であり全国宣伝部長であるヨーゼフ・ゲッベルスでさえも予想していなかったものだった。「夢のようだ」と、ゲッベルスはその翌日の日記で選挙当日のことを振り返って書いている、「われわれは、いままでの時点で一〇三議席を得た。つまり十倍だ。ベルリンで三六万票。こんなことをわたしは予想もしなかっただろう。わが党の連中はすっかり羽目を外してしまっている。一九一四年と同じような熱狂。シュポルトパラストはまるで癲狂院だ。SA隊員たちがわたしを肩車に乗せてホールを練り歩く。未明の四時までなおもSAの拠点の酒場をくまなく廻る。どこへ行っても同じ光景。歓喜、闘志満々の気分。」

一九一四年の熱狂とは、もちろん、第一次世界大戦の勃発にさいして社会主義陣営までも巻き込んで現出した愛国主義と排外主義の高揚を意味している。シュポルトパラスト、つまりスポーツの殿堂というのは、ベルリン市南西部にある体育館で、約二六〇〇平方メートルの広さのホールを備えていた。元来はアイススケートからボクシングにいたるまでの各種スポーツ競技のための施設として建てられたものだったが、政治的な集会の会場としても使用され、ゲッベルスを大管区長《ガウライター》とするベルリン・ブランデンブルク大管区《ガウ》のナチ党はしばしばここで演説会や大衆集会を開催した。この日も、選挙結果を報告する党の集会がここで開かれたのである。敵対勢力の乱入や妨害から会場を防衛するのは、党の武闘組織である突撃隊（SA）の主要な任務のひとつだったがSA《エス・アー》、の各部隊はまた、市内各所の酒場やビヤホールにそれぞれ溜り場を持っていて、連絡や活動の打ち合わせ、行動の準備作業などをそこで行なうのが習わしになっていた。これは、不倶戴天の敵である共産党の武闘組織、「赤色戦線闘士同盟《ロートフロント・ケンプファーブント》」（略称＝赤色戦線《ロートフロント》）でも同様だった。

投票日からちょうど一週間後の九月二十一日に、ヨーゼフ・ゲッベルスは、みずからが主宰する新聞『デァ・アングリフ』（攻撃）の社説で勝利宣言を行なった。「百七人」（*Einhundertsieben*）と題するこの論説のなかで、かれは、今回の党の勝利が政党の歴史にかつて例を見ないような「政治上の神秘」であり、「ひとつの奇跡のようなもの」である、と誇らかに確認したうえで、「われわれの義務はしかしいまや、政治上の奇跡の神秘から日常の現実性を形成することである」と述べる。われわれの運動のなかで起《た》ち上がったきわめて広汎な民族大衆は、今日のドイツに反対し明日のドイツに与《くみ》するという明確で誤解の余地のない意思表示を行なったのである。「この意志を解き放つ言葉を、われわれは、われわれの宣伝《プロパガンダ》として与えてきた」のであった。われわれはいまや、その意志を解き放つ言葉を、行為としても与えるであろうし、与えなければならぬ――

われわれは、民衆集会の演壇に似つかわしいのとまったく同様に、大臣の椅子にも充分に似つかわしい。われわれはドイツの政治のどんなところにも、わが家のように精通している。だが、われわれがどこに赴き、われわれがどこに立とうとも、われわれはそこで、倦《う》むことなく民衆と民衆の幸せのために奉仕するであろう。このことをわれわれはいま、あれほど多くの悲痛と犠牲と血とのあとに運命がこうしてわれわれのうえに祝福を垂れてくれているこの時にあたって、もう一度おごそかに誓う――

われわれは民衆のもとにとどまり、われわれはドイツのために戦う！　われわれは自分のためには何ひとつ欲しない、だがドイツのためにはあらゆることを欲する！　われわれは全力をつくして公益のために奉仕し、祖国のために名誉とパンとを奪い返すであろう。そしてドイツの運命とともに立ち、ドイツの運命とともに斃《たお》れるであろう！

旗を高く掲げよ！

「旗を高く掲げよ！」——ゲッベルスが論説をそれによって結んだこの一句が、おそらく、それを書いているかれの窓の下で高鳴っていたにちがいない。おそらく、一週間前の選挙の勝利の日にも、シュポルトパラストで、SAの拠点の酒場で、そして街頭を行進する隊列のなかで、この一句が高鳴っていたにちがいない。ゲッベルスが勝利を宣言する社説の結びの言葉としたこの一句は、かれ自身の胸のうちでも、鳴り響いていたのだろう。なぜなら、かれは、それより七ヵ月前の一九三〇年二月二十七日付けの同じ『アングリフ』紙の同じ社説欄に、ほかならぬこの「旗を高く掲げよ！」という一句を表題にした論説を書いて、いつか来るにちがいないその日を予言していたからである、「わたしは精神《こころ》において、いくつもの縦隊が行進するのを見る、果てしなく、果てしなく。辱められた民族民衆が起ち上がり、動きはじめる。目覚めるドイツが自己の正当な権利を要求する——自由とパンを！〔……〕旗印がはためき、太鼓が轟き、口笛が歓声を上げる。そして幾百万もの咽喉《のど》からそれが、ドイツの革命の歌が、響きはじめるのだ——「旗を高く掲げよ！」」

「旗を高く掲げよ！」（Fahne hoch!《ファーネ ホーホ》）というその一句は、SAによって歌われ、ナチズム運動の歌として広く知られるようになっていたひとつの歌の、冒頭の一節だったのである。

旗を高く掲げよ！　固く組め隊列を！
突撃隊《エス・アー》は行進する　悠然確たる足取りで。
赤色戦線《ロートフロント》と反動が射殺《ころ》した戦友たちも、
精神《こころ》において　われらの隊列でともに行進する。

道をあけろ　褐色の大隊に！
道をあけろ　突撃隊の隊員に！
希望こめ鉤十字を仰ぎ見るもの　すでに幾百万、
自由とパンのための日は　いま明ける。

最後の招集ラッパが吹き鳴らされる！
われらみな　すでに闘志は満々。
ヒトラーの旗がすべての街路に翻《ひるがえ》るのも間近だ、
屈従がつづくのも　あとほんのわずかだ！

旗を高く掲げよ！　固く組め隊列を！
突撃隊《エス・アー》は行進する　悠然確たる足取りで。
赤色戦線《ロートフロント》と反動が射殺《ころ》した戦友たちも、
精神《こころ》において　われらの隊列でともに行進する。

2　英雄を必要とする国——突撃隊の形成と発展

総選挙での勝利からちょうど一ヵ月後の十月十三日に、国会は開会を迎えた。その日、国民社会主義ドイツ労働者党の国会議員一〇七名は、全員が褐色の制服で本会議場に入った。それは大きなセンセーションを捲き起こした。国会議事堂のある首都ベルリンを含むプロイセン州では、おりから治安当局によってその制服の着用が禁止されていたからである。それはＳＡ《エス・アー》の戦闘服だったのだ。褐色の長袖シャツと、膝から下を細く絞った同じ色の乗馬ズボン。長靴《ブーツ》と、短剣を吊った腰のベルトは黒革だが、布製の戦闘帽も着衣と同じ褐色。——のちに反ナチの亡命者たちによってナチズムが「褐色のペスト」と呼ばれるようになったのも、また一般にナチズムとその信奉者を指すのに褐色《ブラウン》という形容詞が使われるのも、このＳＡの制服の色にちなんでのことだった。その着用が禁止されたのは、褐色の制服がＳＡの街頭暴力と不可分のものと目されていたためにほかならない。それとは逆に、「旗を高く掲げよ！」に始まる前掲の歌では、この衣服を着用するものの側から、「褐色の大隊」という自称が誇りをこめて用いられている。

その褐色の制服は、もともとは、ドイツ帝国の植民地のひとつ、ドイツ領東アフリカ（現在のタンザニア、ルワンダ、ブルンジ、およびモザンビーク北部）のドイツ軍守備隊の制服だった。第一次世界大戦での敗北によってドイツが海外植民地のすべてを失ったのち、不要になったその軍服を数年後にナチ党が買い入れてＳＡの制服にしたのである。一九三〇年秋の総選挙でナチ党がついに国政のキャスティングヴォートを握るところまで躍進したとき、街頭での示威行動や敵対勢力との武力衝突などによって人びとに強い印象を与えていたこのＳＡの制服が、禁止を無視して国会に登場したのだった。それはまた、街頭での暴力と国会での活動とがナチ党にとっては区別しがたく結びついているのだという宣言でもあった。

ナチ党の暴力組織である突撃隊《エス・アー》（Sturmabteilung）の前身は、すでに、ヒトラーが群小右翼政党のひとつであるミュンヒェンの「ドイツ労働者党」（DAP）の指導権を握って、一九二〇年二月二十日にそれを「国民社会主義ドイツ労働者党」（NSDAP）と改称した当初から、集会場の警備や整理、敵対党派との武力衝突などにたずさわる集団として存在していた。その集団の形成にあたっては、ヒトラーと「おまえ、おれ」で呼び合う唯一の党幹部だったとされるエルンスト・レームが、大きな役割を果たした。現役の陸軍大尉だったかれは、ミュンヒェンの部隊から多数の兵士たちを引き抜いてきたのである。しかし、それだけではない。当時のミュンヒェンには、この種の武闘集団が形成される条件が充分に存在していたのだった。

「崩壊」とともに逸早くバイエルンの首都ミュンヒェンで開始された革命は、「バイエルン共和国」首相となったクルト・アイスナーが暗殺されたのち、社会民主主義の左派である独立社会民主党（USPD）とアナーキストとの連携、さらには共産党（KPD）の主導による「バイエルン評議会《レーテ》共和国」へと移行し、首都ベルリンで主導権を握った社会民主党（SPD）の議会主義路線と真っ向から対立する評議会（ソヴィエト）方式の革命を推進しようとした。だが、この試みは、アイスナーの共和国宣言からわずか半年たらずで潰《つい》え去った。一九一九年五月二日、革命政権は圧倒的な反革命の軍事力によって打倒された。革命派への報復のテロルがバイエルン全土でくりひろげられた。――この反革命軍事行動の主力も、しかし、正規の国防軍部隊ではなかったのである。

それらをもっとも強力に担ったのは、「フライコール」（Freikorps）と呼ばれる義勇軍団だった。世界大戦がドイツの敗戦と革命勃発に終わったとき、復員した将兵たちの一部は、革命から祖国を防衛するために、各地で組織された反革命義勇軍に身を投じた。もちろん非正規軍だったが、ドイツ革命が共産主義革命へと展開することを何よりも恐れた軍部（国防軍首脳）と中央政府は、資金援助も含めてこれらの軍事組織を積極的に支援した。一時期、全国の義勇軍団の数は二〇〇を超え、隊員総数は四〇万に達したほどだった。バイエルンの革命は、これらの義勇軍にとって、祖国への忠誠と愛とを証し立てるための格好の戦場を提供するものだったのだ。

反ナチズムのドキュメンタリー作品『ドイツよ目覚めよ！』の作者、エルンスト・オットヴァルトが、かれの第一作『安寧と秩序』を「みずからの体験の真実を忠実に記した供述書《プロトコル》」と呼んだのは、じつは、かれ自身が敗戦直後から二〇年代初頭の時期に、こうした反革命義勇軍団のひとつ、「ハレ義勇軍」（Freikorps Halle）の一員として、革命派からの情報収集などの活動にすすんで参加した体験を持っていたからにほかならない。自分は「身も心も密偵になりきっていた」が、自分の生はそれによって「ふたたび内実を持つことになった」と、かれはその作品のなかで語っている。

一九〇一年十一月生まれのオットヴァルトが十八歳で参加したのは、中部ドイツの中都市、ハレに根拠地を置く比較的小規模な集団にすぎなかったが、数多い義勇軍のうちでもとりわけ勇名を馳せたのが、海軍大佐ヘルマン・エーアハルトによって組織された「エーアハルト旅団」（Brigade Ehrhardt）と、大戦中のバイエルン近衛師団歩兵聯隊長だったフランツ・クサーファー・フォン・エップ将軍の「エップ義勇軍」（Freikorps Epp）である。エーアハルトの軍団は、一九二〇年三月の右翼政治家ヴォルフガング・カップによる反ヴァイマル共和国のクーデタ、いわゆる「カップ一揆」のさい、カップ側の主力部隊となったことでも知られている。クーデタ失敗後、エーアハルトは逮捕されたが逃亡し、極右政治団体「コンズル組織」（Organisation Consul）を結成、さらにこれが禁止されると、後継組織「ヴァイキング同盟」（Bund Wiking）を作った。元・蔵相エルツベルガー、現職の外相ラーテナウなど、ヴァイマル共和国のリベラル派首脳にたいする政治的暗殺は、かれの「コンズル組織」

のメンバーによってなされたのだった。一方、「騎士《リッター》」の称号を持つフォン・エップは、かつて一九〇四年から〇六年にかけて植民地の南西アフリカ（現在のナミビア）でドイツ軍守備隊の中隊長をしていた当時、先住民族のヘレーロ（バンツー族の一部族）およびコイ族（ホッテントットと蔑称された）の叛乱を鎮圧して手腕を認められた経歴の持主でもあった。ミュンヒェンの革命を打倒する主力となったのは、この地方を根拠地とする「エップ義勇軍」だったのである。エップ自身は、その翌年、かれの参謀将校だったエルンスト・レームを通じてヒトラーを知り、国防軍における自己の地位を活用してヒトラーの政治活動に積極的な援助を行なうようになる。レームが国防軍からSAのために兵士を引き抜くことができたのも、上官であるエップの庇護の下でのことだった。そして、一九二〇年十二月に、ディートリヒ・エッカルトが『ミュンヒナー・ベオーバハター』を買い収ってナチ党の機関紙『フェルキッシャー・ベオーバハター』としたとき、資金の半分を提供したのが、このエップだった。かれは、その後、二八年にはナチ党に入党して、この年から四五年の「第三帝国」崩壊に至るまで、ナチ党選出の国会議員を続けることになる。敗戦後のバイエルンにはまた、これら軍人によって組織された義勇軍団のほかに、林務官であるゲーオルク・エッシェリヒの「バイエルン住民防衛隊」（Bayerische Einwohnerwehr）およびその後身、「オルゲシュ」（Orgesch＝「オルガニザツィオーン・エッシェリヒ」Organisation Escherich の略称）という反革命武装団体も存在していた。

つまり、SAの土壌は、共産主義革命を武力によって、しかも「義勇軍」という私兵組織が主力となって粉砕したバイエルンの政治的・社会的現実そのもののなかにあったのである。革命が打倒され、ドイツに「安寧と秩序」が回復されると、義勇軍団員の少なからぬものたちが、ミュンヒェンで胎動しはじめていたナチズム運動に、とりわけその運動を実力で防衛する暴力装置に、新たな自己確証の場を求めた。かれらの多くは、前線兵士だったころ、自分では敗戦を意識しないうちに皇帝の国外逃亡によって戦争が終わるという体験を経てきていた。のちに大統領となるヒンデンブルク元帥が、最高司令官としての自己の責任を回避するために使った「背後からの匕首《あいくち》」という比喩が、かれらの実感に裏打ちを与えた。ヒンデンブルクは、敗戦の十日後に国会で喚問を受けて敗戦の責任を追及されたとき、この比喩を用いたのである。戦地では不敗だったドイツ軍が降伏を余儀なくされたのは、銃後の国内で革命が勃発したためであって、ドイツはいわば十一月革命によって「背後から匕首で刺し殺された」のだ、というのだった。もちろん、現実にはドイツ軍の敗色はすでに濃かったので、これはただの遁辞でしかなかったが、批判者の側からは「匕首伝説」と呼ばれたこの遁辞を、最大限に利用して収穫を得たのが、ナチズムの運動だった。この運動は、十一月革命がただ単に前線兵士たちの生命を投げ打った英雄的な戦いを裏切っただけではなく、祖国と国民をボリシェヴィズムに売り渡そうとしたのであり、しかもボリシェヴィズム革命を世界に波及させることで世界支配を企てているものこそユダヤ人にほかならない、と主張したのである。「ユダが現われるぞ、国を奪いに／血で綱が赤く染まるまで鐘鳴らせ」というあのディートリヒ・エッカルトの「嵐の歌」の一節、最初期のSAの愛唱歌のひとつだった歌のこの一節も、こうした主張の一表現だった。そしてこの主張は、バイエルン革命の中心メンバーたちを想起するだけでも説得力を持っていると感じられたのである。――だがもちろん、ヨーロッパにおいて歴史的に差別を受けてきたユダヤ人が、社会のなかで人間としての存在をかちとるには、いわゆる社会的ステータスを認知される職業である医者、弁護士、大学教授となるか、芸術家やジャーナリストなどの自由業に生きるか、財力を身に着けるか、それともこの差別社会を根底から変革するために革命運動に身を投じるかしか、道はなかったのである。こうした社会的現実から目をそらしながら、ナチズム運動は、「十一月の裏切り」と「背後からの匕首」をユダヤ人と共産主義にたいする憎悪を組織するための切札として、あらゆる機会に、徹底的に利用したのだった。それはしかし、復讐や報復の呼びかけに尽きるものではなかった。ナチズムは、敗戦による屈辱的な状態からのドイツの解放を、共産主義の革命に対置された別の革命を、呼びかけたのである。戦争体験の意味付けをする道を断たれ、裏切られたという被害者意識を内訌させる戦中派の青年たちが、義勇軍体験のあと初期のSAに行き場を求めたのは、のちに「旗を高く掲げよ！」の歌のなかにも姿を現わすことになるこのような積極的な未来志向と、無関係ではないだろう。

一九二一年八月三日、ヒトラーは、党が主催する集会の会場整理や防衛を任務としてきた集団の指導者として、反革命義勇軍「エーアハルト旅団」の幹部だった元・海軍少尉、ハンス－ウルリヒ・クリンチュを任命した。クリンチュの指揮下で軍事訓練を受けることになったこの集団は、その年の十一月四日、ミュンヒェンのビヤホール、「ホーフブロイハウス」で行なわれた集会で、妨害に押し寄せた数百人の社会主義者・共産主義者たちをわずか六十人ほどで撃退して、注目を集めることになる。この事件ののち、その功労を賞してヒトラーが「突撃隊」の名称を与えた、という説もあるが、それよりさき九月十日にかれはすでに「突撃隊」の設置を発表していた、とする歴史家もある。どちらであるにせよ、ほぼ一九二一年秋ごろから「国民社会主義ドイツ労働者党突撃隊」（Sturmabteilung der NSDAP）という名称を持つようになったひとつの集団が、義勇軍団の反革命の暴力を継承しながら、別の革命のための暴力の担い手として登場することになったのだった。かれらの暴力は、過去を向いていたのではなかった。かれらの信じる未来を──「ヒトラーの旗がすべての街路に翻る日」を、「自由とパンのための日」を、「屈従」が終わる日を、それは見つめていたのである。だからこそ、反対派からは野蛮な暴力集団として軽蔑され嫌悪されたSAが、もちろん大失業状況の影響も大きかったとはいえ、政権掌握の一年前、一九三一年末の時点ですでに二六万人の隊員を擁するに至ったのだった。ヒトラー内閣成立の直前、三三年一月には、それは七〇万人に達する勢いを示していた。ちなみに、三三年におけるドイツの人口は約六六〇〇万人だった。

数が増えたばかりではない。SAは、かれらが信じる未来のために殉じる英雄たちを生み出しもしたのである。

フランス軍によって銃殺された愛国者シュラーゲターが、そして同じ年にミュンヒェンでナチズム革命のために斃《たお》れた十六人の戦死者たちと詩人ディートリヒ・エッカルトが、いまはまだ無名のSA隊員たちの英雄として蘇《よみがえ》り、かれらの英雄行為を鼓舞した。そしてそのかれらの英雄行為がまた、それに続こうとする若者たちをSAに惹きつけた。褐色の制服は、街を行く人びとに「道をあけろ」と要求しただけではない。かれら自身が、新しいドイツへの道を切り開く英雄だった。

ナチズムのドイツから国外に亡命した詩人・劇作家、ベルトルト・ブレヒトは、三八年秋に亡命地デンマルクのスヴェンボルで完成した戯曲、『ガリレイの生涯』[2]のなかで、異端審問に屈して自説の地動説を撤回したガリレオ・ガリレイと、師は必ず生命を捨ててでも真理に殉じるにちがいないと信じていた弟子のひとり、アンドレアとのやりとりを描いている。師の屈服を知って絶望したアンドレアは、「英雄を持たない国は不幸だ！」と叫ぶ。そのアンドレアにたいして、ガリレイはこう答えるのである、「そうではない。英雄を必要とする国が不幸なのだ。」

拠点の酒場での作業中、敵襲に応じて立ち上がるSA隊員たち。

——SAが生んだ英雄たちもまた、ドイツの不幸と悲惨を体現していたのである。そのひとりが、「旗を高く掲げよ！」の歌の作者にほかならない。レオ・シュラーゲター、ディートリヒ・エッカルトに次いで、ナチズムによって生み出された三人目の英雄が、あるいは三柱目の英霊が、かれだったのである。

3　ホルスト・ヴェッセルの生と死

「ヒトラーのSAのこの闘争歌が、いまやドイツの第二の国歌となった。どんなに小さな悪餓鬼《わるがき》少年でも夢中になってこれを口笛で吹いているし、まったく同じようにドイツ国会が五月十七日には——ついに初めて完全に一体となって——議事の荘重な締めくくりとして、これを歌ったのである。歌集では作者である詩人の名前にしたがってホルスト・ヴェッセルの歌と呼ばれている。だが、このホルスト・ヴェッセルとは誰だったのか、何をなしとげ、どのようにして死んだのか、これを知っているものはごくわずかしかいない。だからここでかれの生涯のことを簡単に語っておこうと思う。」——青少年向けの旬刊誌、『われらの船』の三三年六月五日号の巻頭記事は、「旗を高く掲げよ！」の歌詞の全文を冒頭に引用したのち、その作者についての紹介をこう書き起こして、さらにつぎのように記している。

ベルリン第四聯隊の第一中隊に、一九二八年ごろのことだが、ひとりの大学生が勤務している。ベルリンの聖ニコライ教会の今は亡き牧師の息子、ホルスト・ヴェッセルである。平《ひら》の一SA隊員として、かれは労働者や失業者と肩を並べて立ち、かれらとともに考えかつ感じることを学ぶ——そしてかれらを評価することを。きつくて危険なのが、ヒトラーの突撃隊たるSAにおける勤務だ。少なからぬものがすでに赤い敵たちの刃《やいば》と銃弾に斃《たお》れた。けれども、不屈の力をもって突撃隊は墓を乗り越え前進する。ホルストはかれの中隊で、ほとんど二人とないくらい人気がある。なけなしの最後の一ペニヒも、かれは戦友たちと分かち合う。スポーツで鋼鉄のように鍛えられたこの若い闘士は、もう何度も、戦友たちをこのうえなく困難な状況から救い出してきた。恐れだの臆病だのというものを、この若いSA隊員は知らなかった。いつでも唇に笑いを絶やさなかった。ホルスト・ヴェッセルを知っているものはみな口をそろえて、かれが生まれながらの指導者でありもっともすぐれた人員徴募係であることを認める。中隊全体を合わせてもなお、この若い大学生ほど多数の連中をヒトラーのために獲得してはいない。共産党の集会となると、ほとんどどれにでもかれが現われる。たいていはわずか三、四人の戦友を伴っているだけなのに、発言させるよう要求する。十の集会のうち八つでは叩き出されるものの、ほとんどいつでも、三人か四人の赤色戦線がかれと一緒に出てきて、以後かれと行動を共にしつづけるのである。これだけでもすでに、瘤《こぶ》の二つや三つの値打ちはあるというものだ。

ホルスト・ヴェッセル（山行の途上で）。

「ホルスト・ヴェッセル——あるドイツ的な英雄の運命」[3]と題するこの文章は、ヴァルター・フレンツというSS隊員によって書かれている。SS《エス・エス》、すなわち親衛隊（Schutzstaffel）は、SAと並ぶナチ党のもうひとつの暴力装置として知られているが、元来はその名称通り党幹部の身辺護衛のためにSAの内部に設置された小規模の組織にすぎなかった。権力掌握の翌年、一九三四年六月末、エルンスト・レームを始めとするSA幹部たちの粛清（いわゆる「長いナイフの夜」）にさいしてヒトラーを援《たす》けたことにより、同年七月下旬にSSはSAから分離独立して、SAをしのぐ地位を党内で獲得する。そして、三六年六月に「SS全国指導者およびドイツ警察長官」に任命されるハインリヒ・ヒムラーの下で、やがて強制収容所および絶滅収容所の管理運営など巨大な権力をほしいままにするようになる。だが、この記事が書かれた当時はまだ、ＳＳは褐色のＳＡの内部にあって黒色の制服でその特殊な任務を示してはいたものの、両者の関係は敵対的なものではなく——これが掲載された雑誌のこの号そのものが全冊「ＳＡとＳＳ」という特集だった——筆者が描き出す「ドイツ的な英雄の運命」は、良き戦友の敬意と友情をこめた追悼として読まれたにちがいない。ナチズム運動の昂揚とともに人びとの耳に染《し》み付いた歌の作者だったひとりの青年の生と死が、ここできわめて簡潔に、悲劇的に描かれ、青少年の共感を誘う。だがそれ以上に、この一文は、首相ヒトラーが「全権委任法」によって独裁的な権限を掌握し、反対派をすべて葬り去った国会が「ついに初めて完全に一体となって」かれを翼賛する体制を構築した直後に、公にされたのである。つまり、「第三帝国」の最初期におけるホルスト・ヴェッセルの公式評価、というよりもむしろホルスト・ヴェッセル神話の初期の形態のひとつであり、しかもそれが青少年向けメディアに掲載されたという点で、この一文は注目に値する。「ホルスト・ヴェッセルの歌」と呼ばれるようになった「旗を高く掲げよ！」が、第二の国歌となったことは、もちろん正式にはなかった。ヒトラーは、側近のマルティン・ボルマンの進言にもかかわらず、これを国歌として扱うことを許さなかった。かれはまた、外国で開催されるスポーツ競技大会のさいにこの歌をうたうことも禁じた。しかしその一方で、政権掌握後にはナチ党の集会でこの歌の第一聯がドイツ国歌（「ドイツ、すべてに冠たるドイツ……」）に続けて斉唱されることが慣例化しつつあった。そしてこの慣例は、内務大臣フリックの三三年七月十二日の通達で認可されたのである。戦後に書かれた歴史書のうちにさえホルスト・ヴェッセルの歌を「第二の国歌」としているものがあるのは、こうした経緯によるものと考えられるが、フリックの通達に先立ってすでにこのＳＳ隊員の文章のような神話形成の作業が、現実の政治過程の進展と相携《あいたずさ》えて自発的になされていたのである。

一九〇七年十月九日に生まれたホルスト・ヴェッセルは、権力掌握のほぼ三年前、一九三〇年二月二十三日に満二十二歳で死んだ。前述の文章にもあるように、かれは、ベルリンの有名なプロテスタント教会、ニコライ教会の牧師の息子だった。父はすでにかれが十五歳のころ、一九二二年に世を去っていたが、残された母が二人の息子と一人の娘をいずれもベルリン大学に入学させることができたくらい、暮らしは並外れて裕福だった。父の国粋主義的な思想から影響を受けていたホルストは、父の死後、いくつかの右翼団体に加わり、やがて反革命義勇軍の指導者だったエーアハルトの「コンズル組織」の後継組織、「ヴァイキング同盟」の一員となった。この組織が解散させられたのち、二六年四月に大学に入ったホルストは、その年の秋に始まる第二学期にはすでにナチズム運動に熱心にたずさわるようになっていた。そして、同年十二月十七日、満十九歳でNSDAPに入党し、SAの一員となったのである。[4] 当初はSAベルリン第四聯隊第一中隊に属した。翌二七年八月にニュルンベルクで行なわれたナチ党の第三回党大会には、単身ベルリンから片道十日がかりの自転車の旅をしてそれに参加した。目的地の間近で全国各地から集まってきた同志たちと合流し、かれらとと

上＝中隊の隊員たちとともに（前列中央がホルスト・ヴェッセル）。
下＝ホルスト・ヴェッセル**の出棺。**

もに四日間エアランゲンの町に滞在したので、正味六日の行程だったことになる。この党大会は、二三年一月のミュンヒェンでの第一回大会、二六年七月のヴァイマルにおける第二回大会に次ぐもので、この第三回大会以降、ナチ党の党大会開催地はニュルンベルクが通例となったのである。これに参加したホルストは、そのときの記録を残しており、のちに妹のインゲボルクが一九三七年に編集刊行した青少年向けの読本、『新しい精神、新しい時代——ドイツ青少年読本』(5)に初めて公開された。ただし、一五ページにわたるその長い紀行文は、少なくとも公表された限りでは、ニュルンベルクに行き着いたところで終わっており、党大会そのものについてのかれの印象に触れることはできない。だが、自分の自転車を「ぼくの鋼鉄の駿馬」と呼ぶところや、目的地に近づくにつれて「褐色に日焼けした顔」が次つぎと合流してひとつの方向を目指すのを知ったときの感激など、二十歳のSA隊員の気持が率直に語られており、随所の描写や叙述からは、周囲の世界と人間にたいする積極的な関心の発露を読み取ることができる。

ホルスト・ヴェッセルの短い生涯の絶頂は、その翌々年、一九二九年だった。妹インゲボルク(愛称インゲ)によれば、かれはこの一年間だけで、集会での演説を五十六回も行なった。(6)その弁舌の才と稀有な組織力、つまり敵対する赤色戦線から活動家を引き抜いてSAに連れてくる力量に、ベルリンにおけるSAの指導者であるヨーゼフ・ゲッベルスも早くから注目していたが、この年の五月一日、ホルストは同じ聯隊の第五四小隊の隊長に任命される。それは、三〇人という小規模の小隊だったばかりでなく、ベルリンのSAのなかでも札付きの無規律で無気力な小隊だったという。それをホルストは一ヵ月で七〇人に増やしてしまった。大部分は赤色戦線からの転向者だった。それから三週間後、かれの小隊は、第四聯隊第五中隊に昇格させられた。第五という若い番号が与えられたのは、破格の評価を表わしていたのである。また、この年の九月二十三日、ゲッベルスが主宰する新聞、『デァ・アングリフ』は、ホルスト・ヴェッセルが自分の中隊のために作詞作曲した「旗を高く掲げよ！」

に始まる歌の歌詞を掲載した。週刊で発行されてきた同紙が週二回の発行になる直前の号だった。ホルストは、共産党の赤色戦線がデモ行進のさいに鼓笛隊を先頭に立ててアピールするやりかたを模倣して、シャルマイと呼ばれるチャルメラに似た管楽器を吹奏する楽団を自分の中隊に創設し、自作の歌を隊員たちに歌わせて、衆目を集めるとともに隊員たちの団結を固めようとしたのである。この年、かれはまた、やはりＳＡの隊列で歌われた「戦友たち、歌声を響かせよう」に始まる歌も作詞作曲している。さらに、「われらとともに闘いに赴く意志があるのは誰か」という歌も、この一九二九年に作られた[7]。そればかりではない。この年の八月にニュルンベルクで開催されたナチ党の第四回党大会に参加したかれの第五中隊は、党指導部の注目を惹いていた「旗を高く掲げよ！」の歌のために、特にヒトラーの面前に呼び出されて言葉を掛けてもらうという栄誉をかちとっていたのだった。

1929年のナチ党大会に中隊を率いて参加するホルスト・ヴェッセル**（先頭の人物）。**

　だがしかし、その一九二九年は大きな悲しみで暮れた。やはりＳＡの隊員だった三歳年下の弟、ヴェルナーが、仲間のＳＡ隊員たちとシュレージエンのリーゼン山脈《ゲビルゲ》にスキーに行って、猛吹雪のために他の三人の若い隊員とともに遭難死したのである。その遺体引き取りと葬儀のあと、今度はホルスト自身が心痛と過労のために倒れる。それよりさき、やはり一九二九年の九月に、かれは母の家を出て、エルナという名のひとりの娘と同棲を始めていた。かの女は売春婦だった。この同棲がホルスト・ヴェッセルの命取りとなった。一九三〇年一月十四日、母のもとに帰って病気を癒すためにエルナと別れて暮らすことを決意したちょうどそのとき、部屋に乱入してきた数人の人物のひとりが撃った拳銃の数発の弾丸が口中に命中して、かれは瀕死の重傷を負ったのである。SAの側は、組織に大打撃を与えつづけるホルスト・ヴェッセルを何としてでも亡き者にしようと決意した共産党=赤色戦線の政治的テロであるとして、大々的に反共のキャンペーンを展開した。一方の共産党側は、女衒《ぜげん》として売春婦を食い物にしていたホルスト・ヴェッセルが、この女性の元のヒモだった男に撃たれたのであって、恥ずべきヒモ同士の商売上のいざこざにすぎない、と主張した。逮捕された実行犯たちの裁判の結果は、主犯のアリ・ヘーラーが共産党員だったことを認めている。

ホルスト・ヴェッセルが撃たれたとき、SA隊員としてのかれを高く評価していたゲッベルスは、自分の新聞『デァ・アングリフ』でホルストの容態を詳しく伝えるとともに、この事件を共産党にたいする闘争の武器として徹底的に役立てることに努めた。そして、撃たれてから四十日のあいだ生死の境をさまよったすえ、ついにかれが二月二十三日早朝に死んだとき、同紙の二月二十七日号に「旗を高く掲げよ!」と題する追悼の辞を書いてその死を悼んだのだった。

ホルスト・ヴェッセルは逝《い》ってしまった。闘いののち、ここに黙したまま動かずに横たわっているのは、かれのうちの不死ではなかった部分である。だが、わたしはほとんど肉体的な確かさで感じるのだ、かれの精神が昇天したのはわれわれすべてとともに生きつづけるためであることを。かれは自分でそれを信じており、知ってもいた。かれはそのことに、人のこころをとらえて離さない表現を与えたのだった。かれも「われらの隊列でともに行進する」のだ、と。

ニコライ教会墓地のホルスト・ヴェッセルの墓（現在は存在しない）。

いつかあるとき、ドイツ人のドイツで、労働者と学生とが一緒に行進するとき、かれらはかれの歌をうたうだろう。そしてかれはかれらのただなかにいるだろう。かれはそれを、無我夢中で、霊感のおもむくままに、ほとんど一気に書き下ろした。この歌、それは生命のなかから生まれ、そしてふたたび生命を生み出すために生まれたのである。すでに国中いたるところで、褐色の兵士たちがそれを歌っている。十年もすれば、子供たちが学校で、労働者は工場で、兵士たちは街道でそれを歌うだろう。かれの歌がかれを不死たらしめるのだ！まさにこういう生きかたをかれはしたのであり、こういう死にかたをかれはしたのである。二つの世界のはざまの旅人、昨日と明日との、過ぎ去りしものと来たるべきものとの。ドイツ革命の一兵士！〔……〕

わたしは精神《こころ》において、いくつもの縦隊が行進するのを見る。果てしなく、果てしなく。辱められた民族民衆が起ち上がり、動きはじめる。目覚めるドイツが自己の正当な権利を要求する——自由とパンを！

さまざまな聯隊のうしろでかれはともに行進する、いたるところで。ひょっとすると、そのときもはや戦友たちはかれに気付かないかもしれない。多くのものたちが、いまかれがいるところへ行ってしまったからだ。新しいものたちが、次つぎとやってきたからだ。

かれはしかし、黙って、何もかも知りながら、ともに歩む。旗印がはためき、太鼓が轟き、口笛が歓声を上げる。そして幾百万もの咽喉《のど》からそれが、ドイツの革命の歌が、響きはじめるのだ——

「旗を高く掲げよ！」

『ナチ党歌集』1933年版の巻頭第１ページ
「ホルスト・ヴェッセルの歌」。

ホルスト・ヴェッセルの歌、「旗を高く掲げよ！」は、かれが死んだ年に出た一九三〇年版のナチ党歌集（第一〇版）に初めて収載され、翌年の一九三一年版（第一一版）からは巻頭第一番目の歌としての定位置を与えられることになる。ディートリヒ・エッカルトの「嵐の歌」を圧倒してSAのみならずナチズム運動のあらゆる隊列で歌われるようになったこの歌は、ゲッベルスが予言したように学校でも工場でも街道でも歌われるようになった。だが、そればかりではなかった。真に民衆的な歌がしばしばそうであるように、ただ歌い継がれたばかりでなく、当初はなかった詠み人知らずの「つづき」を生み出しさえした。それは、われわれの隊列でともに行進するホルスト・ヴェッセルに向けられた声だった。かれからの呼びかけに応えて、受け手の側が新たな主体として発する表現だった。たとえば、一九三二年の『ドイツ・サッカー協会ポケット歌集』に掲載されたものには、つぎのような二聯が加えられている(8)。そのうちの最初の一聯は、前掲のSS隊員ヴァルター・フレンツによる追悼文でも引用されている。

ようこそ、きみは名誉の死を死んだのだ！
ホルスト・ヴェッセルは斃れたが　千人が新たに生まれ出る。
あの旗の歌が　褐色の軍勢の先頭で鳴り響く。

SAはかれの道につづく覚悟ができている。
旗が伏せられる　まだ生きている死者たちのまえで。
SAは誓う　手を拳《こぶし》に固めて。
いつかその日はやってくる　報復のときが——容赦はせぬぞ。
万歳《ハイル》と勝利《ジーク》の叫びが　祖国に響き渡るそのとき！

4　エーヴェルスによる神話形成

青少年向けの雑誌『われらの船』に掲載されたSS隊員フレンツの一文は、ホルスト・ヴェッセルの生と死のことを知っているものがごくわずかしかいない、と述べている。けれどもじつは、この一文が発表される九ヵ月たらず前の一九三二年十月中旬に、ホルスト・ヴェッセルの短い生涯と死とをきわめて詳細に描く一篇の長篇伝記小説が出版されていたのだった。しかも、その作品は、刊行から二ヵ月半あまり後の三三年一月五日には早くも三万部に達するほどの、当時としては驚異的な売れ行きを示したのである。ハンス・ハインツ・エーヴェルスの『ホルスト・ヴェッセル——あるドイツ的運命』がそれだった[9]。

エーヴェルスのこの伝記小説は、作者が「あとがき」で述べているところによれば、一九三一年にアードルフ・ヒトラーが、「街路をめぐる闘争」を主題としてドイツ史の一章を書くようにという指示を作者に与えたの

ラッパを吹くSA。『われらの船』第19号表紙。

が契機となって生まれたものだったという。主として共産党の赤色戦線との街頭闘争と、官憲による弾圧とによって、ナチズム運動は多くの犠牲者を出してきていた。エーヴェルスはその数を「三百人以上の死者と数千人の負傷者」と記している。かれの小説にも、ホルスト・ヴェッセルを始めとしてSAの中隊長や小隊長たちが――上部からの指令によって特にそれが禁じられる場合を除いて――拳銃を携行していたこと、赤色戦線もまた同様だったことが描かれている。しかもこの非合法の武力行使は、人目を避けて密かになされたどころか、むしろ街頭での暴力行使によって人びとの耳目を聳動させることを大きな目的としてくりひろげられたのだった。エーヴェルスの小説『ホルスト・ヴェッセル』の少なからぬ山場がこのような街頭闘争の場面になっているのは、ナチズム運動にとってもまた「街路の制圧」が大きな課題だったからにほかならない。ホルスト・ヴェッセルという一青年がこのような課題にふさわしい性格と行動力の持主だったことを、エーヴェルスの小説はきわめて生きいきと叙述していく。だが、ホルストの重要性は、かれが拳銃を三挺も所持していたいわば武闘派の活動家だったことにあるのではない。それよりはむしろ、ゲッベルスが、そしてSS隊員フレンツが、それを強調することでナチズム運動の本質的な理念の体現者としてのホルスト・ヴェッセルを称揚するひとつの眼目――大学生という典型的なエリート階層が肉体労働者と「肩を並べて」「勤務」する姿こそが、精神労働と肉体労働との社会的差別の廃絶を標榜するナチズムにとって、きわめて重要なものだったのである。ナチズムは、国民社会主義を掲げる自分たちの運動と労働者党である自分たちの政党がこの理念を実現しつつあることを示すために、いわゆるブルーカラーの肉体労働者を意味する「労働者」(Arbeiter)とホワイトカラーの事務系職員を指す「サラリーマン」(Angestellter)とを使い分けるドイツ語の慣用を廃して、知識人や事務系の職員を「額《ひたい》の労働者」(Arbeiter der Stirn)、土木建設業や工場などで肉体労働にたずさわる労働者を「拳《こぶし》の労働者」(Arbeiter der Faust)と呼んだ。そして、政権獲得の年から「国民的労働の祝日」(Festtag der nationalen Arbeit)と改称した五月一日《メーデー》には、トラックの花自動車にその両方の労働者を一緒に乗せて、和気藹々《あいあい》と酒を酌み交わさせて見せもしたのだった。大学生という特権的な地位を自己否定するために、タクシーの運転手となったり、地下鉄工事の現場で日雇いの土方として働いたりするエーヴェルスのホルストは、「いつかあるとき、労働者と学生とが一緒に行進する」だろうというゲッベルスの理想を、すでに先取りしていた。そしてもちろん、売春婦というもっとも差別される職業の女性との同棲もまた、その自己否定の延長線上にあったのである。

エーヴェルスの小説にはエルナというファースト・ネームだけで登場する実在の十八歳の売春婦、エルナ・イェーニッケ(Erna Jaenicke)は、しかし、ただ単にもっとも蔑視される職業の女性だったばかりではない。小説のなかでエーヴェルスは、エルナが共産党によって組織された娼婦たちの組合の一員だったこと、ホルストと同棲するようになってからのかの女が共産党と赤色戦線の情報をホルストのために積極的に収集してきたことを、はっきりと描いている。ホルスト・ヴェッセルというヒーローは、ナチズム運動とその不倶戴天の敵たる共産主義との熾烈な戦いのなかでこそ、その短い生涯を悲劇的に生きかつ死ぬことができたのである。エーヴェルスの小説においても、ドイツ共産党の本部である「カール・リープクネヒト会館」の前を危険を冒してデモ行進する場面や、この建物のなかで画策される売国的な陰謀にたいする怒りが、大きな役割を果たしている。ホルスト・ヴェッセルというひとりの青年は、共産党との血で血を洗う闘争の先頭に立ち、その革命運動のなかで共産党によって殺害されたばかりではない。かれがそのために死んだ運動こそは、共産主義運動がついになしえない労働者の解放を、肉体労働者ばかりでなくドイツの全労働者の解放を、実現することになるのだ。その運動のために死んだかれこそは、ドイツの労働者を――いわば資本主義の桎梏と共産主義による簒奪との両方から――解放する闘いの、傑出した、しかも悲劇的な、ひとりの英雄だったのだ。

エーヴェルスの小説『ホルスト・ヴェッセル』の主人公もまた、基本的にはこのような観点から描かれている。だが、この小説が見出した反響は、じつは、そのような主人公にたいする読者の関心によるものではなかった。少なくとも、それだけによるものではなかった。この小説の作者が、当時のドイツ文学のなかで、というよりもむしろ世界文学のなかで、いわゆる怪奇幻想文学を代表する作家としてあまりにも有名だったことが、大きな反響の第一の理由だったのである。その怪奇幻想作家が、あろうことか、悪名高いナチス突撃隊の一中隊長である青年を、戦後ヴェルサイユ体制の屈従からドイツを解放し、資本主義の抑圧からドイツの労働者を救い出す闘争の英雄として、全篇いたるところに溢れんばかりの共感をこめて描いているのである。

一八七一年十一月生まれのハンス・ハインツ・エーヴェルスは、すでに二十世紀の始まりとともに本格的な作家活動を開始していたが、かれが同時代の文学界に確固たる地歩を占めるようになったのは、かれ自身の見解によればエドガー・アラン・ポーの影響のもとに書かれるようになったという一連の恐怖小説、もしくは怪奇幻想小説によってだった。とりわけ二冊の短篇集『戦慄』(一九〇八)と『憑かれた人びと』(一九〇九)、そして『魔法使いの弟子』(一九〇九)、『アルラウネ』(一九一三)、『吸血鬼』(一九二〇)、『見霊者』(一九二二)などの長篇小説が、一九二〇年代初頭までにかれをこの分野における代表的な作家の地位に押し上げていた。[10] なかでも、死刑執行の直前に強姦殺人犯から採取した精液を生来の娼婦とされる女性に人工授精して生まれた娘を主人公とする『アルラウネ』は、刊行後十年間で二十三万部に達するベストセラーとなった。かれの名前はまた、最初期の表現主義映画のひとつである『プラークの大学生』[11] のシナリオ作者としても、新しい文化芸術表現に関心を持つ

ハンス・ハインツ・エーヴェルス
(B・F・ドルビン画)。

人びとの脳裡に焼き付けられていた。ステラン・ライ監督、パウル・ヴェーゲナー主演で一九一三年に制作され、同年八月二十二日に封切りされたこの映画は、ドイツ・ロマン派の作家E・T・A・ホフマンの連作小説『大晦日の夜の椿事』のなかの一作、「失われた鏡像の話」に題材を取った怪奇譚だが、売り渡した自分自身の鏡像によって恋人を奪われ破滅に追い込まれるという映画のストーリーは、フロイトの高弟である精神分析学者、オットー・ランクが、自己分裂ないしは二重人格に関する劃期的な考察、『分身《ドッペルゲンガー》』[12]を著《あら》わす直接の契機になった、という一点だけからでも、二十世紀の文化史に特筆されるべきものだった。しかも、この映画のモティーフにたいするエーヴェルスの関心は、一作だけで終わるものではなかったのである。かれは、ランクの『分身』の単行本が刊行された翌年の一九二六年、ふたたび映画『プラークの大学生』の制作と取り組むことになる。この第二作で主人公の大学生を演じたのは、表現主義映画のもっとも有名な作品、『カリガリ博士』(一九一九)で副主人公役の眠り男ツェザーレに扮したコンラート・ファイトだった。第一作で主演したパウル・ヴェーゲナーは、第二作には関わらなかったが、第一作の翌年、一九一四年に、同じく表現主義映画の代表作のひとつ、『ゴーレム』を監督として制作し、映画史上に不滅の足跡を残すことになった。

エーヴェルスのシナリオによる『プラークの大学生』の第二作が封切られたのは、一九二六年十月二十五日である。それは、ラインラントの都市デュッセルドルフから東へ二〇キロほどの小さな町、エルバーフェルトで党活動にたずさわっていたヨーゼフ・ゲッベルスが、満二十九歳の誕生日を三日後にひかえて、ベルリン・ブランデンブルクの大管区長《ガウライター》に任命するという手紙をヒトラーから受け取ることになる日の、まさに前日だった。そしてそれはまた、十代の半ばですでにいくつかの右翼団体に加入していたホルスト・ヴェッセルが、反革命義勇軍の組織者だったヘルマン・エーアハルトの「ヴァイキング同盟」からSAに移ろうとしていたころでもあった。「一二六年のあの秋の数日、かれは初めて演説者として登場し、自分の拳《こぶし》だけでなく舌もまた闘争のために与えられているのであることを、しみじみと悟った」と、小説『ホルスト・ヴェッセル』にエーヴェルスは書いている。

映画『プラークの大学生』の二度にわたる制作は、怪奇幻想作家であるエーヴェルスが映画という当時のもっとも前衛的な表現ジャンルに強い関心をいだいていたことを、誤解の余地なく示している。事実、かれは二十世紀初頭からの数次にわたる外国旅行のさい多くの映画を観たほか、ベルリンに一軒の映画館を所有したほどの映画マニアでもあった。表現主義時代から一九二〇年代にかけてのころ、ドイツでは、映画館や映画を意味する「キネマトグラフ」(Kinematograph)を短縮して「キーントップ」(Kintopp もしくは Kientopp)と称することが流行《はや》ったが、この略称はエーヴェルスが発案したものだったという(13)。だが、エーヴェルス自身が映画にたいして並々ならぬ関心をいだいていたばかりではない。恐怖小説と呼ばれ怪奇幻想小説と称せられるかれの諸作品は、非合理的・非科学的で前近代的であると目される基本的特徴にもかかわらず、あるいはむしろそうした特徴のゆえに、新しい科学技術の成果たる映画の題材としていっそう大きな可能性を発揮したのだった。分身《ドッペルゲンガー》に不可欠な瓜二つの人物、鏡に映った像が鏡から抜け出て一人歩きしはじめるシーン、鏡像の代償として得た財布から際限もなく溢れ出てくる金貨、夜の墓場に忽然と現われる分身、等々の超現実的な設定は、映画の技法によって具象的で生命をおびた現前となる。『カリガリ博士』、『ゴーレム』、『ノスフェラトゥ』などの表現主義映画が、いずれも超現実的な夢幻の出来事や怪人物を共通の題材にしているのは、偶然ではないだろう。モンタージュやトリック撮影を始めとする映画の表現技術は、現実にはありえないと思われる理不尽なことがらに現実性を与えたのである。エーヴェルスの作品世界は、映画によって新たな現実性を獲得する非合理性の、典型的なひとつだった。『プラークの大学生』は、エーヴェルスが直接かかわった二度の制作ののち、さらに一九三五年にはトーキーで三度目の作品が撮影された。そしてさらに、かれのベストセラー小説『アルラウネ』もまた、一九二八年と三〇年にそれぞれ専門の映画監督によって映画化され、第二次世界大戦後の一九五二年に三度目の映画化がなされている。

精神分析学者のオットー・ランクが、エーヴェルスの映画『プラークの大学生』を直接の手がかりにして「ドッペルゲンガー」というテーマを人間の心理の問題として究明しようとしたのは、きわめて興味深い。怪奇幻想小説と呼ばれるエーヴェルスの諸作品は、じつは、人間の心理の深層に潜在する無意識の恐怖や願望やコンプレックスに、可視的な姿を与えたものだからである。一般に「精神分析」と訳されるPsychoanalyseは、字義どおりには「心理」（Psyche）の「分析」（Analyse）を意味する。精神分析学者が心理学の新しい一領域を開拓しながら科学の営為として試みていた作業を、作家エーヴェルスは、現代の怪奇幻想小説という文学の一領域を開拓しつつ、いっけん非科学的・反合理的な表現によって行なっていたのだった。そのかれが、文学における自己の試みを深化させる道を『プラークの大学生』で映画に見出そうとしたのは、これまた偶然ではないだろう。映画という表現ジャンルは、ただ単に超現実的な事象を描くのに適した領域であるだけではなかった。それは何よりもまず、人間の内面の無意識に可視的な表現を与える可能性を孕んでいたのである。——そして、ナチズムの運動こそは、人間の心理の、「精神《こころ》」の深層に訴えかけ、それに表現を与えることを意識的に追求した社会運動だったのだ。ナチズムとエーヴェルスとの接点は、ここにあった。ホルスト・ヴェッセルとエーヴェルスとの接点もまた、ここにあった。それは、共産主義作家エルンスト・オットヴァルトの卓越したドキュメンタリー作品『ドイツよ目覚めよ！』のナチズム批判さえもが、ついに衝《つ》くことができなかった一点だった。

5 精神《こころ》において生きつづける「ドイツの夜の騎手たち」

怪奇小説作家ハンス・ハインツ・エーヴェルスがナチズムへの接近を公然と作品によって示したのは、じつは、『ホルスト・ヴェッセル』が最初ではなかった。ヒトラーの首相就任の三ヵ月あまり前に刊行されたこの小説に先立って、同じ一九三二年の三月二日に、『ドイツの夜の騎手たち』と題する長篇小説が発売されていた。エーヴェルスのそれまでの作品とはまったく性質を異にするこの小説の売れ行きについて、従来からかれの作品を手がけてきた老舗《しにせ》の出版社であるコッタ書店が明るい見通しをいだいていなかったらしいことは、初版の刊行部数がわずか一千部だったことにも示されている。だが、予期に反してというべきか、わずかな期間ののちに第二刷としてまとめて一万一千部を増刷しなければならないほどの反響を、それは呼び起こしたのである。(14) この作品の刊行が出版社によって初めて広告されたのは一月三十日だったが、(15) たまたまその直前に発行された三二年一月号の文学雑誌『ディ・リテラトゥーア』(文学)に、エーヴェルスの満六十歳を祝する記事が掲載されている。かれは前年秋の一九三一年十一月三日、六十歳の誕生日を迎えていたのだった。だが、その記事で言及されているかれの仕事は、ほとんどもっぱら怪奇幻想文学の領域のものばかりで、この作家が何らかの政治的な色彩をおびた作品を書くことなど、予想もされていなかったのである。予想外の政治的色彩で全篇を染め上げられた作品が、『ドイツの夜の騎手たち』だった。

五百ページに近いこの長篇の直接の舞台は、一九二一年五月から三一年九月までのドイツである。物語は、ドイツの東端の地、上部《オーバー》シュレージエンの戦場で始まる。一九二一年五月の時点で、第一次世界大戦の敗戦国であるドイツが、戦争をしていたのだ。一九一九年六月に調印されたヴェルサイユ条約によって、ドイツは海外植民地のすべてと、東《オスト》プロイセンの大部分を始めとする周辺領土を失ったが、古くから多数のドイツ系住民が居住していたいくつかの地域では、住民投票によって帰属が決定されることになった。その結果、デンマルクに隣接するシュレスヴィヒ南部、ポーランドに接する東プロイセン南部は、住民の圧倒的多数の意志によりドイツに帰属することが決まった。だが、ドイツ系住民とポーランド系住民との比率が接近しているうえに、炭鉱その他の鉱山が集中しており工業の重要拠点でもあった上部シュレージエンでは、問題は容易に解決しなかった。住民投票は一九二一年三月二十日に行なわれ、その結果ほぼ七〇万対四〇万でドイツ帰属派が多数を占めたが、これを不服としたポーランド系住民はただちに武装蜂起に移った。ドイツ系住民も武器を取ってこれに応じたが、軍隊を駐留させていたフランスが事実上ポーランド側に偏した対応をするなかで、紛争は深刻の度を加えていった。そのとき、ドイツ系住民を支援しドイツの国益を擁護するために出撃したのが、義勇軍《フライコール》の諸部隊だった。——エーヴェルスの小説『ドイツの夜の騎手たち』は、この義勇軍の兵士たちを主人公としていたのである。

物語が幕を開ける一九二一年五月というのは、おりからポーランド系住民の第三回目の武装蜂起が始まっていた時点にほかならない。義勇軍の一部隊で中隊長として戦う二十六歳のゲールハルト・ショルツが、この小説の中心人物である。かれは、官吏の父とロートリンゲン（フランス名ロレーヌ）地方のドイツ系住民だった母との息子で、二人の兄と一人の弟、それに妹が一人あった。かれが二十歳のとき大戦が始まり、まず十七歳の弟が出征の六週間後に激戦地ヴェルダンで戦死した。つぎに高等中学《ギムナージウム》の教授である次兄が戦闘機乗りの空軍少尉として、入営の三日後に戦死した。そして、長兄は同盟国トルコ領のメソポタミヤ（現在のイラク）の戦場でアラブ人の手に落ち、残虐な殺されかたをしたのだった。かれ、ゲールハルト自身も戦死したという誤報が、デュッセルドルフ郊外の留守家族に伝えられた。実際には、イタリア戦線で崩壊の直前に負傷して捕虜となり、移送される直

エーヴェルス『ドイツの夜の騎手たち』表紙。

エーヴェルス『ホルスト・ヴェッセル』表紙。

前に脱走して、とある義勇軍団の組織者と遭遇し、義勇軍に身を投じていたのだった。母は、四人の息子の戦死の報に耐えたが、崩壊、つまり敗戦によってロートリンゲンがフランスのものになったことには、ついに耐えることができなかった。官吏の地位を失った父は、一週間後に妻を失った。父は空しく職探しの日々を暮らし、妹のケーテは商業学校卒業と同時に職に就いて父を養わねばならなかった。生存が明らかになっても、義勇軍の全員無差別の給料では、ゲールハルトが家計に寄与することなどできなかったからである。

ゲールハルト・ショルツの部隊の義勇軍兵士たちは、いずれもみな、戦争と敗戦の深い傷跡を身に付けていた。小隊長のパウル・ホルネマンは、脚に入っていた砲弾の破片をマスコットにしている。曹長のクラーマーは、戦傷で鼻が完全に吹き飛び、黒い二つの穴だけがあって、人間の口ではなく獣の大口が、少なくとも左側は耳まで裂けている。部隊の連中はかれに「バスカヴィル家の犬」という打ってつけの仇名を奉《たてまつ》っていた。部隊にはピアとリリという二人の従軍看護婦がいたが、そのうち年少のリリは、一年半前にゲールハルトがバルト海沿岸地方で起こった共産主義革命を粉砕するための義勇軍に従軍したときからの恋人だった。戦乱と革命とで家族を失った未成年のかの女は、身体を売って生きるうちにゲールハルトを知って愛し合うようになったのである。義勇軍部隊の撤退によってゲールハルトと別れたのち、生き直すことを決意したリリは、ドイツの病院で外科の看護婦となり、さらに大学入学資格試験に合格して、大学で医学を学んでいたのだが、シュレージエンの危機にあたって従軍看護婦を志願し、戦場で思いがけなくゲールハルトに再会したのだった。

ドイツ東端の上部シュレージエンでともに戦ったゲールハルトの部隊の男女の戦友たちは、事態が沈静化したのち、今度は祖国の西端の地、ラインラントでの戦いに身を挺することになる。ライン河西岸のドイツ領だったラインラント（ライン地方）は、ドイツの敗戦ののちヴェルサイユ条約によって戦勝国側である協商諸国の占領下に置かれていたが、一九二三年一月に始まるフランスとベルギーによるルール地方の軍事占領は、その機会に乗じてドイツからの分離独立を画策する「分離主義者」たちの「ライン共和国」計画を生むことになった。上部シュレージエンでの戦いののちゲールハルトたちがラインラントに赴いたのは、その分離独立計画を妨害し阻止するためだった。ゲールハルトの妹、ケーテは、フランス相手の政商の秘書になっていたが、そのポストを利用してフランス軍の高級将校に接近し、娼婦まがいのことをしながら情報を兄にもたらす。ゲールハルトは義勇軍の戦友たちや各地の愛国者たちと連絡を取りながら六千人の農民部隊を率いて「分離主義者」たちと対峙するが、フランスはフランス兵のほかモロッコの植民地兵まで投入して鎮圧に乗り出す。ゲールハルト自身の父も、フランスにたいする抗議行動のなかで殺される。鉄道線路を爆破してフランスの軍事法廷で死刑を宣告され処刑されたレオ・シュラーゲターも、エーヴェルスの小説では、ゲールハルト・ショルツを指揮官とする非合法軍事組織の一員だったことになっている。フランス軍の駐屯地にゲリラ攻撃をしかけたり、ライン河に船を沈めてフランス艦船の航行を不可能にしたりする戦いがまだ終わらぬうちに、南ドイツのバイエルンでは、その年の十一月、ヒトラーのミュンヒェン・クーデタが決行される。二四年二月にライン地方の動乱は終熄したが、ゲールハルトと戦友たちは、新しいドイツの指導者にふさわしい人物を求めて、各地の主だったナショナリストたちとの接触を試みつづける。反革命義勇軍団の組織者だったエーアハルト海軍大佐、林務官ゲーオルク・エッシェリヒとかれの「オルゲシュ」、ミュンヒェンのアードルフ・ヒトラー、ディートリヒ・エッカルト、ゲーリング大尉、アウクスブルクのフォン・エップ将軍、義勇軍部隊長エルンスト・レーム、オーストリアの右翼武装団体「郷土防衛隊《ハイムヴェーア》」の隊長たち、等々の名前が小説では挙げられている。

だが、こうしてドイツの夜のなかで新しいドイツのための道を切り開こうとするゲールハルトたちの苦闘は、ヴァイマル体制の相対的な安定化によって、困難の度を加えていく。かれのグループは、上はエルツベルガーやラーテナウから下は一兵卒にいたるまでの共和国要人や反対勢力にたいする暗殺計画を立て、かつ実行してきた、という嫌疑のもとに、あいついで逮捕されていく。一九二五年一月、ゲールハルト自身もベルリンで秘密警察によって身柄を拘束される。これ以後、ゲールハルトと戦友たち、そして恋人のリリと妹のケーテは、国家権力との絶望的な戦いに文字通り生命を擦り減らしていくことになるのである。リリが身ごもっていた子供は、早産のために死に、ゲールハルトは理不尽な裁判で死刑を宣告される。かれを救うためにイタリアのファシストにまで援助を求めて成功しなかったリリは、絶望のあまりパリでセーヌ河に身を投げる。そして、かれが獄中で丸五年を過ごしたころ、妹のケーテは、かれの部下であるナショナリストの若者たちにリンチされたすえ、気が狂って死んだ。兄が逮捕されたとき、かの女はフランス軍の将校を動かすためにその将校に身を任せたのだが、それを目撃して「売国奴!」と罵った若者たちが、五年ぶりでかの女の姿を見つけて、もちろん自分たちが敬愛し心酔しているゲールハルトの妹とは知らぬまま、峻烈な制裁を加えたのだった。

物語が終わる一九三一年九月の時点で、言いかえれば小説が刊行されるわずか半年前の時点で、ゲールハルト・ショルツはなお獄中に囚われている。それはあたかも、ロシアの夜のなかで革命を志向してツァーリ権力の牢獄に生涯つながれたセルゲイ・ネチャーエフの姿を髣髴させるかのようである。もちろん、作者がネチャーエフに言及しているわけではない。けれども、テロリストという名によって葬り去られようとしたネチャーエフが疑いもなくロシア民衆の解放を夢見ていたように、ゲールハルト・ショルツとかれの男女の戦友たちは、作者によって、ドイツの夜のまっただなかをドイツの解放を夢見て疾駆した革命者として、描かれているのである。しかも、かれらは、作者によって創作された虚構の人物たちではなかった。作者は、この作品の巻末に、世界大戦勃発から一九三二年二月までの（つまりこの作品が刊行された三月初旬の直前までの）ナショナリズム運動に関する十二ページにおよぶ年表を付しているが、その年表のための序言のなかで、自分があらゆる史料を渉猟したばかりでなく、作品に登場する人物たちから幾晩にもわたって話を聞いたことを記している。この小説のなかの多くの苦しみと多くの悲劇的な死は、「ドイツの夜」の史実なのだ。そしてそれは、作者が目前にしていた「国民革命」、つまりナチズムによるドイツの革命のための、ドイツの夜明けのための、不可欠の礎石だったのだ。この礎石を、いわば作者は、十一ヵ月後の政権掌握のときに向けて、ごく近い過去の政治的・社会的現実を舞台とする歴史小説のかたちで投げかけたのである。その舞台で生きて戦い、力尽きて斃れた死者たちが、鏡から抜け出る鏡像のように、この小説から読者に近づいてくる。

　死者たちを決して忘れないということ、死者たちが生者とともに生きつづけるということ、これは、怪奇幻想文学の暗黙の原理である。死者が死とともにまったく別の世界に去ってしまうものなら、怪奇幻想文学の世界は、そして恐怖小説の世界も、そもそも成り立ちようがないだろう。ナチズムの現実もまた、死者たちが生者たちとともに生きつづけることによって、成り立つことができる。ハンス・ハインツ・エーヴェルスとナチズムとの接点はここにあった。そして、エーヴェルスとホルスト・ヴェッセルとの接点もここにあった。

赤色戦線《ロートフロント》と反動が射殺した戦友たちも、
精神《こころ》においてわれらの隊列でともに行進する。

ホルスト・ヴェッセルの歌のこの歌詞は、ナチズムの運動が死者を忘れない運動であり、死者とともになされる運動であることを、感性を媒体として心理に浸透させたのだった。ゲッベルスがたびたび引用している「精神《こころ》において」(im Geist)という一句は、それにふさわしく多義的である。日常の語法としては、この言いまわしは何かをこころに思い浮かべるという意味で用いられる。死者たちがいまこの隊列に加わって一緒に行進しているさまを、生者であるわれわれがこころに思い描くのである。けれども、それだけがこの一句の意味ではない。「精神《ガイスト》」(Geist)という語には、もちろんごく普通に使われる意味での「精神」という語義がある。「肉体」に対置される「精神」である。ちょうどゲッベルスが「かれの精神が昇天したのはわれわれすべてとともに生きつづけるためである」と追悼の記事で書いたように、ホルスト・ヴェッセルの肉体が死んだのちにもかれの精神はわれわれとともに生きつづける。つまり、死者は精神となって、具体的にはナチズム精神となって、ともに行進するのだ。——だが、それだけではない。精神を表わすGeistという語には、「霊」という意味もまた存在する。エーヴェルスの一九二二年の長篇小説『見霊者』(*Geisterseher*)は、この意味での語義を複数形(*Geister*)で用いた一例である。死者たちは「霊」となってともに行進し、運動を見守っている。だからこそ、ナチズムにとって「慰霊」はもっとも重要な儀式なのである。

まさに人口に膾炙したという形容がふさわしい「旗を高く掲げよ!」というナチズムの歌にたいしては、反ナチズム陣営によってそれを揶揄する替え歌がいくつも作られた。たとえばベルトルト・ブレヒトは、亡命地のアメリカ合州国で一九四三年に書かれた戯曲、『第二次世界大戦のシュヴェイク』の一場面で、主人公の兵士シュヴェイクにその替え歌をうたわせている、「屠畜業者は叫ぶ　固く閉じろ眼を／小牛は行進する　悠然確たる足取りで／屠場ですでに血を流した小牛たちも／精神《こころ》において　かれの隊列でともに進み行く」――あるいはまた、プロレタリア文学の代表的な詩人のひとり、エーリヒ・ヴァイネルトによる替え歌はこうだった、「旗を高く掲げよ　固く組め隊列を！／ＳＡは行進する　勝利万歳《ジークハイル》を叫びつつロシアへと／すでにどこかで射たれてくたばった戦友たち／やつらはもう電撃戦には加わっていない〔……〕旗はもはやまともに垂れ下がりさえしない／ＳＡは行進する　だがわが家《や》に向けてではないのだよ、お前！／故郷《くに》でようやく自由なドイツが集《つど》うとき／そこにはもはやアードルフの苦力《クーリー》たちの席はない！」[16]

これらの替え歌の切っ先は、ホルスト・ヴェッセルの歌にまで届いていない。それらは、ナチズムの追随者たちがこうむる死を揶揄し嘲笑することで、ナチズムの暴力性を描き出そうとしたのである。これらの替え歌にとって、ナチズムは侵略と虐殺の暴力でしかなかった。もちろん、これが誤っていたわけではない。しかし、ホルスト・ヴェッセルの歌が人びとのこころをとらえたのは、侵略と虐殺をすらも正当化させるような、少なくともそれらを空無化させるような心情を、歌がつかんだからである。

ＳＡが反革命義勇軍団の土壌のうえに形成されたとき、ナチズムの運動が得たものは、組織的な暴力だけではなかった。ホルスト・ヴェッセルの歌の第三聯第三行目の歌詞「ヒトラーの旗がすべての街路に翻《ひるがえ》るのも間近だ」は、元来は「ヒトラーの旗がバリケードのうえに翻るのも間近だ」というものだった。このことに小説『ホルスト・ヴェッセル』の「あとがき」で言及したエーヴェルスは、「やや穏やかなこの表現を選ばざるをえなかったのは、そうしないと歌全体が禁止されてしまう危険があったからにほかならない」という説明を加えている。あるいは、政権を目前にして、そしてもちろん政権獲得ののちは言うまでもなく、暴力的なイメージを避けたほうが得策だという配慮が、ナチ党の幹部に働いたのかもしれない。いずれにせよ、世界大戦と革命期の体験から、とりわけ反革命義勇軍に生きる場を求めた青年たちの体験から、ナチズムが継承したのは、バリケード戦に象徴される暴力だけではなかったのだ。その体験のなかで醸成された憤激と怨恨と痛苦の心情をもまた、ナチズムは継承した。ホルスト・ヴェッセルの歌は、そこからバリケードの表象が取り去られても、その核心を失うことはなかった。ナチズムは、体験のなかで醸成されたそれらの心情を継承したばかりでなく、それらの心情の源泉となった体験を悲劇的な体験として英雄化し、その体験の途上で斃れた死者たちを神話化することによって、不死の生命をかれらに与えたからである。ホルスト・ヴェッセルの歌は、作者自身の生と死を代償として、死者たちの不死という神話の形成に、決定的な貢献をなした。

——死者を忘れないということ、いまこの現実を生きているわれわれは死者たちの死のうえに生きているのだということをつねに思い起こすこと、これは、人間にとって本質的に重要な心情であるにちがいない。忘れようにも忘れることのできない死者を胸に懐《いだ》いている人間であれば、この心情を理解するのは困難ではないだろう。この、人間にとって本質的に重要な心情を、ナチズムは組織し収奪したのである。ホルスト・ヴェッセルの歌と、エーヴェルスの二篇の長篇小説は、共産主義運動がついに阻止することをなしえなかったこの組織と収奪に、それぞれ不可欠の貢献をなしたのだった。

一九三三年一月三十日、ヒトラーが首相に任命された数日後に、ホルスト・ヴェッセルを狙撃した主犯のアリ・ヘーラーは死体となって発見された。共産党本部の「カール・リープクネヒト会館」(Karl-Liebknecht-Haus)は接収され、改修をほどこされたのち、新たに「ホルスト・ヴェッセル会館」(Horst-Wessel-Haus)と命名されて、ホルスト・ヴェッセルが中隊長のひとりとして勤務したSAベルリン・ブランデンブルク師団の本部となった。

上＝政権掌握の一週間前、ドイツ共産党本部「カール・リープクネヒト会館」の前を埋めたSA部隊。会館正面に掲げられた写真は、上からレーニン、カール・リープクネヒト、ローザ・ルクセンブルク。大きな文字のスローガンは、「かれらの精神（こころ）において、戦争の危険とファシズムと飢えと凍えに反対し、パンと自由をめざす闘いを前進させよう」。

下＝ナチの独裁確立後、「カール・リープクネヒト会館」は「ホルスト・ヴェッセル会館」となった。

第二部　文化政策の夢と悪夢

上：「SA 最高指導者」でもあるヒトラーの話を熱心に聴く SA 隊員たち。
下：ヒトラーのサイン。

IV　ヨーゼフ・ゲッベルスの想像力

——小説『ミヒャエル』を読む

1　労働の生と犠牲の死

ホルスト・ヴェッセルの葬儀が行なわれた日の五日後、ナチ党のベルリン・ブランデンブルク大管区長であり全国宣伝部長であるパウル・ヨーゼフ・ゲッベルスは、自分が主宰する新聞『デァ・アングリフ』（攻撃）の一九三〇年三月六日号に、「最後の一滴まで」（*Bis zur Neige*）と題する一文を書き、あらためてこの青年の死を悼んだ。かれの生い立ちと、短かったが鮮烈な活動を振り返ったのち、ゲッベルスはその追悼文をつぎのように結んでいる。(1)

かれは苦しみの盃を最後の一滴まで飲み干した。その盃をやりすごすことができずに、すすんで身をすててそれを受けたのだ。この苦悩をぼくは祖国のために飲み干す！

かれを、この死者を、高く掲げよ、そしてすべての民衆にかれを示せ。そして叫びに叫べ、この人を見よ、と！　諸君がどこへ赴き、どこに立とうとも、かれを諸君の頭上高く担《にな》え。そして、この死者は誰かと尋ねられれば、ただこう答えよ、ドイツだ、と！

ドイツは、闘いそして悩み、耐えそして忍んだ。それから、誹謗され唾を吐きかけられて、過酷な死を死んだ。

ひとつの別のドイツが立ち上がりつつある、若いドイツ、新しいドイツが！　われわれはすでにそれを、われわれのなかに、われわれの頭上に担っている。われわれとともにあるこの死者は、疲れた手を上げ、明けそめようとしている遙か彼方を指さして、こう言っているのだ――

つぎつぎと墓を乗り越えて前進せよ！　行き着く果てにはドイツがある！

ホルスト・ヴェッセルがエルナ・イェーニッケと同棲していた部屋で撃たれるという事件が起こったとき、ゲッベルスは、逸早くそれを共産党と赤色戦線の兇行であると断定し、自分の新聞で繰り返しこの犠牲者の容態を報告しながら、事件を売春婦のヒモの利権をめぐる内輪もめであるとする共産党側への怒りと憎悪を煽りつづけた。そして、六週間の苦しみののちにヴェッセルが死ぬと、ベルリン市内を葬列によって制覇するような大規模な野辺送りを計画した。社会民主党員の警視総監、カール・ツェルギーベルが治安上の理由で街頭行進を許可しなかったため、葬列そのものはきわめて小さなものだったが、それでも大挙して墓地に詰めかける突撃隊員や多数の参列者たちと、この「女衒《ぜげん》」の横死をナチスにふさわしい末路として嘲笑し罵倒する共産党陣営の大群衆とのあいだで、激しい抗争が展開され、ベルリン市内は騒乱状態となった。かつてホルストの父が牧師をしていた聖ニコライ教会の墓地では、埋葬にさいしてあの「旗を高く掲げよ！」が会葬者たちによって斉唱された。ホルスト・ヴェッセルを革命の殉難者として英雄化するというゲッベルスの意図は、充分に達成されたのである。

この一連の過程を、ゲッベルスがひとりの青年の死を最大限に利用し収奪したものとして理解する点において、ほとんどの史家の見解は一致している。(2) 煽動者としてのゲッベルスによってホルスト・ヴェッセルという一青年は恰好の餌食にされた、というのである。——たしかに、狙撃された時点から死後に至るまでのゲッベルスによる宣伝と煽動がなければ、ホルスト・ヴェッセル神話は生まれなかっただろう。少なくとも、二十二歳で死んだこのSAの一突撃中隊長が、「闘争時代」の末期から権力掌握の時点を越えて第三帝国の崩壊のときまで、ナチズム革命の最大の英雄として生きつづけることはなかっただろう。かれの「旗を高く掲げよ！」が「ホルスト・ヴェッセルの歌」として人口に膾炙し、かれの名前を冠した街路や公共施設が全国いたるところに生まれ、ホルストという名の子供が続出するということも、なかっただろう。客観的にはそれに疑問の余地はない。けれども、ゲッベルスの主観的意図がホルスト・ヴェッセルをもっぱら利用することにあった、とのみ考えるなら、重要な事実を逸してしまうことになる。ゲッベルスは、ホルスト・ヴェッセルをただ単に宣伝のための道具と見なしていたのではなく、かれの生と死に心底から共感と敬意をいだき、この青年のなかにひとつの理想像を見てもいたからだ。

「党員ヴェッセルの反動に反対する演説を聞く。立派な若者。嘘のような理想主義をもって語る。そのあとなおかれとの話し合い。かれは、SAのなかに積極性が欠如していることを残念に思っている。わたしは板ばさみだ。もしもわれわれが積極的に出るとすれば、わが方の連中は何もかも粉々に叩きこわしてしまうだろう。そうなればイジドールはほくそえんでわれわれを禁止するだろう。われわれは当面は力を蓄えなければならない。」——一九二九年一月十六日の日記にゲッベルスはこう書いている。(3) イジドールとは、ベルリン警視庁の次長（副警視総監）ベルンハルト・ヴァイスにゲッベルスが付けた仇名である。かれは、かねて、ヴァイスがユダヤ人であるとして、いかにもユダヤ人を思わせるイジドールという名で相手を呼び、それによって警察当局を揶揄し攻撃していたのだった。そのヴァイスによる弾圧を招くことが確実であるような積極的行動を訴える若者——これが、ゲッベルスの日記にホルスト・ヴェッセルの名前が登場した最初である。それ以後、かれが狙撃される三〇年一月十四日までのちょうど一年間に、ゲッベルスは前後七回、日記のなかでホルスト・ヴェッセルに言及することになる。たとえば、二九年九月二十九日の項には、ちょうどその日から自分の新聞『デァ・アングリフ』が従来の週刊から週二回の発行になったことを記したあと、前日の晩のこととしてつぎのように書いている。(4)

晩遅くになってからなおカウルスドルフまで車で行って、そこで一時間、大入りの集会で演説。帰路はSA隊員ヴェッセルと一緒。勇敢な青年。大学生で雄弁家でSA指導者《フューラー》。フィッシャー地区《キーツ》に住んでいる。毎晩、赤の連中のテロルに対抗するすべをイヤでも身に付けさせられねばならないのだ。ぼくたちはそこからまだSAの酒場「選帝侯の車大工」に乗り付ける。古い古いベルリン！　こんにちでは大部分、悪徳が大騒ぎする場所だ。ぼくはこのわれらのSA隊員にたいして大きな敬意をいだいている。かれは来る日も来る日も運動のために自分の義務を果たし、そのうえ毎晩、自分の健康を、いや生命をさえも失う危険を冒しているのだ。

じつは、ちょうどこのころ、ホルスト・ヴェッセルはベルリンの中心部にあるフィッシャー地区《キーツ》の母の家を出て、売春婦エルナとの同棲を始めていた。そして、家からの経済的援助を断《ことわ》って、突撃隊の戦友たちとともに日雇いの肉体労働によって日銭《ひぜに》を稼ぎながら、活動を続けていたのである。ゲッベルスがこの時点でそのことを知っていたのかどうかは明らかでない。だが、いまではSAの活動拠点の酒場へ同伴するまでにホルストを身近に感じるようになったゲッベルスは、この青年の名を初めて日記帳に記したあの二九年一月十六日のわずか四週間たらず前に刊行された一冊の本のなかで、すでにつぎのように書いていたのだった。

労働に奉仕する生と、そして来たるべき民族の形成のための死――これこそは、われわれがこの地上で見ることのできる最大の慰藉《いしゃ》なのだ。

いわば、こうした受け皿の上に、ホルスト・ヴェッセルとゲッベルスとの出会いはあったのである。その一冊の本、『ミヒャエル』(5)（*Michael*）は、ヨーゼフ・ゲッベルスが公に出版した唯一の小説だった。「日記が語るあるドイツ的運命」（*Ein deutsches Schicksal in Tagebuchblättern*）という副題に示されているとおり、ミヒャエルという名の主人公が綴る日記という設定で描かれている。このことは、この小説を考察するにあたってまず最初に指摘しておかなければならない点だろう。「この日記帳はぼくの最良の友だ。これにならう、すべてを打ち明けることができる。だれにもぼくはこんなにすべてを言うことはできない。しかも、それは言わずにはいられないものなのだ。そうしなければ、そいつは決してひとを放してくれないだろう。ひとの心を焼き尽くしてしまうだろう。」――小説のなかでミヒャエルはこう書いている。日記にたいする主人公のこの思いは、そのままゲッベルス自身のものでもあった。よく知られているように、ゲッベルスは、ヒトラーの後を追ってヒトラーの死の翌日に自殺する直前まで、ほとんど毎日、日記を書きつづけていた。高等中学《ギムナージウム》の時代に書かれていたものは早くに失われており、一九二四年、二十六歳の夏に書き下ろされたかれ自身による「回想録」（*Erinnerungsblätter*）が、一八九七年十月の生誕から一九二三年十月までのことをうかがい知るための資料として存在するにすぎない。しかし、一九二四年八月十一日に脱稿したこの回想録に先立って、その前年の十月十七日から、かれはふたたび、今度は持続的に日記を付けるようになった。それ以来、死の直前まで――二六年十月末から二八年四月中旬までの約一年半の中断と、ときおりの間隙を別とすれば――かれの日記は丸二十年以上も続くことになる。そして、第三帝国の壊滅後、初期から死の三週間前の一九四五年四月九日に至るまでの日記が、数次にわたって発見され、その全部が解読ないし復元されて、原文のまま刊行された。敗戦後間もない一九四八年と、一九六〇年、一九八〇年に、それぞれ一九四二―四三年分、一九二五―二六年分、一九四五年分が個別に出版されたのち、一九八七年には前述の「回想録」を含めて四一年七月八日までのすべてが全四巻・別巻索引一巻で刊行された。これをもとにしながらさらにそれ以後の四五年四月九日までの分を加えた縮約版が、一九九二年に全五冊のペーパーバックスとして出されたことによって、日記のほぼ全貌が明らかになった。そしてついに一九九三年から二〇〇三年にかけて、ソ連軍に押収されたまま一九八七年秋まで行方不明になっていた後期の一部の原資料をも加えた日記の全体が、二部二十四冊として出版され、ここにゲッベルスの日記は、残存していると考えられるすべてが公開されることになったのである。(6) 一九八七年刊の四巻・別巻一巻が四一年七月八日までで終わっているのは、その日まで少なくとも計二十二冊のノートに自筆の手書きで記してきたものを、戦争によってますます多忙になったゲッベルスが、これ以後、速記者に口述してタイプライターで印字させるというやりかたに変更したからである。最新版の全二十四冊が二部に分けられているのも、手書きとタイプ印字との区分に従ってのことにほかならない。手書きのノートのうち最初期の一九二三年十月十七日から二四年六月二十六日までの少なくとも一冊分は、敗戦前にすでに散佚していたと考えられるが、それのみを除くこの最新版では、全冊の総ページ数は一万三千ページを優に超えている。

その厖大な分量からも長期にわたる期間からも、ゲッベルスの日記にたいする執着は想像に難くない。それゆえ、日記体の小説『ミヒャエル』における記述は、ともすれば、作者の実体験そのままの事実として、少なくとも事実ときわめて近い表現として、読者に受け取られがちである。たとえば、戦後のごく早い時期に出された最初の本格的なゲッベルス伝、『ヨーゼフ・ゲッベルス――ひとつの伝記』(英語版＝一九四八年、ドイツ語版＝五〇年)の著者クルト・リースも、この小説の日記に記述されていることがらを、ゲッベルス自身の伝記的事実を示唆する資料として、積極的に援用している。また、一九六〇年に刊行されたロージャ・マンヴェルとハインリヒ・フレンケルの共著、『ドクター・ゲッベルス――その生涯と死』も、やはり同様である。[7] だが、ゲッベルスがみずから記した一九二四年の「回想録」と対照してみれば明らかなように、『ミヒャエル』にはおびただしい脚色と虚構がほどこされているのである。『ミヒャエル』とゲッベルスの現実との近さを確認する試みにもまして、この小説における虚構を明らかにする作業こそが、重要なのだ。なぜなら、ここでなされている現実の虚構化のなかに、現実にたいするゲッベルスの姿勢と、かれの現実処理の手法が、ひいてはまたかれの想像力《イマジネーション》の特性が、如実に投影されているからである。

小説『ミヒャエル』は、高等中学の学業を中断して世界大戦に出征した一青年が、戦場から復員して敗戦後のドイツで大学生活を始めたものの、祖国と民族の未来を切り開くための生きかたはこれではないと悟り、炭鉱労働者となって事故死する――というストーリーを、主人公ミヒャエルの丸一年九ヵ月にわたる日記という設定で描いている。戦争の体験によって根底から揺り動かされたかれは、戦後の大学で新しい現実を闘いとる道をめぐって精神的な葛藤に苦しみぬいたすえ、労働のなかに救いと未来のための示唆を見出す。そして、事故死のわずか三週間あまり前の日記に、かれはこう書くのである、「戦争はぼくを深い眠りから呼び覚ました。それはぼくに意識をもたらしてくれた。/精神はぼくを苦しめ、ぼくを破滅に追いやった。それはぼくにどん底と高みとを見せてくれた。/労働がぼくを救った。それはぼくを誇り高くそして自由にしてくれた。/そ

『ミヒャエル』初版本表紙（装幀＝ハンス・シュヴァイツァー）。

していまやぼくは、これら三つのものから自分を新しく形づくったのだ。／未来を勝ち取ろうとしている意識的で誇り高く自由なドイツの人間を！」

「急行列車の車中にて五月二日」という場所と日付けから物語は始まる。車窓から見る光景は、春たけなわのドイツの国土である。それはいま平和のなかにある。「四年間というもの瓦礫や汚物と血と死のほかには何も見なかった眼」には、それは贅沢なくらい美しい。戦場の感覚を背後に残して、かれは南ドイツの大学へ行こうとしている。大学のある小さな町に着き、新しい生活を始めるにあたって、かれが切望するのは、「男らしい男になりたい！　はっきりした輪郭を持つようになりたい」ということである。かれが最初に受講したその大学がどこであるのかは、作品では一度も明記されていない。しかし、城山の情景や、そこにある建物の名称から、それが南ドイツの都市、フライブルクであることが推測できる。——大学で、かれはふたりの人物と出会う。ひとりは同郷の幼馴染みのリヒャルトだった。かれもここの大学に来ていて再会したのだ。もうひとりは、同じ講義を聴講している女子学生、ヘルタ・ホルクで、たまたますぐ後ろの席に坐った主人公が、その後姿と横顔に一目で魅了されてしまったのである。こうして、ミヒャエルの最初の学期は、リヒャルトとヘルタ・ホルクという男女ふたりの人物との関係のなかで始まることになる。リヒャルトとの対話をつうじて、ミヒャエルはマルクス主義を知る。そして「純然たる金銭と胃袋との学説」であるその唯物論に激しい違和感を覚え、「マルクス主義は間違っており、現にある生活とは無縁で、頭で考え出されたものであって、自然に生え育ったものではない」という思いを強くする。出会いから一週間後に友だちとなったヘルタ・ホルクとの対話では、政治と芸術が最初のテーマになる。「政治家もまたひとりの芸術家です。かれにとっては民衆が、彫刻家にとって石がそうであるものにほかならない」とミヒャエルは語る。「政治は国家の造形芸術だ、ちょうど絵画が色彩の造形芸術であるようにね。だから、民衆のいない政治、あるいは民衆に敵対する政治なんて、それ自体ひとつのナンセンスです。大衆から民衆を、民衆から国家を形作る、これこそがつねに真の政治のもっとも深い意味だった。」

ヘルタ・ホルクと一緒に過ごす時間を重ねるにつれて、ミヒャエルは、「かの女はぼくの思考を解き放ち、それをいっそう自由に、いっそう意識的なものにしてくれる」と感じる。「女性は、ひとを励ますことにおいて偉大である」のだ。かの女に励まされて、かれの思考は活潑に働きはじめる。かの女を初めて見かけた日からちょうど十日を経た六月一日の日記に、かれはつぎのような認識を断片的に書き付けている。

戦争は生を肯定するもっとも単純な形式である。

平和もまた、戦い取られることを欲する。しかもそれは、棕櫚《しゅろ》の団扇《うちわ》でなどではなく、剣でなのだ。

人間の顔をしているものはみな平等である。こんなことを言うのは、馬鹿かさもなければ馬鹿のふりをしている連中だけだ。一方はそれを信じているからであり、もう一方はそれで儲けているからである。自然そのものが反民主主義的なのだ。宇宙全体のうちに、たがいに等しい生物など二つとない。国家は形式となった民族性である。社会主義者であること、それは、私をお前に従属させること、個人を全体の犠牲にすることである。社会主義は、もっとも深い意味においては奉仕なのだ。個々人にとっての断念、全体のための要求なのだ。

六月の中旬、修道院のある山間の小村に滞在しているヘルタ・ホルクに会いに出かけたミヒャエルは、そのあとスイスとの国境の湖、ボーデン湖《ゼー》まで足を延ばす。そこでかれは、ソヴィエト・ロシアから留学生としてミュンヒェン大学に来ているイヴァン・ヴィエヌロフスキーという青年と知り合う。イヴァンはかれにドストエーフスキーの『白痴』を貸してくれる。鏡のようなボーデン湖に浮かぶ小船のなかで揺られながら、ミヒャエルはそれを読む。「ドストエーフスキーは、大胆にもかれの時代よりなお数歩だけ先んじている」のだ、そしてその文学世界には「前方へと突き進む民族の魂がある」のだ、とかれは感じる。この感想を伝えると、イヴァン・ヴィエヌロフスキーはニヤリと笑って、「ぼくらは、ちょうどぼくらの父たちがキリストを信じていたように、ドストエーフスキーを信じているのですよ」と答える。

こうして、ミヒャエルが接する第三の人物、イヴァン・ヴィエヌロフスキーは、ミヒャエルが対決し打ち勝たねばならない宿敵としての姿を現わしていく。「ロシアの大地のなかでは、ロシアという大きな謎を解く答えが、孵化するときを待っている。ドストエーフスキーの精神は、未来を孕んで、その静かな、夢見る国の上空を漂っている。ロシアが目ざめるとき、そのとき、世界はひとつの国民的《ナショナル》な奇跡を見るであろう。」——だが、政治的な奇跡はただ国民的《ナショナル》なるもののなかでしか起こらない、とミヒャエルは考える。「インターナショナルは、なんといっても、悟性の教説にしかすぎず、血に反したものである」からだ。ミヒャエルにとってこの現実を変える革命は必然である。だが、イヴァンが国際主義《インターナショナリズム》の原理にもとづく革命を推進しようとしているのにたいして、ミヒャエルが模索する革命は国民的《ナショナル》なものでしかありえないだろう。

その国民的革命にとって、たとえば女性がどのような位置を占めるのかを、読者はつぎのような日記の記述から読みとることができるだろう。

> 女性は、美しくあり、子供たちをこの世にもたらす、という任務を持っています。これは、そう聞こえがちなほど粗野で非現代的なことでは全然ない。鳥の雌《めす》は雄《おす》のために身を飾り、雄のために卵を孵《かえ》す。そのかわり雄は餌を調達する。それ以外のときは、見張りに立って敵を防ぐ。／これを反動的というのなら、それはどういう意味なんだろう？　きまり文句でしかないじゃないか。ぼくは、何も理解していないくせに何でもかんで

もに首をつっこむ騒々しい女たちが嫌いだな。そういうことをやるとき、かの女たちはたいてい、自分の本来の任務を忘れてしまってるんだ。子供を教育するという任務をね。

優美さのない女性は入口のない家のようなものだ。どちらも人を寄せ付けない。〔……〕本物の女性は鷲を愛する。／ちっぽけな女性は、鷲の翼を切って、家禽《かきん》にしてしまう。

だが、その女性に励まされて、ミヒャエルはひとつの仕事に打ち込むことになる。夏休みをひとり北海の島で過ごしながら、ミヒャエルは、金銭の権化たるユダヤ人の対極にある存在としてのイエス・キリストを主人公にした戯曲を書くのである。「キリストは全然ユダヤ人でなどなかったのかもしれない。これをぼくがいまさら科学的に立証する必要は全然ない。そうなのだから！」——これが、その戯曲との格闘のなかでかれが到達した認識だった。ユダヤ主義によって支配された世界との対決を予感しながら、ある日の日記にかれは、「人間たちをではなく、ひとりの男をわれわれは必要としている」と書く。九月が終わり、戯曲を完成させてそれにヘルタ・ホルクへの献辞を書き入れたミヒャエルは、イヴァン・ヴィエヌロフスキーの誘いに応じて秋の学期をミュンヒェンで迎えるために、島をあとにする。ヘルタ・ホルクもミュンヒェンに移ってきている。その地でかれは、イヴァンによって、もうひとりの女性を紹介される。スイス人の彫刻家、アグネス・シュタールである。この芸術の都で、ミヒャエルは、表現主義とヴァン・ゴッホとにたいする共感を媒介として、芸術もまた「民族への献身」であり、「国土と疎遠なゴロツキどもは、ドイツ芸術から出て行かねばならぬ」ことを認識する。「芸術のための芸術《ラール・プール・ラール》、ゲルマン的感覚ではひとつの罪悪だ」とかれは十月二十一日の日記に書く。その年の大晦日をアルプスの山の中でともに送ったとき、ヘルタ・ホルクは新年にあたって「あなたが祖国のために突破口を開くような男になりますように」と祈る。

イヴァン・ヴィエヌロフスキーとの精神的葛藤を重ねるにつれて、ミヒャエルのなかでは、「ぼくはひとつの道標となろう。／祖国にぼくは奉仕しよう。／道を切り開こう。」という決意が結晶していく。それとともに、自分はヘルタ・ホルクを失うだろう、という予感を拭い去ることができなくなる。たがいに深く愛しあっていることは疑いないとしても、ヘルタ・ホルクには市民的世界の枠を超えるような生きかたは無理なのではないか、とミヒャエルは感じはじめたのである。その一方で、イヴァンとの最後の対決が近づいている、という思いも急速に強まっていく。そのイヴァンからは、「ぼくたちがこの地上にいるのは、犠牲を捧げるためなのです」と記した手紙が届く。まったく別の道をたどりながら、しかしどちらもこの世界を根本から変えようとしているがゆえに、イヴァンもまたミヒャエルとの対決を避けることができないのを知っており、その対決においては自分たちのどちらもが犠牲とならねばならないことを、はっきりと意識しているのだ。

ミヒャエルの思いを感じ取ったヘルタ・ホルクは、置手紙を残して去っていく。第二年目の春、ミヒャエルは幼馴染のリヒャルトの誘いに応じてハイデルベルク大学に移る。ヴァイマル共和主義の体制を支持するリヒャルトとの論争をつうじて、ミヒャエルのなかに、こうして大学で精神的なテーマとだけ関わっていることにたいする疑念が強まっていく。現在の体制は、もはや没落するしかないまでに爛熟しきっている。「これに対処するには、頭と拳が革命されねばならない。」――じつは、ヘルタ・ホルクを失った直後の失意の日に、かれは、ほとんど自失状態のまま足を踏み入れた演説会場で、ついに「ひとりの男」と邂逅していたのだった。そのホールには、貧しく、やつれはてた労働者と兵士と学生が、戦後のドイツ民族がいた。壇上の人物は「名誉」と「労働」と「旗」について語っていた。人びとは次第に燃え上がりはじめた。やがてミヒャエル自身もその興奮の渦に呑み込まれていく。それは、「廃墟のまっただなかに、ひとりの人が立って、旗を高く掲げる」光景そのものだった。「啓示だ！　啓示だ！」とミヒャエルは日記に記している――

ぼくはもう、自分が何をしているのか、わからなくなる。／分別も何も失ってしまう。／ぼくは万歳！と叫ぶ。だれもそれを変《へん》だとは思わない。／壇上の人物はぼくを一瞬のあいだ見つめる。その青い瞳がぼくをまるで炎の輝きのように撃つ。これは命令だ！／この瞬間から、ぼくは生まれ変わったのである。〔……〕不意にぼくはすっくと立ち上がる。椅子の上にこれらの人びとを見渡して立ち、そして叫ぶ、「戦友たち！　自由を！」／そのあと何が起こったか、ぼくは言うことができない。／ぼくにわかるのは、わずかにこれだけだ――ぼくは自分の手を、まるでノックでもするように強く打ち振られるひとつの男の手のなかにゆだねていたのである。それは、生涯にわたる誓約だった。そしてぼくの目は二つの大きな青い瞳の星に飲み込まれていった。

この「啓示」に導かれるように、ミヒャエルは大学生活を中断して、故郷の母に別れを告げたあと、炭鉱の町に赴き、炭坑夫として労働に従事する。この炭鉱町が、ドイツ最大の鉱工業地帯、ルール地方の中心に位置するゲルゼンキルヒェンだったことは、のちに南独バイエルンのシュリーア湖《ゼー》の近郊にある別の炭鉱に移ったミヒャエルが、そこで死んだのちに、初めて明らかにされる。ゲルゼンキルヒェンは、ヘルタ・ホルクの郷里でもある「赤い地方」の一角にあった。ドイツ西部のヴェストファーレン地方は、赤土の地質であるがゆえにこう別称されたが、同時にまたその一部であるルール鉱工業地帯が当時の共産党系の労働者運動の牙城だったことも、「赤い地方」という呼び名に特別の意味を与えていた。ミヒャエルは、敢えてこの地方の炭鉱を「拳《こぶし》」の労働の場として選んだのである。

そこには「労働の交響楽」がある。労働のなかで、かれはようやくイヴァン・ヴィエヌロフスキーをしっかり捕まえた、という思いをいだく。だが、炭鉱でかれが労働を共にすることになった坑夫たちは、大学生という身分から天下ってきたかれを信用しようとはしない。「おまえもきっと上の闇屋どもの一人だろう。きっとスパイをやるつもりだな！　気をつけろよ！　おれたちゃここでダイナマイトを使って仕事してるんだからな」と、ひとりの坑夫がやってきて言う。「坑内の連中はぼくを憎んでいる。何かにつけてぼくを困難におとしいれる。だれひとりとして、ぼくと口をきいてくれない。〔……〕ぼくたちは二つの民族断片になってしまった。上と下と。そのあいだには壁がある」と、ミヒャエルは日記に書かざるをえない。この壁を突き崩すこと、あの戦争の中では存在しなくなった社会的差別をここでもなくすこと、それが、「労働者総体を解放すること」であり、その解放された労働者総体が「祖国を鉄鎖から解き放す」だろう。

四ヵ月の苦闘ののち、ある事件をきっかけにして仲間たちの信頼を得ることができたミヒャエルは、ついに自分がイヴァンに勝利したことを確認しながら、ここでの自分の時間は終わった、と感じる。つぎはシュリーア湖《ゼー》近郊の炭鉱で働くことにしたかれは、そこへの途上、ミュンヒェンに立ち寄り、彫刻家のアグネス・シュタールと、いまでは大手の出版社に勤めているリヒャルトに会う。ミュンヒェン再訪は、しかし何よりも、あの「ひとりの男」との再会をもたらしたのである。かれはいまや、千人もの信頼にみちた会衆たちのど真ん中に立っている。

かれの口から、かれの両手から流れ出す力の充溢は、いっそう集中的なものとなり、二つの青い瞳の星から発する光の海は、いっそう集中の度を加えてキラキラと輝いている。〔……〕労働の祝福について！　ぼくが感じ、悩み、担ってきたこと、それをここでひとりの人物が言葉にしている。ぼくの信仰告白だ！　それがここで姿をとるのだ。

救いの女神としての労働！　金銭ではなく、労働と闘争がわれわれを自由にする。きみとぼくを、われわれみんなを。そしてわれわれみんなが祖国を。

さながら深い平安のようなものがぼくを襲う。さながら力の海が湧き立ちながらぼくの魂をつらぬいていくような気がする。

ここで若きドイツが立ち上がるのだ、帝国を鍛造する職人が。いまはまだ金床《かねどこ》、しかしいつかは鉄槌《てっつい》！

ここがぼくの場所だ！

ぼくはここに立とう、事態がきびしくなっていくときには。

ぼくたちはみな成熟しなければならない。少数派が勝利するのは、多数派よりもすぐれているときだけだ。

ぼくの周りには、一度も見たことのない人間たちが坐っている。そして、ぼくの眼に密かに涙が溢れたとき、ぼくはまるで子供のように恥じる。

ミュンヒェンでかれはまた、ロシアに帰ったイヴァン・ヴィエヌロフスキーが、現体制に抗する秘密活動を試みたすえに無惨にも殺されたことを、ロシア人留学生から聞かされる。イヴァンの運命こそはロシア民族の運命なのだ、とミヒャエルは痛感する。——新しい職場でのわずか一ヵ月の労働ののち、坑夫たちに信頼と敬意を寄せられていたミヒャエルは、落盤事故のために死ぬ。残された日記の最後の一行には、こう書かれていたのだった、「ぼくたちはみな、犠牲を捧げなければならないのだ！」

ミヒャエルのこの生と死を描いた小説が刊行されたのが、日記に初めてホルスト・ヴェッセルのことをゲッベルスが記した日の、わずか四週間前のことだったのである。

2　虚構と現実とのあいだで

小説『ミヒャエル――日記が語るあるドイツ的運命』は、初版本の扉および奥付の表記によれば、一九二九年に刊行されたことになっている。一般に発行の年月日まで表示される日本の書籍とは異なり、ドイツの図書は概して刊行年だけしか記されていない。近年では、主として学術書に刊行の月まで表記されたものも見受けられるようになったが、二十世紀初頭までは刊行年さえ表示されていないものも稀ではなかった。『ミヒャエル』についても、それが一九二九年の何月に刊行されたのか、本そのものからは明らかでない。それを明らかにする決定的な手がかりは、この場合にはゲッベルス自身の日記である。それによれば、出来上がった本がゲッベルスのもとに届けられたのは、まだ一九二九年になる前の一九二八年十二月十七日のことだった。さらに、同じく十二月二十一日の日記の「『ミヒャエル』は当地ベルリンでは飛ぶように売れている」という記述によって、すでに二八年のクリスマス以前にそれが書店の店頭に並んでいたことがわかる。(8) 作者が第三帝国の民衆啓発・宣伝大臣に任命された一九三三年には第三版が、三六年には第八版（三万二千―三万六千部）、そして第二次世界大戦が始まる一九三九年には第一五版（総部数＝六万八千部）が刊行されている。

『ミヒャエル』はゲッベルスが公にした唯一の小説である。しかし『ミヒャエル』と題されたゲッベルスの作品は、一九二八年の年末に刊行された日記体小説が唯一のものではなかった。一九二四年七月から八月にかけてかれが書き下ろした「回想録」には、一九一九年秋に短期間だけルール地方の都市ミュンスターに滞在して、不潔な安宿で毎日を過ごしていたときのこととして、つぎのような記述がある。

汚い。反吐《へど》が出そうだ。死ぬほど冴えない気分。アンカは毎日、喫茶店に電話をかけてくる。ぼくは一杯のコーヒーのための金もない。かの女はぼくのことをとても心配している。窮迫状態で執筆。心血を注いで自分自身の物語を書く。「ミヒャエル・フォーアマン」。ぼくたちの苦悩のすべてを洗いざらい言う。何の粉飾もほどこさずに、自分が見るままに。ノート三冊。一冊ずつアンカに送付。アンカがミュンスターに来る。市中を案内してくれる。かの女と一緒にデュルメンの製粉所まで行く。ここがかの女の郷里だ。原野の孤独。かの女はぼくのことを心配してくれる。ああ、きみには何もかもどれほど感謝しなければならないことか、きみはいいひとだ！

アンカというのは、そのころゲッベルスの恋人だったアンカ・シュタールヘルムである。一九一八年五月、夏学期を南独フライブルクの大学で受講するためその地に赴いたゲッベルスは、やはりその大学に来ていた同郷の友人、カール・ハインツ・ケルシュから、アンカ・シュタールヘルムという女子学生を紹介された。ゲッベルスはアンカと一緒に考古学の講義を受講し、かの女を愛するようになる。かの女の郷里は、ヴェストファーレンのルール鉱工業地帯の中心部に位置するレックリングハウゼンだった。「回想録」のデュルメンという地名は、そのレックリングハウゼンの市内から北東に二〇キロ、大都市ミュンスターとのちょうど中間地点にあたる。ゲッベルスは、一九一八年秋、つまりアンカと知り合った最初の年の秋の、学期の変わり目の休暇には、自分自身の郷里であるライト（Rheydt）に帰り、そこで『イスカリオテのユダ』（*Judas Ischariot*）と題する五幕の詩劇を構想して、一幕を書き上げるとそのつどアンカに送った。かれの郷里のライトは、レックリングハウゼンから南西に七〇キロほど離れたライン河にほど近い小さな町である。一九一八年から一九年にかけての冬学期は、フライブルクにとどまったアンカを残して、ゲッベルスはヴュルツブルク大学に移った。しかし一九年の春にはふたたびフライブルクに戻って、アンカと再会する。それに加えて、この二度目のフライブルクでは、ゲッベルスの青年時代にとって決定的に重要な一人物である同郷の友人、リヒャルト・フリスゲスにも再会する。そしてその秋、やはり学期の変わり目の休暇に、ゲッベルスはアンカの郷里のすぐ近くの都市ミュンスターに滞在して、小説『ミヒャエル・フォーアマンの青年時代』（*Michael Voormanns Jugendjahre*）を書いたのだった。

三冊のノートに書かれたこの小説が、のちの『ミヒャエル——日記が語るあるドイツ的運命』の原型であることは、疑いない。アンカに送られた三冊のノートは、その後、二冊目が行方不明になり、一冊目と三冊目だけが、現在、コーブレンツの連邦資料館に保存されている。これが後年の『ミヒャエル』と異なる最大の点は、表現形式のうえでは、日記体を用いていないことであり、内容のうえでは、主人公のミヒャエル・フォーアマンが現実のゲッベルスにいっそう近い人物として設定されていることである。たとえば、ゲッベルスの生涯における最大の痛恨事とされる右足の障害については、かれ自身が一九二四年の「回想録」でも言及しているが、『ミヒャエル・フォーアマン』の主人公も、まったく同じ障害に苦しんでいる。少年時代のミヒャエルは、友人たちが走ったり暴れ回ったりするのを見ながら、自分をこんな目に遭わせた神を恨む。そして、「そういうときかれは、自分と同じではないということでほかのものたちを憎み、そういうときかれは、こんな不具者をまだ可愛く思っているらしいということで自分の母親を嘲笑《あざわら》った」のである。

三人称の小説に含まれていた作者の実体験との切実な近さが、日記体の作品で大幅に失われ、日記体によってむしろ虚構の度合いが強められたことは、きわめて興味深い。しかも、ミヒャエルの物語が日記体に変更された最初は、ほかでもない、ゲッベルス自身が本格的に、持続的に、日記を書きはじめた時期と、そのまま一致するのである。かれは、一九二三年の秋から冬にかけて、ミヒャエルの物語を今度は日記体で書きなおし、それに『ミヒャエル・フォーアマン——日記が語るある人間の運命』（*Michael Voormann. Ein Menschenschicksal in*

Tagebuchblättern.）という表題を付けた。これが、若干の改稿をほどこされて、一九二九年という刊行年の表示をもつ『ミヒャエル――日記が語るあるドイツ的運命』となったのだが[9]、旧稿をかれが最初に日記体に変えたのとちょうど同じ時期、一九二三年十月十七日から、ゲッベルスは、死の直前まで続く日記を書き起こしていたのだった。

ゲッベルスの右足の障害は、四歳のときに始まった。骨膜炎にかかり、その後遺症として右の下腿が萎縮したまま、俗に蝦足《えびあし》といわれる内反足になったのである。記録映画の画面からも確認できるように、そのためにかれは成人となったのちも歩行にさいしてかなりの苦労を余儀なくされつづけ、曲がった足をひきずって歩くさまは、スナップ写真からさえ見て取れるほどだった。かれが権力の座に就いたのちは、幼いころのかれがそのために神をさえも恨んだかれの障害は、反ナチ陣営の恰好の揶揄の対象となった。反ファシストを自任する少なからぬ知識人が、足の障害のゆえにかれを悪魔になぞらえて嘲笑した。悪魔はびっこであるとされているからである。この嘲笑がそれを投げつける側の貧しさと悲惨さを表わすものにほかならないとしても、ゲッベルスにとっては、自分の足は取り返しのつかぬ悲しみであり苦しみであっただろう。「足は一生萎《な》えたまま。」（Fuß fürs Leben gelähmt.）という二十六歳の「回想録」の簡潔でそっけない記述は、かれの悲しみと苦しみの深さを物語っている。――だが、一九一九年の『ミヒャエル・フォーアマン』では避けることができなかったその障害の記述を、

ゲッベルスの歩行姿のスナップ写真（亡命ドイツ人ルードルフ・ゼムラーが1947年にイギリスで刊行した『ゲッベルス――ヒトラーに次ぐ男』に掲載された）。

ゲッベルスは、日記体の『ミヒャエル』では跡形もなく消し去ったのである。しかも、身体的な障害とは縁遠い主人公は、ゲッベルスが切望しながら傷害ゆえに許されなかった従軍の体験を肉体と魂とに刻印して復員してきた青年だった。それゆえ、公刊された小説は、主人公の設定からしてすでに、現実のゲッベルスの体験との大きな距離を内包していたのである。

この距離は、リヒャルト・フリスゲスというひとりの人物についても確認することができる。障害に悩む少年時代を回想するなかで、ゲッベルスは、初めてフリスゲスの名を挙げている——

ぼくは自分だけを頼りにしなければならなくなった。もはやほかの連中の遊びに加わることはできなくなった。孤独になり、偏屈になっていった。ひょっとするとそのために家では猫かわいがりに可愛がられることにもなったのかもしれない。ぼくの同輩たちはぼくを好かなかった。ぼくの同輩がぼくを好いためしは一遍もなかった。リヒャルト・フリスゲス以外には。

ゲッベルスがリヒャルト・フリスゲスと初めて出会ったのは、一九一四年春、高等中学《ギムナージウム》の第七学年に進んだときだった。日本の高校二年にあたる学年で、ゲッベルスは十六歳だった。しかし、そのときは親交を結ぶには至らぬまま、フリスゲスは同年夏の戦争勃発とともに志願して出征していった。敗戦によって復員したフリスゲスが、高等中学の卒業試験をなんとか切り抜けて大学入学資格を取得し、一九一九年春にフライブルク大学へやってきたとき、戦争に行かぬまま大学での五学期目をふたたびフライブルクで過ごすためにヴュルツブルクから戻ったゲッベルスは、五年ぶりでかれと再会したのだった。このとき以来、リヒャルト・フリスゲスはゲッベルスの唯一無二の親友となった。「回想録」には、恋愛問題を始めとしてあらゆる悩みや心情をゲッベルスがこの親友に打ち明けたことが記されている。そして、恋人アンカ・シュタールヘルムとの関係が危うくなり始めたのを感じていたそのころのことが、「アンカはぼくを理解しない。リヒャルトがぼくの最良の友となる」と書かれている。一九二一年の秋にゲッベルスがハイデルベルク大学に学位論文を提出し、その面接試験が行なわれた日には、そのころフランクフルトにいたリヒャルトが、わざわざハイデルベルクに赴いてゲッベルスに付き添ってくれ、試問のあいだじゅう試験室の戸口の前から離れなかったという。

　日記体の小説『ミヒャエル』は、このリヒャルト・フリスゲスの追憶に捧げられたのだった。一九一八年から二三年までの交友と二七年の決意とを表わす「献辞」のあとには、「本書を／リヒャルト・フリスゲス／の追憶に捧げる／かれは一九二三年七月十九日、シュリーア湖《ゼー》近在のある炭鉱で、／勇敢な労働兵士として過酷な死に赴いたのである。」という追悼の辞が掲げられている。つまり、『ミヒャエル』の主人公が炭鉱事故で死ぬという設定は、実在の人物、リヒャルト・フリスゲスの生と死をモデルにしていたのである。戦争の刻印を身におびて帰還し、ヴァイマル民主制の戦後社会を憎悪しながら大学で精神的な葛藤を重ね、ついに炭鉱労働者となって労働に従事したすえ、シュリーア湖近在の炭鉱で事故のために生命を落とす——という作中のミヒャエルの歩みは、同様の軌跡をたどったリヒャルト・フリスゲスという人物との親交を抜きにしては考えられなかった。三人称の小説『ミヒャエル・フォーアマン』を一九一九年秋に書き下ろしたときは、まだリヒャルトとの交友は始まって間もなかった。もちろん、かれの死の衝撃はまだ夢にも想像できなかったのである。

アンカ・シュタールヘルム。

　だが、ゲッベルスの実体験と虚構との注目すべき関係は、ここから始まる。リヒャルト・フリスゲスの事故死は、追憶の辞に記されているとおり、一九二三年七月のことだった。「回想録」でも、北海の島、バルトゥルムで過ごしていたその年の八月にリヒャルトの死を知って大きな衝撃を受けたことが書かれている。さらに、ゲッベルスは、同年十二月二十二日付けの郷里の地元紙、『ライト新聞』に、「創造的な力たち――死せる友、リヒャルト・フリスゲスに！」と題する追悼文を寄稿している。[10] リヒャルトの死の時期は動かしがたい客観的事実だろう。だが、そうだとすれば、「急行列車の車中にて、五月二日」という小説『ミヒャエル』の最初の日付けは、どの年を表わしているのだろうか？　小説は、この最初の五月から、翌々年の一月末の主人公の死まで、足かけ三年、丸一年九ヵ月の期間を描いている。主人公の死が、フリスゲスの死んだ七月ではなく、一月三十日であるところにも、すでにモデルと作中人物との不一致が示唆されているのだが、もしもそれでもなお主人公の死がモデルの死と同じ一九二三年であるとするなら、最初の「五月二日」は一九二一年ということにならざるをえないだろう。だが、作中で曜日が明記されている日付け、および特定の曜日でしかありえない祝祭日の日付けから、最初の年は一九一九年でしかありえないことがわかるのだ。作品の時期設定のなかにすでに、モデルとの距離が用意されているのである。ちなみに、これと関連してもうひとつの別の事実にも目を向けておかなければならないだろう。作品では、主人公が死んだ日が一月三十日となっている。一九三三年に出た原書の第三版以後の版を手に取った読者は、あるいは、この日付けに注目し、権力掌握の日、つまりヒトラーの首相就任の日である一九三三年一月三十日をこれと関連させて考えざるをえなかったかもしれない。『ミヒャエル』は、初版も第二版以降の後版も、全く同じ装幀で刊行された。しかし、たとえば初版と一九三六年の第八版とを比較してみると、前者の総ページ数が二四三ページであるのにたいして、後者は一五八ページになっている。けれどもこれは、削除や書き変えがほどこされたためではなく、ページあたりの字数が後版では大幅に増やされ、そのぶん全体のページ数が減じたためにすぎない。一月三十日という主人公の死の日付けは、当初からのものであり、ヒトラーの首相就任とは無関係な、しかしきわめて稀有な偶然だったのだ。

このような偶然ではない意図的な虚構のひとつは、主人公の恋愛とゲッベルス自身のそれとの関係のなかに見ることができる。小説では、ヘルタ・ホルクとの恋愛は、最初の年の五月末から翌年の四月半ばまで続くことになっている。前述の推定にもとづけば、一九一九年春から二〇年春までということになる。ゲッベルス自身がフライブルクの大学でアンカ・シュタールヘルムを知ったのは、一九一八年五月だったから、ここには一年の時差がある。だが、そのことにもまして注目しなければならないのは、アンカとの恋愛は小説とは異なり、一九二〇年の秋（おそらくは十月）まで、二年半にわたって続いたことである。しかも、その恋愛の終局は、小説におけるようにゲッベルスがかの女の市民性《ブルジョワ》の限界を感じて、それを悟ったかの女がみずから身を退いたことによってではなく、新しい恋人ができたアンカにゲッベルスが文字通り棄てられたことによって訪れたのだった。「男らしい男になりたい！」という小説の主人公の抱負からすれば、現実そのままの結末は不可能だったのだろう。アンカが夫として選んだのは、法律家のゲオルク・ムンメだった。ムンメは、のちにナチ党テューリンゲン大管区の法務部長ならびに国民社会主義ドイツ法律家同盟の同大管区支部長となる人物である。恋人に主人公が捧げる創作作品も、小説では『イエス・キリスト幻想劇』と題する詩劇だけだが、現実のゲッベルスは、さきに述べたとおり、イスカリオテのユダをイエス・キリストと対決させる詩劇に加えて、小説『ミヒャエル・フォーアマン』をもアンカに捧げている。小説では明らかに主人公が優位に立っている恋人との関係は、現実にはむしろ逆だったと見ざるをえないのだ。

恋人との関係をめぐる虚実の違いは、それだけではない。日記体の小説『ミヒャエル』に登場する恋人ヘルタ・ホルクのモデルは、じつはアンカ・シュタールヘルムではなかったのである。いや、アンカ・シュタールヘルムだけではなかったのである。

現実のゲッベルスは、一九二〇年秋にアンカ・シュタールヘルムに去られたのち、ハイデルベルク大学に博士論文を提出して学位を取得するための勉学に専念する決意をかためる。この年の夏、かれは著名な文芸学者、フリードリヒ・グンドルフに論文指導を要請したが、グンドルフは同じハイデルベルク大学の教授である文学史家のマックス・フォン・ヴァルトベルクに依頼するようにと指示し、それ以来かれはヴァルトベルクのゼミに参加していた。年末にヴァルトベルクから、論文作成に三学期を要するという見解を示され、いよいよその仕事に取りかかることにしたのだった。その翌年、一九二一年の夏、郷里ライトの家で論文と取り組んでいたとき、友人のヘルベルト・ヘンドリクセンと町を歩いていると、ひとりの若い女性と行き会った。「ある朝、通りを歩いている。ひとりの可愛らしい娘。教師だ、とヘルベルトが言う。ぼくは初めてエルゼ・ヤンケを見る。」――このときは、ただこうして行き過ぎただけだった。この記述のすぐあとに続けて、「あと四ヵ月でぼくの論文は終わる」と書いていたように、論文に没頭していたかれにはエルゼを追う余裕もなかったのだろう。その後、かれは予定通り論文を提出し、同年十一月十八日（金曜日）、親友のリヒャルト・フリスゲスに見守られながら、口頭試問を受けて合格した。ただし、かれの博士号授与の日付けは正式には一九二二年四月二十一日になっている。「劇作家としてのヴィルヘルム・フォン・シュッツ――ロマン派演劇の歴史によせて」（*Wilhelm von Schütz als Dramatiker. Ein Beitrag zur Geschichte des Dramas der Romantischen Schule*）と題するかれの論文は、秀・優・良・可の四段階に分かれる合格点のうち最下位の「可」（rite）だったため、なお若干の手直しを余儀なくされたからである。口頭試問を終え、ようやく重荷を下ろして帰郷したかれは、翌一九二二年の初めに、あるパーティーの席で、出席者のひとりから、あのエルゼ、つまりエリーザベト・マリーア・ヘルミーネ・ヤンケを紹介されたのだった。かの女は、一八九七年十二月二十五日生まれ、ライトのカトリック系小学校で手芸と家庭科と体操を担当する教員だった。[11]「ぼくはかの女にすっかり夢中になる。ひそかな、プラトニックな愛。かの女を夢に見る」と、ゲッベルスはそのときのことを「回想録」に書いている。

それからエルゼに会う機会が何度かあり、会話ははずんだが、「かの女はぼくを愛していない」とかれ自身が「回想録」に記しているように、この恋はゲッベルスの片想いだった。ところが、夏の休暇を北海の島で過ごすためにエルゼが出発する前日の晩、事態は急変する。「長い散歩。ぼくはかの女にキスする。かの女はぼくを打《ぶ》とうとする。ぼくは去ろうとする。ぼくを引き止める。夜通し散歩。自分の生活を語り合う。〔……〕ぼくはアンカのことを話す。かの女はつんと澄ましたままだ。電車でカイザー通《シュトラーセ》りまで行く。心をこめた別れ。ぼくはひょっとすると海へ行くかもしれない。」——島に着いたエルゼからは「来ないで」という電報が届くが、ゲッベルスは「あすの晩そちらに着く」と返電を打つ。こうしてかれはエルゼの後を追って、北海に浮かぶフリースラント（フリージア）諸島の小さな島、バルトゥルムに渡ったのだった。

小説『ミヒャエル』で主人公がひとり夏を過ごすことになっている北海の島は、作中では一度もその名が示されていない。けれども、一九二二年の夏をゲッベルスがエルゼとともに過ごしたこのバルトゥルム島がそのモデルになっている、と考えて間違いないだろう。エルゼは女友達のアルマ・クッペと一緒に島に来ていたのだが、ある夜、アルマが眠っているあいだにゲッベルスはエルゼに愛の告白をする。「かの女はぼくを愛していない。ではぼくも身を退《ひ》こう。それはかの女も望まない。あすまでに決めるわ。かの女の部屋で甘美な夜。ぼくは飽きることなくかの女にキスをする。かの女はもう抵抗しない。部屋にもどる。翌日の昼。時刻表を調べる。かの女は、このままここにいて、と言う。ええ、あなたを愛しているわ。すばらしい毎日。理解しあえる喜び。それ以上にすてきな毎夜をぼくの部屋で。同じ蒲団のなか。〔……〕こうしてもうぼくたちはお互いに相手のものだ。」

博士号を得たものの、ときおり地元の新聞に寄稿するくらいでまだ定職がなかったゲッベルスは、エルゼの紹介によってドレースデン銀行のケルン支店に採用されることになり、翌一九二三年の一月二日から勤めはじめる。

しかし、朝の五時半の列車に乗って晩の七時半に帰り着くというライトからケルンまでの毎日の通勤は、楽ではなかった。そのうえ、一月十一日には、ヴェルサイユ条約にもとづく賠償義務の遂行が遅滞していることを口実にして、フランスとベルギーの軍隊がルール地方を軍事占領するという出来事が起こった。ケルンもライトも、すでにヴェルサイユ条約によって戦勝国側の占領下に置かれていたラインラントの町だったが、このルール侵攻によって、あたりの物情は騒然となり、通勤はいっそう苦痛なものになった。政府の「消極的抵抗」方針に抗して鉄道爆破を決行したシュラーゲターたちの行動については、ゲッベルスはこの時点では何も記していない。だが、ちょうどこのころから、銀行での仕事にたいする疑問が「回想録」に登場するようになる。「銀行業と株式取引。産業資本と株式資本。ぼくの目は苦境によって明澄になる。銀行と自分の仕事にたいする嫌悪。絶望の詩を数篇。ユダヤ人ども。金銭の問題について思いをめぐらす。」――半年あまりの銀行勤務ののち、その業務に耐えられなくなったゲッベルスは、病気を理由に職場から逃げ出す決意をかためる。エルゼもこれに賛成して、六週間の静養を要するという医者の診断書を取ったうえで、ふたりはふたたびバルトゥルム島へと旅立ったのである。親友リヒャルト・フリスゲスがシュリーア湖《ゼー》の炭鉱で死んだという報せを受けたのは、この二度目のバルトゥルムでのことだった。リヒャルトは、ちょうどゲッベルスがエルゼを紹介されて交際しはじめたころ、大学生活を打ち切って、ベルギーおよびオランダとの国境に近いアーヘン近郊のヴュルゼレンの炭鉱へと赴き、それから一年後の一九二三年の初めにシュリーア湖近在の炭鉱に移っていたのである。その少しまえ、銀行に勤めはじめてすぐのころ訪ねてきてくれたのが、ゲッベルスがリヒャルトに会った最後だった。

リヒャルトの死の報せ。衝撃。自分の感覚がもはや制御できない。この世でひとりぼっち。リヒャルトの母堂に手紙。苦痛と絶望。ドイツは混沌状態。こうしてぼくはすべてを失ってしまったのだ。神経の疲労が高じ

街頭演説するゲッベルス。

て無感覚に。エルゼはぼくのことが掴めない。〔……〕ぼくは病気だ。病気はますますひどくなる。無感動《アパシー》。エルゼなんかどうでもいい。〔……〕国では事態がまさに剣が峰だ。ここで世間から遮断されていると、その不幸は幻想的でグロテスクな大きさにまで拡大していく。エルゼと深刻な口論。関係断絶。かの女は子供のように泣く。苦痛にみちた一夜。かの女は死ぬといって脅《おど》す。ぼくは半分お手上げだ。」

リヒャルトの死からゲッベルスの受けた衝撃が端緒となったエルゼとのいさかいを、「回想録」はこのように描いている。その翌日、気まずい思いのままふたりは島をあとにしたのだった。

とはいえ、エルゼ・ヤンケとのゲッベルスの関係がこれで終わったわけではなかった。帰りの列車のなかで仲直りをしたかれらは、一九二六年九月二十五日にエルゼからの別れの手紙をゲッベルスが受け取るときまで、なお三年ものあいだ続くことになる。——だが、エルゼとの恋愛とリヒャルト・フリスゲスの死をクライマックスとして、ゲッベルスの「回想録」は、ドイツが未曾有のインフレと政治的危機のなかにある一九二三年十月で終わることになった。かれが日記を付けはじめたからである。「回想録」の末尾はつぎのように記されている。

消極的抵抗の破局的な終末。絶望。〔……〕ドイツ的思想の没落。ぼくはこの苦しみにもはや耐えられない。この苦渋を衷心から書かずにはいられない。エルゼが、常用に適した帳面を一冊プレゼントしてくれる。こうしてぼくは十月十七日にぼくの日記を書きはじめる。

エルゼがプレゼントしてくれたこの最初のノートは現在では失われているが、死の直前までゲッベルスが書きつづけた厖大な日記の、これが第一冊だったのである。

3 日記が語るあるドイツ的運命——虚構から現実へ

炭鉱で死んだリヒャルト・フリスゲスという実在の人物がもしもいなかったとしたら、主人公が炭鉱事故で死ぬという設定の日記体小説『ミヒャエル』も、あるいは生まれなかったかもしれない。『ミヒャエル』の冒頭でリヒャルト・フリスゲスに捧げられた追憶の辞も、このことを裏付けている。けれども、小説の主人公の名は、ミヒャエルであってリヒャルトではない。一九一九年秋に書かれ、最初の恋人アンカ・シュタールヘルムに捧げられた『ミヒャエル・フォーアマンの青年時代』ですでに主人公がこの名前だったことは、フリスゲスの生と死とはまったく無関係にこの名をゲッベルスが選んだことを示している。そして、フリスゲスの追憶のために新たに日記体の小説として書き直したときも、作者は、主人公のその名前を変更しなかった。もちろん、作者が主人公をこの名前にした理由は、まったく推測できないものではない。ミヒャエル（Michael）の短縮形であるミッヘル（Michel）は、一般に「ドイツのミッヘル」（deutscher Michel）という言い方で愚直さと頑迷さを特徴とするドイツ人の代名詞として用いられるからである。最初の三人称小説『ミヒャエル・フォーアマンの青年時代』にはあった主人公の姓を消去して、全篇でかれをもっぱらミヒャエルという名のみで呼んでいる日記体の『ミヒャエル』が、「あるドイツ的運命」という副題を与えられていることも、これと無関係ではないのかもしれない。

だが、リヒャルト・フリスゲスの現実の生と死を前提とする虚構の主人公に、作者ゲッベルスがリヒャルトではなくミヒャエルという名を与えたことの問題は、そこにあるのではない。モデルの実名を作品の人物にそのまま与えることのほうが、むしろ普通ではないからだ。問題は、ほかならぬリヒャルトという名を、作者が同じ作品の別の人物に与えていることである。日記体小説『ミヒャエル』には、同郷の幼馴染みで親友のリヒャルトという人物が登場する。しかもかれは、恋人ヘルタ・ホルクとは別の意味で、主人公の精神的発展にとって重要な役割を演じる。リヒャルトは、主人公ミヒャエルが経済的に行き詰まっているとき親身の援助を惜しまなかったばかりではない。ミヒャエルが最初にマルクス主義について教えられたのはリヒャルトからだった。リヒャルトは、ヴァイマル共和制を基本的に支持する社会主義者、厳密にいえば社会民主主義者として描かれているのである。これは、二重の意味で注目すべき設定だろう。かれは、ミヒャエルがますますその正しさと必然性とにたいして確信を強めていくドイツ・ナショナリズムとは、まったく相容れないイデオロギーの体現者である。しかもそれだけではない。リヒャルトは、ミヒャエルがドイツの革命の道にとって不倶戴天の敵と見定めるイヴァン・ヴィエヌロフスキーのような、道は異なっても同じく新しい未来を求めて苦闘を重ねる人物、それゆえにこそ生死を賭して対決し、なんとしてでも倒さねばならない相手とは、まったく別である。ついに労働への道を見出し、犠牲を捧げる決意を実践に移しはじめる主人公ミヒャエルとは逆に、この市民的《ブルジョワ》反対派は、ハイデルベルク大学で学位を取り、角縁《つのぶち》のめがねを掛けた大手出版社の社員となっていく。ゲルゼンキルヒェンからシュリーア湖《ゼー》の炭鉱に移る途上で立ち寄ったミュンヒェンでリヒャルトに最後に会ったときのことを、ミヒャエルは日記にこう書いている——

かれはじつに多くのことをごったまぜにして語る。新しい芸術と、魂にかかわるものの表現価値とについて。／ぼくはかれの言うことを聞いているが、かといって何かを考えているわけではない。かれはとても変わった。かれをしげしげと眺めて、いまそれに気づく。かれの顔は肥えた。そして鼻の上には、いやでも尊敬させられるような角縁眼鏡がのっかっている。かれの動作は危なげがなく、自信たっぷりだ。しかしそれがぼくにはかえって、かれがいくらかぼくにたいして恥じているような印象を与える。／ぼくはそこそこにいとまを告げる。〔……〕すると突然かれがうしろから追いかけてきて、ぼくの手を掴み、このうえなく興奮した様子でぼくにささやく——／「おい、ミヒャエル、きみが羨ましいよ。ぼくはろくでなしだ。」／ぼくのなかでかれにたいするいっさいの恨みつらみが一遍に消える。ぼくはかれの手を固く握る。／こうしてぼくたちは別れる。

親友フリスゲスと同じ名前のリヒャルトは、こうして主人公に乗り越えられていく。その年の春、社会民主主義が成し遂げたと称する革命とヴァイマル共和制とをめぐって激しい口論を交わして以来、ミヒャエルはリヒャルトと疎遠になっていたのだが、いま、こだわりを捨てて相手に寛容さを示すというかたちで、それに決着をつけたのである。リヒャルトにたいする主人公のこの優越性が、現実のリヒャルト・フリスゲスにたいするゲッベルスの劣等感の裏返しの投影であるのかどうかは、もちろん実証する手だてもない。とはいえ、現実のフリスゲスとゲッベルスとの関係を、フリスゲスの死のちょうど一年後に書かれた「回想録」から読み取ろうとするとき、ひとつの奇異な事実に注目せざるをえないのだ。「回想録」のなかのリヒャルト・フリスゲスは、徹頭徹尾、ゲッベルスにたいして深い友情と無限のいたわりとをいだき、およそゲッベルスのためにはどのような労苦も厭わず、考えられるかぎりのあらゆる援助をゲッベルスに与えてくれる人物として、そのような人物としてのみ、描かれている。そのリヒャルト・フリスゲスがどのような思想をいだいているのか、ついには大学生という特権を棄てて炭鉱労働者となるかれの自己否定が、どのような政治的・社会的信念にもとづいているのか、そしてそもそもかれのそうした実践はナショナリストとしてのものだったのか共産主義者としてのものだったのか、あるいはもっと別の主義主張と結びついていたのかさえも、そこには何ひとつ記されていないのである。

ゲッベルスがフリスゲスを「回想録」でもっぱらそのような善意の人として描いたことのなかに、かえって逆に、ゲッベルスがそうした善意の人として以外のフリスゲスにたいしていだいていた思いが投影されているのではあるまいか。ゲッベルスは、少なくとも、どうしても自分がフリスゲスに及ばないものが二点あることを、切実に知っていたはずである。ひとつは、自分にはない前線での戦争体験がフリスゲスにはあること。もうひとつは、自分が小説に書き「回想録」に書いている理念を、フリスゲスは炭鉱労働者になることによって現実に実践したということ。このことを知っていたからこそ、ゲッベルスは、これらふたつの実践と不可分であるはずのフリスゲスの信念や思想を、「回想録」では完全に黙殺したのだった。毎日つける日記であれば、フリスゲスの思想信条についてこれほど完全に沈黙しつづけることはありえなかったかもしれない。だが「回想録」は、フリスゲスの死の翌年に、自分自身の新たな出発への決意をこめて書き下ろされたのである。信念や思想はゲッベルス自身の領分でなければならず、かれの領分はそこにしかなかったのだ。リヒャルト・フリスゲスがシュリーア湖の炭鉱に移っていったのち間もなく、「回想録」は、ドイツが直面する危機的な状況のなかでゲッベルスが自己の歩むべき道を自覚していくさまを、くっきりと描いている、「インフレーション。途轍もない時代。ドルはまるで軽業師のようにスルスルと上昇していく。ぼくは内心ひそかに喜んでいる。そうだ、良くなるべきだというのなら、混沌がやってこなければならないのだ。共産主義。ユダヤ主義。ぼくはドイツ的共産主義者だ。」——こうして、いわば、革命家としての道を自己に課することによって、ゲッベルスは実践者としてのリヒャルト・フリスゲスを乗り越えるのである。

リヒャルトの死ののちゲッベルスが自己の歩むべき道を見定めていくにあたって、ふたつのことがらが決定的な働きをおよぼしたことを、「回想録」から読み取ることができる。ひとつはかれ自身の銀行勤務の体験であり、もうひとつはフランスとベルギーによるルール地方の軍事占領とそれをめぐる事態である。

エルゼの尽力によってようやく得た定職である銀行員の仕事は、たちまちゲッベルスにとって苦痛なものになった。「銀行で。有価証券取引。ぼくの嫌悪感。やんごとなき投機よ」と、かれは記している。銀行の業務にたいするかれのこの嫌悪は、とどまるところを知らぬ大インフレーションのなかで、わずかな年金や乏しい預金で露命をつないでいる階層の悲惨な状態とは裏腹に、この事態によってますます肥え太っていく人間たちがいるという現実を、仕事をとおして身にしみて思い知らされたためだった。少年時代から右足の障害に苦しみつづけたかれは、高等中学に進学したのちは、それに加えて、自分の出身にたいしても劣等感にさいなまれねばならなかった。かれの父は、日雇いから身を起こした下級サラリーマン、いわゆる「ホワイトカラー・プロレタリア」(Stehkragenproletarier)だった。母もまた、農家の女中として働かねばならなかったような貧しい家の出身だった。大学進学を前提とする高等中学の生徒たちのあいだでは、かれの出身はきわだって惨めに思われたのだった。銀行勤めを始めたかれは、自分たちのような社会階層をみじめな状態に押し込めている社会のシステムそのものの一歯車として自分が働いていることを、見ないわけにはいかなかったのである。

　だがしかし、かれのなかに急速に高まっていった感情は、資本主義的な経済構造への一般的な疑念ないしは否定にとどまるものではなかった。一九二三年一月から八月までを回想するわずか二ページあまりの記述のなかで、かれは、総体としてのユダヤ人、ユダヤ精神、ユダヤ的特性などを意味するJudentum《ユーデントゥーム》という語を前後三回、さらにJudenfrage《ユーデンフラーゲ》、すなわちユダヤ人問題という語を二回、非難の意味をこめて書き記している。しかも、ユダヤ人にたいするこの非難は、ユダヤ人の経済活動に関して向けられているだけではない。「オペラ——指揮者はクレンペラー。芸術におけるユダヤ人問題。グンドルフ。」——困難なライトからの通勤をあきらめてケルンに下宿することになった直後のこととして、かれはこう記す。政権掌握後、民衆啓発・宣伝大臣および帝国文化院総裁となったゲッベルスが、音楽の分野においてもユダヤ人排除を強硬に推進したことはよく知られているが[12]、その決意はここですでに萌芽的に固められていたのだろう。そしてさらに注目すべきことは、ハイデルベルク大学でかれ自身が学位論文作成にあたって指導教授となってもらうことを切望した文芸学者、フリードリヒ・グンドルフにたいしても、かれがこの時期に、ユダヤ人という観点から評価を定めたらしいことである。ここでは名前が挙げられていないが、ユダヤ人グンドルフの指示に従ってかれが指導を受け、論文を提出することになったヴァルトベルク教授も、「半ユダヤ人」、つまり両親のうち一方がユダヤ人だった。

　ゲッベルスの反ユダヤ主義は、かれの権能の範囲である文化領域での徹底したユダヤ人排撃のほかにも、主義思想にとどまらぬ実際行動となって歴史にその記録をとどめている。かれのために新たに設置された民衆啓発・宣伝省の大臣にかれが就任した一九三三年三月十三日のわずか三週間後、四月一日に展開されたユダヤ人商店ボイコット行動も、さらには一九三八年十一月九日、あのミュンヒェン・クーデタの十五周年を期して全国で荒れ狂ったいっそう大規模なユダヤ人商店の破壊行動、いわゆる「水晶の夜《クリスタルナハト》」も、かれの教唆煽動によって勃発したものだった。そして、「ユダヤ人問題の最終的解決」、すなわちホロコーストの方針が、治安警察長官ラインハルト・ハイドリヒ、親衛隊《エス・エス》中佐アードルフ・アイヒマン以下の担当者たちによって決定された四二年一月二十日の「ヴァンゼー会議」よりも半年前の四一年八月、ナチ党ベルリン大管区長としてのゲッベルスは、いまだに七万五千人ものユダヤ人がベルリンを「うろつきまわっている」のは「スキャンダル」であるとして、かれらの東方への移送を督励し、その結果、四一年十月十四日には、ベルリンのユダヤ人に関する最初の移送命令が発せられたのだった。そして、四三年五月十九日、あのワルシャワ・ゲットーの蜂起が二十七日間の抵抗のすえ鎮圧されたその日の三日後に、ゲッベルスの大管区は「ユダヤ人なし」(judenfrei) になったという報告を行なうことになるのである。(13)

若き日の「回想録」の終わりに近い一九二三年春の記述で表明されているユダヤ人にたいする憎悪を、ゲッベルスはそれ以前からいだいていたわけではなかった。大部のゲッベルス伝の著者であるラルフ・ゲオルク・ロイトによれば、最初の恋人であるアンカ・シュタールヘルムにあてた一九一九年二月十七日付けの手紙で、反ユダヤ主義で有名な文学史家、アードルフ・バルテルスに触れて、「この誇大な反ユダヤ主義をぼくがそれほど好きではないことを、きみは知っているね」と書き、さらに、「ユダヤ人たちはぼくの特別の友人だ、などと言うこともできないけれど、悪罵なりましてやポグロムなりによってかれらをこの世から片付けてしまうわけにはいかないと思う。たとえそういうやりかたでそれができるとしても、そんなことはきわめて下賤で人間の尊厳にふさわしくないだろう」とさえ付け加えていたのだった。さらにまた、それ以前の高等中学の時代から大学時代にかけて、かれは、家族ぐるみで交際していたライトのユダヤ人弁護士、ヨーゼフ・ヨーゼフ (Josef Joseph) のもとをしばしば訪れては、文学について話し込んでいたという。

ゲッベルスが身近なユダヤ人を初めて自分にとっての問題として意識しなければならなくなったのは、二人目の恋人、エルゼ・ヤンケから出自について打ち明けられたときだった。「回想録」には、一九二二年の年末と思われるころのこととして、「ぼくの足の病気をめぐって諍《いさか》い。深刻な困難。かの女が自分の出自を打ち明ける。それ以来、当初の魔力は形無し。ぼくはかの女にたいして疑い深くなる」と記されている。おそらく、自分の足の障害をかこつゲッベルスを励ますために、エルゼはみずからの最大の苦しみを打ち明けたのだろう。かの女は、ユダヤ人の母とキリスト教徒の父との子であり、のちに一九三五年九月のいわゆる「ニュルンベルク法」で明示されることになる規定によれば「半ユダヤ人」だったのだ。――とはいえ、ゲッベルスとエルゼとの関係は、これで終わったわけではなかった。すでに述べたように、それはなお一九二六年の秋まで続いたのである。ただ、この告白を聞いたのち、「回想録」には、「エルゼはぼくの戦友だ」という記述が何度か出てくる。戦友(Kamerad《カメラート》)という語は、やがてナチズム運動の隊列のなかで、同じ隊列を歩む同志を呼ぶさいにもっとも好んで使われる呼称にほかならない。最初の恋人、アンカ・シュタールヘルムが新しい恋人のもとへ去って行こうとしたとき、ゲッベルスが、婚約するから自分のもとにとどまってくれと頼んだことは、「回想録」の一九二〇年夏の記述からうかがえる。そのゲッベルスが、エルゼとの結婚を考えた形跡はない。半ユダヤ人であるかの女との結婚は、一九二三年一月以降のかれが反ユダヤ主義の信念を強固にしていくとともに、もはや考える余地もないこととなったのだろう。

エルゼ・ヤンケ。

だが、それにもまして興味深いのは、その反ユダヤ主義をかれが虚構のなかに描いていくやりかたである。エルゼからユダヤ人であることを打ち明けられたのち、一九二三年の夏をゲッベルスはふたたびエルゼとともに北海のバルトゥルム島で過ごした。小説『ミヒャエル』ではかれがひとりで島に暮らすことになっている一夏が、このときを下敷きにしていることは、グスタフ・アドルフという歴史上の人物と同じ名前の少年や、島の牧師、さまざまな職業の避暑客など、小説に登場する人物たちが、そのまま実在の人物として「回想録」に記述されていることからも、推測に難くない。島での生活は主人公に多くのものをもたらすのだが、その最大のものが、ユダヤ精神の対蹠者としてのキリストを描く詩劇、『イエス・キリスト幻想劇』だった。これを書くに先だって、小説では、島に着いて九日目に、ユダヤ人にたいするミヒャエルの考えが初めて吐露されている。

ユダヤ人というものをぼくは今日まで見たことがなかった。これは本当に何よりありがたいことである。ユダヤ人はぼくにとってはそのまま肉体的な吐き気だ。そいつを見ただけで嘔吐の発作に見舞われる。ユダヤ人というのは、本質的にわれわれと正反対なのである。ぼくはかれを憎むことなどまったくできない。ただ軽蔑することができるだけだ。かれはぼくたちの民族を辱め、ぼくたちの理想を汚《けが》し、国民の力を萎えさせ、風紀を頽廃させ、道徳を堕落させた。

かれは、ぼくたちの病める民衆の身体《からだ》にできた腫瘍なのだ。

〔……〕

ユダヤ人は創造的ではない。かれは本質的に商人たる素質をそなえているのだ。かれはあらゆるものを商売のたねにする。ボロぎれでも、金銭でも、株券でも、鉱山の権利書でも、絵画でも、書籍でも、政党でも、そして民族でも。

〔……〕

悪魔を憎むことができないものは、神を愛することもできない。みずからの民族を愛するものは、みずからの民族を滅ぼすものたちを憎まずにはいられない。魂の奥底から憎まずには。

のちにこれを書いたとき、エルゼとともに過ごした島での夏が、ゲッベルスの脳裡を去来することはなかったのだろうか。あるいは、それどころか、小説に登場する人物たちの多くが実在の人物だったように、エルゼとともに過ごしていたまさにその日々に、ゲッベルスはユダヤ人にたいするこの想念を育んでいたのだろうか。いずれにせよ、現実には、そのバルトゥルム島を再訪する直前の一九二三年前半に、エルゼの尽力によって職を得た銀行での勤務の体験から、このゲッベルスの反ユダヤ主義は生まれ育ったのだった。

銀行勤務の時期がゲッベルスに及ぼしたもうひとつ決定的な作用は、かれが、「ぼくはドイツ的共産主義者だ」と記していることのなかに、くっきりと姿を現わしている。かれはこれを、フランスとベルギーのルール占領にたいする政府の「消極的抵抗」方針への、焦燥感にみちた非難の脈絡のなかで書いた。そして、そのなかで初めて、「回想録」でただ一度、しかもつぎのような脈絡のなかで、ヒトラーの名を記したのである。「オペラ――指揮者はクレンペラー。芸術におけるユダヤ人問題。グンドルフ。精神的な明確化。ミュンヒェン。ヒトラー。」――前後の文脈から復活祭の直前、つまり三月末か四月上旬のころのことと推定されるこの記述は、反ユダヤ主義の確信とヒトラーへの道の端緒とが時を同じくしてゲッベルスのなかで形成されていたことを物語っている。

一九二三年十月から書き始められた日記は、その最初の少なくとも一冊が失われているため、同年十一月のヒトラーたちによるミュンヒェン・クーデタにたいするゲッベルスの反応を日記からうかがうことはできない。残されている日記で最初にヒトラーに言及されているのは、二四年六月三十日のことだが、ここではただ、クーデ

1936年、ベルリン・オリンピックのころのヒトラー、ゲッベルス、妻マグダ。

タこのかた禁止されているナチ党の名前と、クーデタの首魁として裁判にかけられていたヒトラーおよびルーデンドルフの名前が記されているにすぎない。かれが初めてヒトラーと会ったのは、ヒトラーが要塞禁固五年の刑を科せられながら早くも一九二四年十二月二十日に釈放されてから八ヵ月後の、二五年七月十二日だったと推定されるが、その年の十一月二十三日には、前週の金曜日、つまり十一月二十日の出来事として、こう記されている。

「ザクセンの州支部長ムッチュマン（立派な、すごい指導者）がぼくにプラウエンに来てくれと頼む。到着する。ヒトラーがそこにいる。ぼくの喜びは大きい。かれはまるで旧友のようにぼくを歓迎してくれる。そして大事に扱ってくれる。ぼくはどんなにかれを愛していることか！　たいした男だ！　そしてかれは晩のあいだずっとしゃべりづめだ。ぼくはどんなに聞いても聞き飽きない。小さな集会。ぼくはかれの希望で最初に話さなければならない。そのあとかれが演説する。ぼくはなんとちっぽけであることか！」——その前年の一九二四年に、ゲッベルスはすでにナチ党に入党していたのだった。

小説『ミヒャエル』の主人公が偶然に足を踏み入れた演説会場で邂逅した「大きな青い瞳の星」の持ち主が、ヒトラーを暗示していることは間違いない。けれども、小説で四月二十七日の出来事として描かれているその出会いは、すでに述べた推測に従えば一九二〇年のことにほかならない。現実と小説とのあいだには、ここでもまた大きな隔たりがある。しかもそれは時期の違いだけではないのである。主人公がたどるヒトラーへの道と、現実のゲッベルスが歩んだ道との差異のなかにこそ、小説『ミヒャエル』における最大の虚構が隠されているのだ。

現実のゲッベルスに、「ドイツ的共産主義者」という自覚をもって国民社会主義への道を歩むきっかけを与えたルール進駐とそれにたいする「ルール闘争」は、小説にはまったく何の痕跡をもとどめていない。もちろんそれは、小説での時代設定のうえから、その出来事が起こる以前に主人公を死なせなければならなかったからである。現実の衝撃をきっかけとして組み入れるかわりに、小説は、主人公の「精神的な明確化」を、ソヴィエト・ロシアからの留学生、イヴァン・ヴィエヌロフスキーとの対決によって準備させるのである。そして、じつは、イヴァン・ヴィエヌロフスキーこそは、この小説でただひとり、実在のモデルを持たない主要人物なのだ。かれは、特定の人物のなかにモデルがあるような、生きた人間ではない。ドイツ的共産主義者、つまり国際主義《インターナショナリズム》に抗して国民的《ナショナル》な社会主義による革命を目指すミヒャエルが、必ず倒さなければならない不倶戴天の敵そのものである。具体的に言えば、それは個々の生きた人間ではなく、ソヴィエト・ロシアであり、ボリシェヴィズムであり、マルクス主義であり、「十一月の裏切り」の真髄そのものなのだ。主人公ミヒャエルがついに現実のホルスト・ヴェッセルと同じように犠牲として身を捧げる道を見出すうえで、決定的な役割を果たすこのロシア人が、いかなる点においても実在のモデルを持たない虚構であるということのなかに、小説『ミヒャエル』のもっとも本質的な意味が隠されている。イヴァンという人物は、作品の時期と現実の出来事との時期をずらし、アンカ・シュタールヘルムとエルゼ・ヤンケとからヘルタ・ホルクを創り出し、旧友の俗流社会主義者にリヒャルトという名前を与え、主人公の反ユダヤ主義をエルゼ・ヤンケという恋人から切り離して描く、という種類の虚構ではない。イヴァン・ヴィエヌロフスキーは虚構そのものであり、したがってまた、かれの思想との対決とミヒャエルのイヴァンにたいする勝利もまた、虚構なのだ。

この虚構を、ゲッベルスは、現実との近さを前提とした日記という形式で、しかも現実に日記を生涯の伴侶とした作者による日記体小説として、描いたのだった。そこで描かれた虚構は、通常の日記のように、現実が大なり小なり脚色をほどこされているという意味で虚構性をおびているのではない。徹頭徹尾ひとつの虚構でしかないものが、日記という形式によって現実へと肉薄しはじめるのである。ゲッベルスは、イヴァン・ヴィエヌロフスキーを虚構のなかで乗り越えることができただけではない。かれ自身が英雄としたことによって生きつづけるホルスト・ヴェッセルとともに生きるためにも、作中のミヒャエルがイヴァンとの対決によって獲得した虚構の勝利を、ドイツ的共産主義者たる自分が現実に考えなければならない——という課題の前に、かれは立ったのである。かれが『アングリフ』紙で称揚し、死後もなお称揚しつづけたホルスト・ヴェッセルが、現実には売春婦のヒモであり英雄神話とはほど遠い人物であったとしても、かれは自分が描いた虚構《フィクション》の英雄を現実にしていくことによってしか、現実のリヒャルト・フリスゲスを乗り越えることができないのだ。

ゲッベルスが歩む国民社会主義《ナチズム》の道は、作品の虚構を現実に変える道だった。ゲッベルスは、かれを「ウソの天才」と見なす評価がしばしばそう考えがちなように、現実から虚構をでっちあげたのではない。かれが生涯をそれに捧げた宣伝と煽動は、現実を虚構として描くことではなく、虚構を現実にするための実践だったのだ。

V　国民社会主義文化の創出に向けて
——文化官僚たちの「第三帝国」

1　科学の客観性か固有の世界観か

一九三六年という年は、「第三帝国」にとって、最初の、そして二度とない輝かしい一年となった。

たとえば、レーニ・リーフェンシュタールの記録映画、『オリンピア』（『民族の祭典』、『美の祭典』からなる二部作）によっても記憶されるオリンピックがドイツで開催されたのが、この年だった。当時は、夏季大会と冬季大会とが同一の国で行なわれたので、いわゆる「ベルリン五輪」として有名な夏の大会のほか、冬の大会もまたドイツが舞台だったのである。第四回の冬季大会は、二月六日から十六日まで、ドイツ最南端のアルプス山中、ガルミッシュ－パルテンキルヒェンで開かれた。唯一の労働者組織「ドイツ労働戦線《アルバイツフロント》」（ＤＡＦ《デーアーエフ》）の下部機構であるレクリエーション団体、「歓喜力行団」（Kraft durch Freude《クラフト・ドゥルヒ・フロイデ》＝「喜びを通じて力を」、略称＝ＫｄＦ《カーデーエフ》）は、大規模な特設の観衆村を建設して、白銀一色の世界に大量の応援団を送り込んだ。半年後の第十一回夏季大会は、八月一日から十六日までベルリンで行なわれた。この大会で初めてギリシアのアテネから会場メイン・スタジアムまでの「聖火リレー」が演出されたこと、ナチス政権の担い手たちがこの大会を国威発揚と国民的団結誇示のために最大限に活用したことは、よく知られている。

ナチ党が政権を掌握したとき、それ以前にすでにドイツでの開催が決まっていた次回オリンピックが果たして予定通りに開けるかどうか、危ぶむ関係者が少なくなかった。ナチズムのユダヤ人排撃は周知のことがらであり、とりわけアメリカ合州国のユダヤ人団体やユダヤ人社会からは、ナチス・ドイツでの五輪開催にたいする強い反対の声が上げられた。他の諸国にも、これと同様の意見や危惧の声が存在していた。こうした声がアメリカなど大国のボイコットにつながれば、ドイツ五輪は失敗に終わらざるをえない。これにたいしてヒトラーは、是が非でも三六年のオリンピックをドイツで開催する決意を全世界に向かって表明した。政権掌握の半年後、一九三三年六月に、ドイツは国際オリンピック委員会（ＩＯＣ）にたいして、オリンピックの諸原則を遵守するという通告を行ない、同年十月からベルリン郊外の広大なオリンピック競技場（「帝国スポーツ競技場」）の建設を開始したのだった。ところが、一九三五年秋に至って、きわめて深刻な事態が生じた。この年の九月十日から十六日までニュルンベルクで開催されたナチ党の第七回全国大会で、いわゆる「ニュルンベルク法」が採択されたからである。この法律にもとづき、「鉤十字《ハーケンクロイツ》」の旗がドイツ国旗とされたのと並んで、「ドイツ人の血と名誉に関する法律」（いわゆる「アーリアン法」）によってユダヤ人の公民としての権利が事実上否定され、「ドイツ人の血の純潔」を保護するためという理由で最終的にはユダヤ人を絶滅するところにまで通じる道が、開かれたのだった。

ドイツでのオリンピック開催はこれで消えた、と思われた。しかし、ヒトラーは、「ニュルンベルク法」の精神に反するいわば超法規的な譲歩を行なってまで、オリンピックを実現することを選択した。オリンピック期間中はドイツの町々から反ユダヤ人キャンペーンのポスターその他をすべて撤去すること、外国の選手団にユダヤ人が含まれていてもこれを妨害しないことを表明したばかりか、ドイツ代表団に二人のユダヤ人選手を加えることを決めたのである。ひとりはフェンシングの女性選手、ヘレーネ・マイヤーで、銀メダルを獲得することになるかの女は、「ニュルンベルク法」の規定によれば「半ユダヤ人」、つまり両親のうちの一方がユダヤ人だった。他のひとりはアイスホッケーのルーディ・バルで、かれは「完全ユダヤ人」、両親がともにユダヤ人だった。

こうした代償を支払ってナチス・ドイツが獲得したものは、じつは、ヒトラー治下のドイツ国民の団結を誇示し、ナチス体制が一枚岩であることを全世界に告知するという精神的・理念的な成果だけではなかったのである。冬の大会から夏の大会までのわずか半年の間隙を縫って、ドイツは、第一次世界大戦の敗戦とヴェルサイユ体制の桎梏という最大の重荷を投げ棄てるための、電撃的な第一歩を踏み出したのだった。冬季大会の閉幕からわずか二十日後の三月七日、ドイツ国防軍はライン河を渡ってその西側のラインラントを占領した。一九一九年六月に敗戦国ドイツが調印を余儀なくされたヴェルサイユ条約によって、ライン河左岸のラインラントは協商国（戦勝国側）の占領下に置かれることになったが、そののち一九二五年十月にドイツがフランス・イギリス・ベルギー・イタリア・ポーランド・チェコの六ヵ国とのあいだに自主的に締結した「ロカルノ条約」（正式調印は同年十二月一日）によって、占領軍が撤退したあと非武装地帯とされていたのである。ロカルノ条約の一方的な破棄にたいして、国際連盟の同条約関係国会議はドイツ非難の決議を採択したのみだった。ヒトラーはラインラント進駐の信任を問う国民投票を三月二十九日に決行し、投票率九九パーセント、そのうち支持票が九八・八パーセントという圧倒的な信任を得た。挙国一致でヴェルサイユ体制に戦いを挑む決意を示すドイツにたいして、諸国は有効な対応策を講じることができなかった。

夏のベルリン・オリンピックは、このような国際情勢のなかで開催された「諸民族の祭典」だったのである。――オリンピック閉幕の三週間後にニュルンベルクで開会されたナチ党の第八回大会は、「名誉の党大会」という名称を掲げた。この年の六月末の時点で、ドイツの食糧生産は、第一次大戦開戦前の良き古き時代である一九一三年から一四年にかけての時期を一〇〇とすれば、畜肉は九六にとどまっていたものの、穀物が一〇四、食用ジャガイモが一一九、バターが一〇四、卵が一三二にまで向上していた。ヴァイマル時代末期の大失業状態は、前年の一九三五年三月十六日にヴェルサイユ条約に反して復活制定された兵役義務（徴兵制）によって失業人口が軍隊に吸収されたことや、それと並行する軍需産業の拡充も大きな一因となって、すでにほぼ完全に解消されていた。「国民社会主義《ナチズム》の黄金時代」と呼ばれる一時期が始まりつつあったのだ。

その同じ一九三六年の六月二十五日、ハイデルベルク大学でひとつの国際会議が幕を開けた。「第三回国際大学会議」がそれである。ちょうどこの年、ドイツ最古の大学であるハイデルベルク大学は、西暦一三八六年の創立から五五〇周年を迎えていた。[1] この国際会議がその年にドイツのハイデルベルクで開催された最大の理由はそのことにあったわけだが、それとは別にこの会議は諸外国の特別の注目を集めていた。発足から三年あまりを経ることになるナチス体制が批判的な研究者や芸術家、知識人たちを弾圧し排除していることは周知の事実であり、主催者のドイツが大学の研究・教育に、ひいてはまた文化領域総体にどのような姿勢をもって臨んでいるのかが、各国の大学関係者を中心とする会議参加者たちの関心の的だったのである。当然のことながらこれを承知していたナチス・ドイツ政府の文化行政担当者たちは、そうした関心を逆手にとってナチズムの文化政策の正当性を主張し宣伝する場として、この国際会議を利用しようとした。その役割を果たすべき筆頭が、文化政策の最高責任者のひとりで、文部科学省に相当する「科学・教育・民衆修養省」の大臣であるベルンハルト・ルストだった。

国際会議の参加者たちの列席のもとに行なわれたハイデルベルク大学創立五五〇周年の記念式典で、ベルンハルト・ルストは、「総統と帝国政府、ならびに国民社会主義ドイツ労働者党からもっとも古いドイツの帝国大学にその五五〇周年にさいして寄せられる、この誇り高い大学が偉大な過去にふさわしい未来を持つようにというわれわれの心からの希《ねが》い」を伝えるところから記念講演を始める。そして、この冒頭の挨拶につづいてただちに本題に入っていく――

わたくしはこの希い、それは同時にまた新しいドイツが真正な科学の精神にたいして行なうひとつの支持表明でもあるわけですが、この希いにつづけて、世界中の諸大学からの参加を得ているということが以下のことがらの証人であるという点に、喜びの念を表現するものであります。すなわちそれは、今日《こんにち》も五五〇年前も、研究者や大学教員は国家や民族の枠《わく》によって隔てられることなく、同じ苦闘によって、またみずからの任務の崇高さによって、たがいにしっかり結びついていると感じている、ということであります。われわれはこの結びつきこそが、たとえキリスト教秩序によって当時なお西洋に与えられていた一三八六年の科学の統一的基盤はその後において瓦解してしまったにせよ、今日においてもなおひとつのまたとない高貴な財産であると見なしております。そうした統一的基盤は、一度ならず破られてきました。ハイデルベルク自身が、カルヴァン派の大学となりましたが、そのことによって、十六世紀の教会分裂が中世の科学の統一的基盤にとっても終焉を意味する、ということのひとつの実例となっています。西洋の科学そのものによって、そうした基盤はくりかえし変革されてきました。そしてまさに現在、ドイツの大学は、ドイツ民族の大きな内的改造に直面して、革命的な改革のなかにあるのであります。

今も昔も科学に国境はないという大前提を確認するところから出発しながら、しかし科学の基盤は状況によって変わるということに論点をずらしていき、ついには前提とは正反対のドイツの現状を正当化するルストのこの論法を、ナチズム一流のデマゴギーとして批判することは困難ではない。だが、ここで注目すべきことは、この論法のレトリックにもまして、外国の科学者たちを前にしたルストが全面的に展開してみせる国民社会主義と科学との関係についての、あるいは国民社会主義的な科学というものの特質についてのかれの見解なのである。しかも、ここで用いられている「科学」（Wissenschaft《ヴィッセンシャフト》）という語は、同時に「学問」をも意味し、また広く「知識」という意味でも用いられるので、ルストがここで述べる見解は、大学における専門科学の領域だけを問題としているのではなく、いわゆる知的領域のすべて、とりわけかれが大臣として責任を有する「民衆修養」（Volksbildung《フォルクスビルドゥング》＝成人教育）にまで及ぶ文化的営為の総体を包摂する概念にほかならない。つまり、この講演でかれが全世界に向かって行なっているのは、国民社会主義と「第三帝国」との文化行政の基本路線の宣言であり、この

ベルンハルト・ルスト。

路線に沿って推進される国民社会主義的な文化の理念の宣言にほかならなかったのだ。

おおよそ三〇分から四〇分程度の長さだったと思われるこの講演の論旨を順を追って整理すれば、以下の五点に要約することができるだろう——

第一に、いまドイツで進行している「改革」にさいして、科学もその埒外にあるものではないということ。あらゆる精神的な動きも政治活動も、それにふさわしい担い手としての人間集団に依拠してのみ持続されうるのだ、という確信が国民社会主義の基礎である——ということからルストは出発する。こうした民族的実体の活性化によってドイツというまとまりが生まれ、このまとまりが、さしあたりまず、ひとつの統一的な政治的意志、すなわち「総統国家」の前提を創出したのである。しかし、「固有の種《しゅ》がわれわれの本質にはふさわしくない精神にたいして行なう敵陣突破」は、政治領域だけに限定されて終わるものではない。「政権の掌握はそれゆえ闘争の終焉を意味するものではなく、国民社会主義的世界観の生きた諸原理にもとづいて民族民衆《フォルク》の生活のあらゆる領域で新たな形成を行なうための基盤を意味する」のである。それゆえ、「科学の場もまたドイツの革命の嵐

に巻き込まれたということ、いやそれどころか、科学それ自身が動揺を来たし、精神的改革に直面してみずからの行ないの根拠と正当性を問いはじめたということは、避けがたいことだった」のだ。

ベルンハルト・ルストの論点の第二は、国民社会主義の国家が科学の自由と独立性を奪っている、という非難にたいする反論である。

ルストによれば、上述のような変革に直面しての科学自身の努力よりは、「国民社会主義革命を遂行するなかで大学においてもまた必要となった国家によるある種の政治的措置」のほうが「観察者の注意」を喚起したのだった。かれらは、われわれが科学の自由な精神にたいして不寛容で、自分自身の見解を曲げず政治的指導に従おうとしない著名な研究者を教壇から追放して、「科学を政治権力の下女に貶《おとし》めている」と非難し、きわめて多くの大胆な科学上の先駆者を輩出してきたドイツが、自由な精神の砦としての名声を失う危険に瀕している、と主張する。だが、「国民社会主義国家は、みずからのいかなる措置についても弁明する必要などない」とルストは言う。「それが行なったことは、固有の法則に従ってみずからの生活を形成するという国民の根源的権利にもとづいて行なったこと」だからだ。そもそも国民社会主義の運動は、「四分五裂したまま未来に絶望しているドイツ民族に、みずからの実体にたいする信念をふたたび与え、民族の生きいきとした諸力からなる新しい統一体としての国民を形成する、という任務を、歴史の前でみずからに課した」のである。「この任務は、国民社会主義が権力を闘い取ったのちドイツ人の自己信頼に敵対する敵にたいする誤った寛容によってみずからの事業を危険にさらすにしては、あまりにも大きすぎた」ので、国民社会主義は「ドイツの再興の度し難い敵を、国民的原理にたいするマルクス主義的否定者を、公的生活のあらゆる責任ある地位から遠ざけ、かれらの政治的理念を実現する可能性を除去した」のである。「われわれはかれらを、科学の代表者として遠ざけたのではなく、あらゆる秩序の転覆を旗印に掲げていた政治的教説の党派的支持者として遠ざけた」のだ。かれらは「価値から自由な無前提の科学なるイデオロギー」を自己の画策のための口実にしていただけなのであって、かれらにたいする措置は「科学の自由」の問題などではない。

政治上・思想上の反対派にたいする措置を合理化するこの主張に引きつづいて、ルストは第三に、ユダヤ人科学者の追放を正当化する論拠の提示に移っていく。

「新国家の基本法に抵触した科学を代表するものたち」の第二のカテゴリーは、「血(Blut《ブルート》)と種の特質(Artung《アールトゥング》)からしてわれわれの同属ではなく、それゆえに科学をドイツ的精神にもとづいて形成する能力が欠けている連中」である。「何故にわれわれが学問教育の場で活動する権利をかれらに認めないことにせざるをえなかったのか」という根拠、「プラトンにならって、混血児ではなく純正な市民のみが哲学することを許される、ということを要求する」われわれの根拠は、科学というものについての国民社会主義の根本的な姿勢のなかにある。「無前提性と価値からの自由とがじっさいに科学の本質的特徴であるとすれば、科学に敵対しているという国民社会主義にたいする非難は当たっています。われわれはこれに異議を唱えるのであります。国民社会主義は、前提もなければ価値の尺度に応じた基盤もないような科学などそもそもありえない、ということを認識してきました。」――つまり、科学が価値から自由であるという科学観は「実証主義的および自由主義的な時代」のものであって、人間そのものをそれが生きる世界から独立した存在として理解する人間観を前提としたものに過ぎない。それゆえに、科学は前提と価値とに規定されているとする国民社会主義が、「血」と「種の特質」を科学にとって本質的な前提的・価値的要因と見なすがゆえに、ドイツ民族の科学的営為の場からユダヤ人を排除することは当然である、というのがルストのここでの主張にほかならない。

この主張を、かれは第四に、科学的営為の主体である人間は「現実」の束縛のなかでしかその営為を行なうことができない、という命題へと一般化していく。だがこの一般化は、きわめて特殊な命題へと限定されていくのである。かれが言う「人間が自分の現実の総体に束縛されている」ということは、そのまま「人間が血と歴史との共同体に束縛されている」ということと同義にされており、この束縛は「その人間にとって偶然のもの、そこから自己を解放すべき何物か、などではなく、われわれの運命であって、われわれは謙虚にそして同時に誇りを持ってそれに帰依する」のである。ルストは、この「血と歴史との共同体」を古代ギリシアのポリス（都市国家）と関連づけ、異質なものの過度の影響によって毒されている青少年の再教育にこの理念が生かされるべきことを強調する。

では、国民社会主義は、科学の客観性ということを認めないのか？――ルストの講演の第五の論点は、この問題についての見解表明である。

「国民社会主義も、正しく理解された客観性を認めるものであります」（強調はルスト）とかれは述べる。「国民社会主義が否定するのは、世界観の欠如であり、客観性とすべてを了解する態度との混同なのです。この態度は、決断の力を麻痺させ、世界のもっとも屈辱的な状態をさえも正当化するものなのですから。」――では、科学に真の客観性を与えるものは何なのか。「世界観」がそれである、というのがルストの見解にほかならない。「体系としての科学は、生きいきとした世界観の土台の上にのみ可能」なのだ。これは、世界観を信奉することが科学の代替となる、という意味ではない。「世界観はわれわれにとって、人間精神のあらゆる創造物がそこから生まれ育つ豊穣な母なる大地」なのであって、「もしも世界観がなければ、一九三三年のドイツ国家は生まれなかった」であろう。ルストがこの講演で提示しようとするナチズムの科学観の核心は、すなわち、科学もまたあらゆる文化領域と同じく、民族固有の生活を母胎として形成される固有の世界観によって規定されるのであり、科学が客観性を体現しうるか否かはその世界観の如何にかかっているのであって、ドイツ民族の生活に根ざし、その血と歴史から発する国民社会主義の世界観こそ、科学の真の客観性の土台である、ということにほかならない。

しかも、「科学が民族に束縛されるというわれわれの見地は、ひとつの事実の確認であって、われわれが外から科学に突きつける要求ではない」のだ。「国民社会主義は科学にあれこれ指図して科学の独立性を奪うためにやってきたのではない。科学が自己を確信する力をそこから汲み取ることができるようなひとつの新しい基盤を科学に与えた」のである。このことを、国民社会主義はもっぱら実践的な必要から科学に新しい任務を課しているなどと考えるなら、それは国民社会主義が呼び起こした精神的革命の深さを誤解するものだ。「国民社会主義は、みずからの人間観によって、個別の分野を豊かにするような働きかけをなすだけではない。法の新しい解釈や、医師の新しい自覚、等々に道を開くだけではない。そうではなく、科学に失われた統一点をふたたび与え、そこから科学が自由に新しい構造を打ち立てることができるようにする」のである。国民社会主義は国民社会主義国家を美化することを学者に要求しない。しかしかれらが自分の特権的地位を利用して政治的なふるまいをすることを許しもしない。「おそらくここから、国民社会主義は科学の真の客観性を攻撃しているのではなく、むしろ客観性こそまさしく科学の固有の生命の条件であると見なしていることが、明白となるでありましょう。〔……〕われわれは、これこれの研究結果を出すようにと科学に指図することなど考えてもおりません。そんなことをすれば科学の終わりだからです。しかしまたその一方でわれわれは、だからといって科学と国民社会主義国家の目標設定とのあいだに本当の対立など決して生じえないということも知っているのです。なぜなら、国民社会主義国家の目標設定は、自然と歴史との当然の諸法則についての実践的な認識にもとづいて打ち立てられているからです。」

国民社会主義《ナチズム》の世界観のみが自然と歴史の——じつはドイツ民族なるものの血と人種的特質と歴史の——唯一の体現者であるという前提を自明のこととしてのみ妥当する「科学の客観性」をこのように容認したのち、ベルンハルト・ルストは、講演をつぎのように結んだのである。

科学の真の自立性は、民族民衆のなかに生きている諸力とわれわれの歴史的運命との発声器官《オルガン》となって、これらを真理の法則にたいする従順さを持しつつ表現する、ということのなかにあるのであります。

「国民社会主義と科学」（*Nationalsozialismus und Wissenschaft*）と題するベルンハルト・ルストのこの記念講演は、同じくハイデルベルク大学の記念式典で行なわれた一教授の講演と併せて、一ヵ月あまりのちの三六年八月、『国民社会主義ドイツと科学――ハイデルベルクでの講演』という表題で刊行された[2]。これが、近現代史に関するナチズム歴史学の成果を平易なかたちで公刊することを目的とした「国立新ドイツ歴史研究所叢書」の一冊として出版されたことは、ルストの見解が大学とそこでの科学研究という範囲にとどまらず、広く文化政策一般の原則と関わるものと目されていたことを示している。

2　文化統制の理念と組織

一八八三年九月三十日に北ドイツのハノーファーで生まれたベルンハルト・ルストは、大学を終えたのち郷里で高等師範学校の教員となった。第一次世界大戦が始まったとき、かれはすでに三十歳を過ぎていたが、歩兵少尉として出征し、何度も負傷した。とりわけ頭部に負った重傷は、その後のかれの活動にも影響を及ぼしたとされるほどの後遺症を残した。鉄十字勲章一級、同じく二級など、いくつもの栄誉章を授与されたかれは、敗戦後は反革命の義勇軍部隊に参加し、早くも一九二二年にナチ党に入党した。一九二五年二月二十七日の党再建とともに再入党（党員番号＝三三九〇番）、ハノーファー北大管区長《ガウライター》に任命され、二八年十月一日に大管区《ガウ》が再編されて以降は南ハノーファー＝ブラウンシュヴァイク大管区長となった。長く勤務していた学校教員を一九三〇年に解職されたが、これは女子生徒へのセクシュアル・ハラスメントのためだったとされている。[3] この事件にもかかわらず、同年九月十四日に行なわれた国会選挙に立候補したかれは、この選挙で地すべり的な勝利を収めたナチ党の新国会議員のひとりとなった。権力掌握直後の三三年二月四日、プロイセン州文化省の帝国政府委員《ライヒスコミッサール》、事実上の文化大臣となり、その職を兼ねたまま翌一九三四年四月三十日に帝国政府の「科学・教育・民衆修養省」の大臣に任命された。この省は日常的には簡略化して「教育省」と称されたので、ルストも一般には「教育大臣」と呼ばれることになる。教育省は、初等・中等教育、大学における研究教育、青少年組織、スポーツ団体、さらには都会の少年少女を国民学校（小学校）卒業後に九ヵ月のあいだ農村で働かせる「農村の一年」（Landjahr《ラントヤール》）という制度などを管轄したほか、「国立新ドイツ歴史研究所」を始めとする物理学、化学、歴史学などの国立研究所、各州の教育委員会、等々、教育の全領域と文化行政の広い範囲とを管理下に置き、大臣ルストの権限も絶大なものだった。

一九二〇年代中葉から党活動をつうじてルストと親しかったゲッベルスは、政権掌握以前には日記のなかで何度か親近感や肯定的な評価を記していたが、自分に来るものとばかり思っていたプロイセン文化相のポストがルストに与えられたとき、「ぼくは氷のように冷たいボイコットで黙殺された。いまやルストが文化相だ。ぼくは指をくわえて見ているだけ。まったく気が滅入《めい》る」（三三年二月三日付け）と書いて大きな失望を表わした。そして、自分自身が宣伝相になったのちも、今度は管轄領域の至近性からルストにたいして激しい敵愾心をいだき、日記に繰り返し否定的な評言を書き込むことになる。たとえば一九三七年三月三日には、「帝国学生指導者」のグスタフ・アードルフ・シェールとの会話として、「かれはルストの省のぞっとするような事態を語ってくれる。これはもう第一級の豚小屋だ。ルストはときどき責任能力が完全ではないことがある。ぼくはこの学生を将来なんとかもっと援助してやろう。」――一九〇七年十一月生まれ、つまりホルスト・ヴェッセルと同世代だったシェールは、一九三〇年にナチ党に入党した翌年、ハイデルベルク大学の学生自治会で多数派を握ったナチス支持学生によって自治会長に選出され、ナチ党による権力掌握後ただちにハイデルベルク大学の「ユダヤ的、平和主義的、マルクス主義的分子」を「粛清」する活動を開始して大きな成果を上げた功績により、三六年十一月六日に「帝国学生指導者」に抜擢されていたのである。ゲッベルスの日記にはまた、「ルストがちゃんとイニシアティヴをとっていないから、そういうことになる」（三七年七月十五日）、「いかにも学校教師だ！」（三八年一月十三日）などの記述が見られる。

教育相ベルンハルト・ルストが、ゲッベルス以外にも、管轄領域の近い他のナチ党幹部たち――ローゼンベルク、ゲーリング、ヒムラー、「帝国青少年指導者」のバルドゥーア・フォン・シーラッハなど――とのあいだに確執を繰り返していたこと、その少なからぬ原因がかれの力量不足と無責任にあったことは、研究者によってしばしば指摘されてきた。かれを軽蔑し嘲笑する空気が一般国民のあいだにも存在したことは、当時のブラック・ユーモアのひとつによっても物語られている。そのなかでは、かれの姓である「ルスト」は度量衡の単位のひとつとされていた。「一ルスト＝ある指令の布告とその廃止とのあいだの最短時間」というのがそれである。だが、それにもかかわらずなお、ルストの政治的実践は、優等民族にふさわしい体位向上を目指して小学校の体育の時間を週五時間に増やした、という種類の改変だけでなく、全国の大学から千名以上のユダヤ人や批判派の教員・研究者を追放し、小学校段階から徹底した反ユダヤ主義、ドイツ民族主義の教育を実施し、ホロコーストや侵略戦争を正当化する思想と感性を国民のなかに育み、ドイツの青少年から自己批判と他者へのまなざしを奪い去ることに成功したのだった。そして、かれのこの政治的実践を支える思想的根拠が、ハイデルベルク大学での記念講演で開陳された科学論だったのである。

しかも、科学についてのかれのその考えが妥当かどうかということが、このさい最大の問題なのではない。それにもまして大きな問題は、かれが講演で述べたことがらはルストの個人的・独創的な見解ではなく、それこそまさに国民社会主義の基本思想にほかならなかった、ということなのだ。社会のあらゆる領域と生活のあらゆる部分とが重層的な集団組織によって構成されていた「第三帝国」の現実は、この思想によれば、その組織の構成主体であり担い手である民族民衆《フォルク》（Volk）の固有の「血と歴史」という土壌の上に形成されているのであり、この固有の土壌と無縁な存在は社会組織から排除されて当然であるばかりか、この土壌と無縁な外部からの批判はすべて無効でしかないのである。こうした極端なナショナリズムの独断性を批判すること自体は、困難ではないかもしれない。けれども、土壌そのものである民族民衆、すなわち国民みずからが、国民社会主義のそうした独断性を支持し、それによって自己のアイデンティティーを確認していたとすれば、ナチズムの独断性にたいする批判が第三帝国の現実にまで届くことはきわめて困難なのだ。そして、文化領域の全体を覆いつくす組織化の網も、「民族」と「国民」の名において批判を許さない基本理念、ルストの講演が体現している基本理念にしたがって形成されたのである。

政権掌握から八ヵ月が経過しようとしていた一九三三年九月二十二日、ナチス政府はひとつの新しい法律を公布した。

帝国政府は下記の法律を議決した。よってここにこれを公布する。

第一条　帝国民衆啓発・宣伝大臣は、その任務範囲にある諸活動分野の構成員を公法上の各法人に統合する任務と権限を与えられる。

第二条　第一条の規定により以下のものを設立する。

一　帝国著作院
二　帝国出版報道院
三　帝国放送院
四　帝国演劇院
五　帝国音楽院
六　帝国造形芸術院

第三条　前条に定める各院の設立にあたっては、一九三三年七月十四日公布の暫定映画院設置に関する法律（帝国法律公報第Ⅰ部四八三頁）ならびにその施行規則により、すでに映画業について公布されている諸規定が準用されるものとする。

第四条　各院の設立は、職能身分団構成のために帝国政府によって決定された指針の範囲内においてなされるべきものとする。

第五条　第二条に記された各法人は、暫定映画院とともに帝国文化院に統一される。

第六条　帝国民衆啓発・宣伝大臣および帝国経済大臣は、共同の命令により、営業法の諸規定を本法の諸規定と合致させる権限を与えられる。

第七条　帝国民衆啓発・宣伝大臣は、本法の施行にあたり、命令および一般行政規則を、補足的規定も含め、布告する権限を与えられる。

ベルリン、一九三三年九月二十二日

帝国総理大臣
アードルフ・ヒトラー

帝国民衆啓発・宣伝大臣

この法律、「帝国文化院法」(4)そのものは、組織の大枠と責任者たる宣伝相の権限を定めただけのものに過ぎない。具体的な構成や任務、活動の詳細は、前後五次にわたって制定された施行規則が規定していた。それらによって、このわずか七条からなる法律が、第三帝国の全文化領域を統轄する絶大な威力を発揮し、この組織の最高責任者たるヨーゼフ・ゲッベルスに文化全般にかかわる比類ない権限を付与することになったのである。そのことの意味は、各院が何によって構成されていたかを見れば、一目瞭然となるだろう。たとえば、「帝国著作院」は、以下のような諸団体を構成員として組織されていた(カッコも原文のまま)。

一　ドイツ著作家全国連盟
二　ドイツ書籍業組合
三　社団法人ドイツ公共図書館員連盟
四　社団法人ドイツ図書館員組合
五　愛書家協会
六　ドイツ商店員連盟の全国書籍業専門部会
七　放送著作権協会
八　さらに目下創設されつつある以下の各業種の諸協同組合
a　公共図書館および企業図書館
b　会員制図書購入団体

c　文学団体および講演会主催者
d　財団および文学賞授与団体
e　出版社代表および自営の書籍移動販売者（書籍行商人）
f　官庁、党機関、市、大学および私企業の書籍調達機関、ならびに書籍購入部門

つまり、創作段階から編集・出版と販売、さらには図書館での需要と個人の購入に至るまで、著作活動とその需要に関わる文字通りあらゆる業種と団体が、「帝国著作院」という単一の組織に統合され、その活動を管理されることになったのである。しかも、「著作院」にかぎらず、それぞれの「院」の構成団体に加入しない個人は各分野での職業的活動を許されなかったので、いわゆる独立独歩の自由業とされてきた作家や芸術家をも含めて、およそ文化領域と関わる職業に従事するものは、必然的に「帝国文化院」の管理下に置かれざるをえなかったのだ。

「帝国文化院」は、一九三三年十一月十五日、ヒトラーの臨席とベルリン・フィルハーモニー交響楽団の祝賀演奏のもとで正式に発足し、民衆啓発・宣伝相ゲッベルスがその総裁に就任した。「帝国文化院法」の施行とともに「帝国映画院」と改称された「暫定映画院」を加えた七つの構成部門は、十一月一日公布の第一次施行規則によって設立されたが、この施行規則の発効が十一月十五日だったのである。各院の総裁はつぎのとおりだった。

著作院＝ハンス・フリードリヒ・ブルンク（三五年十月まで）／ハンス・ヨースト（三五年十月―四五年）
出版報道院＝マックス・アーマン
放送院＝ホルスト・ドレースラー＝アンドレス（三七年五月まで）／ヘルベルト・バッケブーフ（三九年十月ま

で。放送院は三九年十月二十八日に廃止)

演劇院=オットー・ラウビンガー(三五年十月、死亡)/ライナー・シュレッサー(三八年四月まで)/ルートヴィヒ・ケルナー(四二年四月まで)/パウル・ハルトマン(四五年まで)

音楽院=リヒャルト・シュトラウス(三五年七月まで)/ペーター・ラーベ(四五年まで)

造形芸術院=オイゲン・ヘーニヒ(三六年十二月まで)/アードルフ・ツィーグラー(四三年まで)

各院には副総裁が置かれたが、たとえば、ナチ党中央出版所の長であり第三帝国の出版業のすべてを支配していた古参党員アーマンを総裁とする出版報道院では、一九三六年に、その翌年から宣伝省の国家秘書(次官)となる報道分野のテクノクラート、オットー・ディートリヒが副総裁に就任した。また、音楽院の総裁となった作曲家のリヒャルト・シュトラウスとともに初代副総裁に任ぜられたのは、指揮者のヴィルヘルム・フルトヴェングラーだった。

文化領域の国家への統合は、帝国文化院の設立だけに止まるものではなかった。不可侵の権威を備えていると見なされてきた名誉職である「アカデミー会員」も、急激な変動を避けることはできなかった。高名な芸術家たちが国家による認知と顕彰のしるしとして会員に列せられる「芸術アカデミー」(「芸術院」)は、ヴァイマル時代のドイツでは「プロイセン芸術アカデミー」(Preußische Akademie der Künste)という名称だったが、そこでも、またその一部門の「ドイツ文学アカデミー」(Deutsche Dichterakademie)でも、権力掌握と同時に粛清《ゾイベルング》と均質化《グライヒシャルトウング》が開始されていた。文学分野では、トーマス・マン、ハインリヒ・マンら、反ナチ派であることが歴然としていた作家たちや、フランツ・ヴェルフェル、ゲオルク・カイザー、フリッツ・フォン・ウンルーなどかつての表現主義者たち、ヤーコプ・ヴァッサーマン、ベルンハルト・ケラーマンを始めとするユダヤ人作家たちにたいする攻撃が、党員劇作家のハンス・ヨーストを先鋒として展開された。五月七日、教育相ルストは「文学アカデミー」の改組を発表し、これら不適格と認められる作家たちに替えて、ハンス・ヨースト、ハンス・フリードリヒ・ブルンク、エルヴィン・グイド・コルベンハイヤー、パウル・エルンスト、ハンス・グリム、ベリエス・フォン・ミュンヒハウゼン、アグネス・ミーゲル、フリードリヒ・グリーゼら、新体制にとって好ましい作家たちを新たに会員に加えたのだった。同様の改編は、文学アカデミー以外の「プロイセン芸術アカデミー」各部門でも急速に進められた。これにたいしては、国内はさておき、外国からも強い疑念と非難が発せられ、ドイツ文化の破壊を懸念しナチズム体制の野蛮をなじる声が上げられた。そしてその声は、文化の領域においてもまた多くの批判者や反対者が国外亡命を余儀なくされ、あるいは強制収容所に送られねばならなかったことが周知の事実となったのちには、高まりこそすれ絶えることはなかった。こうした声に反駁して、帝国著作院総裁のハンス・フリードリヒ・ブルンクは、「文学アカデミー」改組から一年を経た時点で、とりわけ帝国著作院を念頭に置きながら、つぎのように述べている。(5)

ハンス・フリードリヒ・ブルンク。

ドイツではひとつの世界が崩壊させられた、と外国が言うとき、それは正しい。だが、言うのを忘れていることがある。それは、瓦礫が片付けられていたときすでに新しい世界の建設が始まっていた、ということだ。新しい教説を組織によってもしっかり固定することを、ぐずぐずと躊躇《ためら》ってはいなかったのである。〔……〕加入してもよいし加入しなくてもよいような、たがいに攻撃と反目を交えては、せいぜいのところいつか一度、暴力的蜂起を奨励するようなポルノグラフィーなりニヒリズムなりの文学が警察に弾圧されたときに一致団結したことがあるような、そういう自由な作家連盟に替わって、職業身分としての民族民衆の一員に加えられるための原則が生まれたのだ。／われわれドイツ人の前には、人間は向上するものだという、共同生活の新しい模範的な形式を発見することができるのだという、強く激しい信念が実現されるような、ひとつの時代がある。これはなんら批判の制限を意味するものではない。消耗でしかない相互の反目のかわりに、創作の力が、情熱が、以前よりももっと強く、内なる人間の新たな形成に向けられたのだ。神がみずからの創り給うた人と民族民衆とに何をお望みになり、いかなる時代をかれらに課し給うたのか、という問いに向けられたのだ。反語《イロニー》に替わって、永遠の否定に替わって、ひとつの新しい創造的な意志が生まれたのだ。この意志は、われわれドイツ人にあっては、まだ実現されていないわれわれのもっとも偉大な時代と、われわれのロマン主義と、結びついているのである。われわれの時代の政治的な指導者《フューラー》たちは、そこからやってきたのだ。かれらは、二十年前には、若き画家であり、あるいは抒情詩人であった。そして、かれらの民族民衆の春と自由を、そして陽気な娘たちとともに散策することの幸せを、歌っていたのである。

ナチズム体制の指導者《フューラー》たちのなかに、画家志望だったヒトラーや小説を書いていたゲッベルス、建築家志望だったローゼンベルク、さらには現に建築家である軍需大臣のアルベルト・シュペーアなど、かつての芸術青年・文学青年や現役の芸術表現者が少なくなかったことは、よく知られている。これを引き合いに出したブルンクは、しかし、狭い意味での政治家たちのことだけを言おうとしていたのではないだろう。いまや、国家の組織となった著作院で、その総裁であるかれ自身が、ドイツの民族民衆《フォルク》が前にしている新しい時代にたいして責任を分担するという政治的な役割を、すすんで引き受けたのである。民族民衆という豊穣な沃土《ムターボーデン》に、「母なる大地」に、根ざさない表現者たちによる文化に替わって、民族民衆の「血と歴史」を体現する国民社会主義の文化が創出されるのだ。民族民衆のなかに根を持たなかったがゆえに、皮肉な反語をもってしか現実の政治状況と関わることができなかった文学・芸術が、ついに政治と対等になるのである。――文化行政の最高責任者であるヨーゼフ・ゲッベルスはもとより、かれと並んでまぎれもないナチズムの文化官僚であるベルンハルト・ルストも、ブルンクのような表現者たちに支えられてのみ、文化政策を実行に移すことができたのだった。それどころか、ナチズムの文化政策は、それまでは必ずしもナチズム支持者ではなかったものたちをも含めて、表現者たち自身をそれぞれ小型の文化官僚として働かせることによって、かれらの同業組織の自立性を実現したのだった。「帝国文化院」は、従来はマルクス主義的な文化運動だけが避けがたい問題として意識してきた「政治と文学」、「政治と芸術」の関係を、文学・芸術の表現者たちを一挙に文化官僚に近いところに置くことによって、一挙に解決したのである。

3　文化と芸術の頽廃に抗して――H・S・ツィーグラーの戦い

国民社会主義文化の創出を目指すこうした施策のひとつの帰結が、一九三六年十一月二十七日の民衆啓発・宣伝相ゲッベルスによる「芸術批評に関する命令」（Anordnung über Kunstkritik）だった。即日発効したこの法令によって、以後ドイツでは芸術批評が禁じられ、それに替わって「芸術レポート」（Kunstbericht）、つまり芸術作品についての紹介と正当な評価のみがなされねばならないことになった。同時に、「闇討ち批評」（Nachtkritik）、つまり匿名の批評が禁止されて、筆者はフルネームで署名することを義務づけられた。批評なるものは「ユダヤ的な異質性」の遺物にほかならないと断じたゲッベルスは、批評にたいするこの措置の根拠と

「頽廃芸術展」を観るゲッベルス(手前)。

して、芸術の創造者たちからのみならず国民のなかからも批評の弊害にたいする苦情が多かったことに言及し、芸術批評を芸術レポートに替えることで公衆みずからが判断を下す可能性を与えられ、公衆が自分自身の考えかたと感性とにもとづいて芸術作品についての見解をいだくようになること、芸術レポートにとっては芸術活動にたいする敬意が前提となるはずであることを強調する。この法令にもとづき、新聞雑誌などに芸術レポートを執筆する筆者は許可を受けて「芸術担当記者」(Kunstschriftleiter《クンストシュリフトライター》)のリストに登録されなければならなくなったが、ゲッベルスは命令のなかで、「芸術的業績を論じるには一定の生活経験と成熟を条件とするため、芸術担当記者は、ドイツ出版報道のこの活動部門に入ることを許可されるまでに少なくとも三十歳になっていなければならない」と定めていた。[6]

文化政策のもうひとつの大きな帰結は、「頽廃芸術」(entartete Kunst《エントアールテテ・クンスト》)にたいする撲滅キャンペーンの展開だった。一九三七年七月十九日、ミュンヒェンで「頽廃芸術展」と題する美術展が開幕し、全国の美術館や公共施設などから押収された六五〇点以上の絵画や彫刻作品が、九つのグループに分類して展示された。[7]頒布された展覧会案内の冊子によれば、それらのグループの特徴は以下のようなキャッチフレーズで語られている――(1)「形式感覚と色彩感覚の解体」と「素材選択の絶対的愚かさ」、(2)「あらゆる宗教的観念にたいする破廉恥な嘲笑」、(3)「芸術的頽廃の政治的背景」あるいは「「芸術」が階級闘争の説教をする！」、(4)「政治的傾向」あるいは「描かれた兵役義務サボタージュ」、(5)「芸術的頽廃の倫理的側面を見る」あるいは「娼婦が倫理的理想にまで高められる！」、(6)「いかなる人種意識も最後の残滓まで抹殺」、(7)「白痴、小児病《クレチン》、麻痺患者」、(8)「ユダヤ人」、(9)「完全な狂気」。

こうしたレッテルを貼って、否定されるべきものの代表として見世物に供せられたのは、二十世紀初頭に始まる新しい芸術潮流の開拓者となった前衛《アヴァンギャルド》芸術家たち――立体派《キュビズム》、未来派《フチュリズム》、とりわけドイツの表現主義およびダダイズムの表現者たち――の諸作品だった。これらが、すべて一括して「頽廃芸術」という範疇にまとめられ、全否定されたのである。案内冊子には、それぞれのグループについての解説に加えて、折りに触れての発言から引用されたヒトラーの芸術に関する見解が全部で九つ添えられているが、それはたとえばつぎのようなものである。

　体験だの即物性だのと駄弁を弄するダダイスト・キュビスト、およびフチュリストの連中を、いかなることがあろうともわれわれの文化的再生に関わらせてはならない、という決意は固かった。これは、われわれがあとにしてきた芸術崩壊のありかたを認識するところから得たもっとも感銘深い結論であるだろう。

（一九三五年の全国党大会で）

　多数の健全な民族民衆のもっとも大きな喜びと真心《まごころ》のこもった共感を当てにすることができず、一部は利己心からの、一部は自惚れからの小さな徒党だけに依拠しているような芸術は、我慢がならない。そいつは、民族民衆の健全な、確かな本能にもとづく感覚を喜んで支援するかわりに、それを混乱させようとしているのだ。

（ドイツ芸術館の開館式で）

ユダヤ人どもは、とりわけ出版報道界における地位を存分に利用しながら、いわゆる芸術批評の助けを借りて、芸術の本質と任務ならびにその目的についての自然なとらえかたを混乱させるすべを理解していたばかりでなく、そもそもこの分野における健全な感性のすべてを破壊するすべまで知っていた。

（ドイツ芸術館の開館式で）

それ自体ではおよそ理解不可能で、その存在を正当化するためにまず誇大なまでの使用説明書を必要とし、あげくの果てには、恐れをなしてその馬鹿げた、あるいは厚顔無恥な無意味を忍耐強く受け入れるしかない人間たちを見出すような「芸術作品」は、いまからのち、ドイツ民族民衆への道をもはや見出すことはないだろう。

（ドイツ芸術館の開館式で頽廃芸術について）

「頽廃芸術展」が開幕した前日の七月十八日、その会場からわずか二百メートルほど離れたところで完成した「ドイツ芸術館」の開館式典と、そこで行なわれる「大ドイツ芸術展」の開会式が挙行されていた。右に引用したヒトラーの発言のうち三つは、その開館式での演説の一節だったのである。いわゆる「純正芸術」(echte Kunst《エヒテ・クンスト》)の精華を集めたその展覧会には、ドイツ民族民衆の生活に根ざした芸術作品とされるものが展示されたが、観衆の人気は圧倒的に「頽廃芸術」に集中した。今後は二度と観られないということもあって、十一月三十日までの四ヵ月半の開催期間に、隣りのドイツ芸術館の入場者の五倍にあたる二百万人がその会場を訪れたのだった。頽廃芸術にたいする排撃キャンペーンは、ミュンヒェンでのこの展覧会で終わったわけではない。ひきつづき翌三八年二月からはベルリンで、同年七月からはデュッセルドルフで、三九年にはフランクフルト・アム・マインとドレースデンで、同様の展覧会が開催された。その間、三八年五月には「頽廃芸術の所産の没収に関する法律」が施行され、公有と私有とを問わずあらゆる該当作品が無償で没収されることになった。頽廃芸術作品か否かの判定と、展覧会での展示作品の選定、そして全国から頽廃芸術作品を摘発し押収する仕事の責任者に任ぜられたのは、「純正芸術」を代表する画家である帝国造形芸術院総裁のアードルフ・ツィーグラーだった。一八九二年十月生まれのこの画家は、陳腐な女性の裸体画によって民衆から「ドイツ的恥毛の巨匠」(Meister《マイスター》 des《デス》 deutschen《ドイチェン》 Schamhaares《シャームハーレス》)と揶揄されていたのである。頽廃芸術展の終了後、没収された作品の多くは外国の美術商を集めたオークションで売却され、国家は莫大な収益を得た。選りすぐりの諸作品は、ナチズム体制の最高幹部のひとりで芸術品蒐集マニアだった航空大臣、ヘルマン・ゲーリングが私物化するのに委ねられ

「頽廃芸術展」入場の順番を待つ人びと（上の看板に「入場無料」と記されている）。

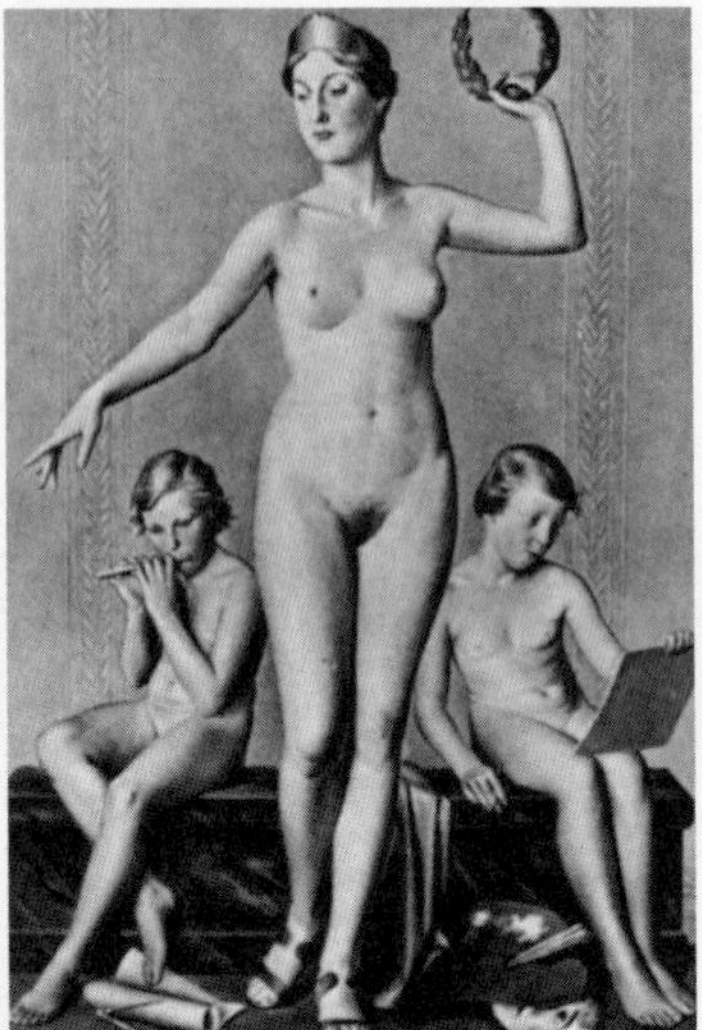

巨匠アードルフ・ツィーグラーの絵。

た。

　表現主義の代表作を始めとする多数の前衛芸術作品がナチスによる破壊を免れて現在もなお残されているのは、この措置の結果だったのだ。競売からもゲーリングによる掠奪からも漏れた諸作品四千点以上は、すでに三三年五月十日に行なわれていた有名な焚書と同様に、見せしめとして焼却された。

　だがじつは、頽廃芸術にたいする絶滅キャンペーンは造形芸術の分野だけに限らなかったのである。「頽廃芸術展」の翌年、一九三八年五月二十五日付けの『ドイチェ・アルゲマイネ・ツァイトゥング』（ドイツ公共新聞）は、「きょう午前、帝国音楽祭の一環として、デュッセルドルフ芸術会館において、ヴァイマル・ドイツ国立劇場の総監督である国家評議員、ハンス・ゼヴェールス・ツィーグラー博士の偉大な祝辞をもって「頽廃音楽」展が開会された」ことを報じた。「国家評議員」（Staatsrat《シュターツラート》）とは、三三年七月八日にプロイセン州に設置された政府諮問委員会のメンバーの称号である。政策立案のためのこの委員会は、プロイセンの首相であるヘルマン・ゲーリングおよび各大臣と次官、首相によって任命された党組織や経済、科学、芸術など各分野の代表からなる終身の委員によって構成されていた。戯曲『シュラーゲター』の作者で、文化領域の粛清を領導したハンス・ヨーストも、その一員だった。帝国造形芸術院総裁アードルフ・ツィーグラーと同姓の、もうひとりのツィーグラー――ハンス・ゼヴェールス・ツィーグラーは、もともと演劇分野の活動家だったが、その当時、音楽領域の粛清と均質化に積極的に関与していたのである。「頽廃音楽」展は、レコードの演奏や音楽会ポスターの展示などによって、第一次世界大戦の終結からナチズムによる権力掌握に至るまでの時代、つまりヴァイマル時代のドイツ音楽が、いかに「ユダヤ化」と「黒人化」と「ジャズ化」によって毒されてきたかを、具象的に描き出すものとして企画された。そこでは、一九二〇年代のドイツにおいても圧倒的な人気を博したジャズ音楽が、劣等人種である黒人の影響をドイツ民族に注入するメディアとして全面的に否定されたほか、表現主義音楽、シェーンベルクの十二音階や無調の音楽が、造形芸術におけるその同類と同じくユダヤ的な頽廃を体現する表現として撲滅の対象とされたのだった。(8)

演劇が音楽とまったく無関係ではないにせよ、音楽の専門家ではない劇場監督のH・S・ツィーグラーが頽廃音楽との戦いに積極的にかかわったのは、かれが、文化領域における改革の理論的な指導者のひとり、しかも単なる理念的なイデオローグではなく実践的な理論を提示しうる数少ない文化活動家と目されていたからだった。一八九三年十月生まれのかれは、文学史家アードルフ・バルテルスに私淑して演劇と批評の活動を始めた。バルテルスは、ヴィルヘルム帝政時代後期の十九世紀末からヴァイマル時代の末期に至るまでの長期にわたって、もっとも過激な反ユダヤ主義的・民族主義的なドイツ文学史家として知られた人物、若き日のゲッベルスが恋人のアンカ・シュタールヘルムにあてた手紙で、「この誇大な反ユダヤ主義」をぼくは「それほど好きではない」と書いた、あの人物である。ツィーグラーは、バルテルスから学んだ人種主義的な文学・芸術観をたずさえて、創立後まもないナチ党に入党した。党におけるかれの地位は、一九二五年の党再建にあたってかれに与えられた党員番号からも想像できるだろう。それは、教育大臣となるルストの三三九〇番と比較してもきわだっている一三一七番というきわめて若い番号だったのである。古参党員のうちでは貴重なものだったかれの文化理論は、一九三〇年一月二十三日にテューリンゲン州の内閣にナチ党員が最初の大臣として入閣したとき、実践に移される機会を見出した。全国の州で初めてナチ党員の大臣となったのは、内務省および民衆修養省を担当するヴィルヘルム・フリックだった。このフリックは、三年後にヒトラー内閣が成立したとき、無任所相のゲーリングとともに二人だけのナチ党員の閣僚のひとりとして、やはり内務大臣に就任することになる。そして、一貫して治安の分野を担当したかれは、戦後のニュルンベルク裁判で死刑を宣告され、絞首刑に処せられたのである。——このフリックがテューリンゲンの大臣となったとき、ツィーグラーはかれの政治顧問として招聘され、「テューリンゲン国家評議員および国家委員」の称号で文化領域の粛清にたずさわることになる。「第三帝国」の前段階としてのテューリンゲンにおける文化・教育のナチズム化については、これまでにも歴史家によって言及されてきたが、その実行にあたってはツィーグラーの功績が大きかったのである。

ツィーグラーの理論と実践は、頽廃文化であり唯物的文化でしかない従来の文化を根本から変革して国民社会主義文化を創出する、というナチズム体制の重要課題とそのまま結びついていた。この課題と、それに立ち向かうための基本的方針を、かれはすでに政権掌握に先立って公にしていた。一九三二年にナチ党中央出版所の「国民社会主義叢書」の一冊として刊行されたかれの小冊子、『第三帝国における実践的文化活動』(9)がそれである。一九三四年の第三版への著者の序言によれば、それはもともと一九三〇年に書かれ、わずかな点で改訂をほどこして重版されたものだった。このことから、この一冊がテューリンゲンでの実践のために書かれたものであり、そしてその実践の経験をも生かしたものだったことが推測できる。ここで展開されている文化観と文化理論が、政権掌握とともに、国民社会主義文化を創出するための共通の、基本的な指針としての役割を担うことになったのだった。ゲッベルスやルストの、そしてヒトラーの基本理念は、ツィーグラーのこのきわめて具体的な指針によって、民族民衆の生活の現実として血肉化されたのである。

ツィーグラーの『第三帝国における実践的文化活動』は、国家には文化の基盤を整える責任がある、という大前提から出発する。純然たる経済のことにしか関心を向けなかった諸政党や組合、さらにはいわゆる愛国的な諸団体にとってさえ、一民族が苦難のなかにあるとき文化に費やす余裕などない、文化は贅沢品だ、という考えがごく一般的だった。「国民社会主義者であるわれわれ、すなわち理想主義的な世界観と国家観の代表者であるわれわれは、その種の見地にたいして決然と戦いを挑んできた」。なぜなら、「文化の諸価値こそは道義上の基礎であると理解すべきであって、それなくしては民族と国家の発展などまったく考えられないのである」。文化は、国家建設にあたって、あとから取り付ける装飾物や建物の正面の飾りなどではないのだ。では、文化とはそもそも何なのか？——序論のなかでかれはつぎのように述べている。

　文化とは、一民族の人種的な条件によって制約された精神的、心情的、および道義的な価値すべての、さらにはまた、これら諸価値から形成され、ある一民族にたいしてそれに属する創造的な個性によって贈られる諸作品すべての、総括概念である。あるひとつの民族文化の高さは、神と不滅性と自由とについてその民族がいだく観念の力を尺度にして認識することができる。それぞれの文化の生存と繁栄のための前提は、しかしながらつねに、人種にふさわしい健全さをそなえた身体であることに変わりはない。／文化を育成し促進するということは、それゆえ、ただ単に創造的な個人とかれらの作品とを育成するということではなく、とりわけ、民族それ自体の性格と志操とを深め、こうして民族が才能と天才の賜物《たまもの》を受け取るにふさわしいものとなるようにすることである。育成と教育は決して中断されてはならない。それはしかしながら、もしも民族に、必要な実物教材を、つまり教会、

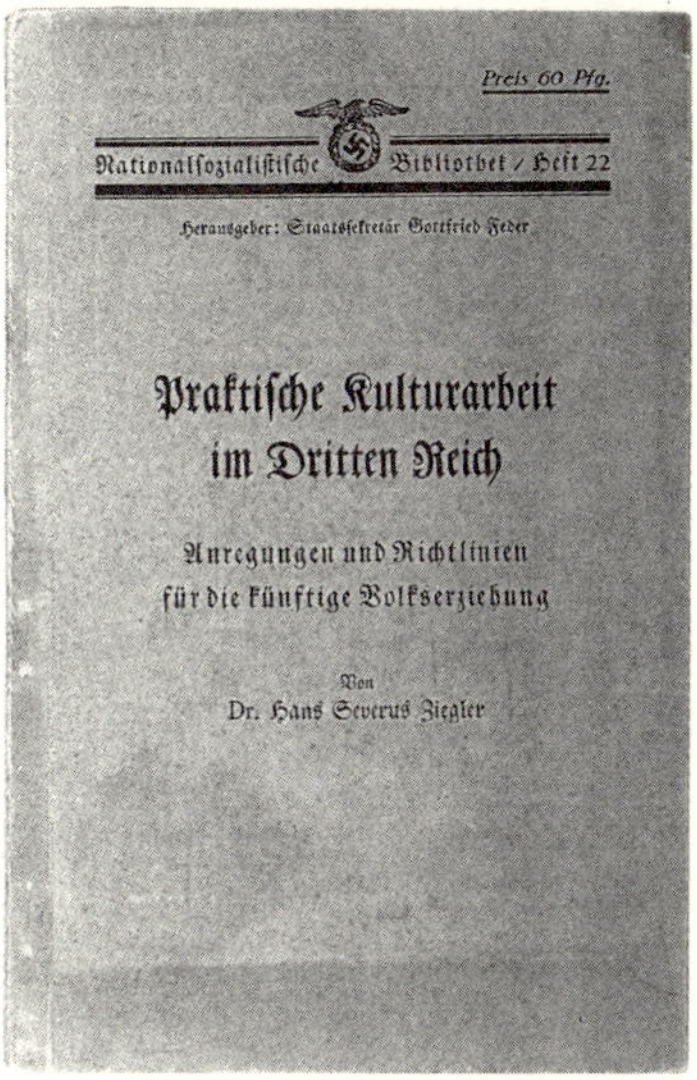

ハンス・ゼヴェールス・ツィーグラー『第三帝国における実践的文化活動』表紙。

学校、大学、軍隊、文学、演劇、音楽、出版報道、映画、および放送というような偉大な実例や生きた媒介者を与えようとしないなら、遂行不可能である。

ここから明らかなように、ツィーグラーは、これから形成されていくべきものとして、文化を論じているのである。「新しいドイツ文化」はようやくこれから創出されねばならないのであって、それを創出するための基盤をまず作らねばならないのだ。序文と四つの章とからなる冊子の最初の章は「諸基盤」と題されている。そこでかれは、新ドイツ文化を創出するための基盤として、「身体的および精神的な有能さ、生活意欲と活動意欲、闘争精神、勤勉さ、名誉心、性格および知識」を挙げている。これらのうち、ナチズムのイデオローグたちによってしばしば言及される「性格」（Charakter）という概念は、独自の個性という意味よりはむしろ「気骨」のことであり、場合によっては「品性」というニュアンスでも語られる。いずれにせよ、人間が備えうるさまざまな資質や特徴のうち、これらのものだけが特化されて文化形成の基盤として位置づけられたのだった。それとともに、「人間性」および「人類」を意味するMenschheit《メンシュハイト》という理念がきっぱりと拒否された。表現主義者たちの、とりわけ第一次世界大戦末期のドイツ革命に連帯した左派表現主義者たちの共通の実現目標でもあったこの理念は、世界大戦によって蹂躙された人間性と、戦争によって破壊された人類という共同性を再生させようという理想と結びついていたのだった。ツィーグラーは、これを抽象概念にすぎぬとして斥け、たとえそれが妥当性を持つと仮定しても、それに役立つのは「真の民族性」だけであって、「われわれはつねに、何が自己の民族性にふさわしく何がふさわしくないか、何がそれにとって有益であり何が有害であるかを確定することしかできない」と断言したのだった。

人間性ではなく民族性を実現理念とする文化理論を、ツィーグラーは次章以下で個別のテーマ領域に即して展開していく。まず第二の章、「人種および民族性の教育者としての国家」では、その副題にあるとおり、「結婚と子供をつくること」および「子供」というテーマが論じられる。そこでは、民族のうちにそれのもっとも高貴な構成部分を保持することが国家の最高の任務である、というヒトラーの『わが闘争』の一節が冒頭に引用され、それに続いて、隔字体で強調しながら、「この義務を果たすために民族国家は、ヒトラーに従って、人種を生活の中心に据え、人種の純粋性を保つために配慮しなければならない」と記される。一九三五年九月のニュルンベルクにおけるナチ党第七回党大会で採択・決定されることになる人種差別法、「アーリアン法」は、すでにここでツィーグラーによって国家の最重要課題として、それどころか最重要義務として、新文化創出のための施策の第一に掲げられていたのだった。

しかも、「人種の純粋性」とは、ユダヤ人排撃とだけ関わるものではなかったのである。ツィーグラーはさらに、「身体的および精神的に健全かつ立派でないものは、みずからの痛苦を子供の身体のなかで永続化させてはならない。民族国家はこの点でまったく途轍もない教育活動を成し遂げねばならぬ」という『わが闘争』の言葉に依拠しながら、必要な場合には「人種衛生学」（Rassenhygiene《ラッセンヒュギエーネ》）にもとづく国家の強制的措置が結婚と出産にたいして取られねばならない、と述べる。この方針が、心身の障害を持つ人間たちを抹殺する政策として実行されたこともまた、いまではよく知られている。[10] だが、注目すべきことに、ツィーグラーはこの見解をつぎのように敷衍するのである、「こうした基本的な人種衛生学的観念は、さらにまた、民族の身体についてとまったく同様に、その民族の文化の高い成果としての芸術についても重要である。この点についてもまたヒトラーは、不滅のギリシア的な（純粋にアーリア的・北方的な）美の理想に言及しながら指摘している。この美の理想は、もっとも崇高な身体の美が最高度に発達した精神およびもっとも高貴な心情と調和的に結合するということにほかならない。」（カッコも原文のまま）――「頽廃芸術」と「頽廃音楽」にたいする戦いは、それゆえ、「人種衛生学」の見地からも、不可避だったのだ。「白痴、小児病《クレチン》、麻痺患者」としか見えない人物たちを、「完全な狂気」とともに「人間性」のありかたとして共感をこめて描くような芸術表現を、このようなありかたそのものを新しい文化から排除しようとする国家社会が容認することはできないのである。

ツィーグラーの冊子のほぼ九割のスペースを占める第三の章、「文化および民衆教育の諸手段」では、以上のような基本理念にもとづく文化形成のための具体的な方針が、「宗教と教会」、「司法」、「軍隊」、「家庭と学校」、「大学」、「文学、出版報道、および演劇」、「建築芸術、造形芸術、および工芸」、「音響芸術と音響芸術教育」、「民衆修養と娯楽」「出版業と書籍販売業」、そして総括として「文化と力」という各項目にわたって提示される。それらのうち、ツィーグラーが、ひいてはまたナチズム体制が創出しようとしていた文化のありかたにとって特徴的な文言を採録すれば、以下のようになる（文中の丸カッコと強調も原文のまま）。

来るべき国家は、強健な身体を持ち闘争精神と民族的意志をそなえたものだけが牧師もしくは司祭になるよう、配慮しなければならない。　（宗教と教会）

ほかならぬこの分野においてこそ、将来の立法機関は決定的な変化を創出しなければならない。これはただ、北方的な人種性に規定されたドイツ民族性が要求する道義的な諸要求を、あらゆる法的問題にさいして顧慮する場合にのみ可能なのである。　（司法）

第三帝国は、一般兵役義務（労働奉仕義務だ！）を論じることになろう。しかしまた、この概念を民族共同体に奉仕する民間奉仕義務にまで拡大するであろう。将来の兵士、すなわち身体的に合格と認められるドイツ国民は、みずからの兵役の権利をひとつの名誉として獲得することになる。〔……〕ヒトラーがそう望んでいるように、品行方正で健全なドイツ人の若い男子にのみ、兵役義務を果たしたのち、厳粛に国民としての権利が付与されるべきである。（軍隊）

軍隊教育の本質的な目標はつねに人格をそなえた人間と指導者との育成であるが、当然ながらこれらに行き着くことができるのは、ただ人種的に有能な人間だけである。（同）

学校がすでに前段階的選別を行なうものであるとすれば、兵役義務は第二の選別を行ない、それによっていっそう狭い範囲の本質的な国民共同体、つまり民族共同体総体のうちの指導者的人物たちを、結晶として析出するであろう。（同）

〔小学校では〕毎日一時間のドイツ語授業と、毎日一時間の歴史の授業が不動の原則とならなければならないであろう。（家庭と学校）

十八歳未満のすべての青少年にたいする煙草とアルコールの禁止。違反者には厳罰を処す。（同）

民族的文学（国民文学）がその精華においては人種に規定された民族性の最高の精神的および心情的な開示であり、その内面生活の形象化であるとすれば、さらにまた、その民族に高貴さを与えることがまず何よりもこの形象化に期待されねばならないとすれば、この開示が疎遠な他者によって歪曲され、民族性の生命の源泉が、本質と志操と性格とが、埋められたり塞がれたりするなら、たちまちその民族は内的な存在において危険にさらされていると見なされざるをえないであろう。　（文学、出版報道、および演劇）

なるほど天才というものは同時代人より先を行き、後の時代によって初めて耳を傾けられるものであるとはいえ、それでも精神的に卓越しておりかつ健全な精神を賦与されている民族であれば、その時代の精神的人士たちを少なくとも感じ取り、人間にふさわしい生活と最大の敬意とに値すると見なすだけの能力を持っているはずであり、あるいはそういう能力を持つようにさせられるはずである。今日のようなすさまじい唯物主義の時代は、精神的な仕事をする理想主義者にとっては当然のことながら好都合ではない。それだけにますます、国民社会主義の運動のような、熱狂的な信念をいだく理想主義者と無私の闘士からなる少数派の運動は、精神的な仕事にたずさわる人間たちが時機を逸することなく生きるのに必要な反響を得て、国民にとって必要な影響力を与えることができるようになるよう、しっかりと配慮しなければならない。　（同）

文学作品および芸術作品が民衆修養に及ぼす影響、すなわち民族の心と精神との陶冶に及ぼす影響は、残念ながらしばしば過小評価され、文学という芸術は趣味人やロマンティックな夢想家や「文学者気取り」の関心事であると見なされる。こうした皮相な見かたを取り除くことが緊急に必要である。残念ながら、こうした見かたは、ひとつには経済が、ふたつには技術《テクニック》が、第三にはお金が民衆の運命であると見なされる時代、この三つのものはつねに目的のための手段にすぎず、目的はただひとつ最高の志操と道義的成熟とをそなえた国民文化だけであることを理解しない時代には、広く流布しているのである。／このことをとくと考えるなら、ただちに、国家が文化の保護者および奨励者として、とりわけ教育手段としての高度な文学の管理をも引き受け、

保護者およびパトロンの職務を全力を挙げて実行すべきであるという要求が生じてくる。（同）

反ボリシェヴィキ的で大地に根ざした建築家は、人間の諸空間のために、とりわけ学校や社屋や工場のために、より多くの空気と光とを採り入れるためのさまざまな新しい可能性を、決して見誤ることはない。かれは、現代的な建築技師が提供する技術上の長所を排除することなどまったくない。このことはしかし、自然の風景と都市構造とのなかから育たねばならず、伝統との結びつきを失ってはならないという、ドイツ家屋についてのかれの見解を裏切ったり棄てたりするきっかけには到底ならないのだ。（建築芸術、造形芸術、および工芸）

造形芸術は、今日でもなお、それを助成するにはわずかな手段で足りるはずである。価値ある古い巨匠の名画を勝手に倉庫にしまい込み、それらのかわりにボリシェヴィキ的・ユダヤ的な能無しどもや劣等人種どもの駄作を掛ける、などということを阻止するような美術館保護策を導入するのは、いとも簡単ではないか。本当にまじめな努力をつづけているドイツ的な才能の持ち主たちを、美術館なり常設の展覧会なり、あるいはまた時によっては学校や広場にかれらのための場所を与えることで、一人立ちさせる助けをするのは、いとも簡単ではないか。国家および市町村が大量の芸術作品を定期的に購入することになれば、自由業《フリー》の画家や彫刻家にたいするきわめて大きな助けとなるであろう。今日では、そのようなことのために支出することが認められる金額はあまりにもわずかである。官庁の建物や学校には、芸術品によって飾るに似つかわしい空間が有り余るほどあるではないか。教会当局も、とりわけプロテスタント教会は、作品依頼によって従来よりも少しは多く造形芸術家たちを支援すべきである。（同）

4　文化官僚を支えたものたち

実践的な文化活動についてのツィーグラーの理論は、一連の引用が物語っているように、当然のことながら、特定の文化のありかたにたいする全面的な闘争と、新しい国民社会主義文化として構想されるものにたいする、これまた全面的な助成との両面を含んでいた。反ナチ陣営は、これをもっぱら文化破壊として、野蛮への逆行として非難した。その非難は、もちろん、ユダヤ人や障害者にたいする方針だけを見ても、あるいは軍隊の教育的な位置づけを見ても、なんら不当ではない。けれども、その非難が、ツィーグラーがここで体現しているナチズムの文化観の根底にまで届くことは、容易ではない。ツィーグラーが、そしてナチ党の中央出版所が、この『第三帝国における実践的文化活動』を権力掌握に先立って公刊したのは、ここに現代の文化状況にたいする根底的な反措定が提起されており、自分たちの運動はこの反措定の構想を実践していくのだという自負を込めてのことだった。ユダヤ人や障害者にたいする自己の姿勢を、かれらは誇りこそすれ、恥じてなどいなかったのである。戦勝国側によって「人道にたいする罪」として断罪された行為は、ツィーグラーたちにとっては、救いようもなく頽廃し行きづまっている文化、文学や芸術の表現者たちを人間にふさわしい生活のなかで生きさせることもできない文化ではない、新しい文化の創出のための苦闘だったのである。極言すれば、それは、ソヴィエト・ロシアで試みられた文化の革命の同時代人であったのみならず、現代の世界がさまざまな形態で試みつづけてきた「近代の超克」の試みのひとつにほかならなかった。

教育相ルストが世界各国の学界代表を前にして述べたように、ナチズムの文化政策とそれ以外のものとのあいだにあるのは「世界観」の違いでしかないのではないか——。この見解をいかにして内在的に批判するかが、ナチズム批判には問われている。少なくとも、教育に関してすら長期的な展望と目標を立てることができぬまま場当たり的な教育改革を繰り返す国家にはない確たる理念を、ナチズムの文化構想は持っていた。ツィーグラーとナチズム運動は、それを公然と明らかにし、民衆に議論を挑んだのである。ゲッベルスによる「批評禁止令」でさえ、その命令自体のなかで述べられているように、数年にわたる論議を経て決定されたものだった。「国民社会主義」が負のヴェクトルであり、「民主主義」が正のヴェクトルであるという前提を当然のこととするなら、公然と示された方針を支持し、その実践に参加した民衆の姿は、歴史から消えざるをえないだろう。そして、ナチズムの制覇を生み出したヴァイマル民主主義をも、ナチズムの過去を真に生かしえなかった戦後ドイツの民主主義をも、批判することはできないだろう。

そのことを前提としたうえで、にもかかわらず、ツィーグラーを始めとする文化官僚たちの実践は、あらためてきびしく批判されなければならない。そして、かれらが構想した文化行政の組織に加担して小官僚として働いた文化表現者たち、作家や芸術家たちの責任は、いっそうきびしく批判されなければならない。教育大臣としてツィーグラーの構想を実践する責任者のひとりだったベルンハルト・ルストは、一九四五年五月八日、避難先の北ドイツ、シュレスヴィヒ＝ホルシュタインのオルデンブルクで敗戦を知り、ピストル自殺した。ツィーグラーも、もう一人のツィーグラーも、そしてほとんどすべての小文化官僚たちも生き残り、その大多数が戦後ドイツでもなお文化活動を続けることができたのだった。

文化の領域において官僚たちを支えたのは、作家や芸術家ばかりではなかった。むしろ、文化行政にとって間接的な働きしか期待できない文学・芸術の分野にもまして大きな貢献を果たしたのは、自然科学から教育学にいたるいわゆる実学の諸分野だった。ツィーグラーが言及した「人種衛生学」は論外としても、医学、生理学、解剖学、生物学、農学、人類学、そして機械工学や化学や原子物理学を始めとする軍事科学領域など、自然科学・実験科学のほとんどすべての分野が、ナチズムの科学としてその体制に奉仕した。(11) 社会科学の領域でもこれに変わりはない。法学、政治学、歴史学、そして植民地獲得や占領地域経営に理論的根拠を与えたことで知られる地政学などが、とりわけナチズム支配を合理化し促進する役割を果たした。H・S・ツィーグラーの師、アードルフ・バルテルスの文学史学でさえ、純然たる虚学、つまり何の役にも立たない学問分野ではありえなかったのである。

科学の諸分野のうちでも、国民社会主義文化の創出という方針にとってもっとも大きな役割を担ったのが、教育学だった。同時代の日本における皇民教育と比肩する重要性を、教育という分野が与えられていたからである。その「第三帝国」の教育学を代表する学者としては、アルフレート・ボイムラーがもっともよく知られている。かれは、とりわけ体育教育を重視し、そのまま軍隊に役立つ青少年を育成することが国家の教育の最重要課題であることを強調したばかりでなく、ナチズム体制がその教育の理想を実現しつつあることを、くりかえし称揚した。(12) 一九二九年にドレースデン工科大学の教育学(一般教養科目)の教授になっていたかれは、ナチ党による政権掌握とともにベルリン大学の「政治教育学」講座担当教授に任命され、その直後の五月十日に全国すべての大学都市で行なわれた焚書にさいしては、「害毒を流す精神」にたいする当然の処置としてこれを称讃する見解を発表した。そして、かれもまた、みずからの科学的営為を大学の枠を越えた社会的実践によって実地に生かしたのである。かれの実践は、アルフレート・ローゼンベルクのもとで体育教育の政策立案と監督にたずさわることにあった。ナチ党のもっとも代表的な思想家とされていたローゼンベルクは、一九三四年に「国民社会主義ドイツ労働者党の精神的および世界観的な学習と教育全般を担当する総統全権委員」に任命されており、また闘争時代からかれが領導してきた「ドイツ文化のための闘争同盟」(Kampfbund für deutsche Kultur)の発展形態である「国民社会主義文化協会」（Nationalsozialistische Kulturgemeinde）に依拠しながら、党と国家の文化行政における主導権を握ることを目指していたのである。ボイムラーは、そのローゼンベルクのもっとも強力な支柱のひとりだった。

ナチズム体制がきわめて重視していた教育の分野においてその体制を強力に支えたのは、アルフレート・ボイムラーだけではなかった。じつは、一九三六年六月のハイデルベルク大学五五〇周年の記念式典では、教育大臣ルストにつづいて、ひとりの教育学者が講演を行なっていたのである。「問題としての科学の客観性」（*Die Objektivität der Wissenschaft als Problem*）と題するその講演[13]を行なったのは、当時フランクフルト大学の学長だったエルンスト・クリークにほかならない。一八八二年七月生まれのクリークは、一九二八年にフランクフルト・アム・マインの高等師範学校の教授となってから間もなくナチ党に入党し、教育学における国民社会主義的学説を積極的に発表した。そのために、ヴァイマル憲法の基本的人権条項（言論の自由、結社の自由など）を一時的に無効にすることができる「大統領緊急令」の適用を受けて処罰されることさえあったが、ナチ党はそのかれの業績に報いて、権力掌握後、ドイツの全大学で最初のナチ党員の学長として、かれをフランクフルト大学学長にしたのだった。

ハイデルベルクでのかれの講演は、かれ自身の表現によれば「教育大臣の呼びかけにたいするドイツ科学の返答」という趣旨でなされた。しかも、講演の表題からも明らかなように、「科学の客観性」をめぐる大臣の見解にたいして科学の側の、厳密にはドイツ科学《ドイチェ・ヴィッセンシャフト》（deutsche Wissenschaft）の側の見解を明らかにすることが、かれの講演の目的だった。――クリークはまず、ドイツが科学をも道連れにしていわゆる「自給自足《アウタルキー》」体制への道を進んでいる、という誤解をあらかじめ解いておきたい、というところから始める。「われわれは、われわれがヨーロッパ・西洋諸民族という家族の一員であることを知っており、将来も他のすべての一員たちとたがいに与えあい受け取りあうという関係を続ける」だろう。「科学的成果を交換しあう可能性を普遍人間的な真理と客観性との表現と呼ぶのなら、ドイツ科学もまたそのような客観性を認めるにやぶさかではない」のである。それどころか、「ドイツ科学は、そうした客観性を認めるものであり研究者であるものの倫理《エートス》として、選ばれた対象および取りかかった研究課題を前にするとき、その研究形態が、自由と、世界的な広さおよび世界に開かれたところと、誠実さと正確さとを持していることを、要求する」ものである。

「しかし」と、かれはそこで方向を転じる。「科学研究の創造的な源泉と意味とを問うならば、われわれは、科学研究がそれの根ざしている民族的生活空間の独自性と基本的性格と歴史形成の任務とに内的に結びつけられていることを、認識する」のであって、「はじめにお話した諸民族とさまざまな時代とにおける科学形態のあの豊かさは、まさにそこにこそ由来する」のである。

ある一民族の科学は、その民族の生活総体の表現であり部分であり、それゆえ必然的に、この生活の諸条件や限界、それがたどる道やそれがもつ意味と結びついています。それは、一民族がみずからの指導的人物たちを通してみずからの創造的な諸力を展開し、みずからの道を模範的な姿で完結させるところに向かって歩んでいくための、さまざまな様式のうちのひとつなのです。科学という様式は——他の諸分野、たとえば芸術とは違って——判断様式、方法、体系などをともなう合理的な概念によって特徴づけられています。しかしそれだからといって、科学は全人類的な、あるいは純粋に精神的な基盤それ自体なるものの上に立っているわけではありません。そうではなく、科学はそれの諸概念や方法をもって、言語、人種的な性格、その他、一民族がみずからの道を行き、みずからの意味を成就するためのさまざまな自然条件に、束縛されているのです。〔……〕なるほど、真理が科学の道であり形成の掟であることに変わりはありません。しかし、科学の目標は、共同体の性格および自然法則にふさわしい人間のありかたと民族的生活秩序の形成なのです。科学は、それゆえ、みずからの根底を世界観のなかに持っているのです。

これによって、科学における客観性という理想は毀損され拒絶されたことになるのでしょうか？　客観性というものを、研究者の仮借なき誠実さと事実にたいする公正さであると理解するのであれば、そのような客観性は、われわれによってまさしく科学の存在原理にまで高められています。しかし、客観性というものが、生きているものの外《そと》に生存の可能性があるというあらかじめ設定された基準値のもとでなされる科学的認識の絶対性の要求を意味するのであれば、そのような要求はただ単に超人的な存在を僭称するものとして拒絶されるばかりでなく、その要求全体が自己欺瞞であることが、いやそれどころか嘘であることが暴露されるのです。われわれは、われわれの民族的および歴史的な場から永遠の真理を摑もうとすることができるのであり、われわれが誠実に真理を目指して努力するなら、真理はわれわれの性格の種にふさわしい質に応じて、またわれわれの生活の必要性に応じて、われわれに賦与されるでありましょう。それ以上は、死すべき人間には与えられておりません。それ以上のことを約束するものは、不遜の罪に陥っているのです。

ルスト／クリーク『国民社会主義ドイツと科学』表紙。

このあとクリークは、そもそも客観性という観念はカントの『純粋理性批判』から発したひとつのイデオロギーにすぎないことを強調し、「客観性と中立性とにたいする要求は、科学の傍観者的、静観的な基本姿勢と結びついている」と結論づける。そして最後に、「われわれはいま、われわれに課せられた偉大な民族的・政治的な形成の任務を顧慮しつつ全《まった》き人間を形作るようなひとつの科学を得ようと努力している」のであり、「われわれはこれによって同時にまた、自然と精神との、個人と共同体との、現にある分裂を、上位に位置づけられた共同体生活とそれの人種的諸基盤との統一と全一性とのなかで克服する」のである、と述べる。「そのさいわれわれは、科学のこの道を行く途上において、新しい共同作業と実りある交流のなかで他の諸民族の学者たちと出会うことができるであろうと、深く確信しているのであります。」――これが、クリークの講演の結びだった。

エルンスト・クリークは、この講演の翌年、一九三七年三月三十一日に、教育学にたいする貢献によってハイデルベルク大学学長に栄転した。「第三帝国」が崩壊したとき、かれはアメリカ軍によって逮捕され、南独バイエルンのイザール川に近い収容所で一九四七年三月十九日に六十五歳の生涯を終えた。

「第三帝国」の時代のクリークがその国家社会にみずからの教育学によって絶大な貢献をなしたことは、かれの履歴が何よりもよく物語っている。だが、それにもかかわらず、かれのその貢献がどのようなものであったかを、かれのハイデルベルクでの講演もまた歴然と物語っているのだ。かれがそこで語ったことは、かれに先立って教育相ルストが述べたことを、本質的には何一つ越えていないのである。ルストとの違いは、かれが政治家ではなく、文化官僚でもなく、ひとりの教育学者、ひとりの科学者だったということだけにすぎない。もしもかりに、ナチズムの世界観によればすべての文化領域が「民族の血と歴史」によって規定され、「人種にふさわしい」生活の現実によって束縛されているのだとしても、個々の文化領域はその領域独自の視点と方法からのみ、その生活の現実に、歴史と人間に、肉薄しうるはずであり、そのようにしてしか肉薄しえないはずである。教育学者クリークの講演には、その独自の視点も方法も示されていない。政治家であり高級文化官僚であるルストの観点を、同じ観点から補強しているにすぎない。政治の方法と科学の方法は、ここでは何ひとつ違いがないのである。

「第三帝国」における科学者の頽廃は、そしてそれにもまして文学者や芸術家の頽廃は、ここにあった。かれらがひとつの「世界観」にあるいは共感し、あるいはそれを積極的に支持して、それを実現するために挺身したこと自体が、もっとも非難されるべきことではない。国民社会主義の世界観とそれ以外の別の世界観とは、極言すれば、あくまでも等価なのである。それぞれが固有の価値基準にもとづいている以上、等価でしかないのだ。それにもかかわらず、国民社会主義の世界観がそれと対立する世界観と等価ではありえないのは、国民社会主義の世界観は現に、自己の活動領域でしかなしえない作業、この領域でしかありえない独自の視点と方法による作業をなしうる研究者や作家・芸術家を生まなかった、あるいはその生存を許さなかった——という事実のゆえになのだ。そして、この事実を文化の問題としてとらえなおそうとするなら、そのような作業をなしえなかった研究者や作家・芸術家の責任こそが、問われなければならないのだ。その責任は、職業としては国家の官僚であるボイムラーやクリークたちにもまして、小文化官僚として働いた作家・芸術家たちに、いっそう重くのしかかっている。

なぜなら、文学・芸術の分野こそは、虚構によって現実と対峙すべき場だからである。その表現が、現実の生活に規定され、生活に根を持っていることは、言うまでもない。だが、文学・芸術の現実との関わりかたは、政治のそれと同じではない。もしも政治が、ルストとクリークが主張するように、世界観を基盤とし、それによって描き出された理念を、すなわちまだ虚構でしかないものを、現実と化すことを目指すものだとすれば、文学・芸術は現実を虚構として描き、現実を虚構と化すのである。世界観そのものも、文学・芸術にとっては虚構の素材でしかない。ナチズムに加担した作家や芸術家たちは、虚構でしかない理念を国家の方針として現実化する政治の領域にたいして、あくまでも現実を虚構として表現するという文学・芸術の根本的な作業によって対抗することを、放棄したのだった。この対抗とは、ナチズムにたいする歴然たる反対や抵抗を必ずしも意味しない。そのような抵抗は、「第三帝国」に留まるかぎり、不可能だっただろう。そのような抵抗のずっと以前で、かれらは、文学・芸術にしか可能ではないものを放棄していたのだった。眼前の現実を虚構と化す作業よりも、政治家や文化官僚たちの虚構を民衆のまえに現実として描き出す仕事に、かれらはみずからの表現を総動員した。こうして、それがどのようなものであれ、虚構の素材でしかない現実と世界観とを、政治家と文化官僚たちと同じ言葉、同じ形式と色彩で、再現してみせることを、かれらはやめることができなかったのである。これは、その言葉や形式や色彩で描かれた内容がナチズムそのものであることにもまして、文学・芸術の死を意味したのだ。

第三部　主体の表現、参加の文化

ニュルンベルクでのナチ党大会にさいしてSAの街頭行進を「うらやましい特等席」である街路ぞいの家の窓から見下ろす娘たち。

VI　二つの大戦の英雄として
――ハンス・ツェーバーラインの体験と文学

1　ペンツベルクの人狼部隊

一九四五年四月末、すでにベルリンはほぼ全域がソ連軍に制圧されつつあった。アメリカ軍は南独バイエルンの首都、ミュンヒェンに迫っていた。ドイツの敗北は時間の問題だった。四月二十八日（土曜日）の午前二時、ミュンヒェンでは、密かに活動を開始していた地下抵抗組織、「バイエルン自由行動」（FAB）が、国防軍の一部に支援されながら、国営放送ミュンヒェン局の電波をつうじて、「連合国軍に抗戦することなく、白旗を掲げよう」と住民に呼びかけることに成功した。この呼びかけに呼応するかたちで、同じ四月二十八日、ミュンヒェンから四〇キロほど南の小さな炭鉱町、ペンツベルクでは、徹底抗戦を住民に命じる市当局にたいする市民たちの抵抗が開始された。警察署と市役所を占拠した市民たちは、当局に批判的な四〇名の住民からなる新しい保安警察を設置するとともに、市長を解任して、ナチ時代以前に市長だったハンス・ルンマーという人物をふたたび市長に任命した。ナチ当局が、敵軍の進攻にそなえて、炭鉱や発電所、重要な生活関連施設などの爆破と、市内に収容されて炭鉱で使役されていたフランスとソ連の捕虜たちすべての殺害とを計画していることを、社会民主

党系と共産党系の反ナチ活動家たちが察知して、破局を阻止する行動を一部の住民たちとともに起こしたのである。(1)

この「叛逆」を、もちろん当局は座視していなかった。報復作戦のためにペンツベルクへ派遣されたのは、「人狼」(Werwolf)と名付けられた特殊部隊だった。

人狼(ヴェーアヴォルフ)とは、人間でいながら狼に変身して凶行をなす伝説上の存在だが、第二次大戦末期にパルチザン戦を目的として組織されたナチス・ドイツのコマンド部隊が、この名で呼ばれたのである。将来の戦争のために小集団の特殊部隊を養成するという構想は、ヴァイマル時代末期の国防軍の一部にもすでにあったとされる。ナチ党では、SA(突撃隊)のエルンスト・レームが、政権獲得後ただちに、同様の構想を実現に移す方針を打ち出した。しかし、翌三四年六月末の粛清(長いナイフの夜)でかれが殺されると、すでに開設されていた訓練施設も閉鎖され、計画は途絶した。SS(親衛隊)のハインリヒ・ヒムラーによって人狼部隊がついに現実のものとなるのは、ドイツの敗色がもはや蔽いがたい一九四四年秋のことだった。

四四年九月二十五日の総統命令によって、十六歳から六十歳までの男子で現に兵役にあるもの以外はすべて「民族突撃隊《フォルクスシュトゥルム》」(Volkssturm)に編入され、進攻してくる敵軍と戦うことが義務づけられた。それから一ヵ月後の四四年十月末、東プロイセンでその一部隊を前にして行なった演説のなかで、ヒムラーは、少人数を単位とする特殊部隊の構想について述べ、「人狼」という呼称を初めて口にしたのである。そのさいかれが念頭に置いていたのが、郷土文学と動物文学の作家として著名なヘルマン・レーンスの一九一〇年の小説、『ヴェーアヴォルフ』(*Wehrwolf*)だったことは、疑いないとされている。レーンスのこの小説(2)は、十七世紀前半の「三十年戦争」のさなかに、暴兵たちの掠奪や狼藉に対抗するため北ドイツの農民が組織した自衛団を描いたものだった。ナチス・ドイツの人狼部隊は、ヒムラーのこの構想にしたがって、SS軍団長ハンス・プリュッツマンの配下にあるSS内部の特務機関で養成されることになった。その主たる任務が、敵軍の後方攪乱や、敵に占領された地域でのゲリラ戦にあったことは言うまでもない。けれども、現実には、敵軍にたいしてよりはむしろ、迫り来る敵軍を前にしたドイツ国民のサボタージュや反戦的行動、さらにはすでに占領された地域での敵側への協力にたいして、人狼部隊の攻撃は向けられたのである。

記録によって確認できる人狼部隊作戦のうち、もっとも大きなセンセーションを捲き起こしたひとつは、アーヘン市長殺害だった。――一九四五年三月二十五日、ベルギーおよびオランダとの国境に近い大都市アーヘンの市長、フランツ・オッペンホフが、六名からなるコマンド部隊の手で射殺された。かれは、同市をすでに前年の十月二十一日に占領した米軍によって、市長に任命されていたのである。「カーニヴァル作戦」（Unternehmen Karneval）と名付けられたこの殺害を実行した人狼部隊は、ヴェンツェル少尉と呼ばれる人物を指揮官とし、男五名と女一名の隊員で構成されていた。かれらは、鹵獲《ろかく》した米軍の爆撃機B17で三月二十日に北ドイツのヒルデスハイムを飛び立ち、落下傘でアーヘン近郊に着陸、ベルギー軍の歩哨兵を殺して市内に潜入し、ついに自宅で市長を射殺することに成功したのだった[3]。

事件は国内ばかりでなく国外にも大きな衝撃を与えたが、ナチ当局は、党機関紙『フェルキッシャー・ベオーバハター』で、この作戦が叛逆罪にたいする正規の死刑判決を執行したものであることを強調し、コマンドたちの殊勲を讃えた。SS全国指導者兼ドイツ警察長官で、四三年八月二十日からは帝国内務大臣でもあったハインリヒ・ヒムラーは、アーヘン市が陥落する直前の四四年十月十八日にすでに、被占領地域で敵軍によって任命された市長はすべて射殺せよ、という秘密指令を発していた。加えて、四五年一月にはとくにSS西部方面本部にたいし、「アーヘン市長に死刑判決が下された。処刑はWによって執行すべし」との命令を書面で送っていたのだった。この「W《ヴェー》」が「ヴェーアヴォルフ」の頭文字だったのである。そして、アーヘン市長殺害の直後、ド

『ヴェーアヴォルフ——追撃部隊のためのヒント集』より。

イツ政府の民衆啓発・宣伝大臣であり戦争遂行の最高責任者でもあるヨーゼフ・ゲッベルスは、四月一日、復活祭特別番組のラジオ放送をつうじて、いまこそ全国民がいたるところで人狼部隊を組織し、国土を蹂躙する敵軍と戦わねばならぬ、という「人狼部隊の布告」を発したのである。

　ゲッベルスのこの呼びかけは、人狼作戦を一部の特殊部隊の任務に限定するのではなく、すべてのドイツ国民の戦いの方式として遍在化させることを意図するものであり、まさしくヘルマン・レーンスの小説の主題を実地に蘇らせることになるはずのものだった。「民族突撃隊」を主要な戦闘員とする国内でのゲリラ戦を想定して、すでに一九四五年一月には、ゲリラ戦の基本について解説した手引書が、しかも『ヴェーアヴォルフ——追撃部隊のためのヒント集』という表題で作成されていた[4]。それには、両側の樹木を切り倒して道路を封鎖する方法や、地面の状態に応じて足音を立てずに忍び歩く方法、日本で言う蛸壺《たこつぼ》に相当する「狐穴」と呼ばれる穴を掘って地中に身を隠し、敵を待ち伏せする方法、待ち伏せして敵を狙撃するのに適した位置の選び方などが、細密な図解によって説明されていた。けれども、この手引書がどれほど役立ったかは、疑問と言わざるをえないだろう。連合国側の軍隊が一般国民による人狼部隊の影に脅かされたことを別とすれば、現実には、大多数の国民はゲリラ戦を担う気持などもはや持たなかったからである。こうして、国民の最後の一人までが「人狼」となって敵と戦う、というゲッベルスの構想とは裏腹に、アーヘン市長殺害と並ぶもうひとつの衝撃的な人狼作戦は、敵ではなくドイツ国民自身に向けられることになる。南部バイエルンの炭鉱町、ペンツベルクの市民たちの「叛逆」にたいする人狼部隊の投入がそれだった。

ペンツベルクで市の実権が市民たちに握られたのを知るやいなや、バイエルン州政府首相でありナチ党のミュンヒェン＝オーバーバイエルン大管区長・SA軍団長であるパウル・ギースラーは、ただちに鎮圧命令を発した。このギースラーは、軍需相でもあるアルベルト・シュペーアと並ぶ第三帝国のもっとも代表的な建築家、ヘルマン・ギースラーの兄としても知られていた。弟ヘルマンは、国家の委託により、ミュンヒェン市の都市改造計画の壮大な設計図と完成予想模型を作成したが、第三帝国の瓦解によって、それは実現せぬままに終わった。バイエルンの最高権力者である兄パウル・ギースラー自身も、じつは、一九二二年に二十七歳で入党した当初は建築家として活動した経歴の持主だった。一九四五年四月三十日にヒトラーが自殺するとき、その遺言によって、パウル・ギースラーはヒトラーを裏切ったヒムラーの後任として帝国内務相に任命されることになる。——ギースラーの鎮圧命令が発せられると、その日のうちに、ひとりのSA旅団長に指揮された一団の人狼部隊が市に到着し、地元のナチ党員や協調者に作成させた「政治的に信用のおけない」市民のリストにもとづいて、たちどころに多数の住民を逮捕した。新しい市長をはじめとする中心的なメンバーたち七人は、すでにそれ以前に国防軍（正規軍）によって逮捕され、射殺されていた。

人狼部隊の指揮官は、ナチ党の最古参党員のひとりであり、地元バイエルンの「戦功勲章受賞者団」総裁であり、ミュンヒェン市議会議員でもあったが、逮捕した同郷住民たちに一片の同情も示さなかった。提出させた危険人物のリストが信頼にたるものかどうかを考慮する気など、なおさらなかった。こうして、その日、四月二十八日夜から翌日未明にかけて、指揮官の命令で人狼部隊は八人の市民を絞首刑に処した。二人は夫とともに殺された女性で、そのうちのひとりは妊婦だった。処刑を終えると、人狼部隊はただちにペンツベルクを去った。あとには十五の屍体と、人狼部隊が配布していったビラが残された。バイエルンの各地でも撒かれたそのビラは、

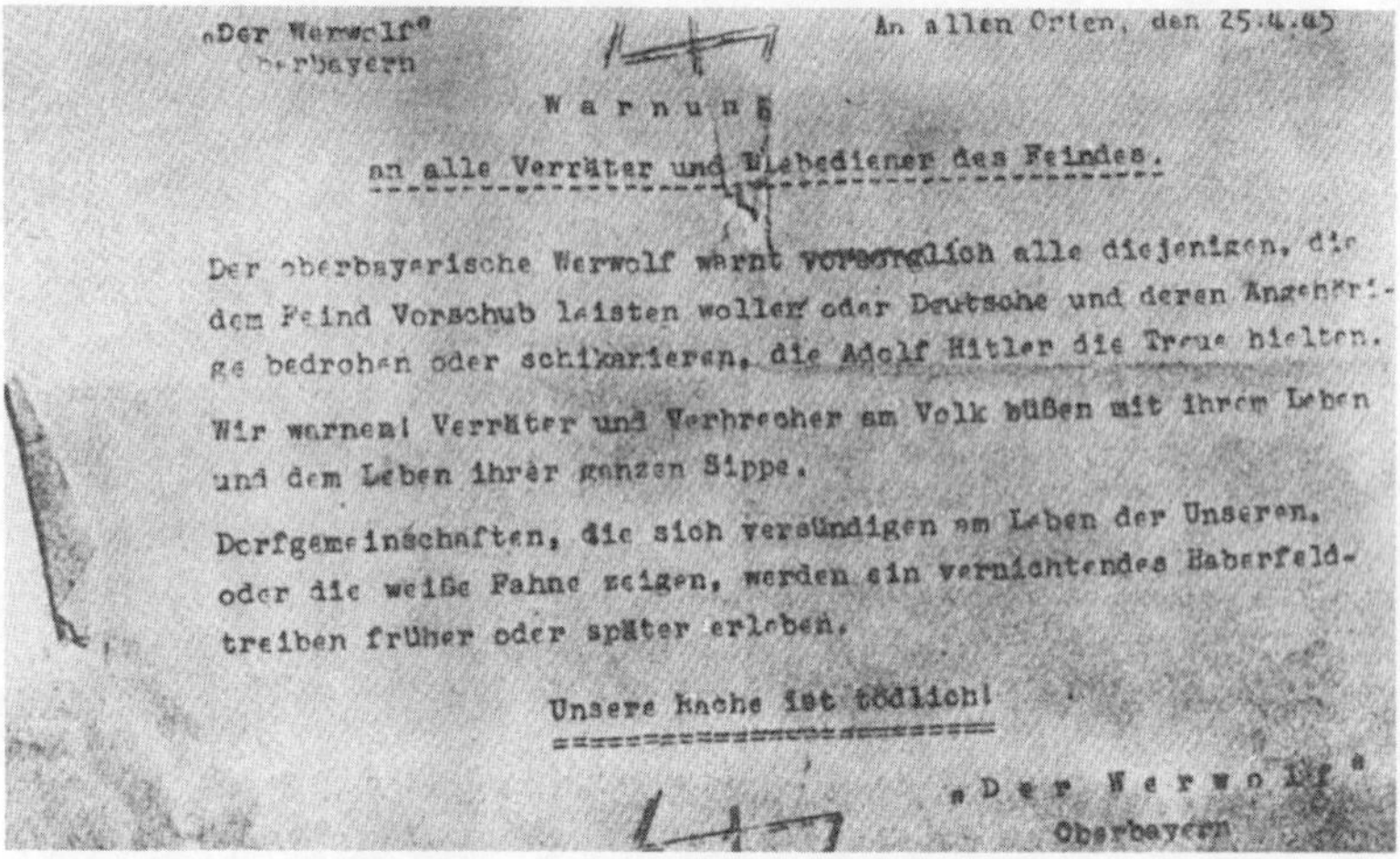

„Der Werwolf"
Oberbayern

An allen Orten, den 25.4.45

Warnung

an alle Verräter und Liebediener des Feindes.

Der oberbayerische Werwolf warnt vorsorglich alle diejenigen, die dem Feind Vorschub leisten wollen oder Deutsche und deren Angehörige bedrohen oder schikanieren, die Adolf Hitler die Treue hielten.

Wir warnen! Verräter und Verbrecher am Volk büßen mit ihrem Leben und dem Leben ihrer ganzen Sippe.

Dorfgemeinschaften, die sich versündigen am Leben der Unseren, oder die weiße Fahne zeigen, werden ein vernichtendes Haberfeldtreiben früher oder später erleben.

Unsere Rache ist tödlich!

„Der Werwolf"
Oberbayern

「オーバーバイエルン人狼部隊」のビラ。

タイプライターで印字して謄写版で刷っただけのものだったが、鉤十字《ハーケンクロイツ》の一変形でもある「狼罠《ヴォルフスアンゲル》」のロゴタイプが上下に描かれ、威嚇的な文句に終始していた。

警告

すべての裏切者と敵にへつらう者どもへ

オーバーバイエルン人狼部隊は、敵を援助しようとする者や、アードルフ・ヒトラーに忠誠を守ったドイツ人およびその親族を脅かしもしくは愚弄するすべての者どもに、あらかじめ警告する。

我々は警告する！ 民族に対する裏切者と犯罪者は、みずからの生命と一族全員の生命をもってその償いをするのだ。

我々の側の生命に対して不正な害を及ぼしたり、白旗を掲げたりする村落は、早かれ遅かれ壊滅的な私刑《リンチ》をこうむることになるであろう。

我々の報復は死だ！

オーバーバイエルン

「人狼部隊」

人狼部隊が去った翌日、ヒトラーがベルリンの首相官邸で自殺し、その翌々日、アメリカ軍がやってきてペンツベルクを占領した。ドイツの無条件降伏はその一週間後だった。

ドイツの南端に近い炭鉱町とその周辺を恐怖と狂乱状態におとしいれたこの人狼部隊の報復作戦は、「第二の十一月」をいかなる手段をもってしても許さない、という強い決意を住民たちに思い知らせるためだった、とのちに分析されている。かつて第一次世界大戦にドイツが敗れたのは、軍事上の敗北ではなく、銃後の反戦運動やサボタージュなどの裏切り行為のためだった、という「十一月の裏切り」説を、かねてからナチズムは唱えていたのである。

2　戦争体験からナチズムへ

ナチズムをドイツ国民の多数が支持し、あるいは少なくとも容認するようになるうえで、第一次世界大戦における敗北の諸結果が決定的に大きな役割を果たしたことは、すでに繰り返し指摘されている。けれども、敗戦の諸結果は、政治上・経済上の困難や矛盾として、生活に直接の打撃を及ぼしただけではない。その打撃の意味を嚙みしめ、政治上・経済上の困難や矛盾の源泉を問いなおし確認することによって、与えられた打撃はいわば内面化され、いっそう痛烈な、いっそう耐えがたく許しがたいものとして自覚されるようになる。この自覚をドイツ国民にうながすうえで、「十一月の裏切り」説は、もっとも強力な武器のひとつとして使われた。そして、多くはこの武器をも描き込みながら、敗戦の意味と、ひいてはまた戦争そのものの意味を問いなおし、その意味を国民にさらに深く自覚させるのに貢献したのが、ヴァイマル共和国時代の戦争体験文学だった。

第二次大戦後のいわゆる戦後民主主義の視点からすれば、ヴァイマル期の戦争体験文学を代表する作品とは、エーリヒ・マリーア・レマルクの『西部戦線異状なし』(一九二八年)であり、アルノルト・ツヴァイクの『グリーシャ軍曹をめぐる戦い』(二七年)であり、ルートヴィヒ・レンの『戦争』(二八年)だった。だが、発表当時のドイツで、これら基本的に反戦の立場をとる作品に劣らず、あるいはむしろこれらを遥かにしのいで多くの読者を見出し、その後も長期にわたって読みつづけられたのは、反戦の理念とはほど遠い一連の戦争体験小説だったのである。エルンスト・ユンガーの『鋼鉄の嵐のなかで』(二〇年)、ヨーゼフ・マグヌス・ヴェーナーの『ヴェルダン戦線の七人』(三〇年)、エートヴィン・エーリヒ・ドヴィンガーの『鉄条網の背後の軍隊』(二九年)など、かつて日本語にも翻訳された諸作品を始めとして、この種の文学表現は、作者の数のうえでも作品の発行部数のうえでも、反戦文学を圧倒していた。そして、反戦文学の代表者たちは、ナチス時代が来たとき、ごく少数の例外を除いて外国に亡命したが、戦争体験を肯定的に描いた多数の作家たちは、これまたごく一部を別とすれば、「第三帝国」の文化の中心的な担い手となったのである。

後者の作家たちのうちでも、東部戦線での体験をテーマとするドヴィンガーと並んでもっとも熱烈に戦争体験を称揚し、そうした作品によって多くの読者に迎えられたひとりが、ハンス・ツェーバーラインだった。ヒトラーが首相に就任する前々年、一九三一年の春に刊行されたかれの長篇小説『ドイツへの信念』(*Der Glaube an Deutschland*)は、ナチス治下の第二年、一九三四年の時点ですでに一一版を重ね、累計九万五千部を数えていたが、さらにその四年後の三八年には二六版、総部数三〇万部に達することになる。ヴァイマル時代とナチス時代とを通じての超ベストセラー小説として有名なハンス・グリムの『土地なき民』が、二六年の初版刊行以来たえず版を重ねながら、九年後の三五年に発行総数二九万部を達成したのと比較してみれば、七年間で三〇万部というツェーバーラインのこの小説の位置が、おおよそ想像できるだろう。(5)

ツェーバーラインの小説『ドイツへの信念』がこれほど多くの読者を見出すことになった一因は、疑いもなく、この作品にアードルフ・ヒトラー自身が序文を寄せたからである。ヒトラーは、「さあ出発だ！」（*Auf den Weg!*）と題するその序文を、「ここで前線の遺言が書き下ろされたのだ！」という一行で始め、「育ちつつある若者たちにとって本書は前線の遺産である！」という言葉で結ぶ。この本には、何年も後の今日からふりかえって見たのではない戦闘の現場の姿が、時々刻々と「歴史的な忠実さ」をもって描かれている。ここには、「われわれの不滅の勝利を創出したあの力の源泉」たる「前線の心臓」の鼓動が聞こえる――こうヒトラーは述べている。一九三一年二月の日付を持つこの序文を書いたとき、もちろんヒトラーはまだ、一野党の党首にすぎなかった。二年後にかれが首相となり、またたくまにナチ党の独裁体制が確立されていったとき、この序文は、作者にとっても作品にとっても、当初とは比べものにならないほど大きな力となった。だが、そのことにもまして重要なのは、一篇の小説にこうした序文を寄せるほど、ヒトラーにとってこの作品と作者は近しい存在だった、という事実だろう。

ハンス・ツェーバーラインは、「第三帝国」の代表的な文学表現者と目されることになる人びとのうちでも、おそらくその右に出るものがないくらい生粋のナチス作家だった。発表された作品はこの『ドイツへの信念』が最初だったが、ナチ党員としての活動歴は長かった。一八九五年九月一日にニュルンベルクの製靴職人の子として生まれたかれは、小学校卒業後、左官と石工の徒弟となり、第一次世界大戦の勃発時には、左官職人として働くかたわら、建築家をめざして実業学校に通っていた。一九一五年一月、満十九歳で出征し、翌年一月に始まるヴェルダン会戦で重傷を負いながら、完治するのを待たずに九月には前線に復帰した。バイエルン軍団の下士官として終戦まで西部戦線の各地を転戦し、その顕著な戦功にたいして鉄十字勲章一級、バイエルン戦功勲章金章などを授与された。いわば模範的な前線兵士だったかれにとって、もちろん終戦は不本意きわまりないものだっ

ハンス・ツェーバーラインとサイン（『ドイツへの信念』扉写真）。

た。復員してニュルンベルクの建築学校で勉学を再開したものの、戦後の激動を傍観していることができなかったかれは、一九一九年春、反革命義勇軍団「フライコール・エップ」に入隊する。(6)

敗戦後の革命的情勢のなかでドイツ各地に出現した反革命の義勇軍団《フライコール》（Freikorps）のうちでも、帝国陸軍の歩兵聯隊長としてアフリカ植民地での原住民の叛乱を鎮圧した経歴を持つフランツ・フォン・エップによって組織された「フライコール・エップ」は、ミュンヒェン革命を殲滅する主力となったことで、とりわけ歴史に名をとどめている。のちにナチ党の武闘組織ＳＡ（突撃隊）を創設してその隊長となるエルンスト・レームも、このエップ義勇軍団の一員だった。ツェーバーラインもまた、この義勇軍団の「戦友」たちとともに共産主義革命との戦いの一翼を担い、そのなかで、ボリシェヴィズムとユダヤ人にたいする敵意を強固なものにしたのだった。ドイツ民族主義を立脚点とする政治運動の必要性を痛感したかれは、革命鎮圧の任務を終えたのち、知人に誘われて小さな政治演説会に参加したのがきっかけとなって、過激な反ユダヤ主義者、ユーリウス・シュトライヒャーが幹部のひとりだったドイツ社会労働者党（Deutschsoziale Arbeiterpartei）に入党する。その後、一九二一年にミュンヒェンに移住し、そこでヒトラーのナチ党を身近に知り、躊躇なくそれに入党、ただちにＳＡ隊員となったのだった。

党員としてのツェーバーラインの活動はめざましいものだった。自分が住むミュンヒェン郊外の労働者居住区アウ・ギーシングにナチ党支部を建設し、その支部長となるとともに、ミュンヒェンにおけるＳＡの中隊長として、敵対する左翼政党との実力闘争や、ユダヤ人にたいするボイコットや襲撃の指揮をとった。二三年十一月のナチ党によるミュンヒェン・クーデタに加わり、それが鎮圧されて、ヒトラーをはじめとする幹部たちが逮捕されたのちは、党再建の活動に積極的に参加した。二五年二月末に再建された党では、ツェーバーラインは八六九番というきわめて若い党員番号を与えられた。ちなみに、『二十世紀の神話』の著者で人種主義イデオローグのアルフレート・ローゼンベルクが六二五番、SS長官ヒムラーは一四三〇三番だった。

3　『ドイツへの信念』の戦争像

ハンス・ツェーバーラインの戦争体験小説『ドイツへの信念』は、「ヴェルダンから瓦解までの戦争体験」（*Ein Kriegserleben von Verdun bis zum Umsturz*）という副題が示すとおり、作者が前半生に歩んだ道筋のうち、第一次世界大戦の四年間を集中的に描いた作品である。

物語は、主人公たちの部隊が西部戦線の戦場へ列車で運ばれてくるところから始まる。副題での言及に加えて、冒頭の章のタイトルが「ヴェルダンの会戦」となっているので、読者はあらかじめ、歴史に残る激戦地が物語の最初の舞台であることを知らされるわけだ。主人公には伝令兵の任務が与えられている。大隊本部と最前線の塹壕とのあいだを砲弾や銃弾をかいくぐって命令と報告を伝える役目である。すさまじい消耗戦のなかに投げ込まれた主人公の体験を、作者は、「わたし」が語る一人称形式で描いていく。「わたし」が戦友たちから「ハンス」と呼ばれているところからも、それが作者のいわば分身であり、この小説が作者自身の実体験にもとづいていることを、読者は想定しうるだろう。

小さな活字でびっしり組まれた正味八〇ページのこの大長篇は、ほとんど全篇がもっぱら戦闘場面だけから成っている、といっても過言ではない。作者は「わたし」を通して、砲弾のうなりと炸裂、着弾の衝撃、崩れ落ちる塹壕の土砂と遮蔽物、銃弾の飛び交う音や発射音、頭上を襲う敵の飛行機の脅威などを、随所で擬声音も挿入しながら、きわめて躍動的に描き出していく。その描写は、ヴァイマル期の反戦文学に共通する特徴とされてきた新即物主義《ノイエ・ザッハリヒカイト》をも凌駕するほどの克明な具象性をもって、戦場の情景と空気をありありと現出させる。しかも、注目すべきことに、戦場のこうした具体的な描写は、戦争の現場の悲惨さや恐怖にも、そこで戦う軍隊というものが孕む醜い問題性にも——つまり一般的には反戦文学の領分と見なされていることがらにも——けっして目を閉ざしていないのである。『ドイツへの信念』のこの特徴は、反戦文学とは正反対の理念を標榜する一ジャンルとしての戦争体験文学の、文学表現としての本質を明らかにするうえで、きわめて重要な意味を持ってこざるをえないのだ。

たとえば、伝令兵として新しい戦場での任務に就いた「わたし」が、激戦の終わったあとの戦野に放置されているおびただしい戦死者を見る場面がある。ぞっとするような硬直した格好で、いくつもの死体が味方の塹壕のすぐ前に横たわっている。突撃するために壕を飛び出した瞬間に銃弾が命中したのだろう。向うの斜面には、フランス軍の死者たちが、青灰色のしみを点々とばらまいたように倒れている。ドイツ軍の軍服の色が灰緑色であるのにたいして、フランス軍のそれは青灰色なのである。「ある連絡壕のなかでは、何人もの死者たちが、たがいに絡まりあったようになって、流れた血がつくった血溜まりに浸かったまま、ひきつった黄色い顔とガラスのような眼をして、滅茶々々に打ち壊された壕壁によりかかって倒れていた。」——やがて衛生兵たちがやってきて、あたりを片付け、小さな木の十字架をいくつも立てていく。それを見ていだいた思いを「わたし」はこう記す、ではつまり、英雄の死とはこういうものだったのか？　息の根を止められるような感じを喉元におぼえ、頭には混乱した想念をかかえながら、わたしは姿を忍んであたりを歩きまわった。つまり、ひとりの人間の生命というものは、なにかちょっとした策略によって、ほんのひとつの醜悪な偶然によって、いつでも消し去られてしまいうるほど、とるにたりないものだったのか？　ひょっとするとこの連中は、もしもこの榴弾がやって来るなり銅で出来たその小さなものがひゅっと飛んで来るなりしたちょうどそのときに、ほかならぬそこを歩いていなければ、まだ生きていられたのではないか？　自分の生命はそんなにままならぬものだったのか？

『ドイツへの信念』挿絵（アルベルト・ライヒ画）。

「英雄の死」として美化されているものにたいするこの疑念は、戦争の残虐さと空しさにたいする思いと直接つながっている。そしてこの思いは、そのただなかに身を置いているような臨場感を読者にいだかせる戦闘描写によって、ますます切実なものにされるのである。だがしかし、作者はこれを、戦争にたいする告発として書いているのではない。戦争を肯定しあるいは戦争に身を捧げることを誇りにするものたちへの批判として、これを書いているのではない。何度にもわたって描かれる軍隊内部の腐敗や矛盾を示すエピソードも、また同様である。今次の会戦でもっとも目ざましい勲功を立てたものに鉄十字勲章一級が与えられることになったとき、中隊長はそれが「わたし」、つまりハンスであると確言し、戦友たちもまたそれを疑わない。ところが、師団長閣下がやってきて授与式が行なわれると、名前を呼ばれたのは、そもそも第一線に出たことなど今回の戦闘で一度もなかった三人の古参兵だった。実質的な働きではなく、年功序列が牢固として生きているのである。驚き呆れる

「わたし」に、これは自分のポケット・マネーだが、と中隊長が申し訳なさそうに差し出した五マルク紙幣を、「わたし」は憤然と突っ返す。

「わたし」が当然受けるべき鉄十字勲章を与えられなかったのは、このときだけにとどまらない。対峙する敵がどの部隊であるかを知るために、敵の塹壕に忍び込んで敵兵を捕虜にしてくる、という特攻作戦が実行されたとき、「わたし」の分隊は隊長の「わたし」以下全員が志願してこれに従事し、悪戦苦闘のすえついに一名のフランス兵を生きたまま捕虜にして戻る。ところが、三つの特攻隊のうち「わたし」の分隊だけが捕獲に成功した敵兵は、別の隊の准尉の手柄ということにされてしまい、あらかじめ約束されていた鉄十字一級と特別休暇は、その男に与えられたのである。「わたし」も、結局はあとになってついに鉄十字勲章一級を受けることになったものの、忿懣やるかたない気持は、物語の終末に近いひとつの場面でも、あらためて強調されている。――思いがけなく停戦が日程にのぼり、戦地からの撤退が決まったとき、経理担当に呼ばれた「わたし」は、撤退にさいして給料と報奨金が支払われることを告げられる。「わたし」の前に一〇〇マルク紙幣がずらっと並べられる。驚いたことに、イギリス軍の飛行士一名を捕虜にしたのにたいして七五〇マルク、戦車一台の捕獲に一〇〇〇マルクだという。「わたし」は不本意な停戦と引き換えに下げ渡されるその巨額の紙幣を受け取りながら、かつて中隊長が五マルクを差し出したとき激怒したことがあったのを、思い起こすのである。

前線の兵士たちが人間あつかいされず、必要最低限の待遇さえ受けていない現実についても、「わたし」は、戦場での日々の具体的な営みの記録に即して、具体的な場面の描写のなかで、詳細に報告している。たとえば、食事の劣悪さがそれである。戦闘が激しく困難であればあるほど、当然のことに体力の消耗は著しい。それなのに、食事はますますひどくなる。食糧の補給がままならぬ地の果ての戦場ではないのだ。どこかで、くすねられているか、横流しされているに違いない。担当の士官や下士官に苦情を申し出ても、抗命よばわりされるだけである。たまりかねた兵士たちは、ついに、戦闘態勢に就くことを一致して拒否し、一同を代表した「わたし」は大隊長に直訴する。ことの重大さを悟った大隊長はただちに調査を命じ、その結果、糧秣担当の士官は更迭され、食糧を満載したトラックがやってくる。

軍隊のこうした歪みや理不尽を怒りをもって描くのは、戦争の残虐さの場合と同じく、作者が軍隊や戦争そのものを批判し否定するからではない。重ねて言うなら、ハンス・ツェーバーラインは、反戦論者ではなかった。まったく逆に戦争の讃美者だった。戦争を讃美し称揚するためにこそ、かれはこのような戦争のマイナス面としか言いようのない場面を生きいきと描いたのである。なぜなら、戦争の悲惨さや兵士の苦しみをありありと描けば描くほど、軍隊の腐敗や不合理を主人公が直視すればするほど、にもかかわらず戦争に身を捧げようとする主人公の決意は、いっそう崇高なものとなり、にもかかわらず軍紀を守る勇敢な兵士であろうとする主人公の純粋さは、いっそう貴重なものになるからだ。「忠誠こそ、兵士たちにおいて最も偉大なるものである」――主人公が凄惨な戦場の日常のなかで自分のこころに刻みつけ、いわばライトモチーフとなって全篇をつらぬくこの信念は、戦争と軍隊の悲惨さがなければ、そもそも意味を持ちようがない。

戦争と軍隊の悪を描くものが、反戦文学だったのではない。戦争と軍隊の悪を描かないものが、戦争体験讃美の文学だったのではない。ヴァイマル時代の反戦文学は、戦争と軍隊の悪を描くことを、戦争否定という当然の、だが読者がひとりでは実行しようもない課題と結びつけた。同じ時代に簇生《ぞくせい》した戦争称揚文学は、それらのうちでももっとも多くの読者のこころをつかんだ『ドイツへの信念』が端的に示しているように、たったひとつの、たとえば「祖国ドイツを信じる」というような、まずひとりでも実行できる課題によって、戦争と軍隊の悲惨さが克服できることを、読者に伝えたのである。

ハンス・ツェーバーラインは、自著にサインすることを一読者から求められたさい、扉ページに、「ドイツへ

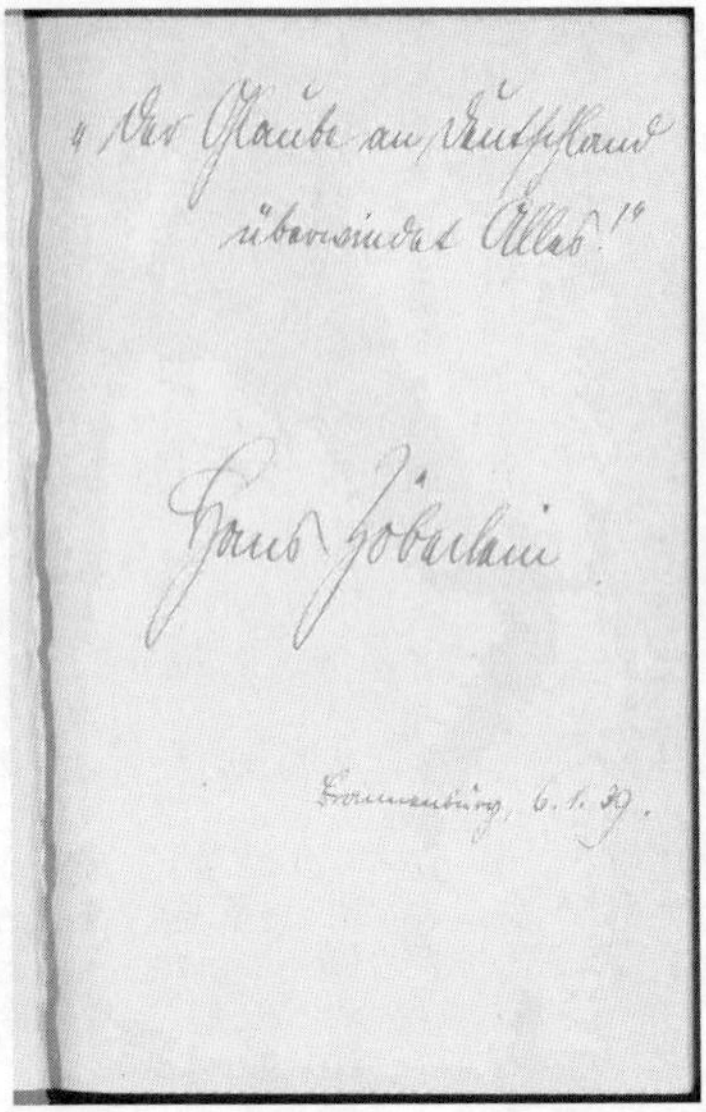

「ドイツへの信念はすべてを克服する！」（自著の扉ページに書かれたツェーバーラインの献辞とサイン）。

の信念はすべてを克服する！」(Der Glaube an Deutschland überwindet alles!) と書いて署名を添えた。(7) 戦争体験のあらゆる悲惨さの上にかれが立てた理念、悲惨さのゆえにこそ悲惨さを克服する理念として生きてくるそれは、あくまでもドイツを信じるという「ドイツへの信念」だった。だがそれはもちろん、一般的な「祖国への信念」と同じものではなかったのだ。ひとつには、フランスやイギリスにもまた「祖国への信念」がありうるのと、敗戦の諸結果に苦しむドイツにそれがあるのとでは、根本的に別だからである。そしてもうひとつ、いっそう本質的な違いは、敗戦によって祖国を失ったドイツ人にとって、祖国を持たないことをむしろ新しい社会の理念とする連中との戦いを通じてしか、新しい祖国を獲得する道はないからである。

――戦闘の合間に塹壕のなかで戦友たちと、この戦争の意味について議論していたとき、「わたし」は、この凄惨きわまりない戦争にわれわれが身を挺しているのは、もしも生きて帰ったとき、これまでのような「労働動物」として生きるのではなく、文化の名にふさわしい生活をかちとるためだ、と述べた。それじゃあ、まるでリープクネヒトの言い分じゃないか、という意見にたいして、「わたし」は、そうではない、あいつは万人の平等を唱えるが、おれは、戦いとったものに権利があると主張する、と答える。あいつは、被抑圧者の連帯を唱えるが、敵国では資本家も労働者もドイツの敗北を願っている。リープクネヒトもまたそれを願っている。やみくもに愛国心を言い立てるやつらにはむかつくが、われわれの敗北を願う連中にまず反対せざるをえないのだ。その連中から守るべきドイツとは、「ありあまった財布のなかからお慈悲で戦時公債をお買い上げくださるかたがた」や、腐敗した軍部や、前線兵士たちを「英雄の死」で祭り上げながら銃後で私利私欲のために対立抗争をくりかえすやつらの、ドイツではない。人間らしく生きるために戦うものたちによって新しく建設されるドイツである。だが、それは、国際連帯を唱え、祖国の敗北を願う連中との戦いによってしか建設されえないドイツなのである。――リープクネヒトというのは、もちろん、ドイツ社会民主党の党議に反して国会議員でただひとり戦争開始のための予算案に反対票を投じたカール・リープクネヒトにほかならない。かれは、その後、戦争に反対する同志たちとともにドイツ共産党の前身、「スパルタクス団《ブント》」を結成して反戦運動をつづけ、敗戦とともに勃発したドイツ革命のリーダーのひとりとなったが、一九一九年一月、ローザ・ルクセンブルクらとともに殺害されることになる。小説のこの場面でハンスがリープクネヒトのその後の歩みを知るはずはないにせよ、かれの最大の敵は、祖国への忠誠をないがしろにし、ドイツを信じるこころを知らぬこの連中なのだ。

『ドイツへの信念』に寄せた序文のなかで、ヒトラーもまた、ここには「祖国を持たない連中」の思想という「社会問題」が期せずして浮かび上がっている、と述べていた。プロレタリアートは祖国を持たない、というマルクス主義の理念を信じる連中は、ナチ陣営からすれば、敗戦後のドイツが直面する深刻な社会問題だったのだ。作者ツェーバーラインがバイエルン革命の粉砕のために反革命義勇軍に身を投じたのも、この連中から「ドイツ」を守り、この連中を「ドイツ」から根絶するためだった。欧州大戦の戦場で戦争の悲惨や軍隊の悪をまえにした「わたし」が、圧倒的なその現実に立ち向かうときの最後の唯一の拠りどころとしたその「ドイツへの信念」が、いま、敗戦後のドイツで、十一月の裏切りの張本人であるそうした連中との戦いにさいして、あらゆる困難と障害を克服する拠りどころとなる。戦中と戦後は、ツェーバーラインのなかで、「ドイツへの信念」によって直結していたのだ。

小説『ドイツへの信念』の大尾は、つぎのような数節で結ばれている——

——わたしは誓う——全能の神にかけて——けっして忠誠を忘れて部署を捨てるようなまねはしないことを——突撃においても対戦においても——戦争のなかでも——また平和のなかでも——。

*

戦争は終わった。
ドイツのための闘いはつづく！
志願兵たちよ前線へ！

*

——なぜなら——われわれは光を暗闇に運び込まねばならないのだから——。

4 内面化するナチズム——『良心の命令』

戦後になおつづく闘いを描いた続篇を、ハンス・ツェーバーラインは一九三七年に刊行した。「第三帝国」の十二年余のうちでも「黄金時代」と呼ばれる最盛期が、まさに始まったころである。

『良心の命令』（*Der Befehl des Gewissens*）と題するこの小説も、前作をさらに上まわる九九〇ページの大長篇で、出版元は前作と同じくナチ党の中央出版社、フランツ・エーアー書店だった。これまた前作と同じく、各章のタイトル・ページその他にミュンヒェン在住の画家、アルベルト・ライヒの挿し絵が添えられている。ディートリヒ・エッカルトの幼なじみだったあのライヒである。「戦後期の混乱と最初の決起を描く長篇小説」（*Ein Roman von den Wirren der Nachkriegszeit und der ersten Erhebung*）という副題が、この作品の時代と内容を簡略に物語っているだろう。目次のあとの扉ページには、前作の結末の一節、「ドイツのための闘いはつづく」が、そのままモットーとして掲げられている。(8)

主人公は、この小説では、一人称の「わたし」ではなく、ハンス・クラフト（Hans Krafft）という三人称で描かれる。ハンスという名前は、前作の主人公と同じであり、作者自身の名でもある。姓のクラフト Krafft が「力」を意味する Kraft を連想させるのは、もちろん意図してのことだろう。

前線から復員してきたハンス・クラフトは、作者自身と同じように、建築の実業学校に入り、革命が勃発すると級友たちとともに義勇軍に入隊して、「赤」の連中と戦うことになる。「クラフト小隊」を指揮するかれは、革命側の武装勢力を掃蕩する市街戦のなかで、「道を空けろ！――窓を閉めろ！」と叫びながら街路を行進する。市街での掃討戦にさいしてのこの決まり文句が、とりわけ後半の「窓を閉めろ！」が何を意味するかは、現在ではもはや理解しにくいかもしれない。それは、開いている窓にたいしては容赦なくこちらから撃つぞという警告であり、もちろんそれは窓からこちらが狙撃されるのを防ぐためなのである。

革命が鎮圧されたあとに来た美しい五月に、かれには、ベルタという恋人ができる。恋人との語らいが、志を同じくする友人たちとの論議とともに、義勇軍の一員として自分が行なったことの意味をあらためてかれに反芻させ、あるべきドイツの将来についてのかれの思いを、確信へと、思想へと、深めさせていく。確信から思想へと育っていくもののうち、もっとも中心的な二つが、「社会主義」と「ユダヤ人」をめぐるものにほかならなかった。

友人たちとの議論を重ねるなかで、かれは、社会主義についてほぼ以下のような考えに到達していた。

そもそも、社会問題というものは「ユダヤ人マルクス」が発明したものなどではない。マルクスはただ、人類を誤った道へ導くために、自明のことをひとつの政治理念に、「ひとつの外国語に」しただけだ。マルクスはただ、人類世界が存立してからこのかた、さまざまな民族のあいだで習俗および儀式として行なわれてきた。「社会主義は、正当に、理性的に運用することによって、偉大な諸民族は繁栄と高度な文化と安寧とを得ただけなのである。」ただそれを正——社会主義についてのハンス・クラフトの考えを要約すれば、以下のようになる。つまり、われわれはいま、戦争の体験を経て、偉大な民族にふさわしい国を希求している。その民族と国との自由、すなわち国民（Nation）の自由を希求している。それのみが、社会主義の正当で理性的な運用を可能ならしめるからだ。この希求をもっとも切実に、生命を賭していだくことを知ったのは、前線兵士たちだった。「だから、ほかならぬわれわれ兵士たちのなかからこそ——死をも悪魔をもものともせず——いつか必ず真の社会主義がやってくるだろうことを、ぼくは信じるのだ！」

もうひとつの、ユダヤ人をめぐる「問題」は、ある出来事をきっかけにして恋人たちのまえに姿を現わす。バイエルンの革命が打倒された年の輝かしい初夏のある日、ハンスはベルタと一緒に湖へ水浴に行く。ハンスが遠く沖まで泳ぎ出ているあいだに、砂浜で日光浴をしていたベルタは、ふと自分にだれかの視線が向けられているのを感じる。まわりを見まわすと、「ニタニタ笑うユダヤ人の顔ばかりがこちらを見ていた」のである。「吐き気をおぼえてかすかに震えながら」立ち上がってそこから去ろうとすると、視線がしつこくあとを追い、無遠慮な笑い声が起こる。そして、角縁《つのぶち》の眼鏡をかけた気障《きざ》な青年が、コーヒーでも付き合ってくれませんか、とベルタにまといついてくる。かの女は、自分がユダヤ人ばかりに取り囲まれているのに気づき、真っ青になる。「ぼくに肘鉄を喰わせたりはしないでしょうね。え、可愛いお嬢さん。ぼくたちは自動車を持っている。一緒に乗せてあげてもいいんだぜ。」

ハンスが駆けつけて来て、三人のユダヤ人をその場で殴り倒す。ほかのユダヤ人は蜘蛛の子を散らすように逃げ失せたが、水浴場の番人がやってきて、大切な顧客に乱暴を働いたことをなじり、とっとと出ていってくれ、と要求する。いきりたつハンスをベルタがなだめて、二人はそこを出る。「やつらは人目を惹く機会を待ってたんだ。やつらが交尾相手を呼んで声を張り上げ、文字通り孔雀のように羽根をひろげて見せるざまはどうだ。」「そんなものを見せられなきゃならないなんて、心臓が逆立ちしそうだわ」とかの女は答える、「あいつらユダヤの豚どもは、あたしたちを破滅させ、あたしたちの血をすっかり豚の血みたいに汚してしまうんですもの。」「しかも、血こそは、われわれがまだ持っている最後の、ただひとつのものなんだからね。」

帰り道で、ベルタが突然、「ハンス、ユダヤ人問題についてどう思う?」と尋ねる。ハンスはびっくりする。それを問題として考えたことがなかったからである。きみはそれについて何を知ってるんだ、と反問するかれに、ベルタは「とてもたくさん!」と答える。ずっとまえから、それがわたしたちドイツ人にとってとても切実な問題だということを知っているの。それは、「ドイツ人のうちの本当のものと本当でないものとがすべて区分されざるをえなくなる試金石」なのよ。そういえば、ユダヤ人というものをまだ一度も好きになれなかったなあ、小さい子供のころから、そして学校でも、とハンスは思いあたる。考えているハンスの顔をベルタはじっと注視する。まるで、生死を決する判決をかれが下そうとしているとでもいうように。「それが何のせいだか自分で自分に問うてみたことは一度もないけれど、われわれの血のなかにそれがあるのだと思う。ユダヤ人というのは、われわれの感性にとっては、汚くて、豚みたいで、卑しい――簡単に言えば、われわれの正反対なんだ。」

ハンスは、子供のころに歌ったひとつの歌を思い出し、ベルタに歌って聞かせる。「ユダ公、あっち行け、シッシッシッ!/豚肉脂身《あぶらみ》、ジュッジュッジュッ!/キャベツの漬物《つけもの》おいしいぞ/おまえは臭《くさ》ーいユダ公だ!」――ユダヤ人は豚肉を忌み嫌って食べないため、ザウアークラウトと呼ばれるキャベツの漬物を豚肉やベーコンと一緒に調理して食べることができないのだ。この歌を知らなかったベルタは、これを聞いて陽気に笑い出す。子供のころ、ユダヤ人の少年を見るとこれを歌って囃し立て、袋叩きにしたものだ。相手を見誤ることは絶対になかった。「だって、ユダヤ人でなければ臭《くさ》いはずはないからね。ユダ公は臭いって、子供のころからいつも言ってたなあ。」「あたしもよ。子供と阿呆は真理を語るってことね。」

その日は、あたかもヴェルサイユ条約の調印式の当日だった。その模様を伝える速報が帰りの駅に張り出されていた。それを見た二人の気持に託して、作者は、「ナポレオン時代以来のドイツの歴史上、もっともひどい暗黒の日だ。この日が、どんな不幸と悲惨と流血をドイツの上にもたらすのだろうか?」と書いている。この日、一九一九年六月二十八日を、ハンスとベルタが初めて、しかもユダヤ人にたいする基本的な感情を披瀝しあうことで、心からたがいの気持を確かめあった日として設定したことのなかには、もちろん作者の強い意図が反映されている。

新しいドイツを戦いとるために模索を続ける帰還兵、ハンス・クラフトの歩みを描くこの一篇の教養小説が、主人公をついに国民社会主義、つまりナチズムへと連れていくことは、言うまでもない。かれは、ヒトラーの隊列に加わり、突撃隊《エス・アー》のもっとも戦闘的な一員として、表面は相対的安定に向かいつつあるドイツの現実に立ち向かう。いまではベルタとのあいだに男の子が生まれているかれは、ある日、演説集会のおりに詩人のディートリヒ・エッカルトと話す機会を持つ。かねてかれの中隊では、突撃隊にふさわしい行進歌が欲しいものだという話が持ち上がっていたのである。そういうものが作れるのはあなたしかありません、歌詞さえあれば曲はなんとかなりますから、というハンスの熱意に動かされたエッカルトは、では二週間で作ってみよう、と答えるが、そのあと不意に立ち上がると、演壇に歩み寄り、その上に置かれていた鐘を打ち振りながら、朗々と即興の詩を口ずさみはじめたのだった――

嵐！　嵐！　嵐！
塔から塔へと鐘鳴らせ！
鐘打ち鳴らして男も、老人も、若者も、
眠っているものたちをみな部屋から連れ出すのだ、
鐘打ち鳴らして娘たちを階段から駆け降りさせ、
鐘打ち鳴らして母たちを揺籃から引き離すのだ！
空気はどよもしつんざく響きを立てねばならぬ、
復讐の雷鳴のなかで激しく、激しく荒れ狂わねばならぬ！
鐘打ち鳴らして死者たちを墓穴から呼び起こせ！
　ドイツよ――目覚めよ！

これが、つまり、ディートリヒ・エッカルトのあの「嵐の歌」の最初の誕生だったのだ。主人公ハンス・クラフトは、最後の一句、「ドイツよ、目覚めよ！」を隊の旗に書きつけることを思いつく。こうして、嵐の歌は突撃隊によって歌われるようになったばかりでなく、突撃隊の旗が、ドイツ民族民衆へのこの不滅の呼びかけをつねに掲げることになったのである。――このような、虚構としか思えないエピソードをも描き込みながら、作者は主人公をますます確信的な国民社会主義者へと成長させていく。そして、そのさいかれの歩みの導きの糸となるのは、社会主義とユダヤ人にたいする主人公の、そしてその伴侶たるベルタの、不動の信念である。それゆえ、一見したところ、この小説は、思想あるいは主義の主張なり宣伝なりを主眼とする政治文学、あるいは傾向文学のイメージで、受け取られるかもしれない。もちろん、作者がナチズムの世界観と人間観をこの作品で掲げていることは、現在の目からすれば一目瞭然である。そして、とりわけユダヤ人にたいする主人公たちの考えが、いかにおぞましい差別主義のイデオロギーであるかを、現在の読者は怒りをもって、あるいはそれこそ嘔吐感をいだいて、再確認せざるをえないだろう。けれども、作者のそうした世界観や信念は、思想として、主義として、論理的に開陳され説教されるのではない。社会主義という理念でさえ、前線の体験というきわめて実感的で肉体的な根拠から、理論ではなくむしろまさしく信念として、より正確にいえば情念として、読者に伝えられる。ユダヤ人「問題」については、さらにいっそうこの方法は見まがうべくもない。臭《にお》いとか、視線のいやらしさとかといったきわめて感覚的な、たとえ事実に反していてもひとを納得させる身体的な実感が、ついにはホロコーストに行き着くひとつの思想を、読者の共感のなかに浸透させていく。

　ツェーバーラインの小説『良心の命令』は、前作『ドイツへの信念』が全篇で駆使した戦闘描写のいわば肉感的な具象性を、戦後のイデオロギー戦争の描写に持ち込んだのである。頭に語りかけるよりは感性にじかに迫ってくる前作の戦場の情景が、理論の正否よりはまず生活のなかでの実感に読者を立ち戻らせるさまざまなエピソードとなって、この続篇に生きている。ナチズムは、この感性的・肉体的な作品のなかで、主義思想の次元から、個々人の生活の実感とかかわる次元へと、内面化されたのである。そして、これこそじつは、文学表現のもっとも本質的な、もっとも豊かな機能であるはずなのだ。この機能を生かすことにおいて、少なくともドイツのプロレタリア文学や反ファシズム文学は、ナチス文学に及ばなかったのである。

5　信念と良心は何を命じたのか

感性にうったえ実感に依拠するという『良心の命令』の特質は、しかし、作品の表現上の方法にとどまるものではない。この表現方法によって読者に伝えられる思想的・イデオロギー的な主張そのものがまた、感性や実感をじつは思想やイデオロギー以上に重視し絶対視しているのだ。これは、きわめて思想的・イデオロギー的なこの作品にとって、なんら矛盾撞着を意味しない。

作者自身と同じように、ドイツ民族主義に立脚する政治運動が必要であると切実に感じるハンス・クラフトは、ある友人から、かれがある非合法の政治結社に入党したことを打ち明けられ、入党を勧誘されたとき、ついに自分が求めていたものと出会えた、と感じる。だが、その友人の話を聞いていくにつれて、それが秘密結社的な組織形態をとっており、民衆から姿を隠して陰謀的な画策をめぐらす団体でしかないことを感じ取って、それは自分の党ではない、と確信するにいたる。ハンスにとって、戦友的なつながりは何にもまして大切だったにせよ、それは国民のまえに身をさらし、国民を戦友として獲得していくものであるべきだったのだ。

だからこそ、既成の民族主義諸党派が、国民から疎遠な理論や原則を、いかにも高邁な思想であるかのように高唱し、そのくせ国民の切実な物質的希求や、こころと魂にかかわる欲求、感性的な欲求についてはまったく無関心であることに、かれはきわめて不満であり、きびしい批判をいだいていたのである。かれの模索する社会主義は、いわば、魂にふれる革命の精神でなければならなかったのだ。

ある日、かれは、近くに住む時計屋の老主人から、ぜひ読んでみてほしい、と数冊の本を渡される。時計屋は、ハンスの日ごろの言動から、すっかりかれを見込んで、自分の大切な秘密を打ち明け、かれを同志として迎えたいと考えたのだった。本を読んだハンスは、老人の厚意にもかかわらず、賛同するわけにいかないと答えざるをえない。それは、超自然現象の神秘を説いた一種のオカルティズムだったからだ。老時計屋は、かつて民族主義者として活動した経歴の持主だったのだが、その運動が人間の内面の問題にたいして無頓着なのに絶望して、運動から去ったのだった。ハンスから断りの返事を聞いた老人は、悲しげに尋ねる、「あんたの意見では超自然的なものなどそもそも存在しないというのかね？」

「そうじゃないんですよ、ハルトヴィヒさん。あなたがた心霊論者が知っている以上に存在するんです。世界はそういうもので満ちみちているんです！」「しかし、そういうものと交通する可能性は存在しないと言うのじゃね？」「そういうものはちゃんと自分で絶えずわれわれと交通していますよ。」「どうやって？――いったいどこで？」「良心のなかで！　それはわれわれに命令を与える。それはわれわれに、われわれが何をなすべきかを言うのです。ぼくにこうして語ることを強いているのも、ハルトヴィヒさん、それなのです――良心なのです。」

じつは、ハンスは、このエピソードに先立って、ある機会から「ドイツ社会労働者党」という民族主義の小政党に入党していたのだった。ハーケンクロイツ（鉤十字）の党章をもつこの党は、徹底した反ユダヤ主義でかれの共感を呼んだのである。けれども、ハンスにとって、それはまだ最後の到達点ではなかった。一九二〇年春の「カップ一揆」が引金となって中部ドイツに燃え上がった共産主義者たちの闘争に、党の同志たちとともに敵対し、戦後の革命的状況に最終的に終止符を打つために戦いながら、かれは、「良心の命令」を真に聞き取り実行する党を、なおも求めつづけていたのである。

ミュンヒェンに移住したハンスが、ヒトラーの「国民社会主義ドイツ労働者党」、つまりナチ党とついに邂逅し、党とその武闘組織ＳＡに加盟すること、そして一九二三年十一月に敗戦五周年を期して、というよりもむしろ「十一月の裏切り」に満五年を機に終止符を打つべく、ナチ党がミュンヒェンでクーデタを起こしたとき、いまではひとつの中隊を率いるようになっていたハンスもまた、配下のSA隊員たちとともに参加したこと――これらはすべて、作者ツェーバーライン自身の体験と重なりあっている。こうして、前線兵士のドイツを信じるところは、真に文化の名にふさわしい生活のできる祖国をかちとるための戦いに、その良心の命じるところに従って赴くことができるところまで、行き着いたのだった。

小説は、ここで終わっている。ドイツ現代史のひとこまが、ひとつの視点からありありと描き出されていることは、疑いもない。とりわけ、第一次大戦後のドイツ革命の諸局面が、革命側とはまったく正反対の目で見つめられているのは、歴史像の再検討と豊富化の試みにとっても、興味深いだろう。――だが、厖大なページを費やして厖大な出来事やさまざまな感情が描かれているこの作品には、ただひとつ、描かれていないものがあったのだ。

ハンス・クラフトは、良心の命令に忠実であろうとする。だが、そのハンスが、ユダヤ人を憎悪する自分自身、機会があれば殺害さえするであろう自分自身を、良心の命令に従ってふりかえることは、一度もない。ドイツの敗戦の理由が「十一月の裏切り」にあったと主張するかれに、その「裏切り」そのものにいかなる理由があったのかを見よと、かれの良心が命令することはない。ちょうど、ドイツを信じるということが戦争を否定することよりも遙かに容易であったように、良心の命令に従うこともまた、ユダヤ人のなかに生きた人間を発見しようとすることよりも遙かに気楽なのだ。「戦いとる」ということが、前線兵士ハンスである「わたし」にとっても、戦後ドイツの反革命義勇軍兵士ハンス・クラフトにとっても、生きることの至高のスタイルだった。だが、じつは、かれらは二人とも、もっとも容易で気楽な生き方のスタイルを選んでいたにすぎない。かれらの背後には、周囲には、ユダヤ人の「臭《にお》い」を本当にユダヤ人の劣等性のしるしと信じ込む厖大なドイツ人がいたのだから。

自分たちが自分たちの手で戦争を終わらせることをしようとしなかったがゆえに、「十一月の裏切り」を敗戦の理由だと自分に思い込ませて安心する厖大なドイツ人がいたのだから。

ナチズムへのハンスの道は、戦いとられたのではなく、既成の通念に安住している厖大なドイツ人の感性を、じつは拠りどころとしていたのである。ハンス・クラフトがナチ党に入る決意をした最大の理由は、妻ベルタがヒトラーを熱烈に信奉し、ドイツの苦難を救うために指導者たるべき天職をおびているひとだ、と確信しているためだったことに、注目しなければならない。ハンスはこれを、「ベルタは女性だから、そのことをわれわれ男たちよりももっと確かに、もっとはっきりと、感じとっているのだ」と考える。作者はここで、感覚というものを称揚しているだけではない。女性は感覚的であるという既成の通念としての実感にすりより、それを安心させているのだ。ツェーバーラインの文学表現の特徴である感覚性は、読者の感性を震撼させて新しい感性を触発するのではなく、読者のなかにある既成の感性を納得させ、安心させることで、多くの読者を惹きつけたのである。この点でまさに、ハンス・ツェーバーラインの文学表現は、ナチズムとその支持者たち、容認者たちとの関係のありかたを、体現していた。

『良心の命令』挿絵（アルベルト・ライヒ画）。旗には鉤十字の上下に「ドイツよ／目覚めよ」と書かれている。

作家としてのツェーバーラインの活動は、このあと、いずれも第一次世界大戦に題材をとった中篇の二作品、『安穏な部署』（*Der Druckposten*）と『満身創痍の樹』（*Der Schrapnell-baum*）を、ナチ党中央出版所が出していたポケット判の叢書、「兵士たちよ—戦友たちよ！」（*Soldaten-Kameraden!*）のうちの二冊として一九四〇年に刊行したにとどまっている。(9)

拠点のビヤホールの前で車を止めるSA（『良心の命令』挿絵）。

これらはいずれも戦争末期にいたるまで版を重ねたとはいえ、作品の数からすれば、かれは、第三帝国を代表する作家たちのなかでももっとも寡作なひとりだった。逆の面から見るなら、それほど少ない作品で最大のナチ作家と目されつづけるくらいに、かれの作品はナチズムの精髄を体現していたのであり、読者たちの感性を代弁していたのである。自作のこうした内実に支えられながら、SA文化部の中心的なメンバーとして、また長篇第二作『良心の命令』にたいするSA文化賞の受賞者として、さらには党名誉賞金賞、前線作家名誉環、その他いくつもの文学賞や名誉勲章の保持者として、かれはナチス文化の支柱のひとりでありつづけた。そして、第二次世界大戦が始まったとき、第一次大戦の英雄であったかれは、四十歳代半ばにして、ふたたび前線に赴いたのである。今回は空軍将校としてノルウェー侵攻に従軍し、ついでドーヴァー海峡方面軍飛行大隊に配属された。ロンドン空襲を行なったのは、この部隊である。そののち除隊して予備役大尉となったツェーバーラインは、一九四三年にはSA旅団長に任命された。軍隊の構成をとっていたSAにあって、旅団（Brigade）は、軍団（Obergruppe）、師団（Gruppe）に次ぐ単位で、一旅団は通例ほぼ一万人から二万人の隊員で編成されていた。かれはまた、ミュンヒェン市議会議員として文教委員会の委員長の任にも就いた。

一九四五年四月二十八日、ドイツの南端に位置するオーバーバイエルンの炭鉱町、ペンツベルクで、徹底抗戦命令に抗して市民たちが市の実権を握った。州首相でナチ党大管区長官・SA軍団長のギースラーは、ただちに鎮圧命令を発した。命令を遂行するためにペンツベルクへ派遣されたのは、三台のトラックに分乗した特殊部隊、「人狼《ヴェーアヴォルフ》」だった。「ハンス部隊」（Gruppe Hans）という暗号名を付けられた約百名からなるその一団を先頭で率いる乗用車には、部隊の指揮官、SA旅団長ハンス・ツェーバーラインが坐っていた。

人狼部隊に関するこれまでのもっとも包括的な研究書である『人狼《ヴェーアヴォルフ》一九四四―四五年』[10]の著者、アルノー・ローゼは、ペンツベルクでのツェーバーラインについて、つぎのようなエピソードを記録している。――かれの命令で市民たちがつぎつぎと樹木やベランダに吊されるのを見た国防軍の将校たちが、そのおぞましいやりかたにたいして不快感を表明したとき、ツェーバーラインはこう答えた、「国防軍は銃殺する、人狼は吊す。」――吊されたままの屍体に、かれは、「オーバーバイエルンSS人狼部隊」(SS-Werwolf Oberbayern)と書いたボール紙の札をぶらさげるよう命じた。

市民たちの大多数は、もちろん、隣人たちの一握りが豚のように殺されていくのを、ただ恐怖か、さもなければ冷笑をもって見ているだけだった。ツェーバーラインが、このときもまた、前線兵士の勇敢さと忠誠心を忘れず、ドイツへの信念に支えられながら、良心の命令に従っていたことは、充分に考えられる。感性的な表現によって表現者みずからの感性が変えられる――というような構造を、かれの表現も、かれの表現の読者である圧倒的なドイツ人も、ついに戦いとることができなかった。

五月二日にペンツベルクを占領した米軍は、次いでミュンヒェンに到達した。ヒトラーを裏切って連合軍と密かに和平交渉をしようとしたハインリヒ・ヒムラーの後任として、遺言のなかでヒトラーによって内務大臣に任命されたパウル・ギースラーは、一度もその新しい職務を果たさぬまま、妻とその母とともにミュンヒェン近郊の森で生命を断った。生き残って姿を隠したツェーバーラインは、敗戦後まもなく逮捕され、ペンツベルクでの市民虐殺の責任を問われて、ナチ犯罪を訴追する裁判の被告となった。四八年六月から八月にかけて開かれた公判は、五十三歳のかれに「死刑三回」の判決を下した。翌年の控訴審でも、この判決は維持された。だが、その直後に、ドイツ連邦共和国(西独)憲法が制定され、その第一〇二条にもとづいて死刑が廃止された。ツェーバーラインにたいする判決も終身刑に変更された。そしてすでに五八年には、かれは「健康上の理由」によって釈放されたのだった。

一九六四年二月十三日、二つの大戦の英雄として生きたハンス・ツェーバーラインは、六十八歳でミュンヒェンに死んだ。かれの二冊の長篇と二冊の中篇は、民主主義と社会主義を自称する二つの戦後ドイツで、あたかもかつて一度も存在しなかったかのように忘れられつづけた。

VII

日常茶飯事の政治性

――ナチズム文化の「新しさ」とは何か？

1 「戦士の革命」が日常の現実となる――クルト・エッガースの生と死

一八六四年二月十六日生まれの小説家、ヘルマン・シュテールは、ヒトラーが首相に就任したとき、すでに満六十九歳の誕生日を目前にしていた。一八九八年に最初の作品集、『生死を賭けて』(1)を刊行して以来、比較的遅く出発したかれの作家としての歩みも、ほとんど三十五年の歴史を経ようとしていた。上部《オーバー》シュレージエンの風土に根ざす諸作品は、人物たちの会話や独白にその地の方言を多く用いていることもあって、当初はごくわずかな読者の注目しか惹かなかったが、それでも五十歳に近くなった一九一五年には、二十五年間つづけてきた小学校教員を辞めて、作家としての仕事に専念できるようになった。帝政時代最後の年、一九一八年に刊行された長篇小説『聖者屋敷』(2)は、ヴァイマル時代の全時期を通じて着実に読まれつづけ、一九三二年末までの総部数は十三万部に達した。一九二六年からは「プロイセン科学アカデミー」文学部門の会員に列せられ、同時代を代表するドイツ作家のひとりと目されるようになっていた。

「第三帝国」が統合した作家たちのうちで、シュテールは最年長者のひとりだった。一九三三年以前にいかな

「ドイツ文学アカデミー」の評議会メンバーたち。前列左から：ヴェルナー・ボイメルブルク（書記）、ハンス・フリードリヒ・ブルンク（初代副総裁・二代目総裁）、アグネス・ミーゲル、ハンス・ヨースト（初代総裁）、エーミール・シュトラウス、ルードルフ・ゲオルグ・ビンディング。後列左より：ヴィル・フェスパー、ベリエス・フォン・ミュンヒハウゼン、ハンス・グリム、エルヴィン・グイド・コルベンハイヤー、ヴィルヘルム・シェーファー。評議員のうちヘルマン・シュテールが欠席している。

る意味でも国民社会主義への共感を表明していなかったという点からすれば、そしてかれの作品のすべてが、そのときどきの時代の趨勢に叛逆する人物、あるいは社会の大勢に背を向ける人物たちを描いたものであり、しかもそのうちでももっとも重要な一人物は、帝政時代にあっては国賊にも等しい社会主義者だったことを考えるなら、かれは新しいナチズム国家ともっとも遠いところにいる表現者のひとりであるはずだった。この距離は、たとえば、一九二二年六月二十四日に右翼秘密結社「コンズル組織」のメンバーによって暗殺されたユダヤ人でヴァイマル民主主義派の外務大臣、ヴァルター・ラーテナウとかれが親交を結んでいた、という一事によっても推測できる。そのシュテールも、しかし、「第三帝国」の日常と無縁に生きることはできなかった

ヘルマン・シュテールとかれのサイン。

のである。一九三三年五月に「プロイセン科学アカデミー」の文学部門、「ドイツ文学アカデミー」が教育大臣ベルンハルト・ルストによって改組されたとき、新体制にとって好都合な作家たちを新たに加えてナチズムの伝声管となったこの組織に、シュテールは評議員としてそのまま留まった。ナチス体制は、かれを新生ドイツのもっとも誇るべき文学者として称揚し、この作家の存在を「第三帝国」にすぐれたドイツ文学が生きていることの証左としたのだった。[3]

そのシュテールが、かつて、一九〇九年に刊行された自伝的な長篇小説『三夜』[4]のなかで、主人公のフランツ・ファーバーに、かれが幼かったころの父について語らせていた。作者自身の父と同じく馬具職人だったフランツ・ファーバーの父は、一八四八年の革命に参加したその父、つまり主人公の祖父から叛逆精神を受け継ぎ、ビスマルク時代に当局の強圧的な施策に反対したことによって「ゾーツィ」のレッテルを貼られたのだった。「ゾーツィ」(Sozi)とは、社会主義者(Sozialist《ゾツィアリスト》)の略称で、ちょうどかつての日本で「主義者」あるいは「アカ」という語が持っていたような、非難と恐怖と敵意とそして一抹の畏敬の念とを込めた蔑称だったのである。ゾーツィの子である主人公も、少年時代、周囲からの白い眼に耐えなければならなかった。――ゾーツィの子だったヘルマン・シュテールが、六十年ののち、ひとりの作家として、別の主義者による「均質化《グライヒシャルトゥング》」に身を委ねることになったのである。その別の主義者たちは、「ナチ」と呼ばれていた。国民社会主義者(Nationalsozialist《ナツィオナールゾツィアリスト》)であるかれらが「ナチ」、つまり厳密には「ナーツィ」(Nazi)と呼ばれたのは、かつての「ゾーツィ」という蔑称を下敷きにしてのことだった。Nationalsozialist の略称としては Nati《ナーツィ》 あるいは Naso《ナーゾ》

となるべきところを、Na-と-zi-という何の必然性もない組み合わせによる略語が生まれたのも、Soziという先行者に倣《なら》ってのことだったのである。ビスマルク時代の叛逆者たちのイメージは、こうしてヴァイマル時代の叛逆者にたいする蔑称によって引き継がれたのだった。シュテールの反時代的な精神がナチズム体制に統合されたのは、まさにこのSoziからNaziへの移行を象徴するかのようなひとつの出来事だった。

シュテール一個人だけではなく社会総体がたどったこの移行の意味を、ひとつのナチズム文化論として理論化し、この移行のすえに生まれた新しい人間像をみずから身をもって体現して見せたのは、文字通り純粋培養的な「ナーツィ」を代表する表現者、クルト・エッガースにほかならない。詩人であり劇作家であるエッガースは、政権掌握の直後に逸早く上演された「神秘劇」、『ドイツ人ヨープの劇』[5]によって、一躍、新しいドイツのもっとも注目される文学表現者として登場した。「栄光の主《しゅ》」が「悪の精神」(悪霊)に、善良なドイツ人であるヨープをお前が自分のものにすることができればお前を世界の勝利者にしてやろう、と約束する。ゲーテの『ファウスト』において神と悪魔メフィストーフェレスとのあいだでファウストの魂をめぐってなされる賭《シュピール》と同じ設定で始まるこの劇《シュピール》でも、「悪の精神」はあらゆる苦難と誘惑によってヨープを神から背かせようとするが、それは失敗に帰する。ついに善良さと神を信じる心とを失うことがなかったヨープを、「栄光の主」は世界の主人の地位につけ、こうしてかれの民族、つまりドイツ民族が神の意を体した世界の指導者となるのである。ナチズムによる新生ドイツの誕生を象徴的に劇化し、それによって「国民革命」を美化し正当化したこの戯曲とともに、クルト・エッガースは、古い世代のシュテールが最後に行き着いたところから、最初の歩みを始めたのだった。

それから一九四三年夏までのちょうど十年間に、劇の台本、詩集、評論集など、刊行されたかれの作品が三十八冊に上ったことからだけでも、「第三帝国」でかれが文化領域に占めた位置は明らかだろう。一九三三年以降のほぼそれと同じ期間に、重鎮と目されたシュテールの作品は、それ以前のものの重版を別とすれば、一九四〇年九月十一日のかれの死ののちに遺作として四四年に出版された一点を含めて、わずか五冊が刊行されたにすぎなかったのである。エッガースこそは、古い時代の殻をまったく身につけていない世代のひとりであり、出発点そのものですでにナチズムの空気を呼吸していた表現者のひとりだった。それにつづく時期をかれがナチズム体制と一体となって生きたことは言うまでもない。そのかれが、一九四一年に『戦士の革命』[6]と題する一冊の評論をナチ党中央出版所から上梓したとき、わずか五〇ページにも満たないこの冊子は、ナチズム体制下の日常生活がどのようなものであったかを、誤解の余地なく描き出していたのである。

クルト・エッガースの『戦士の革命』は、生活現場のルポルタージュでもなければ、特定の人物を設定して描かれる日常のひとこまでもない。それは徹頭徹尾、著者の思想信念の表白である。みずからが、そして運動がたどってきた歩みと、それによって設定された目標と、現時点での目標達成とが、「戦士の革命」という理念に即して語られるにすぎない。しかし、ここからは、ナチズム体制下においてさえも多様で雑多であったはずの日常生活が、じつはどのような基本原理によって統御されていたのか、その日常を生きる人間たちの喜怒哀楽が、じつはどのような土台の上で営まれる感情生活の発露であったのか、ナチス、つまりナチどもと蔑称された小集団が、やがてこの蔑称を逆手にとってときにはみずからをナチと呼ぶようになるところまで力を蓄えたとき、日常の生活のなかに何を実現しようとしたのか——等々が、ありありと浮かび上がってこずにはいない。

『戦士の革命』の論旨はきわめて単純である。まず前半では、中世における「市民階層」（Bürgertum《ビュルガートゥーム》）の誕生にまで遡って、この社会階層が革命的な性格を失っていき、ついには打倒の対象でしかないものと化していく歴史がたどられる。中世末期の農民戦争にさいして早くもその革命的性格を喪失しはじめていた都市市民階層は、十八世紀の市民革命によって社会の管理者の位置を占める道を開かれたが、これは「安寧」が市民たちの最大の倫理となるという結果をもたらし、それを攪乱するものたちを社会の敵として憎悪するという基本的な合意を成立させたこと、こうして「本能」の重要性を見失ったこの階層の文化が、とりわけ十九世紀において「サロン文化」に堕してユダヤ人たちに支配されるようになったこと、その結果、「民族」や「国民」、あるいは「民族性」や「国民性」よりも「人類」あるいは「人間性」が高い価値とされるようになったこと、等々を指摘したのち、論述は、第一次世界大戦で「市民階層」は最終的に解体させられた、というテーマに移っていく。エッガースの歴史観が独自の視点を提示するのは、戦後のとらえかたに関してである。第一次大戦は、すでに市民階層の死を宣告していたプロレタリアートにも、また死を宣告されながら余生を送っていた市民階層にも、この戦争に身を投じることを余儀なくさせた。この戦争体験を経て戦後を迎えたとき、しかし、どちらの社会階層も基本的に二つの部分に分かれることになったのだった。すなわち、戦前の状態に戻ろうとし、そのために平和と国際協調と「安寧」を要求する部分と、戦争体験によって身につけた戦友愛と戦士の精神をまったく新しい現実を戦い取るために生かそうとする部分とである。この後者にとっては、戦後の現実は改良の対象などではなく、革命によって根底から覆されなければならないものである。しかもその革命は、プロレタリアートなどではない労働組合書記たちに「革命」を委ねているプロレタリアートによってではなく、市民階層が喪失した「本能」を戦争によって奪回した戦士たち、体得した戦友愛によって具体的な同胞の共同体を創出することができる戦士たちによってのみ、なされうるのだ。

来たるべき革命の意味については、一九一八年から一九三三年のあいだの決定的な年月に、数多く語られまた書かれた。／そして早くもまた、革命を文学的に「評定する」ことに、言いかえれば革命を文学的なおしゃべりにしてしまうことに汲々とする知識人たちの一グループが現われた。一九三三年の出来事は、これら紙の上の革命家たちの目論見を台無しにしてしまったのである。〔……〕だが、そもそも革命とは何か？／われわ

クルト・エッガース。

れはまず、何が革命でないかを限定した。すなわち、革命は革命の表現と混同されてはならない。つまり転覆行為や蜂起と混同されてはならない。／革命とは逆転なのである。／この語にしばらくこだわろう。／例を取れば、積みすぎた筏《いかだ》はひっくり返る。／ひとつの革命のなかで、何世紀ものあいだにその国で生じた民族民衆に疎遠で種に敵対するかさぶたが剝がされ、その民族民衆の根源的な実体が解き放たれる。これによって自然な成長のための道ならしがなされる。／こうして、不正は何千年にもわたる強制によっても正義とはならないことが、明らかになる。〔……〕逆転はしかし、自己目的ではなく、ひとつの新しい世界を建設するための前提にすぎないのであって、それは新しい土地を獲得することが果実を得ることのなかにのみ意味を有するのと同じことである。〔……〕ふさわしくない状態の排除は、それゆえ、革命の目的ではない。そうではなく、せいぜいのところ出発点にすぎず、民族民衆が意識的な行為に引き込まれるうえで必要な契機にすぎない。／ふさわしくない状態の排除は、ひとつの自明な付随現象である。もしもそうでないとすれば、われわれがやっていることはたかだかひとつの転覆行為、ひとつの権力掌握、ひとつの体制変更でしかないことになるであろう。

「戦士の革命」の出発点は、エッガースによれば、戦争とそこからの復員にあった。もともと、「ドイツ人はその人種的な起源からして戦士的である」のだが——なぜなら、一年のうち三百日は雨や霧や雪や嵐や雲に覆われている国土でその過酷な現実に耐えるためには、戦士であらざるをえないのだから——そのドイツ人が、兵士として戦争のなかに身を投じることによって、永く失われていたものを取り戻したのだった。それは「本能」である。そしてその本能は、兵士たちに、大きな変転の時代が来たことをはっきりと認識させたのだった。ところが、「兵士たちの戦争が故国での眩暈状態によって裏切られた」のである。戦後の社会を握ったのは、たとえ戦争を体験したとしても「半兵士」(Halbsoldat)でしかなかった連中だった。いわゆるドイツ革命の「労働者・兵士評議会《レーテ》」(Arbeiter- und Soldatenräte)は、この半兵士たちによって、そしてプロレタリアートを自称しながら組合書記でしかないものたちによって、構成されていた。この現実を前にして、戦士たちのあるものは義勇軍団《フライコール》に参加し、東方に向けて出征した。「戦友たちとともに、戦い取った土地に新しい故郷を創出するため」だった。「古い世界のあらゆる誘惑をかれらは拒否した。かれらは引き返さなかった」のだ。「さて、戦争のなかで新しい現実を体験してそれに耐え、市民階層の世界からもプロレタリアートの世界からも脱却することをなしえた男たちのひとり、成長して新しいドイツの領域へと足を踏み入れたもののたちのひとりが、ドイツ革命の指導者《フューラー》、アードルフ・ヒトラーなのである。」

つまり、「戦士の革命」とはまさにヒトラーを総統《フューラー》すなわち指導者とする国民社会主義革命のことにほかならないのだ。『戦士の革命』の後半部は、クルト・エッガースが「われわれ自身に向かう革命」(Die Revolution zu uns selber)と呼ぶこの革命が具体的にどのようなものとして推進されるかを、明らかにしていく。それは美しい夢ではない。「とにかく現実は夢想家をいたわってなどくれない、かれの夢がどれほど愛すべきものであるにせよ。目覚めは行為を必要とするのだ!」——夢を行為によって実現に移そうとするとき、重要なのは価値の意識ではなく、義務の意識である。義務を果たさないものは裏切者であり、名誉を重んじる集団は裏切者が自分の隊列にいることを許さない。このような戦士たちの隊列が目指すのは、ドイツ人としての自己形成である。「だれもドイツ人として生まれるのではない。たかだかゲルマン人種の一員として、アーリア人として、この世にやってくるにすぎない。かれが初めてドイツ人となるのは、自分の血を意識するようになり、自分の意志によってドイツ国民の運命共同体に加わる決意をするときなの」である。戦士の革命とはすなわちそのようなドイツ人としての自己に向けての革命なのである。だがその道は同時に、「未来に通じる道」にほかならない。なぜなら、戦士の革命は、思想や意志を行為に変えるからである。つまり、それらを社会のなかで現実に変え、その現実を生きる新しい人間を具体的に生み出すからである。——では、この新しい人間はどのようにして生み出されるのか?

われわれの戦士の革命の意味が、新しいドイツ人を創出するという目的において把握されるとすれば、民族民衆のなかの有能なものたちを見出し、かれらの価値を帝国にとって役立つものとするためのいかなる端緒が、いかなる試みが、これまでなされてきたかと、反問する権利がわれわれにはある。/戦士の革命は、ひとつの貴族主義的な原理を有している。すなわち、もっとも有能なものは、選抜される権利のみならず義務をも持つ、ということだ。/わが帝国における国家思想は、首尾一貫している。最初から最後まで、選抜原理によって構成されているのだ。

つまり、新しい人間は、すぐれた人間の選抜によって生まれるのである。それゆえ、結婚も個人の問題ではない、とエッガースは言う。これまで教会が握ってきた結婚と出産に関わる独占権を、戦士の革命においては国家が自分のものにする。「われわれの国家は宗派の如何を問わない。それは国家にとってはどうでもよいことだ。国家がまず第一に問うのは、ドイツの血統であり、ドイツ人の遺伝素質もしくは種にふさわしい遺伝素質の純粋性であり、健全な遺伝体質である。/こうすることで国家は、病的な遺伝体質を持った子孫が生まれることを阻止し、生きる有能さをそなえた健全な民族民衆を創出しようとする」のである。人種の純潔を護るための「ニュルンベルク法」および病的な遺伝体質の子孫を防止するための法律（「遺伝病子孫予防法」）は、「国家の責任意志」の表われなのだ。有能な民族民衆を生み出すためのこうした国家的措置のうえに、戦士の革命は、そのうちでももっとも有能なものを選抜する制度を実行に移している。たとえば、「帝国職業競技」（Reichsberufswett-kampf）がそれである。エッガースは周知のこととしてこれの説明は記していないが、「帝国職業競技」とは、第三帝国で一九三四年から毎年一回、春に行なわれた職業上の専門技術を競う全国コンクールで、最盛期の一九三八年には一六〇〇種におよぶ職業分野の青少年労働者、二二〇万人がこれに参加した。「帝国職業競技は、毎年、数百万の若い人間たちのうちからもっとも有能なものたちを選抜する。かれらは総統に会うことを許され、かれと話すことを許され、下問されて答えることを許されて、自分の希望と才能、性向と関心とにふさわしい支援を受ける権利を獲得する」のである。こうして、新しいドイツには、「輝く眼としなやかな筋肉をそなえた強固でしっかりした、信じるものを持った健全な若者たち」が生まれているのだ。「われわれは、落下傘での降下のような度胸試しや高い飛び板からの飛び込みが、それだけで卓越した人間であることのしるしであるわけではないことを知っている。しかしわれわれはまた、度胸試しを恐れて尻込みする臆病者は、生活のなかでも大きな責任から逃れようとするであろうことをも知っているのである。／日常は、日々の闘いは、鉄のような神経と強固な意志とをそなえた人間を、強靱な抵抗精神と嬉々とした攻撃欲とをそなえた人間を、必要とする。そしてわれわれは、こうした人間たちを見つけ出し、かれらを支

クルト・エッガース『戦士の革命』表紙。

援し強化し、こうして国家と国民がかれらを義務と委託の関係のなかに受け入れることができるようにするための、つねに新たな道をさがし求めるであろう。」

「戦士の革命」とは、結婚と出産から学校生活を経て職業的能力に至るまでの、日常生活のあらゆる局面が、「有能性」の原理にもとづく選抜によって構成されている社会を実現するための革命だったのである。その革命が目指し実現した社会は、国や隣人が弱いものを援《たす》け護っていくという原理とは正反対のありかたによって成り立つものだった。そればかりではない。こうした社会を実現することが目的とされたのは、まさに「戦士の革命」にふさわしい未来を見据えてのことだった。戦士の革命の勝利を誇りながら、クルト・エッガースはかれの著書をつぎのような文章で結んだのである。

われわれの勝利は、これよりも小さくはないひとつの大きな闘いの始まりである。／革命と帝国は一体としてつながりあっている。／もしもわれわれが総統の兵士でありドイツの自由の兵士であることをやめるなら、帝国は存続することをやめるであろうし、われわれの戦士としての変転の意味は失われるであろう。／敵たちがこの世から撤退することは決してないであろう。／われわれは、まさに平和の鐘が鳴っているときにこそ、このことに思いを致さなければならない。／つねにわれわれはいつでも飛び出せる用意ができているだろう。なぜなら、自由の敵たちもまた、虎視眈々と狙っているからである。／われわれは――これを戦士の革命はわれわれに教えるのだが――自由で強く勇敢な、輝くばかりの嬉々とした生命あふれる民族民衆であることを欲する――だが決して肥え太ったそれであることを欲しない！

「戦士の革命」は、優勝劣敗の競争社会によって世界列強に伍すことができる国家を建設しようとしただけではない。つぎの戦争を前提としてのみ、それに向かう途上にあることによってのみ、「戦士の革命」は生きることができたのである。日常茶飯事と化したあらゆる選抜、あらゆる選別も、戦争ができる国家、戦争に勝利することができる国家を実現するための基本的な方策だった。そしてそれは、この戦争国家があらゆる種類の裏切者を二度と生まないための、「十一月の裏切り」を二度と繰り返さないための、最後の手段でもあったのだ。「戦士の革命」の首尾一貫した実践は、文化官僚たちやそれに追随する小官僚たちの文化政策のなかで基礎づけられていたものを、きわめて具体的なかたちで実現した。この具体化は、人種的根拠や遺伝的根拠による大量虐殺に行き着いたばかりではない。それはまた当然の帰結として、ハンス・ツェーバーラインによるペンツベルクの裏切者たちの虐殺をも惹起せざるをえなかった。「戦士の革命」における日常そのものが、そういう構造として組織されていたのである。クルト・エッガースは、もっとも確信的なナチ作家として、この構造を「戦士の革命」という文学的なキャッチフレーズで表現することによって、読者の心情にじかに訴えかけ、競争原理と選別原理によって貫徹された「第三帝国」の日常を合理化し美化しようとしたにすぎなかったのだ。

　だが、ナチズムのいわば硬質の部分を遺憾なく体現しているエッガースの「戦士の革命」という立論の最大の問題性は、その思想そのもののなかにあるのではない。ほかならぬかれがこの思想を自分のものとして表現したことこそが、いっそう大きな問題なのである。

　クルト・エッガースという表現者についての知識を持たぬまま『戦士の革命』を読むもののすべてが、おそらく、この作家について誤った想定をいだくのではあるまいか。それほど、かれが描き出す「戦士」のイメージは第一次世界大戦の戦中派の心情を再現している。ナチズム運動をも生んだ第一次世界大戦とその敗北の諸帰結を、戦後を生きなければならなかった戦中派は何によって撃とうとしたのかを、エッガースの「戦士」とその「われわれ自身に向かう革命」はありありと物語っている。――だが、じつは、クルト・エッガースは、古い世代のへルマン・シュテールたちが最後に行き着いたところから出発した若い世代であったばかりでなく、戦中派からさえも大幅に遅れて出発したもっとも若い世代のひとりだったのである。

かれがベルリンで中産市民階層の子として生まれたのは、一九〇五年十一月十日のことだった。ホルスト・ヴェッセルより二歳年上だったかれは、満八歳を過ぎたときに世界大戦の開戦を体験することになる。「第一次世界大戦のあいだ、かれは、自分が前線で出撃するには若すぎることを悲しんだ」と、ある文学事典には書かれている。[7] 一九一七年になって、陸軍幼年学校に入ろうとしたが、父はこれを許さず、水兵養成の練習船にかれを乗せてしまった。こうしてちょうど十三歳のときに敗戦を迎えたかれは、ついに戦場に出ることはできなかったが、練習船での生活がかれの進路を決定することになった。一九二〇年三月、右翼政治家ヴォルフガング・カップが共和国にたいするクーデタを起こしたとき、練習船の司令官だった人物がそれに加担したのだった。十四歳のエッガースは、この人物とともに「カップ一揆」に参加し、これを皮切りにして民族主義的・愛国的な諸団体に自分にふさわしい居場所を見出すようになった。こうしてかれもまた義勇軍団《フライコール》に身を投じ、「東方に向けて出征した」のである。一九二二年、ドイツとポーランドのあいだで領有をめぐって争われていた上部シュレージエンの帰属を決定する住民投票でドイツ側が勝利したとき、それを不服とするポーランド系住民の武装蜂起が起こり、これにたいしてドイツからは、国内の革命情勢の沈静化にともなって行き場を失いつつあった義勇軍団のメンバーたちがその鎮圧に赴く事態となった。これは、戦後初期にバルト海沿岸のドイツ系住民をソヴィエト革命から守るという理由で出動したのに次いでなされた義勇軍団の東征だった。とりわけ激戦が展開されたアンナベルクは、O・Sと略称された上部《オーバー》シュレージエン（Oberschlesien）の紛争を象徴する地名となったが、クルト・エッガースは、ここでの戦闘に最年少の義勇軍団員として参戦したのだった。そののち一九二五年からゲッティンゲン、ベルリンなどの大学でサンスクリットと考古学、哲学および神学を学び、修了後ベルリンで牧師になったが、一九三一年にはそれを辞めている。少年時代から戦争参加を夢見てきたかれが、いつヒトラーのナチ党に入党したかは明らかでない。しかし、権力掌握とほとんど時を同じくしてナチ党の中央出版所がかれの作品を刊行していることからも、ほどなくライプツィヒ放送局のプロデューサーに任命され、さらに短期間でシュトゥットガルト放送局の台本部長に昇進したことからも、党と国家の文化行政のなかでかれが占めていた位置が推測できるだろう。一九三六年には、親衛隊《エス・エス》人種・移住本部（略称＝ＲｕＳＨＡ）の部長となった。この機関は、親衛隊員のイデオロギーと人種的純潔性を監視するために設けられたもので、隊員たちの結婚をも厳しく管理し、また採用にさいしては身体的にもアーリア人種の純粋性をそなえているか否かをチェックした。そして、第二次世界大戦を開始したのちは、こうして選抜された人種的に優秀な隊員を占領地域に大量に移住させる計画の実行に取り組んだのだった。(8)「戦士の革命」でかれが展開した革命の構想は、絵空事ではなかったのである。しかも、かれが歩んだこのような道は、本来の第一次大戦戦中派をナチズムに統合させることになる怨念《ルサンチマン》が、それを体験にもとづく実感としていだくことなどできないはずの、ずっと若い世代にまで決定的な影響を及ぼしていた、という事実を物語っている。戦中派の心情が、世代の如何を問わずヴァイマル時代に生きるドイツ人たちの思考と感情を少なからず満たしていたのである。『戦士の革命』で展開される純粋培養的なナチズム思想の内容そのものにもまして、エッガースによってそれが書かれたことにいっそう大きな問題性がある、というのはこのことなのだ。

第二次世界大戦が始まったとき、クルト・エッガースは少年時代からの夢をついに実現することができた。志願して出征したかれは、現実のロシア戦線に送られた。一九四三年八月十二日、まだ三十八歳になっていなかったかれは、ベログラート近郊の戦闘で戦死した。そのときかれは、正規の国防軍と並ぶ軍隊組織だった武装親衛隊（Waffen－SS《ヴァッフェン・エスエス》）の中佐として、有名な「ＳＳヴァイキング師団」（SS-Division《Wiking》）の戦車部隊を率いていた。「ヴァイキング師団」は、ナチス・ドイツの占領下にあったデンマルク、ノルウェー、フィンランドおよびオランダの義勇兵からなる外人部隊だったのである。『戦士の革命』に描かれた日常は、ドイツ人ばかりでなく、占領下の人びとをも覆っていたのだった。

2　新しいメディアの戦士たち――映画の一断面

ナチズム文化が孕む「新しさ」を発見したことは、一九七〇年代以降のナチズム研究の大きな成果だった。この発見によって、ナチズムを社会的・文化的な「進歩」にたいする「反動」としてとらえる従来の歴史観が、ナチズムの政治をもっぱら「保守革命」として理解する歴史観とともに、修正を余儀なくされたのである。――だが、ナチズムの新しさが発見されたとき、その新しさが「戦士の革命」の現実のなかで営まれていたものにほかならないという事実は、ともすれば看過されてしまいがちだった。たとえば、映画の歴史と現代の表現文化総体の歴史に疑いもなく決定的に新しい地平を切り開いたレーニ・リーフェンシュタールのオリンピック映画、『オリンピア』(『民族の祭典』、『美の祭典』)は、鮮烈かつ衝撃的なカメラワークと画面構成によって人間とその人間の空間および時間との戦いを描いたのだが、その表現の新しさは、選抜と選別の遍在化のなかで育つ選手たちのもっとも苛烈な選別の日常を、土壌としていたのである。この土壌は、一九三三年七月十四日に公布され翌三四年一月一日から施行された「遺伝病子孫予防法」、いわゆる「断種法」によっても豊かにされていた。この法律にもとづいて、遺伝病者と見なされる人間を選別し強制的に断種手術を施すことができるようになり、三年前にハンス・ゼヴェールス・ツィーグラーが提起した「第三帝国における実践的文化活動」の構想は早くも実行に移されていたのだった。「身体的および精神的に健全かつ立派でないものは、みずからの痛苦を子供の身体のなかで永続させてはならない」というヒトラーの原理にしたがって、ナチス・ドイツの崩壊までに四〇万人に上る人びとが断種手術を強制された。この人びとの現実を、リーフェンシュタールのオリンピック映画はいわば陰画《ネガ》として内包していたのである。その二年前のナチ党第六回大会を描いたかの女の『意志の勝利』もまた、熱狂的に指導者《フューラー》たちを仰ぎ見る健康そのものの大群衆の背後に、この陰画を秘めていたはずだった。(9) それを覆い隠したまま映し出された選手たちや党員たち、党の下部組織や社会組織の構成員たちの映像は、そしてその映像表現の新しさは、選抜と選別の結果を美化していただけではない。それらの表現が厖大な映画ファンたちの心情をとらえることによって、選抜と選別の日常を維持し再生産することに加担したのである。

「第三帝国」の日常のなかで映画という娯楽が占めていた大きな位置については、しばしば指摘されてきた。(10) それがどれほどのものだったかは、たとえばつぎのような統計資料を見れば明らかだろう。

大都市の住民一人当たり、一年間の映画館入場回数

（都市名）	一九三三年	一九三八年	一九四三年
ボイテン	一二・三	―	三一・四
ヴィーン	一五・〇	―	三〇・六
ブレスラウ	八・三	一一・六	二三・五
ケーニヒスベルク	八・六	一一・二	二三・二
ライプツィヒ	七・八	一三・四	二二・九
ドレースデン	八・二	一一・四	二一・八
ベルリン	一一・五	一五・六	二一・四

フランクフルト	八・八	一二・三	二〇・六
ケルン	九・四	一三・一	一五・九
エッセン	七・九	一〇・七	一二・二

これらの数字からは、ヒトラー政権成立の年である一九三三年と比較して、ナチズム体制の持続とともに住民の映画を観る回数が著しく増えていることがわかる。この事実に関しては、ここに挙げなかった都市を含めて、全国二十八の大都市についての数値にひとつの例外もない。たとえば一九三八年当時の首都ベルリンにおける年間一人当たりの入場回数、一五・六回というのは、約四三三万五〇〇〇人の人口を擁していたベルリンで、同じ年の一年間における映画館入場者数が延べ六七五六万六〇〇〇人だった、ということであり、つまり赤ん坊から高齢者までの全人口を含めての平均であることを考えるなら、これは注目すべき数値と言わなければならない。しかも、すでに戦況がドイツにとって不利になりはじめていた一九四三年の時点で、その数値はさらに大幅な増大を示しているのである。その年の一人当たりの年間入場回数は、十年前の三三年と比べるとき、ケーニヒスベルクで三・一七倍、ライプツィヒで二・七〇倍、ベルリンで一・九〇倍に増えていた。右に挙げなかった都市について見るなら、オルデンブルクでは五・四五倍、エルビングでは五・一五倍、ブラウンシュヴァイクでは五・一四倍というきわめて高い増加率となる。しかも、戦争のさなかでのこの驚異的な映画人口が大都市だけの特異な数字ではなかったことを、いわゆる地方の市町村をも含めたつぎのような統計は物語っている。

人口五万人以上の市町村の住民一人当たり、一九四三年の映画館入場回数

メッツ	四一・七	ゲッティンゲン	二六・三

アウシヒ	三四・二	ハイデルベルク	二三・七
ライヒェンベルク	三二・六	ミュンヒェン	二二・五
ボン	三一・六	フライブルク	一七・一
カールスバート	三〇・三	ミュンスター	一三・五

映画館の入場料は、封切館では二・五マルクが相場だったが、これを支払うのは上層の延べ一〇万人程度に過ぎなかった。場末の映画館では〇・五マルク、つまり五〇ペニヒで観ることができた。入場料の平均は、一九三三年が七二ペニヒ、三六年が七八ペニヒ、三八年から四〇年が八三ペニヒ、四三年には八六ペニヒ、四四年八月には八七ペニヒまで上昇した。ちなみに、一九三八年の時点で、ホワイトカラー（事務系）労働者の週給は、全体の三分の一を占める平均階層で三〇から六〇マルク、ブルーカラー（工場、土木建築など）の労働者はその五割から六割程度だった。平均的な五人家族（夫婦と学齢期の子供三人）の場合、衣食住の必要経費と税金とを除いて教育および娯楽に充てることのできる出費は合わせて収入の三パーセントほどだったので、映画に使う金を捻出するのはそれほど容易ではなかっただろう[11]。年間一人当たりの映画館入場回数の統計的数値は、ほとんど毎日のように映画を観るごく少数の映画マニアによって高められていたのではないか、という疑問が当然ありうる。これについては、一九四〇年における諸都市で成人の住民のうち何パーセントが年に少なくとも一度映画を観に行ったか、という統計資料がある。これによれば、その比率はボンでは二四・六パーセント、ベルリンでは二〇・八パーセントだった。これには、各種の巡回映画会、たとえばナチ党全国宣伝部が一九四一年だけで一日当たり一一四〇台の上映自動車を駆使して総計九二〇〇万人の観客を動員した巡回上映などは含まれていない。さらに、一九四二年の時点でドイツ全土の常設映画館は六五三七館だったが、これは同じ時期の日本の二三五〇館

の二・八倍に相当する。しかもそのうち六割は客席数三〇〇以上の規模であり、一〇〇〇座席を超える大規模館が二〇一館もあった。第三帝国の映画人口を誇大に評価することは避けなければならないとしても、窮屈な暮らしのなかで人びとが映画に娯楽を求め、しかも時代が悪くなればなるほど映画が残されたわずかな楽しみとなったことは、間違いないだろう。「恐ろしい状況にもかかわらず、ものすごい空襲にもかかわらず、くつろぎへの欲求は依然として大きいままだった。ドイツの新聞では、映画館の入場券売り場の前で押し合いへしあいする長い行列のことを読むことができた。それはとりわけ、あまりにも灰色の日常から幻想の世界へと逃避する人間たちであった。一枚の映画切符を買うことは、とうの昔にもはや金銭上の問題ではなくなり、むしろ時間かあるいは幸運の問題となっていた。一九四四年の年末、映画情報は「映画館入場券の公正な配給」について書くことさえしたのである。」――『ドイツ映画一九三八―一九四五年』の著者、ボグスラフ・ドゥレヴニャクはこう述べている。(12)

こうした観衆の受け皿の上に、レーニ・リーフェンシュタールの決定的な新しさは載っていたのである。そして、その受け皿をいっそう大きな強固なものにする要因を、かの女の映画は内包していたのである。

ナチズムと手を結ぶ以前のヴァイマル時代のレーニ・リーフェンシュタールが、ダンス映画と山岳映画を代表する女優であり監督であったことは、よく知られている。かの女の女優としてのデヴュー作となったのは、一九二六年十二月に封切られた無声映画、『聖山』だった。その前年、二五年三月封切りの『美と力への道――現代の身体文化を描く映画』(ヴィルヘルム・プラーガー監督)に端役のひとりとして出演していたが、モダンダンスを志しながら身体的な限界で挫折に直面していたかの女に映画への道を開いたのは、この『聖山』にほかならなかった。監督は、ヴァイマル時代から第三帝国時代をつうじて「山岳映画」という特異なジャンルを確立したアルノルト・ファンクである。これ以後かの女は、二七年十二月封切の『大いなる跳躍』、二九年一月の『ピッツ・

パリュの白い地獄』(邦題『死の銀嶺』)、三〇年十二月の『モンブランの嵐』、三一年十二月の『白銀の乱舞』(原題=『白い陶酔』)、三三年九月の『SOS氷山』と、まさに立て続けにファンク監督の山岳映画に主演女優として出演することになる。[13]

『聖なる山』(『聖山』)で氷壁に挑むアルピニスト青年たち、雪と氷に覆われたピッ・パリュの山頂を目指して雪崩に巻き込まれ、かつて同じ山で死んだ婚約者の後を追う『ピッ・パリュの白い地獄』の主人公、モンブラン山上の測候所で天文学者の娘と無線で交信する若い気象観測員――これら孤独なヒーローたちを支え、あるいはかれらの憧れと希望の対象となるのが、レーニ・リーフェンシュタールの演じるヒロインなのだ。これらの山岳映画をつらぬいて流れる基調は、肉体と精神の限界を越えて大自然の猛威に立ち向かう男たちの戦いであり、それを励ます魅力的なひとりの女性の役割である。この構図は、一方では、「本物の女性は鷲を愛する」というあのゲッベルスの陳腐な女性論のひとつの具象化であると同時に、もう一方では、自然を征服するか、さもなければ敗北して生命を落とすか、という優勝劣敗の原理をきわめて美的に表現したものでもあるだろう。男性たちの自然との苦闘ばかりではない。主演女優であるかの女の身体表現、つまりモダンダンスの技芸を効果的に生かした演技そのものが、大自然の力と拮抗しうるひとつの選び抜かれた能力にほかならない。かの女が端役として初めて出演した映画が、身体の鍛錬によって選抜に耐え抜きながら「美と力への道」をたどる若者たちを描いていたことは、偶然ではないとさえ思われるのだ。

アルノルト・ファンクの山岳映画のこの構図とヒロインの役割を、レーニ・リーフェンシュタールはかの女自身の最初の監督作品、『青の光』[14]で全面的に活用したのだった。一九三二年三月二十四日、ナチズムの権力掌握よりわずか十ヵ月前に封切られたこの映画は、ファンク監督の山岳映画のほとんどを担当したハンス・シュネーベルガーをカメラマンに起用して撮影された。だが、それにもまして興味深いのは、これがベーラ・バラージと

レーニ・リーフェンシュタール『青の光』の一場面（岩山の絶壁を登るユンタ役のレーニ）。

の共同作業として制作されたことである。レーニ・リーフェンシュタールは、自分が立てたストーリーの構想にもとづいたシナリオを、バラージに依頼したのだった。一八八四年八月にハンガリーで生まれたバラージは、一九〇二年八月生まれのリーフェンシュタールより二十歳近くも年上の映画人だった。一九一九年春から夏にかけてのハンガリー・ソヴィエト革命に親友のジェルジ・ルカーチを援けて積極的に加担したかれは、評議会《タナーチ》政権の崩壊後、ヴィーンに亡命し、やがてドイツに移って文化活動にたずさわっていた。一九二〇年代後半から三〇年代初期にかけてのかれは、ドイツ共産党の主導で展開されていた「ドイツ・プロレタリア革命作家同盟」の文学運動における中心的な活動家のひとりであり、ドイツ共産党員でもあった。かれの関心は、探偵小説を初めとする大衆的な文化表現にも向けられており、またみずからも数篇のメールヒェン的な作品を書いている。また、かれの戯曲『青髯《ひげ》侯の城』（一九一一）は、ベーラ・バルトークによってオペラに作曲され、そのオペラの台本もバラージが担当した。だが、かれのもっとも中心的な活動領域は映画だった。一九二〇年代中葉から積極的に映画の台本を書きつづけ、一九三一年にブレヒトの戯曲『三文オペラ』が映画化されたときには、台本担当者のひとりとなった。そしてそれにもまして、かれが映画の歴史に消しがたい足跡を残したのは、映画理論の分野だった。一九二四年に刊行された映画論、『視覚的人間』[15]は、表現主義映画のすぐれた理論化であるばかりでなく、無声映画時代のもっとも魅力的な映画論であり、三〇年の『映画の精神』[16]は、トーキー時代の映画の未来の可能性を見据えた映画論のスタンダード・ワークというにふさわしい重要な著作である。第二次世界大戦後、バラージは、戦後の世界映画史に特筆される一九四七年のハンガリー映画、『ヨーロッパのどこかで』（ゲーザ・ラドヴァーニイ監督）のシナリオを担当することになる。

　バラージとの共同作業である『青の光』でも、リーフェンシュタールは、身体表現としてのダンスを生かした演技でヒロイン役を演じた。「ドロミーテ地方の山岳伝説」という副題が物語っているとおり、南チロルのドロミーテ・アルプスの村に伝わる「青い光」にまつわる伝説が、この映画のテーマとなっている。ヒロインの若い娘、ユンタは、この謎の光と関係を持っているらしい神秘的な人物である。かの女に魅《ひ》かれた若い男たちが、山頂の青の光の正体を見極めるために断崖絶壁に挑戦し、死闘を繰り返して生命を落としていく。ユンタだけは軽快な身のこなしで易々と垂直の岸壁を登っていくのである。もちろん、この映画が制作された時期にはトーキーは一般的になりつつあったが、『青の光』はむしろこの新しい技術に頼るよりは映像の力を極限まで生かしている。とりわけ村人たちの無言の表情は、この映画を観るものの眼底に焼き付いて消えることがないほどの強烈な力をもって迫ってくる。「印刷術の発明は時とともに人間の顔を読み取りにくいものにした」という『視覚的人間』でのバラージの基本的な思想が、ここでひとつの実践の場を見出しているかのようでさえある。バラージは、印刷術の発明によって文字文化が表現と伝達の主流になった結果、人間が元来そなえている多様な表現可能性、とりわけ表情や身振りを始めとする豊かな身体表現が、次第に貧しくさせられてしまったことを批判し、十九世紀末からヨーロッパで盛んになったダンスへの関心は、このことへの危機感のひとつの表われであることを指摘したうえで、映画というまったく新しい表現の領域が、人間の表情や身体表現の豊かな可能性を奪回するであろう、と宣言したのである。サイレント映画だけが映画として存在していた一九二四年の時点で発表された『視覚的人間』は、まだトーキーの発明を視野に入れていなかったとはいえ、トーキー映画の登場によってもなお「視

党大会開催を前にして会場で撮影の打合せをするヒトラーとレーニ。

覚的人間」——つまり視覚によってとらえることができる表現の主体としての人間——というバラージの表現理念は、映画にとって本質的に重要なものでありつづけていたのである。レーニ・リーフェンシュタールは、この共産主義者の表現論を、鍛錬と選抜のすえに獲得された身体的能力の美と、大自然との戦いのなかで自己を確証して生きなければならない人間像との表現のなかに、十二分に摂取したのだった。

ベーラ・バラージをレーニ・リーフェンシュタールがきわめて高く評価しており、しかもかれとの共同作業が充実したものだったことは、戦後四十年を経て刊行されたかの女の『回想』[17]からも、ありありと伝わってくる。かねて自分がいだいていた構想にもとづいて自作の映画を実現しようと決意したとき、かの女は躊躇なくバラージに依頼することにした。うれしいことにバラージは謝金なしで引き受けてくれた、とかの女は記している。合作は楽しい気分ですすみ、一度として口論が生じることもなかった。——だが、『青の光』の封切りが好評をもって迎えられたのち、かの女はドイツを留守にすることになったのである。帰国したときは、ヒトラー政権の時代になっており、マルクス主義文献やユダヤ人作家の本を各地の大学その他でいっせいに焼いたあの五月十日の「焚書」も、すでに行なわれたあとだった。国内の空気は一変していた。二通の手紙がかの女を待っていた。一通は親しいジャーナリストのマンフレート・ゲオルゲがプラハから投函したものだった。アメリカ合州国へ行くつもりだと書かれていた。そしてもう一通は、ベーラ・バラージからのものだった。「確固たる信念をもった共産主義者であるバラージは、さしあたりモスクワへ行き、いずれ故国ハンガリーに帰るつもりだ、ということだった」と、かの女は記している。「一通の手紙を両手に握りしめて、わたしは声を上げて泣いた。」

ナチス・ドイツの敗北後、かの女はアメリカ占領軍に逮捕され、長い取調べを受けた。結局、処分保留のまま釈放されたが、その取調べのひとこまで、ユダヤ人迫害については知っていたが、戦時のことだから止むをえないと思っていた、と答えたかの女に、取調べ官が「ではあなたにはユダヤ人の知り合いはいなかったのか？」と問う場面があった。「いいえ、おりました」と答えたかの女は、アメリカに亡命したゲオルゲと自分の侍医とともに、ソ連に行ったバラージの名を挙げたのである。『回想』のなかでかの女はまた、一九五〇年代末にあるベルギーの週刊新聞が第一面につぎのような記事を掲載したことを記している、「レーニ・リーフェンシュタールは、ブリキ屋の娘だったが、ベルリンでとあるいかがわしい酒場の「ストリップショー」ダンサーとしてデヴューした。……ヒトラーを知る以前に、かの女はハンガリー人の映画シナリオ作家、ベーラ・バラージと結婚し、かれがかの女を熱烈な共産主義者にしたのである。……秘密国家警察《ゲシュターポ》はある報告書のなかで、かの女はポーランド系ユダヤ人であると主張していたが、これはナチ・ドイツから放逐されるに充分な根拠であった。しかしヒトラーはかの女がガス室に送られるのを妨げたのである……。」

『青の光』の封切りの日からちょうど八週間後、一九三二年五月十八日に、レーニ・リーフェンシュタールはアードルフ・ヒトラーに宛てた一通の手紙を投函した。二月末にベルリンの体育館、「シュポルツパラスト」（スポーツの殿堂）で行なわれたヒトラーの演説会をポスターで知り、興味本位で聴きに行って、大きな衝激を受けたのだった。生まれて初めて政治集会なるものに行き、あなたとあなたの聴衆の熱狂とに感銘を受けたので、ぜひ個人的にあなたと知り合いになりたい、とかの女は手紙に書いた。『SOS氷山』の現地ロケのために監督のアルノルト・ファンクとともにグリーンランドへ出発しなければならない日の前日、ヒトラーからじきじき電話が掛かってきた。これがかの女の運命を決定したのである。『青の光』からかれなりの感銘を受けていたヒトラーは、こうしてやってきたチャンスを無駄にしなかった。たった一度だけ会ったこの映画人を、権力を掌握したのち、かれはもはや手放さなかった。一九三三年秋のナチ党第五回全国大会の記録映画、『信念の勝利』(三三年十二月封切り)、三四年九月の同じく第六回大会を描くあまりにも有名な『意志の勝利』(三五年三月封切り)、そして国家から委託された宣伝映画、『自由の日!――われらの国防軍』(三五年十二月封切り)を経て、三六年のドイツでのオリンピックを記録する『オリンピア』(第一部『民族の祭典』、第二部『美の祭典』。三八年四月封切り)へと、かの女の「美と力への道」はナチズムとともに歩む大道となったのである。

『意志の勝利』の一場面。

第二次大戦が開始された翌年、一九四〇年に、かの女は自分が監督する二作目の劇映画、『低地』[18]の制作に取りかかった。舞台をスペインに設定したこの映画は、やはり山岳映画のひとつのヴァリエーションだった。だが、四四年十二月に最後の撮影にこぎつけたものの、第三帝国の崩壊までに観客に届けられることはできなかった。それが初めて戦後の西ドイツで封切られたのは、一九五四年二月、レーニ・リーフェンシュタールが満五十一歳を過ぎてからのことだった。

第三帝国の文化・芸術について論じられるとき、レーニ・リーフェンシュタールの仕事とともに数多くのポピュラーな娯楽映画に注意が向けられるのは、理由のないことではない。ひとつには、それらの娯楽映画のうち少なからぬものが、映画の歴史のなかで看過することのできない高い芸術的水準を維持していたからであり、またひとつには、それらの多くがナチズム・イデオロギーや政府の政策の宣伝とは直接かかわらない純然たる娯楽映画だったからである。だが、たとえばアルノルト・ファンクとともに第三帝国でもっとも意欲的な映画監督のひとりとして活躍したファイト・ハーランの一九三九年の作品、『ティルジットへの旅』[19]のような、もっとも政治性から遠いと考えられる映画でさえ、ファンクとリーフェンシュタールによって体現されていた「戦士の革命」の精神と無縁ではなかったのである。十九世紀末から二十世紀初期にかけての自然主義文学を代表する作家、ヘルマン・ズーダーマンの作品を原作とするこの典型的なメロドラマは、中年男性の不倫というきわめて通俗的な主題を描きながら、しかし、ファンクの山岳映画やリーフェンシュタールのオリンピックおよび党大会の映画と通底する要因に依拠して劇的効果を達成している。愛する若妻と四歳になる息子との満ち足りた生活を送っていたバルト海沿岸の村の漁師エンドリクは、住居の一室を夏場だけ避暑客に貸して家計の足しにしていたが、ある夏、子供のころの遊び友だちだったマドリン・サピエルスカというポーランド人女性が客としてやってくる。マドリンは家庭の平安を攪乱し、村人たちもかの女を忌み嫌う。マドリンの虜になったエンドリクは、馬市のためにティルジットへ舟で赴く機会に、妻を同行して途中で殺そうと決意する。妻のエルスケはかれの計略を感じ取っていたが、かれとともに舟に乗る。かれらは途中で激しい嵐に襲われ、馬とともに転覆した舟から荒海に投げ出される。岸に泳ぎ着いたエンドリクはエルスケが溺れ死んだものと思い込む。しかしかの女は馬の手綱にからまって、馬に岸まで引き揚げられたのだった。この事故を転機にして、マドリンは去り、家庭にはふたたび平安が戻る。

ドイツ人の家庭を破壊するのがポーランド人女性であることに、何らかの意味付けを見出すことも、もちろん不可能ではないかもしれない。だがこの映画のクライマックスは、ティルジットからの復路に主人公が襲われる嵐の場面であり、嵐との主人公の戦いである。この戦いによって、かれは自己を再発見する。妻が馬とともに岸辺に到達することができたのも、ティルジットとかれらの村との間に横たわる大きな湾を、嵐に抗してかれが岸近くまで舟を操ることができたからにほかならない。家庭の平安を回復したのは、かれがその戦いに勝利したからだった。『信念の勝利』や『意志の勝利』においては題名のなかですでに歴然としているこの理念を、メロドラマである『ティルジットへの旅』もまた芸術的な力のひとつの要因として内包していたのである。

そして、同様のことはまた、山岳映画の巨匠、アルノルト・ファンクが初の日独合作映画として制作した『新しき土』[20]（三七年二月封切り）についても言えるだろう。ドイツでは『サムライの娘』（*Die Tochter von Samurai*）と題されたこの映画でも、テーマは三角関係である。百姓の息子である主人公・神田輝雄（小杉勇）は、金満家の旧家に婿入りする約束でドイツ留学の資金を出してもらい、婚約者である大和光子（原節子）とその父親が待つ日本へ帰ってくる。ところが、かれはドイツ人の女性ジャーナリストと恋仲になっており、特派員として日本に来るかの女と同じ船で帰国したのである。悲嘆に暮れる娘を父は、「おまえはサムライの娘ではないか」とたしなめ、ドイツ女性を大切な客として迎えるようにと諭す。娘はついに近くの火山の火口に身を投げる決心をする。それを知った主人公は、火山を登っていく婚約者を助けるために後を追う。火山はいままたもや噴火しようとして激しく鳴動し噴煙を上げている。娘を追ってけわしい山を登るシーンに、ファンク監督は長大な時間をかける。ときには激情的に、ときには幻想的に描き出される火山のたたずまいは、ここでもまた一巻の山岳映画を創出しようとする監督の意図を物語っている。だが、北アルプス、焼岳でのロケ・シーンを中心とするこの山岳場面で演じられるのは、池を泳ぎ渡り焼ける地面を這い登りながら追跡をあきらめない主人公の苦闘である。大自然の猛威のなかで続けられたこの戦いの末に、婚約者たちは固い絆《きずな》で結ばれ、三角関係はおのずから解決に至る。きわめて通俗的なストーリーの展開にもかかわらず、この映画は最後の場面で明確な政治的メッセージを発信する。主人公たちは、この試練に打ち勝ったのち、狭隘な日本を後にし、「新しき土」を求めて満洲へ農業移民として渡っていく。一年後、広大な原野でトラクターを操縦する主人公のかたわらで、妻が生まれた赤ん坊を抱いている。それを横目で見ながら、日本人農民たちを護るひとりの兵士が、銃をかまえて立っている。このシーンで、映画は終わる。ここにもまた、「戦士の革命」のひとこまが描き出されていたのだ。

3　テレビ時代の幕開け――アルノルト・ブロンネンの変転

十九世紀の最後の時期に実用化された映画は、一九二〇年代に欧米および日本で恒常的な本放送が開始されたラジオ放送とともに、二十世紀前半の社会におけるもっとも新しい表現メディアだった。周知のとおり、ナチズムの運動は、権力掌握の以前も以後も、この両メディアをもっとも巧妙かつ効果的に利用した。とりわけラジオ放送の分野では、すでに一九二〇年代末の時期から、党員や同伴者を各地の放送局の重要な部署に少なからず擁するようになっていた。それらの人物たちのひとりが、アルノルト・ブロンネンである。

ブロンネンの名は、ドイツ表現主義のもっとも過激《ラディカル》な劇作家として文学史に記されている。一八九五年八月十九日にオーストリアのヴィーンで生まれたかれは、一九二二年五月に初演された戯曲、『父親殺し』(21)によって劇作家としての歩みを始めた。この戯曲は、新旧世代の対立葛藤を中心的テーマのひとつとした表現主義の演劇と小説のうちでも、舞台上で息子が父親を射殺するという設定によって、世間に大きな衝撃を与えた。しかもその衝撃は、五月十四日に行なわれたベルリンでの初演だけで終わらなかった。ひきつづきミュンヒェン、ハンブルク、フランクフルト・アム・マインでも上演されてスキャンダルを触発しただけでもなかった。初演からちょうど六週間後に、ユダヤ人の外務大臣、ヴァルター・ラーテナウが射殺されたのである。その暗殺は、「コンズル組織」のメンバーである一九〇二年九月生まれの十九歳の青年、エルンスト・フォン・ザローモンを中心とする民族派青年たちによって計画され実行された。「コンズル組織」は、義勇軍団《フライコール》「エーアハルト旅団」がカップ一揆に連座して解散を命じられたのち、後継組織として結成された団体だったが、「十一月の裏切り」の主犯と目されていたヴァイマル政府の元・財務大臣、マティアス・エルツベルガーを一九二一年八月に暗殺したのも、この組織のメンバーだった。ラーテナウ暗殺の主犯、ザローモンは、のちにナショナリズム陣営の作家として活躍することになる。かれの犯罪は、ユダヤ人にたいする差別と排撃の実践として非難されるどころか、むしろ、古い父親の世代にたいする息子の世代の抗議《プロテスト》として美化されさえしたのだった。

ブロンネンの文学的な出発は、このような空気のなかでなされたのだった。とはいえ、当時のかれ自身がナショナリズムの思想をいだいていたわけではなかった。かれは、表現主義の前衛的なラディカリズムをもっとも端的に体現する表現者のひとりにすぎなかった。『父親殺し』を書いたころ、かれは、同じ年の九月二十九日に初演されることになる『夜打つ太鼓』(*Trommeln in der Nacht*)によって同じく表現主義の劇作家として出発しようとしていたベルトルト・ブレヒトと、きわめて密接な親交を結んでいた。両者の関係の親密さは、もともとアルノルト・ブロンナー(Arnold Bronner)が本名だったがブロンネンを筆名にしたかれと、オイゲン・ベルトルト・フリードリヒ・ブレヒト(Eugen Berthold Friedrich Brecht)を本名とするブレヒトとが、一方は「アルノルト」の綴りをArnoldからArnoltに変え、他方は「ベルトルト」をBertholdからBertoltに変えて、-oltという語尾で韻を踏むかたちのペンネームを決めた、という事実によっても想像できる。そのブロンネンが民族主義的な作家としての道を歩み始めるのは、一九二九年五月初旬に刊行された長篇小説『O・S』によってだった。O・Sとは、さきに言及したとおり、上部《オーバー》シュレージエンの略称であり、一九二一年春に始まるポーランド系住民の武装蜂起とこれを鎮圧しようとするドイツ人義勇軍団との戦いの舞台となった地域である。ブロンネンのこの作品は、その戦闘をドイツ義勇軍への共感を込めて描き、英雄的な犠牲心で祖国のために戦った若者たちを見捨てたヴァイマル体制を激しく糾弾していたのだった。

四時に起床。車で出発。途中、アルノルト・ブロンネンのO・Sを読む。オーバーシュレージエンをめぐる戦い。うっとりするような国民主義的《ナショナリスト》な本、ついこのままえまで別の側にいたひとりによって書かれた。この本は見事だ。文体も、構成も、理念も、傾向も。ぼくはこれを貪欲な目で飲み込んだ。ブラヴォー！　こう来なくちゃいけない。青年の精神！　志操だけでなく、能力も。

一九二九年九月十九日の日記にゲッベルスはこう書いた。その前々日、十七日の日記の末尾には「アルノルト・ブロンネンのO・Sを読む。ブラヴォー！」と記されており、この日からそれを読み始めていたらしいことがうかがえる。――これが、ゲッベルスがブロンネンに注目した最初であり、ブロンネンがゲッベルスの逃れがたい網に捕らえられ続ける始めだったのである。

そのころブロンネンはベルリン放送局で放送劇部門のプロデューサーとして働いていた。すでに一九二六年からその部門で仕事を始めていたが、一九二八年にプロデューサーに任命されたのだった。ゲッベルスがかれを自分の影響圏内に引き入れたとき、それゆえ、ナチズム運動はきわめて強力な同伴者をラジオ放送の分野に獲得したのである。ゲッベルスとブロンネンの最初の会見は、一九三〇年十月三日に行なわれた。翌日の日記にゲッベルスはこう書いている、「昨日。アルノルト・ブロンネンがぼくのところに来た。良い印象を受けた。情熱的な頭脳だ。大きな変転をいくつも経てきたのだ。半ユダヤ人だそうだって？　ぼくはそんなことを信じない。いずれにせよとてもしっかりしており、それにまたとても謙虚だ。かれはぼくがラジオで話せるようにルートを作る

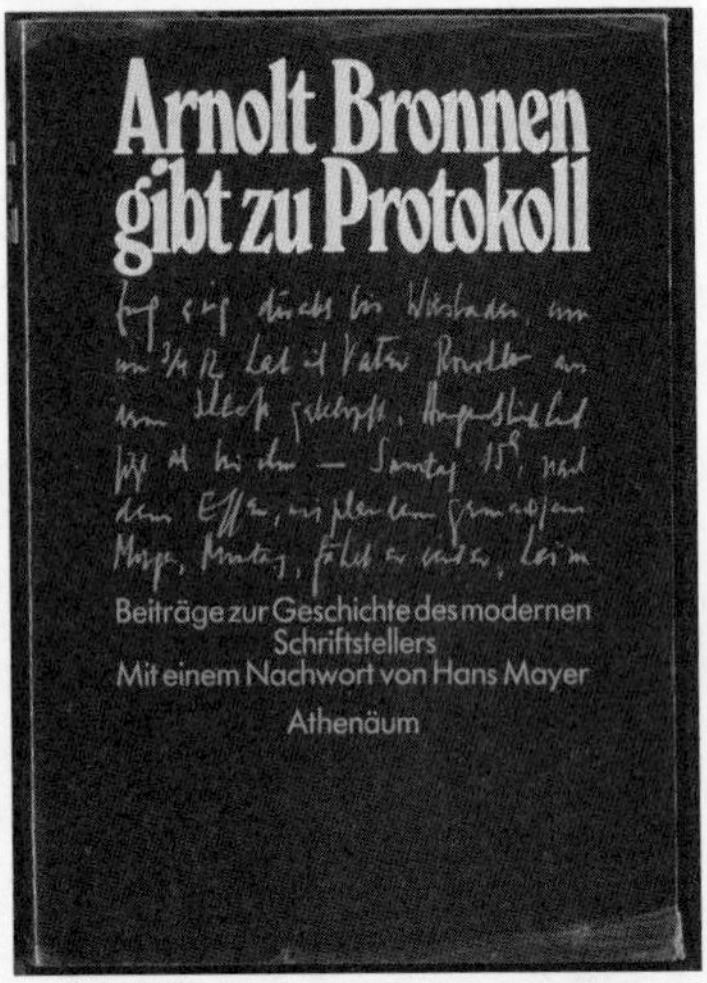

『アルノルト・ブロンネン、尋問調書を取られる』カバー。

つもりだという。」

ゲッベルスの初めてのラジオへの登場は、それから二年近くを経てようやく実現された。日記をもとにして権力掌握の前後一年四ヵ月の闘いを記録した著作、『カイザーホーフから首相官邸へ』[22]（一九三四）にかれ自身が記録しているところによれば、一九三二年七月十八日に行なわれたこの初めてのラジオ演説に、かれは「この演説は効果的ではない、という感じ」をいだいたという。この記述については、自分を差し置いてラジオに登場したゲッベルスをヒトラーが快く思っていないことにたいするゲッベルスの配慮があるとの解釈も存在する。ブロンネン自身、戦後の著書、『アルノルト・ブロンネン、尋問調書を取られる』[23]（一九五四）のなかで、全国の放送局のネットワークで流されたこのゲッベルスの出演について、つぎのように書いている。

「ラジオ放送の側はこれを自分の成功であると見なした。なぜなら、ゲッベルスが招きに応じ、それによってラジオ放送の価値を認めたからである。ゲッベルスはそれを自分の成功であると見なした。なぜなら、かれはこれによって新しい国会を勝ち取るための選挙戦の口火を切ったからである。しかし双方とも、その成功を喜べなくなった。とりわけ、ミュンヒェンの御大《おんたい》が、自分で選挙戦の口火を切るつもりだったものだから、ご機嫌斜めになられたのである。ゲッベルスは膝を屈して、自著『カイザーホーフから首相官邸へ』のなかで役に立たなかった自分を責めて改悛の情を示した。現実には、かれはきわめて誇らしげで、その日をひとつの歴史的な日と見なし、わたしの「大きな貢献」にたいして直筆の礼状を送ってよこしたのである。
『アルノルト・ブロンネン、尋問調書を取られる』と題するブロンネンの著書は、とりわけナチズムへのかれの加担の責任を戦後に問題にされたかれが、取調官の尋問に答えるかたちで過去の自分の言動を逐一釈明する、という型破りの形式をとった自伝である。その内容には、客観的に見て遁辞や韜晦も少なくないとはいえ、それでもこのひとりの注目に値する表現者の足跡とかれが生きた時代を知るうえで貴重な資料であることに変わりはない。そこからは、ゲッベルスと知り合ったかれが、自分の婚約者であるロシア人女性で女優のオルガ・フェルスターにたいするゲッベルスの過度な関心に悩まされるありさまや、かの女と結婚したかれがゲッベルスに翻弄されてついにはオルガを失うに至るまでの過程が、生々しく描かれている。これをゲッベルスの日記の記述と照らし合わせることによって、ゲッベルスがじつはオルガを道具にしてブロンネンを自分の影響圏内に繫ぎ止める一方で、オルガを自分のかたわらに引き止めておくためにブロンネンを第三帝国の文化政策にとって枢要なポストに留めておいたらしいことが、浮かび上がってくるのである。なぜなら、ラジオ放送の部門で蓄積されたブロンネンの経験は、もっと新しいメディア、ラジオよりも映画よりも新しいひとつの表現文化の開発にとって、決定的に重要だったからである。

ときどきドレースラー＝アンドレスとハダモフスキーがわたしを呼び寄せ、なにか計画はないかと尋ねるのだった。わたしは、はじめはむしろ冗談半分で、テレビジョンはどうかと言ってやった。両人はこれをまじめに取った。わたしは、帝国放送協会の内部でテレビ放送事業に着手するための試案を作成せよ、という職務命令を受け取ったのだった。これはもちろん魅力的なことだった。わたしはつねづね映画にたいしては好きになれないという気持ちをいだいてきていた。テレビのなかにわたしは、映画の長所を視覚芸術の脱録画化と結びつける可能性を見た。テレビの演技には、現場で撮影されたテレビ・ルポルタージュでもそうだが、眼で見た瞬間の魔術が、偉大な一体化が、聖なる同時性が、まだ存在しているのであり、この同時性のなかにこそ以前からわたしにとって最大の力と生の意味とがあったのである。

一九三四年の夏ごろのこととして、ブロンネンはかれの『尋問調書』にこう記している。ここで名前が挙げられているふたりの人物、ホルスト・ドレースラー＝アンドレスとオイゲン・ハダモフスキーは、ひとりは帝国文化院の一部局である帝国放送院の総裁および宣伝省の放送担当顧問官として、もうひとりはドイツの全ラジオ放送の元締めである帝国放送協会の会長として、放送の分野での最高責任者たちだった。このブロンネンの記述について、第三帝国のテレビに関するもっとも包括的な研究書『鉤十字の下のテレビジョン』(24)の著者、クラウス・ヴィンカーは、こう書いている、「大いに賞讃された、しかしスキャンダルに取り巻かれたこのヴァイマル共和国の劇作家の、美化された回想録発言が真実に即しているかどうかは、依然として疑問である。ブロンネンのテレビとの関わりが公式書類で確認できるようになるのは、いずれにせよ、ようやく一九三六年五月初めになってからのことであり、しかも、かれにたいしてなされた報酬支払いとの関連でのことにすぎない。とはいえ、このオーストリア人作家がすでに一九三四年から三五年にかけて、放送局長ハダモフスキーから、将来のテレビ番組についての構想を述べるよう要請されたということは、そのままに受け取ることができる。」

ブロンネンは一九三〇年十二月十七日にオルガ・フェルスターとの結婚式を挙げていた。すでにかれらの婚約時代から、ゲッベルスは再三にわたって日記に、オルガがブロンネンを愛していないことを記していた。ブロンネンは、オルガが自分の制止を振り切ってゲッベルスの政治的な意向に従ったことを、戦後の『尋問調書』で再三再四、自分とゲッベルスとのあいだに絶えず見解の相違があったことの傍証として記している。事実がどうだったにせよ、オルガとブロンネンとの関係は悲劇的な結末に終わった。一九三五年四月十一日、ブロンネンがドレースラー＝アンドレスに呼ばれて宣伝省に赴いたわずかな時間のあいだに、オルガは自宅でガス自殺を遂げたのである。その葬儀の翌々日、四月十八日に、ブロンネンが帝国テレビ放送ディレクターに任命されたという報道がなされたことを、『尋問調書』は記している。それ以来、一九三九年の末まで、かれはテレビ放送の分野でディレクターとして枢要な位置を占めつづけた。ナチ党への入党を拒んだにもかかわらず、かれには月額一〇〇〇マルクという高額の報酬が支払われた。それは、平均的な勤労者の収入の五倍以上に相当したのみならず、テレビ放送の仕事にたずさわるスタッフのうちでも一番の高額だった。テレビ時代の初期の歴史は、アルノルト・ブロンネンの名前を抜きにしては考えられないのである。

ドイツで初めてテレビジョンの本放送が開始されたのは、一九三五年三月二十二日のことだった。その前年の一九三四年春、テレビジョン研究では世界をリードしていたイギリスが、三五年秋までに本放送を開始するという最終目標を発表していた。ナチス・ドイツの放送関係者は極秘裏にこれを追い抜く計画を練った。そして、全世界に先駆けて実験放送の段階を終了し恒常的な本放送を開始したのは、第三帝国だったのである。このときはまだ走査線が一八〇本という初歩的な技術段階だったが、それでもこれは、ようやく戦後の一九五三年二月一日、東京地方でＮＨＫのテレビ本放送が開始された日本と比べてはもちろんのこと、イギリスやアメリカにも先行する早さだった。イギリスがロンドン地区でテレビの定期的な放送を始めたのは一九三六年十一月二日、アメリカのニューヨークでは三九年四月三十日にようやく本放送が開始された。ドイツではさらに、一九三六年のオリンピック開催に合わせて、ベルリン、ライプツィヒ、ミュンヒェン、ハンブルクのあいだでテレビ電話が開通していた。第三帝国は、文字通り二十世紀の新しいメディアであるテレビ放送の分野でも、その新しさをまっさきに

アルノルト・ブロンネン。

手中にしたのだった。

その最初期のテレビが進歩するうえで大きな意味を持つひとつの技術改良について、ブロンネンは興味深いエピソードを書きとめている。『尋問調書』によれば、開始後まもないテレビ放送は、カメラの性能上、被写体を一メートル二〇センチの近さから撮影しなければならず、生放送の場合、一人の人物しか画面に映し出すことができなかった。それでも、いきなり画面が乱れ、たとえば魅力的な表情で歌っている女性歌手の顎が溶け去ってしまうというようなことが少なくなかった。同じ画面に二つの映像を同時に写そうとすると、「あの周知の、トンネルのなかでの黒人の闘い」になってしまうのである。——ところがあるとき、実況撮影している歌手の映り具合をモニター・テレビで見ていたブロンネンは、興奮のあまり叫びながら撮影室に駆け込んだ。画面に、歌手の後ろを横切っていくスタッフの白い上っ張りが映し出されたからである。画面に第二の人物が映ったではないか。その原因を究明した結果、重要なことが発見された。同時に一人の人物しか写せなかったのは、被写体に強いライトを当てているためで、むしろ照明の光度を落として撮影すれば同時に二人以上の人物を画面に映し出すことができることがわかったのである。「これによって、テレビ番組の発展における新しい一時代が始まった。〔……〕ヒトラーとゲッベルスにとっては嬉しい通行手形だった。なにしろかれらは、当時ドイツではまだ珍しかったテレビ受像機を客たちの前で自慢できたからである」と、ブロンネンは書いている。

この発見があったとはいえ、生中継はまだ技術的に多くの困難をかかえていたため、劇番組では映画をそのまま放映することがしばしばなされた。アルノルト・ブロンネンは、ポピュラーな文学作品をテレビ・ドラマに脚色するなど、劇作家としての仕事を生かした番組制作をも試みたが、全体としては既成の映画を利用することが多かった。ファイト・ハーラン監督の『ティルジットへの旅』もそのひとつとして、一九四〇年四月にテレビで放映された。(25) ラヴ・ロマンスのなかに戦う男を描きこんだこの映画は、映画館だけではなくテレビの画面でも、「戦士の革命」の日常を再生産することに奉仕したのだった。

同じ画面に同時に二人以上の人物を映し出す道を発見する直前のころ、一九三六年夏のベルリン・オリンピックを撮影するため、ブロンネンは、撮影主任に付き添ってたびたび総統の観覧席の近くに行く機会が会った。そこでかれは、ヒトラーが競技を見物するさいのいくつかの特徴ある態度に気付いたのだった。

かれはきわめて熱心な関心を示す観客だった。だがしかし、すべてにたいしてというわけではなかった。走ったり跳んだり格闘したりというような軍隊に活用できる競技の成績だけしかかれの関心を惹かないことは、確かだった。水泳、円盤投げと槍投げ、球技などは、かれのお気に召さなかった。かれは取り巻き連中の前でも、自分がこの「平和のオリンピック」をこれほど寛大に後援してきたのも、もっぱら軍事的鍛錬のためにすぎないのだということを、まったく隠そうとはしなかったのである。〔……〕あいにくの天気はわれわれの意図を少なからずぶちこわしたが、われわれがテレビの仕事をふたたびスタジオに持ち帰らなければならないことは、わたしには嫌《いや》ではなかった。なにしろ、現場でのことはすべて、野外撮影はすべて、戦争に奉仕するものであり、戦争に向かって進んでいるのだ、とわたしには思われたからである。それにたいしてスタジオでの仕事は、純粋に芸術的な目標だけを追及していればよいではないか。

放送開始当時、テレビ受像機は一台の価格が六〇〇マルクから三〇〇〇マルクで、もちろん個人の所有は考え

「民衆受信器」に聴き入る兵士たち。

られなかった。ヒトラーは、ラジオの場合と同じように安価なテレビ受像機を早急に開発すべしという命令を発していた。政権掌握後まもなく発売された一台わずか七六マルクで買える「民衆受信機《フォルクス・エンプフェンガー》」という名の受信機によって、各家庭へのラジオの普及率が当初の二五パーセントから四一年には六五パーセントにまで上昇するという過程が進行していたのである。だが、安価なテレビ受像機は、四〇年代になってもなお実現しなかった。そこで、当初、テレビ受像機はいくつかの郵便局に設置された。国民は、日常の生活にもっとも近しい官庁である郵便局で、テレビを見物することになった。テレビ放送のプロジェクトは、帝国放送協会と郵政省との協力と抗争のなかで進められてきたからである。一九三九年九月一日に第二次世界大戦が始まると、もっとも主要なテレビ受像機の設置場所は、傷病兵士たちを収容する衛戍病院になった。放送電波が届く範囲のベルリン近辺の五〇の病院で、一九四二年には一二〇〇人の兵士たちがテレビを観たのである。こうして、第三帝国が世界に先駆けて実用化したもっとも新しい表現文化メディアは、日常化した戦争のなかでもっとも大きな役割を果たすことになった。

そのころのドイツのテレビジョンの状況について、日本の『朝日年鑑』紀元二千六百三年版（一九四三年版）は、つぎのように記している。

戦時下でも毎日午後七時から二時間ベルリンに於て定時に放送されてをり、十六年〔一九四一年〕六月二十四日の如きは宣伝部隊の活躍により独軍のブレストリトウスク付近の対ソ進撃の前線実況が直ちに送像されたが、戦線実況のほかニュース映画、時局知識の実演などが明瞭に送られてゐる。因みにヒ総統が全戸に普及せよといふ国民受像機は未だ現れないが、ベルリン市内各所には公開受像所があり面画は三×三・六米で三百人が観られるほどのものである。またベルリンからライプチヒ及びハンブルク間にはテレビジョン電話が開通してゐる。

第二次世界大戦が始まったとき、ブロンネンはなおテレビ放送の仕事を続けていた。しかし、かれの地位はもはや大きな影響力を持たなかった。すでに一九三七年に、かれは思想的に信頼できないという理由で帝国著作院から除名されていた。これは作家としての職業の停止処分に等しいものだった。それにもかかわらず、テレビ放送の仕事を続けることは禁じられなかった。ゲッベルスの意向が働いていたのかどうか、確認するすべはない。かれの日記にも、一九三六年九月以降、ブロンネンの名前はもはや現われなくなるからである。そしてついに一九三九年の秋、開戦から間もない時期に、ブロンネンはテレビ放送の分野から退くことになる。スタッフの大幅な入れ替えが行なわれ、古くからのメンバーとともにかれも退職を余儀なくされたのだった。郷里のオーストリアに帰ったかれは、ドイツの敗戦が近づいたとき、そこで共産主義者たちの地下抵抗組織に加わった。かつて左派表現主義者からナチズムの同伴者へと変転を遂げたブロンネンは、またも変転を重ねることになった。第三帝国が崩壊したとき、かれは、オーストリアを占領したソ連軍によって小都市ゴイゼルンの市長に任命された。文学活動を再開したかれは、一九五五年にドイツ民主共和国（東ドイツ）に移住し、一九五九年十月十二日にベルリンで死んだ。(26)

VIII 自発性の文化表現としてのナチズム

――「ティングシュピール」の興隆と終焉

1　最初の「ティングプラッツ」と『ノイローデ』

一九三四年六月五日、中部ドイツの都市ハレの近郊にあるブラントベルゲ（Brandberge）という小さな山並《やまなみ》のなかで、ひとつの劇が上演された。そこでは、三ヵ月ほど前から野外劇場の建設が進められてきていたが、それがこのほど完成して、いわば柿落《こけら》としの公演がこの日に行なわれたのである。

当時のドイツでは、野外劇場そのものは特別にめずらしいものではなかった。十九世紀末ごろから顕著になっていた野外レクリエーションの流行とも連動しながら、第一次世界大戦後には各地に自然の立地条件を生かした野外劇場が造られており、ナチス当局もこれを文化行政に活用する方針をとった。政権掌握の第一年目、一九三三年の夏には、民衆啓発・宣伝大臣ゲッベルスの肝煎りで「ドイツ野外劇・民衆劇全国同盟」（Reichsbund der deutschen Freilicht- und Volksschauspiele）が発足して、民衆的な野外劇の振興に力を入れていた。その年の終わりの時点で、ドイツ全土の野外劇場は六十二を数え、もっとも規模の大きいボッフムの野外劇場は八千人以上の観客を収容することができるほどだった。――だが、ブラントベルゲ山中の野外劇場は、特別の意味をもって建

造されたのだった。それの起工式が一九三四年二月十九日に行なわれたとき、前日の新聞はつぎのように報じたのである。(1)

明日の月曜日は、ハレ市にとって特別の意味を持つ日となるであろう。帝国政府の代表者たちの列席のもとに、市外ブラントベルゲ山上で、ひとつの偉大な事業のための鍬《くわ》入れ式が行なわれることになっているのである。ドイツで最初のティングプラッツがここで生まれることになるのだ。

ブラントベルゲはゲルマン時代の古い祭祀《さいし》の場である。そのうえまた、そこはハレのNSDAP〈国民社会主義ドイツ労働者党＝ナチ党〉にとって特別の意味を持つようになったのであった。すなわち、権力掌握ののち少なからぬ大衆集会が、ここで開催されたのである。自然が形づくったこの巨大な円形劇場で。そしてそれが伝統となっているわけだが、権力掌握以前にたびたび国民社会主義者たちがここで集合し、そのあと自分たちの理念を伝えるべく繰り返し市内へと向かったのであった。その場所がそなえる自然の適性はひとまず度外視するとして、ティングプラッツを建設するのにこれ以上ふさわしい場所を見出すことはできなかったであろう。

「ティングプラッツ」と呼ばれるこの新しい野外劇場で最初に上演されたのは、クルト・ハイニッケの脚本による『ノイローデ』(2)という作品だった。

――都会へ出て働いていた若者、ヴィルヘルム・ラトケは、大失業状況のなかで職を失い、故郷のノイローデに帰ってくる。ノイローデは炭鉱の町である。以前に坑夫をしていたかれは、ふたたび炭鉱で働くつもりだったのだ。かれが郷里に帰りついたとき、ちょうどそこでは落盤事故で死んだひとりの坑夫の葬儀が行なわれていた。なんと、その犠牲者は、かれの兄だった。かれは、自分が炭鉱で働いて、遺された兄の妻と子供たちの面倒を見ようと決意する。しかし、そこへ炭鉱会社のノイローデにおける現場責任者である支配人がやってきて、会社には新たに人を雇う余裕などないことを聞かされる。炭鉱は不況と相次ぐ事故とで経営が行き詰まっていたのである。

それでも、以前のラトケを憶えていた支配人は、遺族にたいする同情も手伝って、兄の代わりということでかれを雇うことを承知する。ようやく労働の場を得ることができたラトケは、「おれには労働がある！」と歓喜の声を上げる。だが、義姉のマルタは、死んだ夫と同じ坑道で働くことになった義弟の身にも悪いことが起こるのではないかという不安を抑えることができない。そのマルタに向かってラトケは言う、

マルタ、ぼくは炭鉱《ヤマ》を愛しているんだぜ。ぼくの労働を愛しているんだぜ。ぼくは坑道をまるで生き物のように愛している。ねえマルタ、そのヤマがぼくを裏切ったりするものか。

こうしてラトケは充実した労働の日々を迎えることになる。けれども、それは長くは続かない。経営陣が、採算の取れないその炭鉱を閉鎖する方針をほぼ固めたその矢先に、ラトケが働く第二坑で、またも大規模なガス爆発事故が起こったからである。この事故では、入坑していた百六十八人の坑夫のうち、わずか十四人が助かっただけだった。ラトケは、そのわずかな生存者の一人だったが、会社側はこの事故によって最終的に廃業に踏み切ることになった。坑内の機械を搬出し、坑道を閉じる作業を行なうために、会社側は近くの工業地区、ハウスドルフから作業員を雇う。操業短縮で職を失っていたかれらもまた、ようやく仕事にありつくことになったのである。劇の第二部は、閉鎖のための作業に雇われてきたハウスドルフの労働者たちと、ラトケを始めとする坑夫たちとの口論を糸口にして展開される。ラトケは、閉鎖作業のために入坑しようとする労働者たちに、炭鉱の廃業

はハウスドルフの工業をますます停滞させること、炭鉱と工業が手を携えてこそ現在の苦境からともに脱却する道が開けるのだということを、熱心に訴える。そして、利益のためではなく労働そのものを守るために、坑夫たちが自主的に炭鉱の操業を続けることを提案する。賃金は問題ではない、労働が問題なのだ、というラトケと坑夫たちにたいして、経営陣は、いったい炭鉱は誰のものかを考えろ、と反論する。しかし、坑夫たちが仕事を失うことを憂慮した支配人は、石炭の生産が重要な国家的事業であることを強調して経営陣に再考を促す。ノイローデの市長もまた、廃鉱は市の死活問題であると訴える。こうして、会社経営陣が退場するなかを、坑夫たちは「ご安全に！《グリュック・アウフ》」という鉱山特有の挨拶の言葉を交わしながら嬉々として入坑していく。労働共同体（Arbeitsgemeinschaft《アルバイツゲマインシャフト》）が実現の一歩を踏み出したのである。

数ヵ月が過ぎる。労働者たちの試みは全国的な反響を呼び、売り上げも伸びる。けれども、会社側の法律顧問は、労働者たちの自主的操業によっても一向に負債額は減じないとして、破産宣告を行ない、炭鉱を競売に掛けることを言い渡す。競売人が登場して、あらゆる設備、機械、建造物、および地所を含めた炭鉱の競売が開始される。ラトケは競売人の立つ台の隣に跳び上がって叫ぶ、「競売に掛けられるのは、きみたちの故郷の心臓なのだ、きみたちにパンを与えてくれた場所なのだ。競売に掛けられるのは、労働のかたまりの年月なのだ、汗のかたまりの年月なのだ。競売に掛けられるのは、おれたちの信念なのだ。競売に掛けられるのは、おれたちの希望なのだ。競売に掛けられるのは、おれたちの信頼なのだ。競売に掛けられるのは、おれたちの献身なのだ——競売に掛けられるのは、岩盤の中に流された何百万滴もの汗なのだ、何百万回も打ち下ろされた鉄槌なのだ。競売に掛けられるのは、この労働の戦場で栄誉ある戦死を遂げた死者たちの溜息なのだ——おれたちの共同体が入札してやるぞ、もう一度、全部にな!!　だれか一緒に入札するものはいないか??!!」——「おれたち全員だ!!」という合唱が起こる。だが競売人は、「汗、鉄槌、信念、希望、信頼、献身、溜息、死者たち、そんなものに一文の値打ちもない！　ここで値打ちがあるのは、ただ金《かね》だけだ‼」と答える。「労働共同体は自分たちの全財産を投げ出そうというのだぞ」という支配人の言葉も、競売人に「少なすぎるわい！」と一蹴される。

こうして絶望の沈黙があたりを覆ったとき、群集のなかから「見知らぬ男」が歩み出て、かたわらに立つ。「値打ちのあるのは、本当に金だけか？　何ヵ月もの過酷な、自由意志による労働と犠牲とによって、実《じつ》を示したこの人間たちの意志に、値打ちはないのか？　この意志こそが――すべてではないのか⁉」とかれは言う。「あなたは誰だ？」という競売人の問いに、その見知らぬ男は、こう答える、「わたしが誰かって？　戦友だ。民族同胞だ。隣人だ。」――そして、この人物によって、ついに、炭鉱は競売で失われることなく、坑夫たちとかれらの故郷のノイローデは、ひとつの新たな共同体としての再生の道を歩み始めることになる。

最後に登場する「見知らぬ男」が、ヒトラーを髣髴させる人物として設定されていることは、あらためて言うまでもないだろう。それは、かれが語るつぎのような言葉からも推測できる。

きみたちは入札する！　だがわたしもその入札に一枚加わらせてもらおう。足りない分の額だけな。わたしはここで全ドイツを代表しているのだ、ちょうどきみたちがこの谷できみたちなりのやりかたでドイツを代表していたように！　わたしの言うことをよく聴いてほしい、きみたちみんな！　危機に瀕していたのはこの鉱山だけではなかったのだ！　全ドイツが危機に瀕していた！　だからわれわれは決然と起《た》って嵐に立ち向かったのだ！　いま、われわれの周りには激しい風が吹きすさんでいる。しかしそれは前に向かって吹いているのだ！　聴くがよい、前に向かっている！　意見書だの嘆願書だの反対の嘆願書だのがいろいろな省庁の机の上に置かれていた。どれもこれもこの鉱山のためのものだ。するとそこへわれわれの嵐の風が来た――そしてそれらの書類に積もっていた埃を吹き払い、紙を机から飛ばし、吹き散らしてしまった――そしていまわたしがここに立っている――きみたちのところへ遣わされてきたのだ――書類も持たず、意見書も持たずに、しかしきみたちのために鉱山を維持するという意志と任務とを持って！　労働は新しい帝国の心臓の鼓動だ。どうしてその帝国がこの鉱山を援けないはずがあろうか？　ドイツに生きる一人ひとりは全ドイツのために、全ドイツは一人ひとりのドイツ人のために！　帝国は入札に加わり、鉱山を救う――なぜなら、きみたちが――誠実だったから！――きみたちは――ドイツに対して――ドイツは――きみたちに対して――!!

「新しい帝国」が「第三帝国」であり、嵐に立ち向かったものがナチズム運動の担い手たちだったことは、疑う余地もないだろう。「労働」がこの帝国の心臓の鼓動であるという認識も、「労働者党」であるナチ党のもっとも重要な主張のひとつだった。劇は、現実のドイツが直面していたナチズム国家という現実性《リアリティ》を、虚構《フィクション》である劇の効果を駆使して観衆の感性と意識のなかに刻み込もうとしていたのである。しかも、この劇に盛り込まれた現実性は、ナチズム運動という現実の存在だけではなかった。むしろ、ナチズムの現実性を観衆に伝え、それをかれらに摂取させるために、もうひとつの具体的な現実が、重要な劇的要素として作品に取り込まれていたのである。それは、人びとの記憶にまだ新しい惨事、ほかならぬノイローデの炭鉱事故だった。――ブラントベルゲでの『ノイローデ』の初演からちょうど四年前の一九三〇年七月九日、ドイツ東部のシュレージエン地方の炭鉱町、ノイローデのヴァルデンブルク鉱区にあるクルト坑の坑内で、炭酸ガスの突出によって、百五十一人の坑夫が窒息死する大事故が起こっていたのである。ハイニッケの劇のなかで描かれている事故が、この事故をそのまま題材にしていることは明らかだろう。劇では、そのとき入坑していた百六十八人の坑夫のうち十四人の生存が確認されることになっているが、これはその時点での数字だと考えれば、犠牲者の人数までも現実の惨事とほとんど異なっていない。シュレージエンの首都ブレスラウ（現在はポーランドのブロツワフ）から南西へ七〇キロ、チェコスロヴァキアとの国境に面した谷間の炭鉱町のこの出来事を、同じシュレージエンの都市リーグニッツ出身の作者は、他人事としては見ていなかったのだろう。だが、『ノイローデ』という劇のもっとも本質的な独自性は、じつは、そのような内容上の要素ではなかった。そうした現実性を顕著に体現する内容が劇として演じられるさいの表現形式こそが、この劇の重要な独自性だったのである。さきに引用した「見知らぬ男」の台詞《せりふ》のあと、劇はフィナーレに向かって進行する。

第一の合唱隊先導者
いくつもの太鼓から発したもののような心地よい響き
旗がはらんだ風にも似ていた
その風は吹きすぎていって歩みとなった
その歩みは別のいくつもの歩みを伴った
ひとつの炎であった、その言葉が生んだのは

合唱隊
ドイツ!

第二の合唱隊先導者
そこにそれはある、そこに漂っている
そのすばらしい言葉は
そこを歩いている、そこで生きている
どんなところにも

ほらそこで揺れる鐘の青銅のように轟いている
ほらそこで激しく人間の心臓に食い込んでいく

合唱隊
ドイツ！

見知らぬ男
われわれは行進する！　全ドイツが行進する！

合唱隊
永遠の過誤はただひとつ
それは自己の力を疑うこと
強い民衆はもっともきびしいことを耐え忍ばねばならぬ
そうすれば苦難は情熱となる

ラトケ
（夢中になって）
われわれは行進する！　そしてその行進はみんなを巻き込んでいく。徐々に隊列の構成員はぎっしりになっていく。ますます大勢が加わってくる――労働は民衆を祝福する!!

合唱隊
労働は民衆を祝福する！

見知らぬ男
そしてもはやだれもこの行進の威力から逃れることは

できない。われわれは信じている！　われわれは知っている

合唱隊

（歓声を上げるように）

力は決して無に帰することはない

もしも共同体がわれわれを抱きしめているなら

民衆よ、おまえ自身が信念なのだ

民衆よ、おまえ自身が勝利なのだ！

全員

（入場の歌を退場行進のさいにも歌い出す）

一人

落ち着いて歩け！

全員

落ち着いて歩け！

一人

整列！

全員

整列だ、さあ労働者よ

一人

隊列を組め！

全員
隊列を組め！
〔……〕
全ドイツがこうならねばならぬ！
ひとりは深い坑道で作業し
ひとりは帳簿に注意をこらし――
作るために両手を上げるもの
働くために思いをめぐらすもの――
額《ひたい》の男が、拳《こぶし》の男が
行進する、誓いが明るい音で鳴り響くとき
たとえ道は石だらけでも
われわれの歩みは上り坂だ
われわれは永久に一体だ
全ドイツがともに歩むのだ！

こうして全員が隊列を組んで舞台から去っていくこの劇は、つまり、台詞の多くが合唱形式で語られているのである。それだけではなく、合唱隊と合唱隊の先導者として単独で台詞を語るものも、さらには固有名詞や職名を与えられた個別の人物たちも、通常の演劇におけるような身振りや所作をほとんど演じない。合唱隊は隊列を組んで舞台上を行進するように動き、個別の人物たちの場合も、あるいはその行進に加わり、あるいはそこから離れながら、しかし演技といえるような動きは最小限にとどめられる。合唱、厳密には「シュプレヒコール」と呼ばれる唱和と、隊列を組んだ行進とが、表現の基本的な形式である。そしてこれが、ティングプラッツと呼ばれる野外劇場で、数千人の、それどころかたいていは数万人の観衆に向かって演じられるのである。ティングプラッツで上演されたこの「ティングシュピール」こそは、ナチズムの運動が生んだもっともユニークな文化表現にほかならない。

2　ティングシュピールとは何か?

クルト・ハイニッケ作のティングシュピール、『ノイローデ』がブラントベルゲのティングプラッツで上演されたのは一九三四年六月のことだったが、それがティングシュピールの最初というわけではなかった。この上演がエポックメーキングなものと見なされたのは、その舞台となった演劇空間が、国家の文化政策にもとづいて建造され、しかも「ティングプラッツ」(Thingplatz)、つまり「ティングの広場」という正式名称を与えられた最初のものだったからにほかならない。前年、一九三三年の七月に、結成されたばかりの「ドイツ野外劇・民衆劇全国同盟」が、全国各地にティングプラッツという名の野外劇場を建設することを提唱した。この構想は、同年九月下旬にゲッベルスを総裁とする帝国文化院が発足すると、その一部局であり演劇分野における管理運営の国家的組織である帝国演劇院によって、具体化への歩みを踏み出すことになった。次年度にあたる一九三四年末までに全国で二十のティングプラッツを建造する、という方針が発表されたのである。第二年の一九三五年にはさらに四十を造り、数年中にドイツ全国で計四百、すなわち人口十五万あたり一つのティングプラッツが完成させられるはずだった。ティングプラッツはまた、「ティングの場」を意味するティングシュタット（Thingstatt）あるいはティングシュテッテ（Thingstätte）という名称でも呼ばれたが、演技の場と観客席との間に仕切りや段差のない円形劇場の形をなしており、三方から演技の場の全景を見渡すことができるのが、基本的な形状だった。残る一方、つまり観客席から見て演技の場の背後にあたる側には、演技の場の外周の弧に沿って土手状、あるいは桟橋状の一段高い部分が設けられ、階段を昇って演技者たちがその上を行進したり、その上でシュプレヒコールをしたりできるようになっていた。それらはいずれも、千人以上の演技者と一万人を超える観衆とを収容する規模のものであり、実際に完成したもののなかでも最大規模のものは、二千五百人の演技者と二万五千人の観衆を充分に収めることができた(3)。

こうした大規模な演技の場を提供することによって支援され奨励されようとしたティングシュピール（Thingspiel）、つまり「ティング劇」は、もともとは、「闘争時代」の突撃隊《エス・アー》の運動のなかで自然発生的に形成されてきた素人《しろうと》の寸劇をその直接の起源としていた。シュプレヒコール、つまり一人の先導者がスローガンや宣伝文句を叫び、続いてそれ以外のメンバーたちがそれと同じ文句を唱和する、というメッセージ伝達の形式と、そうしたシュプレヒコールを繰り返しながら行なわれる政治宣伝のためのデモ行進が、そのまま街頭や広場や工場の中庭などでの寸劇に応用されていったのである。こうした寸劇のなかでは、原初的には、たとえば、十人ずつが一つの隊列を組んで五つのグループを作り、それぞれの隊列が異なる社会的・政治的集団を体現して、周りを取り巻いて眺める群衆の前で分列行進を繰り返しながらシュプレヒコールで応酬する、というような形態が演じられた。たとえばナチ党を演じる隊列、政敵である共産党を演じる隊列、ユダヤ人を演じる隊列、大資本家たち、現体制の支配者である保守政治家たち――これらが、一目でそれとわかる旗印や小道具、服装、特徴的な身振りなどによってアピールしながら、たがいに自己の主張を叫び、敵を攻撃して練り歩くうちに、見物する群衆は次第に興奮して、ついにはシュプレヒコールに唱和するものや、隊列に加わって一緒に演じるものも出てくる。こうして、やがて、演じるものと観衆との区別がなくなって、すべてが演じ手となるのである。

きわめて単純化すれば、このようにして、観衆をも巻き込んで演じられる表現、演技者と見物人との境界が消滅していく表現、だれもが表現者になっていく表現の形式が生まれたのだった。ヴァイマル時代に示威行進やシュプレヒコールを政治活動の表現形態として用いたのは、もちろん、ナチズムの運動だけではなかった。むしろ、共産党や社会民主党の街頭闘争のほうこそが、シュプレヒコールについては先行者だった。けれども、ヴァイマル時代末期には、「街頭の制圧」というゲッベルスの方針を実践しながら、ナチスの隊列が、シュプレヒコールと分列行進の劇的効果を占有しはじめていた。そして、権力掌握は、SAを中心的な表現主体とするこの即興的な寸劇形式を一挙に力づけ、意識的なひとつの表現形式へと変えたのである。やがてティングシュピールと呼ばれるようになるこの素人劇のなかで、もっぱら表現者であるものともっぱら観賞者であるものとの区別、もっぱら送り手である存在ともっぱら受け手である存在との固定的な関係は、流動化させられ、そしてついには受け手も送り手となってともに演技し、ともに表現の主体に変わっていく。「われわれは行進する！　そしてその行進はみんなを巻き込んでいく」という『ノイローデ』のなかの台詞《せりふ》も、ただ単に理念を語っているのではなく、その場で観衆が実際に次つぎと隊列に加わっていくなかで発せられる台詞なのだ。

このような表現形式が生まれたということは、しかし、「国民革命」を標榜する「大衆運動」としてのナチズムにとってのみ、重要な意味を持つ出来事だったのではない。それは、二十世紀初頭にヨーロッパの諸文化圏で時を同じくして始まった文化・芸術上の前衛的な表現が、さまざまな領域で一貫して追求してきたテーマに、ここでひとつの解答が与えられたということをも、意味していたのである。

民衆が政治の客体である存在から自己を政治の主体へと解放していくことが、政治上の革命の根底的なテーマだったとすれば、芸術・文化の前衛《アヴァンギャルド》たちは、表現者から受容者への一方通行的な関係のなかでしかなされない旧来の芸術表現を解体し、受容者の主体性を挑発し触発する表現、受容者がみずから表現者として立ち現われることを余儀なくさせるような表現の創出を、文化革命のもっとも重要なテーマとして提起したのだった。このテーマへの肉薄は、社会主義・共産主義の運動のなかでは、主として、多数の労働者をも演技者として動員する大スペクタクル演劇や、煽動《アジテーション》と宣伝《プロパガンダ》のための芝居という意味を持つ「アジ・プロ劇」として試みられた。政治的・社会的な革命と連携しながら新しい表現を模索したロシア・アヴァンギャルドやドイツ表現主義のなかでは、観衆を挑発し、その反応を劇の構成要因として生かすような設定の戯曲が上演されたばかりでなく、舞台と客席とを仕切る段差や幕を取り除いた劇場の設計によっても、演技者と観衆との固定的な関係の変革が試みられた。そしてそもそも、二十世紀の前衛的な芸術・文化表現のもっとも基本的な表現原理である抽象およびモンタージュという方法そのものが、受け手を単なる観賞者にとどまらせておくのではなく、作品の前で立ち止まらせ、みずから作品を解釈し意味づける作業によって表現に主体的に参加させ、作者の意図とは別のものとしてさえもその作品をさらに形成させる、という理念に裏打ちされていたのである。――ティングシュピールは、二十世紀の前衛文化の歴史的脈絡のなかで見るなら、そのような理念と試みのひとつの到達点だった。しかも、それまでの試みと理念とが実現すべき最大の目標として掲げながらついに実現しえなかった究極の目標をひとまず達成したという意味で、それは到達点というにふさわしいものだったのである。その目標とは、すなわち、受け手から送り手への受容者の自己変革が、個人としての変貌にとどまらず、同時にまたこうして生まれた表現主体相互の、いまや受け手から主体的な自己表現者となった民衆相互の、ひとつの新しい共同体の創出へとつながる、という目標にほかならない。

「闘争時代」のナチズム運動のなかで生まれたきわめて単純で素朴な表現形式が、いつ、だれによって、「ティングシュピール」と名付けられたのかは、明らかでない。(4) 明らかなことは、ティングプラッツの建設計画が帝国演劇院によって立案されるのと時を同じくして、専門的な劇作家によるティングシュピールの脚本が書かれるようになり、それらが相次いで完成した各地のティングプラッツで上演されるようになったということ、そしてまた、それまでに発表されていた合唱劇や放送劇の台本のうちのいくつかが、あらためてティングシュピールとして上演されたということである。だが、注目すべきことは、このような専門的作家による脚本以外にも、素人の作品が広く一般から募集され、それらに上演の機会が与えられたことにほかならない。ティングプラッツ建設計画の発表とともに「ドイツ労働戦線」が行なったティングシュピール脚本の懸賞募集には、もっとも代表的なティングシュピール作家と目されたエーバーハルト・ヴォルフガング・メラーの戦後の証言によれば、一万点におよぶ応募が寄せられたという。(5) 運動の自発性を体現する演劇形式が、民衆の自発性を触発し、民衆みずからを表現者にするという基本的方向で発展させられようとしていたことを、このエピソードは物語っているだろう。だが、それでは、いったいなぜこのティングシュピールを、ドイツ野外劇・民衆劇全国同盟、帝国演劇院、労働戦線という官民の諸組織と劇作家たちとが、あいたずさえて積極的に推進しようとしたのだろうか？　推進者たちは、自然発生的なものにすぎないこの演劇形式に、ナチズムの運動にとってのどのような意味を見出していたのだろうか？

もっとも早い時期からティングシュピールの脚本を書いていた職業作家のひとり、リヒャルト・オイリンガーは、一九三四年六月二十日付のナチ党機関紙『フェルキッシャー・ベオーバハター』に発表された「ティングシュピール・テーゼ」で、この演劇形式をつぎのように定義づけている。(6)

一、ティングシュピールと野外劇は、二つのまったく別のものである。野外で演じられるロマンティックな時代劇は、依然として演劇であって、ティングシュピールとなることはない。

二、〔略〕

三、「ティング劇場」とは言葉ではない。劇場芸術から離れてティングシュピールは裁きの日が開催されるであろう場へと行き着く。劇場芸術作品から離れて裁きの広場へとその演技は行き着く。こうしていま、その演技は厳粛なものとなる。

四、火、水、空気、そして大地、呼び出される霊、石、星辰、そして太陽の軌道が、ティングシュピールの元素である。水の精、妖精、ニンフ、牧神は野外劇のなかへ逃げ込んでいく。ティングプラッツを徘徊するのは民族民衆《フォルク》である。

五、朽ち果てた時代の亡霊をティングシュピールは生き返らせようとするのではない。大胆にもこの時間を、まだ流れつつあるものとしてのそれを、永遠の祝祭と化すのである。伝説よ蘇れ《よみがえ》！——ではない。そうではなく、日常よ伝説となれ！——なのだ。神話的なるものよティングシュタットのためのテーマとなって輝け——ではない。そうではなく、この日よ輝け、この日が神話となる！——なのだ。

六、血盟と招魂を抜きにして、破門と追放を抜きにして、ティングはない。招魂によって呼び出された群れたちを、聖域のはずれで沈黙が迎える。群れたちは無言のまま裁きの広場に入る。なぜなら、そこの土は神聖なものとして崇《あが》められているからである。

七、その演技を担うものは民族民衆《フォルク》であって、一ダースばかりの名士たちや誰にでも知られているスターたちではない。どの名前も無名であれ！　栄誉に輝くのはひとり民族民衆のみであれ！

八、〔略〕

九、首長の行動や国家の行動を国家が俳優に演じさせるのではない。民族民衆の行動が演目としての行為となるのである。創造行為と犠牲の行ない。みずからの犠牲者たちを民族民衆が眺め、みずからの犠牲者たちを民族民衆が敬い、行ないによってかれらを祀《まつ》るのである。死者の礼拝はティングシュタットの要件である。戦死者たちが起き上がる。そして石のなかから霊が叫ぶ。

十、「芸術」ではなく礼拝がティングシュタットの要件である。

十一、行ないとは、すなわち犠牲の行ない。行ないとは、すなわち神聖な行ない。「劇的」にではなく礼拝的に、血の犠牲が精神のなかから――劇場の精神ではなく、裁きの日を開催するであろう裁きの場の精神のなかから――再生させられるのである。

十二、犠牲に正義が与えられんがために、裁きの日は開催される。血にもそれを飲み込む土にも同じく名誉が与えられんがために、裁きの日は開催される。民族民衆に判決が与えられんがために、裁きの日は開催される。

十三、神の大空の下、泉のほとり、星々の下で、犠牲の民はみずからに正義の判決を下し、かくしてみずからの名誉を予感するのである。

この大仰な文体のなかでリヒャルト・オイリンガーが述べていることは、説明的に要約すればほぼ以下のようになるだろう。――ティングシュピールは単なる野外劇ではない。それは芸術の場である劇場から出て、裁きの場へと赴いた劇なのだ。そこに登場するのは民族民衆《フォルク》(Volk)であり、かれらが演技の担い手である。そこが裁きの場であるのは、そこでなされる演技が、犠牲者たちを招魂し、犠牲者たちに正義と名誉を与える行ないであるからにほかならない。犠牲の血と、その血を飲み込んだ土とに正義と名誉を与えるこの行ないによって、それを演じる民族民衆は、みずからが犠牲と名誉の主体となり、こうして、過去の亡霊を生き返らせるのではなく現在を神話として永遠化するのである。

このような見解がどれほど奇異なものに見えるとしても、ティングシュピールの概念を述べたオイリンガーのテーゼは、根拠のないものではなかった。その根拠は、運動のなかで自然発生的に生まれたひとつの演劇形式に、なぜティングシュピール（ティング劇）という名称が与えられ、それを上演するための野外劇場が、なぜティングプラッツ（ティングの広場）あるいはティングシュテッテ（ティングの場）と呼ばれるのか――そしてそもそも「ティング」とは何か――ということと関連している。

ティング（Thing）とは、現代ドイツ語のディング（Ding）の古形であり、文字通り英語のthingに対応する名詞である。つまり、それの基本的な意味は「こと」であり、「事柄」あるいは「事象」にほかならない。しかし、それは単に一般的な「こと」を指すだけにとどまらず、日本語の「一朝事《こと》あらば」、「それは大事《おおごと》だ」などという用法にも見られるような、由々しきこと、重大なこと、特別のこと、という意味で用いられることがある。平安時代の日本語において、重要な行事や儀式に「こと」という語が充《あ》てられていたように、ゲルマン諸語においても、歴史上のある時代においては、社会的に重要な特定のことがらが、この「ティング」という語によって表わされていたのだった。

ナチズムの歴史観によれば、ゲルマンの民族共同体がまだ生きていた遠い昔、部族にとって重大な「こと」は、神聖な場所で開かれる民衆集会に諮《はか》られ決定された。この集会が「ティング」であり、それが開催される神聖な場所が「ティングプラッツ」、すなわちティングの広場だったのだ。各地にティングプラッツを建設する方針が決まったとき、その場所として選ばれたのが、かつてそこで部族の集会が開かれたという言い伝えを残している森や山の一角だったのである。

部族にとって重大なこととは、もちろん、宗教上の祭事であり、政治すなわち政事《まつりごと》に関わることがらであり、また裁判だった。オイリンガーが「ティングシュピール・テーゼ」のなかで繰り返し言及する「裁きの日」、「裁きの場」とは、これを指している。ちなみに、もっとも浩瀚なドイツ語辞典であるグリム兄弟編『ドイツ語辞典』(全三三巻)は、Dingの項目のなかで、この語が「集会」や「公的な会議」、およびそこで行なわれる「協議」、さらには「期日を定めた召喚日」、「裁判」、「裁きの場」、「裁判手続き」という意味で使われたことを示している。そして、Dingの古形であるthingを「法廷」や「裁判手続き」の意味で使っている九世紀半ばの用例を挙げ、また十三世紀に編纂されたドイツ最古の法律書、『ザクセン・シュピーゲル』(ザクセン法典)にも「裁きの場」(法廷)および「裁きの日」(開廷日)を意味する語としてdingが記されていることを、指摘している。さらにまた、たとえば、ドイツ語と同じくゲルマン語に属する現代のスウェーデン語のtingが「法廷」を、ノルウェー語のstortingとデンマルク語のfolketingがいずれも「議会」を意味するという事実も、オイリンガーの「ティング」についての意味づけが何の根拠もない空論ではなかったことを、物語っているだろう。

オイリンガーのテーゼは、ティングという語のこのような意味に依拠しながら、しかし、「裁きの日」であり「裁きの場」であるティングに、グリムの辞典には示されていない二つの意味内容を付与したのだった。その第一は、ティングの主体が部族共同体の構成員たる民衆自身にほかならないことを強調し、民衆の主体的参加とそれにもとづく共同決定をティングの中心的な要件としたことである。第二に、民衆のその主体性が、犠牲の行為と犠牲者とに正当性と名誉とを与えるための裁きという行ないのなかで実現される、としたことである。これによって、犠牲の死は正義と名誉を与えられ、この判決を下す裁きの主体たる民衆自身が、犠牲の行ないの主体として起ち上がる。——だが、じつは、オイリンガーは、このことをテーゼとして理念的・抽象的に提起しただけではなかったのだ。具体的な作品として、かれはこの理念を体現する一篇のティングシュピールを、すでに第三帝国の最初期の時点に世に送り出していた。六場からなる『ドイツ受難劇　一九三三年』がそれである。

3　近過去との対決から現在の神話化へ――ティングシュピールの主題と人物

すでに「闘争時代」のうちから、もっとも新しい大衆的メディアであるラジオ放送の分野に積極的に党員や同伴者を送り込んでいたナチ党は、政権掌握とともに、放送界の均質化《グライヒシャルトゥング》、つまりナチ化を急ピッチで推し進めた。放送番組の徹底的な組み替えも、その施策の重要な一環だった。こうして新しく登場した番組のひとつに、「国民の時間」（Stunde der Nation）があった。日曜を除く毎日の午後七時から八時までのゴールデンアワーが、この名称のもとに、全国ネットワークで娯楽番組に政治的・イデオロギー的な内容のメッセージを含めて発信する時間帯として用いられたのである。

番組開始から十日余りたった四月十三日のこの時間は、放送劇だった。復活祭前の最後の木曜日である「洗足木曜日」に当たるこの日、ドイツの全放送局の電波に乗って全国に送られたのは、『ドイツ受難劇　一九三三年[7]』と題するリヒャルト・オイリンガーの脚本だったのである。

劇が始まると、静まり返った大きな洞穴のなかから響いてくるように、「邪悪な霊」のセリフが聞こえる。それは、食いしばった歯のあいだから押し出されて、残忍な調子をおびている。

夜 ― ― ― 夜 ― ― ― 血のように真っ赤な夜。
やつら、沈黙しやがったな。とうとう。
　ことは成りぬ、だ。

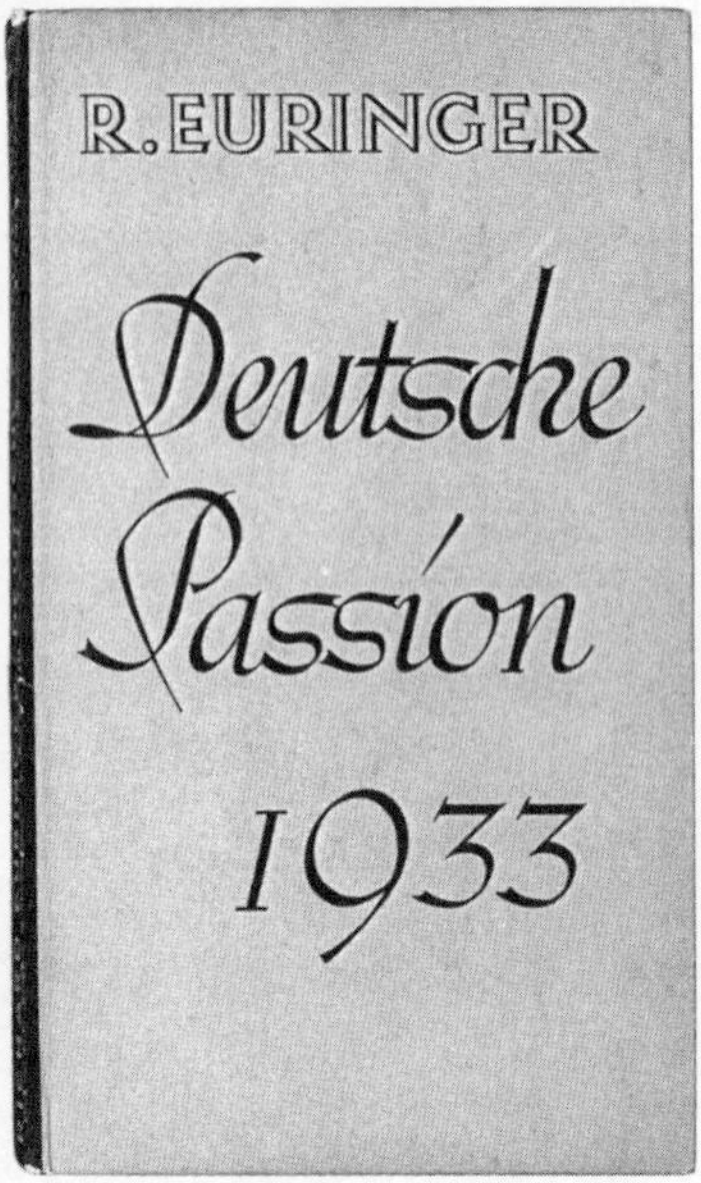

リヒャルト・オイリンガー『ドイツ受難劇　1933年』表紙。

じたばたしていやがった最後のやつめ、
俺さまがあばら骨をへし折ってやったわ。
　いまはウンともスンとも言わぬ。
戦争は終わったのだ。
平和が来たのだよ。（嘲りをこめてシニカルに）

この最後の一言《ひとこと》とともに突如ファンファーレが鳴り響く。社会主義・共産主義運動の国際連帯の歌、「インターナショナル」である。邪悪な霊は、高いところからメガフォンで叫ばれているように聞こえる声で、この戦争の勝利者はじつは俺さまなのだ、とうそぶき、「死者たちは死んでいるのだ。帝国は俺さまのものだ」と叫ぶ。すると、邪悪な霊のこのセリフにたいして、「ちがう!……ちがう!……」というひとりの戦死者の声が、うめくように、しかし力強く、遙か彼方から響いてくる。そして、この声を聞いた母親が言う、「ああまたあの子のうめく声が。鉄条網のなかで。/あれはあたしの息子だ。あの子の声がはっきり聞こえる。/十四年前にいなくなった。/あたしにはわかっている、あの子は戦死なんかしていない。/あたしにはわかっている、あの子は死んだけれど蘇るでしょう。/あたしにはわかっている、あたしたちは再会するのだと。」——こうして、聴き手は、世界大戦の終結から十四年を経たいま、そしてここ、一九三三年のドイツに自分が身を置いていることを知らされる。

「ことは成りぬ」という邪悪な霊のセリフは、十字架にかけられたイエスが息を引き取るときにつぶやいた言葉（新約聖書「ヨハネによる福音書」第一九章三〇節）を下敷きにしている。そして、『ドイツ受難劇　一九三三年』という劇の表題そのものが、中世ヨーロッパでさかんだったキリスト受難劇《パッション》、つまりイエスの受難と復活をテーマとする神秘劇《ミュステーリア》を、一九三三年のドイツを舞台にして演じる、という作者の意図を物語っている。キリストの受難と復活に重ね合わせてここで演じられるのは、ドイツの現在が耐えねばならなかった受難と、そのあとにくる復活なのだ。ここでは、第一次世界大戦の終結から現時点までのドイツの歴史が裁かれる。犠牲の意味が問いなおされ、戦争での犠牲者を死者として葬り去ろうとしてきたものたち、そして戦後社会のなかであえぐ厖大な数の失業者をまたも葬り去ろうとしているものたちが、告発される。犠牲の死を引き受けた死者たちの声を民衆に聞かせまいとし、戦後体制の固定化をたくらむ「邪悪な霊」にたいして、母親の息子である「戦死者」が立ち向かっていく。第二場からは「無名の兵士」となって登場するかれは、「失業者」、「失業者の女房」、「傷痍軍人」など、戦後社会の底辺でもっぱら受苦を強いられる民衆たちと出会う。かれらの対極には、「企業家」、「ダラ幹」（労働組合の堕落した幹部）、「闇屋」、「聖職者」、「芸術家」など、この社会の現状維持によって莫大な利潤を得るものたちや、そのかれらの下働きをして恥じないものたちがいる。この現実を、多くのドイツ人が既定の事実として甘受している。「死者たちは死んでいるのだ」という認識は、邪悪な霊のものであるだけでなく、これら多数者のものでもある。――けれども、鉄条網に引っ掛かったままの息子の声を十四年間というもの片時もおかずに聞きつづけ、息子の死を信じることなどできない母親にとっては、死者が死ぬことはない。しかも、その死者たちは、ドイツの側だけで二百万人以上に及んでいるのである。これが、オイリンガーの劇が依拠していた現実基盤だったのだ。そして、この現実基盤を、かれは、もうひとつの現実と、意識的に通底させる。それは、一九二〇年代末に始まった大失業状況である。国際連盟もヨーロッパ連合主義者も「一千万のドイツ人が余分なのだ！／お前たちなんぞ根こそぎに絶滅されてしまえ！」と考えているのだ、という失業者のセリフを受けて、失業者の女房が叫ぶ、「あんたたち死者よ、墓を開けておくれ！／ドイツが死のうっていうんだ。あたしたちを仲間に入れておくれ！」

この絶望的な現実を、深い苦痛をもって見ているのが、「死んだ父」である。かれもまた戦場で生命を落としたのだが、パンも祖国も失った子供たちの悲嘆の声を聞きながら、死んでいるがゆえに何もしてやることができない。かれはただ、生者たちの世界を証人として見ていることしかできない。そのかれが、最後の第六場で、墓穴から起き上がろうとする。世の中の様子がこれまでと違うのだ。かれが見たのは、みずからの窮状に自分たち自身で立ち向かうことによって絶望に終止符を打とうとしている失業者や無産者や農民たちの姿だった。かれらは、「民族民衆よ、仕事に取りかかれ！　きみが選ぶのだ。／いまこそきっぱりと決断せよ！」という無名の兵士の呼びかけに応えて、ついに立ち上がったのである。「まるでお伽噺《とぎばなし》のようだ。ああ、これが本当のことだったらなあ！」とつぶやく死んだ父に、失業者の女房が答える、「疑っているのは誰なの？　一年くらい何ともない／二年だろうと四年だろうと何さ!?　あたしたちは信じている、いる、だから生きているのさ。」

こうして劇は大団円に向かっていく。人びとがついに立ち上がるのを見て、そのなかには自分自身の孫もいるのだということを悟りながら、死んだ父は安んじて眠りに就く。無名の兵士は、いまや「善い霊」となって現われる。邪悪な霊は、そのかれに向かって、「真っ二つに裂けて、地獄に堕ちろ！」と呪いの言葉を投げつけるが、母親と多くの女性たちの声が、「ほらあそこ、天に昇っていく！」と告げる。善い霊の声が高みから響く、「ことは成りぬ。」――邪悪な霊はくやしがって悪態を吐《つ》くが、天上から響いてくる英霊たちの合唱と、それに応じる母親の声に圧倒されて、奈落へと落ちていく。

英霊たちの合唱

お母さん、わたしたちが果てたのを嘆いてはいけません！
それは無駄ではなかった、わたしたちは身を全《まっと》うしたのですから。

母親

幸いなるかな、身を全うせしものたち、辛苦から解き放たれて。
幸いなるかな、生きてあるものたち、時はかれらのものなれば。

（母たちのすすり泣き。そのすすり泣く声のなかへ、地上の行進歌が押し迫ってくる。）

邪悪な霊

あんなものまで来やがった！　さっさとはじけてしまえ！
それにしてもそんなものがあるのだろうか、第三帝国なんてものが!!?!!

こうして邪悪な霊が轟音とともに奈落へと落ちていき、天上からはオルガンの音色が鳴り響き、地上では行進の歌が次第に歌い手の数を増していくなかで、劇は終わる。この幕切れが示しているように、無名の兵士の犠牲が、ドイツの受難を第三帝国における再生へと導くのである。出版された台本の扉ページにある註記によれば、この劇は一九三二年のクリスマスに草稿が書かれ、三三年の三月初めに完成した。言うまでもなく、ヒトラーの首相就任、つまり「国民革命」のひとこまと、歩調を合わせて生まれ、その「革命」の意味を確認する役割を果たしたのである。作中の無名の兵士が体現する犠牲の正義と名誉は、そのままヒトラーの運動のものなのだ。だからこそ、この劇は、始まったばかりのひとつのラジオ番組の将来にとって幸先の良い作品として、逸早く放送されたのだった。そして、翌三四年五月一日、第三帝国はこの作品にたいして、創設されたばかりの「シュテファン・ゲオルゲ文学賞」を授与した。

だが、この劇が第三帝国にとって持った意味は、それだけではなかったのである。この作品こそは、運動のなかで自然発生的に生み出された素人の野外劇が、「ティングシュピール」という新しい表現形式へと自己形成を遂げた最初のものだったのだ。ティングシュピールに関する比較的早い時期の研究論文、「国民社会主義のティングシュピール——ファシズムと労働者文化とにおける大衆演劇」[8]のなかで、著者のヘニング・アイヒベルクは、『ドイツ受難劇』についてこう述べている、「それは、一九三三年と三七年の間にさかんに論議され、しかしその後それだけに早々と忘れ去られてしまったひとつの新しい国民社会主義的演劇形式の、代表作のひとつであった。」——つまり、放送劇として発表され、その四週間後の五月十一日に台本が「六場の放送劇」と銘打って出版されたこの作品は、その年の夏に「ティングプラッツ」の建設構想とともにあらためて「ティングシュピール」として抬頭することになる演劇形式の、実質的な先駆けだったのである。完成して間もないハイデルベルク郊外のティングプラッツで、正式にティングシュピールとしてこれが初演されたのは、翌一九三四年の八月だった。

オイリンガーの『ドイツ受難劇』を先駆けとするティングシュピールは、各地のティングプラッツが完成するにつれて上演の機会を増やしていった。一九三四年七月二十八日に完成の祝典が開催されたハイデルベルク郊外ハイリゲンベルク(聖人の山)のティングプラッツでは、翌三五年七月二十日にクルト・ハイニッケの『帝国への道』[9]が初演された。その前年の六月に全国で最初に完成したハレ近郊のティングプラッツで『ノイローデ』を上演していたハイニッケは、かれのティングシュピール第二作であるこの『帝国への道』を、とくにハイデルベルクのティングプラッツのために書き下ろしたのだった。そして、かれがこの劇で取り上げたのが、題名に示されているとおり、オイリンガーの『ドイツ受難劇』ときわめて近いテーマ、第三帝国という「民族共同体」の創生神話にほかならなかったのである。

ハイデルベルク郊外、ハイリゲンベルクのティングプラッツでの上演光景。

前年の『ノイローデ』が、「坑夫たち」、「子供たち」など個々の集団の役を演じる合唱隊とともに、それぞれ固有名詞を持った人物たちを登場させていたのとは対照的に、『帝国への道』はもはや、すべての登場人物から個別の名前を取り去っている。演ずるものは、ただ、「合唱隊本隊（民族民衆）」、「合唱隊本隊のなかの各グループ」、「合唱隊本体のなかの個別の声」、「闘うものたちの合唱隊」、「女性たちの合唱隊」、「付和雷同者たち」、「とりわけ明るい声（松明を掲げるもの）」などと名付けられた合唱隊と、個別の登場人物でありながら「闘う男」、「帰郷者」、「犠牲となる女」、「脱落した男」、「動揺する男」という普通名詞で表わされる人物たちだけである。「その演技を担うものは民族民衆であって、一ダースばかりの名士たちや誰にも知られているスターたちではない。どの名前も無名であれ！栄誉に輝くのはひとり民族民衆のみであれ！」というオイリンガーのティングシュピール・テーゼの精神が、ここでは具体化されていたのだった。そして、民族民衆にほかならない登場人物たちの人数構成については、作者はこう付記している、「合唱隊本隊と闘うものたちの合唱隊との比率は、四五〇対九〇として想定されている。付和雷同者たちは三〇人を越えない。独自の台詞以外のときは合唱隊本隊の台詞に加わる女性たちの合唱隊は、最高でも九〇人とする。」

トランペットと太鼓の音によって劇は始まる。合唱隊本隊がさまざまな側から演技場に流れ込み、後方の土手状の演技壁のほうに顔をむけたまま、大きな半円形を描いて坐り込む。太鼓の連打に合わせて、闘うものたちの合唱隊が両側から演技壁の上に現われる。「闘う男」に率いられたこの合唱隊は、顔を合唱隊本隊と観衆のほうに向けて正面を切る。「目を覚ませ！／目を覚ませ、ドイツの国よ」という闘う男の呼びかけを合唱隊本隊が反復するところから、シュプレヒコールの応酬が始まっていく。演技場の片隅に姿を現わした「脱落した男」が、その呼びかけを「永遠のドイツという夢か？〔……〕古くさい憧憬、古くさい歌だ」と嘲笑い、かれと「闘う男」および「闘うものたちの合唱隊」とのあいだに合唱の論争がくりひろげられる。「付和雷同者」が「脱落した男」に同調する。「動揺する男」が論争に加わる。やがてそこへ外国から帰ってきた「帰郷者」が登場する。かれは、新しい帝国がどのように新しい相貌をおびつつあるかを見たいという思いに駆られて、久々に帰郷したのである。そのかれに、「脱落した男」は、そんなものは古くさい歌だ、旧態依然さ、と答える。そうではない、われわれの国には途轍もないことが起こったのだ、という「闘う男」に励まされて、帰郷者はかれとともに谷あいの故郷に帰り着く。――ところが、そこに待っていたのは、打ちひしがれた人びとの姿だった。山の雪と氷河の氷が急に溶けて、谷あいの村は洪水に押し流され、惨憺たる状態だったのである。

劇は、二度とそのような災害が起こらないように強固なダムを建設しようという「帰郷者」の提唱によって、後半に入っていく。かれと、かれに連帯する「闘う男」は、「脱落した男」と「動揺する男」、そして「付和雷同者たち」の妨害によって、困難に直面する。ダム建設のために自分の土地を提供することを、だれも望まないからだ。だがついに、かれらの熱意に感じたひとりの女性が、自分の土地をドイツのために提供する決意を固める。この「犠牲となる女」の行為によって、建設作業は途に就くことになり、やがて工事は完成する。谷あいの小さ

クルト・ハイニッケ『帝国への道』
（『ノイローデ』併収）表紙。

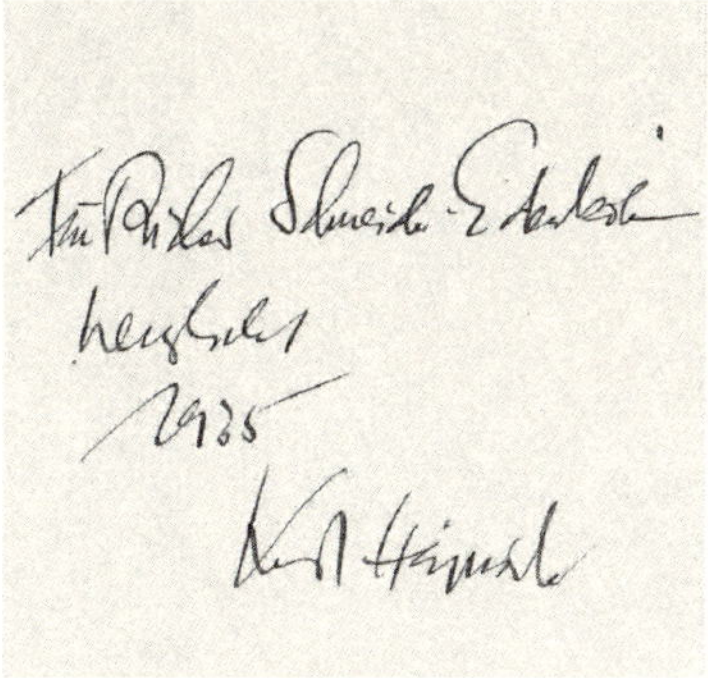

『帝国への道』初版本見返しに書かれた著者の献辞とサイン。

な村で実現された民族共同体が、ひとつの偉業を成し遂げたのだ。「松明を掲げるもの」が登場して、「旗を高く掲げよ！」と叫び、行進が始まる。松明を受け取った「闘う男」が聖火台に点火し、火にかけてちから誓いの言葉を述べる。そして、ドイツを讃えるシュプレヒコールは、「ドイツ、世界に冠たるドイツ」のドイツ国歌に移行して、劇はフィナーレを迎える。

「第三帝国」の始まりから二年半が経過していた時点で上演されたこのティングシュピールが、『ドイツ受難劇　一九三三年』のようにヴァイマル時代から権力掌握までの過程としての「帝国への道」ではなく、すでに現実のものとなっていた第三帝国を舞台とし主題としていたことは、「大胆にもこの時間を、まだ流れつつあるものとしてのそれを、永遠の祝祭と化すのである」というオイリンガーのテーゼに照らせば、何ら不思議ではない。だがそれにしても、『帝国への道』に登場する否定的な人物たちの頑強さ、ともすれば肯定的人物たちを圧倒しかねないほどのかれらの執拗さは、どうしたことなのだろうか。「新しい帝国」を自分の目で見るために帰ってきた「帰郷者」が故国に見出したものは、虚像ではなく実像だったとしか思えないのである。作者がそう伝えようとしているとしか、受け取れないのである。このティングシュピールにおける「帝国への道」とは、現にある第三帝国への道ではない。そこで演じられる内容から見るなら、現にある第三帝国の現実との闘いをつうじて実現されるべき新しい別の帝国への道なのである。ハイニッケのこの作品は、その道を見出そうとする志向の、劇的な表現にほかならないのだ。そして、このことこそ、ティングシュピールという独自の表現形式が、急激に興隆し、急激に終焉を迎えたことの、根拠でもあったのである。

4　規制から消失まで——第二革命の挫折

一九三四年九月号の雑誌『アウトーア』(作家)は、帝国演劇局総裁オットー・ラウビンガーの名で発せられた「ティングシュピール保護」のための通達を掲載した。[10] 前文と四項目からなるそれは、まず前文において、こう述べていた、「閉ざされた空間もしくは野外における演劇上演を「ティングシュピール」と称すること、もしくはそれ以外のやりかたで「ティング」という語と結び付けることを、禁止する。同様に出版社に対しても、出版作品を「ティングシュピール」として、「もしくは ティングとして、もしくはティングシュテッテにおいて上演するのに適している」として広告することを、禁止する。」——これに続く四項目の概要は以下のとおりである。

一、「ティング」、「ティングシュテッテ」もしくは「ティングプラッツ」という名称は、一九三四年九月十五日以後に民衆啓発・宣伝大臣によって建設を許可されるか、もしくは同日以前にドイツ野外劇・民衆劇全国同盟と連絡のある民衆啓発・宣伝省の州支所によって建設を許可された施設にたいしてのみ許可される。ティングシュテッテ建設の申請は、当該の省の州支所にたいして行ない、前記の全国同盟による審査を経たのち、同全国同盟から担当大臣に提出する。

二、「ティングシュピール」という名称を許されるのは、帝国脚本監督官によって文書で許可された演劇作品のみであり、該当する作品には「帝国脚本監督官何某によりティングシュピールとして許可された」むね註記しなければならない。許可申請はドイツ野外劇・民衆劇全国同盟を経てなされる。申請はドイツ演劇関係出版社協会の会員のみが行なうことができる。前記の全国同盟は許可されたティングシュピールの登録簿を作成し、それらの上演を監督する。

三、「ティングシュピール」の催し、もしくは同様の名称による催しは、上記の全国同盟に許可申請を提出したのちに帝国演劇局によって許可された催しだけが行なうことができる。

四、非公開の演劇上演を催す団体は、その上演を「ティングシュピール」と称する許可を与えられることはできない。演劇関係出版社は、その種の団体に上演権を与える場合には、本通達の作品に関する規定の遵守に配慮する義務を負う。

――ティングシュピールを奨励し促進するために、ティングプラッツが国家によって建設されただけではなかったのだ。最初のティングプラッツが完成し、そこでハイニッケの『ノイローデ』が上演されてからわずか三ヵ月後に、「ティング」という名称が許可制となり、どのような作品をティングシュピールとして認めるかが、国家の権限の下に置かれることになったのだった。運動のなかから生まれ、無名の民衆みずからによって演じられ、観衆としての民衆をも演じる主体へと変えていくはずだった演劇形式は、こうして、急速に終焉に向かうことになる。

第三帝国の崩壊後、ティングシュピールは忘却の淵に沈んだまま、大きな関心が払われることもなかった。このことは、ナチズムをも含む広義のファシズム、あるいは全体主義に関する研究の主流が、第二次大戦後もかなり長期にわたって、主として上からの強権的な統制という側面に注目するものだった、という事実と関連している。第三帝国の時代をテーマとした文学史研究者たちのティングシュピールに関する数少ない言及も、一九七〇年代の前半までは、もっぱら国家による管理下での演劇運動という視点からそれを論じていた。初めてその自発性に着目したのは、一九七六年に発表されたエーゴン・メンツの論文、「シュプレヒコールと分列行進――ティングシュピールの生成について」(11)である。そして、本格的なティングシュピール研究の嚆矢でもあったこの論文のなかで、メンツは、ティングシュピールにたいする規制と「長いナイフの夜」の粛清事件との関連を指摘している。

一九三四年六月三十日未明、ヒトラー、ゲッベルスらは、ミュンヒェン郊外で合宿中だった突撃隊《エス・アー》幹部たちを急襲し、隊長のエルンスト・レームを始め、主だった幹部たちを裁判ぬきで処刑した。かねてヒトラーが敵視していた政治家、軍人なども、戒厳令下でいっせいに殺害された。当時の公式発表では死者は七十七人とされたが、第二次大戦後、その数は一千名を超えることが明らかにされている。ひとつの推測をこの事件に関して加えるなら、もしもホルスト・ヴェッセルが一九三〇年二月に死ぬことがなかったとすれば、SAにおける昇進の道を急速度で歩んだにちがいないかれもまた、このときに殺された可能性がきわめて大きいのである。強大な軍隊組織となっていたSAを弱体化することで国家暴力の占有者としての地位を確保しようとした国防軍と、党内のライヴァル組織であるSAを倒すことに同じく利益を見出したSS(親衛隊)が、この行動に協力したことは、よく知られている。国防軍はこれによって、いわばナチ党との共犯関係を確立した。そして、この粛清で弱体化させられた褐色の制服のSAに替わって、黒い制服のSSが、ナチスの暴力を体現することになるのである。「長いナイフの夜」と呼ばれるこの粛清は、SAの幹部たちのあいだに同性愛が蔓延していたこと、かれらのなかで国家にたいする叛逆が謀議されていたことがその理由であると発表された。とくに後者の理由は、幹部たちのみならずSA隊員のなかに「第二革命」を唱えるものが少なくなかったという事実に、あらためて注意を向けさせずにはいない。かれらにとって、一九三三年一月三十日のヒトラーの首相就任は、「国民革命」の第一段階にすぎなかったのである。このあとに、民族民衆自身が真に国家社会の主人公となるための「第二革命」が闘われるはずなのだ。もちろん、これはヒトラー＝ゲッベルスらの権力中枢にとっては容認しがたい過激主義《ラディカリズム》だった。この過激派を一掃した二ヵ月後、九月四日から十日までニュルンベルクで開催されたナチ党の第六回全国党大会において、ヒトラーは、バーデン大管区長ローベルト・ヴァーグナーによって代読された演説のなかで、「以後千年間、ドイツにはもはや革命は起こらない！」と述べて、「国民革命」の終結を宣言した。

闘争時代のSAによって創出され、政権掌握後もSA隊員たちが合唱隊として出演することが少なくなかったティングシュピールは、「第二革命」の理念と分かちがたく結びついていたのである。このことを、エーゴン・メンツは以下のように述べている、「隊伍を組んだ行進も合唱隊も、「権力掌握」の瞬間という目的と結びついており、それの達成とともに急速に消え去っていくであろう。その瞬間だけに拘泥するのでなければ、それらは演劇としてさらに持続することができるであろうし、それでいながらなおその後の興奮を高めるのに貢献することもできるであろう。なにしろSAは、権力掌握によって変革が終了することなどまだありえない、と言わないわけにはいかないからである。かれらは権力と戦利品が兵士たちに分配されることを要求する。いわゆる第二革命である。[12]」

ハンス・ユルゲン・ニーレンツ『労働の交響楽』表紙。

だからこそ、ハイニッケの『帝国への道』にさえもなお、現にある第三帝国をさらに越えていく「新しい帝国」への道への呼びかけが、現にある帝国にのさばる「脱落した男」や「付和雷同者」や「動揺する男」に抗して、「闘う男」と連帯しながら、響いていたのだった。そしてこの響きは、たとえば、一九三三年五月一日に初演されたハンス・ユルゲン・ニーレンツの『労働の交響楽《シンフォニー》』(13)のなかにも、すでに聴き取ることができる。のちにティングシュピールの代表作のひとつとされるこの劇は、政権掌握後の最初のメーデー、いまや「国民的労働の祝日」と改称されて国家の祝日となったこの日に初演され、ドイツの全ラジオ局を通じて放送された。この劇で、ニーレンツは、新しい帝国が当面する重要な課題として、民族民衆《フォルク》が真に労働の主体となっていく必要性を提起したのだった。固有名詞を持つ人物をいっさい廃したこの合唱劇の結末近くで、合唱隊と呼び交わす「単独の語り手」は、こう語っている、

労働の兵士たち、転換期の兵士たち、
われらは未来を考える、われらは未来を大きく築く、
われらは未来を確かな手に引き受け
生命の鉄槌《ハンマー》を手放さない、

われらはバネを引き締める、われらは歯車を廻す、
各人がひとりの闘士だ――そして各人が兄弟だ、
そして各人が仲間で戦友なのだ。
こうして国民が生まれる――こうして行為が育っていく。

第三帝国の最初期に生きていたこの理念、一人ひとりが労働の主体であり、その主体的な労働から国民が生まれ、行為が育っていく、という理念は、「長いナイフの夜」と、それに続く九月の「意志の勝利」をスローガンにした党大会によって、もはや現実性を喪失した。帝国演劇局によるティングシュピールの規制が、この党大会とまったく時を同じくして開始されたことに、あらためて注目せざるをえないだろう。こうして、ティングシュピールは、規制されただけでなく、文字通り消失していったのである。最後のティングシュピールとは称されぬまま、一九三六年八月二日、ベルリン・オリンピックの開会式の翌日に、オリンピック・スタジアムの近くに落成した大野外劇場で上演された。この野外劇場は、もはやティングプラッツとは呼ばれず、「ディートリヒ・エッカルト舞台」（Dietrich-Eckart-Bühne）と命名されていた。オリンピックの関係者や観客の外国人たちをも多数まじえた大観衆の前で上演されたのは、エーバーハルト・ヴォルフガング・メラーの『フランケンブルクの骰子《さいころ》の賭け』(14)だった。

上演に引き続いて函入り大判の上製本として出版された脚本の、「この劇の舞台設定について」と題する指示を、作者はつぎのように記している、

舞台は三段になっている。荘厳な音楽のあいだに七人の裁判官が最上段の椅子に着席する。第二段には三人

「ディートリヒ・エッカルト舞台」全景。

の原告が立ち、かれらの左右にフェルディナント、かれの顧問たるカラッファとラモルメーニとマクシミリアン。いちばん下の段では、代官ヘルバースドルフと農民たちの場面がくりひろげられる。前口上と後口上は、単独の話者によって演技平面の中央から話される。

ここから明らかなように、この劇の主題もまた多くのティングシュピールの場合と同じく、裁きの日であり、裁きの場である。けれども、ここからはまた、この劇がかつてのティングシュピールとは大きく異なっていることも明らかだろう。舞台の構成そのものが、観衆の直接的な参加を想定していないのである。しかも、劇の主題はもはや焦眉の現在や、そこに至る近過去ではない。ここで名前を挙げられているフェルディナントとは、一六一九年から三七年まで神聖ローマ帝国皇帝だったフェルディナント二世にほかならない。ヨーロッパ全土を荒廃の極に陥れた三十年戦争の時代にベーメン（ボヘミア）とハンガリーの王でもあったかれは、この劇で、農民たちを迫害した責任を問われる。かれはその責任を配下の聖職者や領主に転嫁し、かれらはまたその下に転嫁する。こうして最後に、原告の農民たちにとって直接の支配者である代官が裁かれることになる。舞台は、当時の現場であるオーストリア北部のフランケンブルクに回帰し、当時の出来事が再現される。代官の命令、すなわち皇帝の施策に抵抗する農民たちを、権力者側は叛逆のかどで処断しようとする。素手で来れば言い分を聴いてやると約束した権力者側は、農民たちが歌をうたいながら来たことを口実に、首謀者を叛逆罪で死刑にすると言い渡し、誰が首謀者か白状しろと迫る。しかし農民たちは、自分たち全員がそうだと言い張って、責任者を差し出そうとはしない。業を煮やした権力者側は、農民たちが順番に二つの骰子を振って、出た数の合計がもっとも少なかった者が処刑される、と宣告する——。

権力者たちが民衆によって責任を追及され弾劾される、というテーマは、『帝国への道』の現実告発と類似していないではない。しかし、ハイニッケのティングシュピールが現在を舞台にしていたのとは異なり、『フランケンブルクの骰子の賭け』は、十七世紀前半の過去に題材を取っているのだ。歴史的過去へのこの逃避は、観衆を客席に固定させておく舞台構造とあいまって、この劇を自己完結的なものにしている。いよいよ農民の全員が骰子を振り終わったとき、二人が同じ「二」という数であることがわかる。これ以下はありえない最小の数である。権力者側は、一人に絞るためにもう一度やりなおせと命じるが、二人の農民は承知せず、二人とも殺せと迫る。それ以外の農民たちも、ついに屈従の姿勢を投げ捨てて、死刑を言い渡された二人を返せと権力者たちに肉薄する。

われわれはもはや子供ではなく乞食でもない
われわれは新しい民族《フォルク》民衆だ、新しい軍勢だ
われわれを欺いたものに災いあれ

われわれは一つの意志で、一つの叫びだ
もはやどんな約束もわれわれを裂くことはできぬ
われわれはあらゆる苦役から
あらゆる桎梏とあらゆる圧政から
神の御名においてみずからを解放するのだ

これを力づくで圧伏しようとして権力者が死刑執行人を呼ぶ。すると「ひとりの人物」が裁判官たちのあいだに姿を現わす。その人物は、黒い鎧兜《よろいかぶと》に身を包んでいる。「おまえは誰だ？　お前なぞ呼んではおらぬ」と言う権力者に、かれは答える、「わたしは、自分の職務をなすために来たのだ。」――そして、今度は権力者側が骰子を振るよう命じる。こうして、それぞれ自分の貴重なものを賭けてその黒い甲冑の人物と勝負することになった権力者たちは、最後に振ったその人物の「無限大」という数に敗れて滅びていく。

もちろん、その黒い甲冑の人物がこれまたヒトラーを暗示していることは看過すべくもない。あるいは、褐色のSAを抑えて暴力を占有した黒い制服のSSをも、それは象徴しているのかもしれない。いずれにせよ、ついに圧政の鎖を断って権力者に迫る民衆ではなく、この人物が、もっぱらかれだけが、権力者に勝利する。きわめて類似した役割を担う『ノイローデ』の「見知らぬ男」が、しかし民衆と変わらぬ服装で登場し、民衆の自発的な行為に加わることによってその行為を生かすのとは逆に、黒い鎧兜の人物は、民衆とは遙かにかけ離れた存在として登場し、超越的な力によって救済を与える。この劇における歴史的過去への逃避は、民衆による現実告発を過去の神話にしてしまっただけではなく、神話化された救済者を描くことしかなしえなかったのである。

そして、メラーのこの作品ののち、ティングシュピールの形式をそなえた演劇表現が上演されることはもはやなかった。演じるものと観るものとの、送り手と受け手との一方通行的な関係を変革し、だれもが表現者になるような表現のありかたを求め続けたアヴァンギャルドたちの試みは、こうして、第三帝国の表現文化のなかで、終焉を迎えたのだった。

終焉を迎えたのは、ナチス形式としてのティングシュピールだけではなかったのである。『ドイツ受難劇　一九三三年』の作者、リヒャルト・オイリンガーのなかに表現主義の亜流が認められることは、もっとも早い時期にティングシュピールに言及したヒルデガルト・ブレンナーも指摘している。(15) そして、『ノイローデ』と『帝国への道』の作者、クルト・ハイニッケは、かつて、ドイツ表現主義のもっとも代表的な詩人・劇作家のひとりだった。同時代のロシア・アヴァンギャルドたちとともに、ドイツの表現主義者たちは、民衆が芸術作品を座視する単なる受け手であることをやめ、みずから主体的に送り手となっていくことを可能とするような表現を、演劇の分野においてもまた、それどころか演劇の分野においてもっとも過激《ラディカル》に、追求したのだった。表現主義からナチズムへの道は、オイリンガーにとってもハイニッケにとっても、そのような表現を追求するひとすじの道としてつながっていたのである。この道が、ティングシュピールの終焉とともに、終わったのだった。

ちょうどそれと同じころ、過去の歴史に遡及する歴史小説や歴史劇が、第三帝国で、そして反ナチス陣営の亡命作家たちのあいだで、表現の主流となりつつあった。それらの多くは、みずからのナチズムの現在を問うことはなく、みずからのスターリニズムの現在を問うことはなかった。第三帝国にあっても反ナチス陣営にあっても、それらの作品は、歴史的過去によってみずからの現在を問いなおすのではなく、歴史によってみずからの現在を正当化するものでしかなかったのである。そこには、「第二革命」を希求する民族民衆《フォルク》も、「永続革命」を目指す人民《ナロード》も、もはやいなかった。

わたしの民衆
永遠に花咲け、民衆よ

真夜中から真夜中へと張り渡された流れ
大きく深く海から海へとつながる流れ
おまえの深みから泉が湧き上がる
未来永劫おまえを養いながら
おまえ民衆を
わたしの民衆
永遠に花咲け、民衆よ
おまえは未来を胸に夢見る
いつかもうどんな日もおまえの夢を打ち壊すことはなくなるだろう
おまえの魂の山々は空までそびえ
そしてわれわれを高めるだろう
われわれを
民衆が

わたしは民衆という森の一本の木だ
わたしの葉は太陽がうるおす

だがわたしの根が力つける眠りをねむるのは
おまえのなか
わたしの民衆よ

わたしの民衆よ
いつかあらゆるものがひざまづくだろう
おまえのまえに
なぜならおまえの魂は煙突や町々を高く越えて
おまえ自身のなかへと飛び去るだろうから
そしておまえは花咲くだろう
わたしの民衆よ

わたしの民衆よ
おまえのなかで

一九二〇年に刊行されたドイツ表現主義のもっとも代表的な選詩集、クルト・ピントゥス編『人類の薄明』[16]は、クルト・ハイニッケの「民衆」（*Volk*）と題するこの詩を収載していた。ティングシュピールの終焉とともに、このような民衆もまた第三帝国で死んだのである。

註

序章　ナチズムの現在

（1）　ウルリヒ・ヘルベルト「良い時代、悪い時代――第三帝国の記憶」（A59）。邦訳＝ウーリヒ・ヘルベルト「よい時代・悪い時代――第三帝国の回想」。リチャード・ベッセル編『ナチ統治下の民衆――伝統と革命』（B43）所収。引用にあたっては、既存の邦訳を参照したが、引用文はそれに従っていない。これは本書でのすべての引用について同様である。なお、（A12）、（B43）等の番号は、別掲「文献・資料リスト」のそれと対応している。『　』は書籍・雑誌・新聞の題名、「　」は作品・論文の表題を表わす。

（2）　ハインツ・ブーデ『後継者による決算――連邦共和国と国民社会主義』（A19）。

（3）　ノルベルト・フライ「民族共同体と戦争――ヒトラーの人気」（A36）。

（4）　トーマス・ヘルツ／ミヒャエル・シュヴァープ＝トゥラップ『闘い取られた過去――一九四五年以降の国民社会主義論議』（A60）。

（5）　ハンス・ディーター・ハイルマン「当市の声望は徐々にまた大きくなりつつあります」（A58）。なお、息子ヴァイツゼッカーの敗戦四十周年の国会での大統領演説（A151、152）は、雑誌『世界』八五年十一月号に永井清彦による日本語訳が掲載されたのち、岩波ブックレットの一冊として『荒れ野の四十年』の表題で刊行された（B5）。また、同じヴァイツゼッカーの一連の演説の訳文とそれについての訳者・山本務の論考をまとめた『過去の克服・二つの戦後』（B6）もある。

（6）　いわゆる「歴史家論争」（Historikerstreit）については、日本でもすでに多くのことが論じられているので、ここであらためて論及することはしない。主要な論争参加論文を訳出した日本語文献としては、J・ハーバーマス／E・ノルテほか『過ぎ去ろうとしない過去――ナチズムとドイツ歴史家論争』（B30）がある。

（7）D・H・A（ディーター・ホフマン－アクストヘルム）「三三年の五十周年、きょうの五十周年」（A67）。この論説は、雑誌のこの号（A3）の特集「一九三三・一九八三・二〇三三――現在にたいする無力」（*1933・1983・2033/Unfähigkeit zur Gegenwart*）のための序論として書かれた。

（8）これらの数値については、主として以下の文献に拠った。

①ジョージ・L・モッセ『国民社会主義の日常――ヒトラー治下での生活はこうだった』（A102）。

②デイヴィド・シェーンボウム『ヒトラーの社会革命――ナチ・ドイツにおける階級と地位』（A138）。邦訳＝D・シェーンボウム『ヒットラーの社会革命』（B23）。

③リチャード・グルンベルガー『第三帝国の社会史』（A56）。邦訳＝リヒアルト・グルンベルガー『第三帝国の社会史』（B15）。

④マンフレート・オーヴェルシュ編『ドイツ現代史年代記――政治・経済・文化』第二巻I、II「第三帝国」（A110）。

なお、ドイツにおける自動車工業の歴史におけるナチス時代の重要性に着目したユニークな研究として、西牟田祐二『ナチズムとドイツ自動車工業』（B28）がある。

（9）教育・研究労働組合ベルリン支部編『忘却に抗して――学校における反ファシズム教育――経験・企画・示唆』（A41）。

（10）ヒルデ・シュラム「教育テーマとしてのファシズム――示唆と困難」（A139）。

（11）失業者数と失業率については註8③のほか、主として以下の文献に拠ったが、異同がある場合は控えめな数値を採用した。

①ラインハルト・キューンル『史料と記録に見るドイツ・ファシズム』（A82）。

②ツェントナー／ベデュルフティヒ『第三帝国大事典』（A171）。

③ルートヴィヒ・ペータース『民衆のための第三帝国事典』（A111）。

（12）ギュンター・ヴァルラフ『最底辺』（A148）。邦訳＝ギュンター・ヴァルラフ『最底辺』（B7）。

（13）クラウス・マンフラスは『連邦共和国におけるトルコ人・フランスにおける北アフリカ人――ドイツとフランスの比較に見る外国人問題』（A92）のなかで、一九八二年九月現在の西ドイツ在住のトルコ人を一五八万一〇〇〇人とし、これは全外国人の三四パーセントに相当する、と述べている。

I　虚無に向かってさすらうものたち

（1）「三月の戦歿者」たち（Märzgefallene）とは、元来、一八四八年の「三月革命」のさい、ベルリン王宮前でプロイセンの軍隊によって射殺されたデモ隊の死者たちに敬意をこめて捧げられた呼称だった。また、第一次世界大戦後の一九一九年三月四日、ズデーテン地方（チェコ）のドイツへの帰属を要求するデモのさいに殺された犠牲者たちにたいして、ドイツ・ナショナリストの側からこの呼称が捧げられた。この歴史的な敬称が、一九三三年三月にナチ党へ駆け込み入党した多数の体制順応主義者たちに、軽蔑をこめて転用されたのである。三月五日の帝国議会選挙でのナチ党の「勝利」と、それにつづく「全権委任法」という事態を見てナチ党に殺到したこれらの人びと――一九三二年末に約一三七万八〇〇〇だったナチ党員は、三三年八月には三九〇万以上にふくらんでいた――は、ナチ党幹部たちからも「革命の寄生虫」として軽蔑された。

（2）ハンス・ヨースト『シュラーゲター』（A75）。邦訳＝『愛国者シュラーゲター』（B48）。

（3）ヨースト『仮面と素顔――ある国民社会主義者のドイツからドイツへの旅』（A73）。

（4）『ドイチェ・アルゲマイネ・ツァイトゥング』（ドイツ公共新聞）に書かれたパウル・フェヒターのこの論評は、『シュラーゲター』単行本（註2）の裏表紙に、他の三つの劇評とともに再掲されている（いずれも抜粋）。

（5）ハンス・ヨーストの経歴については、主としてつぎの文献を参照した。

①クルト・ホッツェル『ハンス・ヨースト――民族への詩人の道』（A69）。

②ヴァルター・ホルン「第三帝国の精神的兵士」（A68）。
③ヘルムート・ランゲンブーハー『現代の民族派文学』（A85）。

（6）たとえば以下の文献にそうした記述を見ることができる。
①ヘルマン・グラーザー『第三帝国――看板と現実』（A43）。邦訳＝ヘルマン・グラーザー『ヒトラーとナチス――〈第三帝国〉の思想と行動』（B14）。
②ウーヴェ-カルステン・ケテルゼン『英雄的な存在と民族主義的な死について――第三帝国の演劇によせて』（A79）。
③リチャード・グルンベルガー『第三帝国の社会史』（A56）。

（7）ボイラー工だったハインリヒ・レルシュ（一八八九～一九三六）は、文学領域でのナチス化（「均質化」）にともなって「ドイツ文学アカデミー」の会員に加えられ、「労働者詩人」の代表と目されるようになった。祖国のために生命を捨てる決意をいだいて戦場に赴く出征兵士を歌った愛国詩「兵士たちの別れ」（*Soldatenabschied*）は、かれの世界大戦中の詩集『心臓よ、汝の血を燃え立たせよ！』（*Herz, aufglühe dein Blut!*）に収められている。この詩は、ナチス時代には種々の詩集（アンソロジー）に再録された。

（8）ドイツで刊行される図書には、その刊行時期に関するデータとしては、通常、扉またはその裏ページ（日本の図書の奥付にあたる）に発行年のみが記されている。近年では、とくに学術書に、発行月まで記したものも徐々に増えつつあるが、二十世紀前半以前の古いものには発行年さえ明記していないものも少なくない。それゆえ、その年のいつごろに刊行されたのかを確定するには、書評、広告、著者の日記や手紙、その他、何らかの別の資料によらねばならない。なお、メラー-ヴァン-デン-ブルックの『第三帝国』については、註16を参照されたい。

（9）メラー-ヴァン-デン-ブルック『若い諸民族の権利』（Moeller van den Bruck: *Das Recht der jungen Völker*. München: R. Piper & Co. Verlag, 1919.）。著者の死後、新しい論文を加えてハンス・シュヴァルツ編の新版が刊行された――『若い諸民族の権利――政治論文集』（A97）。

（10）シュラーゲターについてのラデックの演説は、英・独・仏の各国語版が発行されていたコミンテルンのニュース速報紙『インプレコール』（インターナショナル・プレス・コレスポンデンス＝国際情報通信）の一九二三年六月二十五日付、第一〇五号に掲載された。なお、ドイツ革命の時期におけるラデックの活動については、主として以下を参照した。
①カール・ラデック『ドイツ革命の隊列で――一九〇九―一九一九年』（A114）。
②同『共産主義インターナショナルの道』（A115）。
③マリー＝ルイーゼ・ゴルトバッハ『カール・ラデックと独ソ関係　一九一八―一九二三年』（A55）。
ラデックについての日本語文献としては、アメリカ合州国で出た英語版評論集の訳がある。A・J・カミングス編『革命の肖像画――カール・ラデック評論集　一九一八―一九三四』（B11）。

（11）本書での『わが闘争』からの引用は、すべて一九三九年刊行の第四七版（累計部数＝四四五万部）に拠る（A64）。

（12）ハンス・ヨースト『若き人――熱狂的シナリオ』（A72）。邦訳＝「若き人」（B49）。なお、日本語訳としては、完訳版である角川文庫版の二冊本（B33）が入手しやすい。

（13）ヨースト『楽しげな町』（A71）。邦訳＝「楽しみの邑《まち》」（B50）。

（14）メラー＝ヴァン＝デン＝ブルック「第三の立場」（*Der dritte Standpunkt*）。『若い民族の諸権利』（A97）所収。

（15）メラー＝ヴァン＝デン＝ブルック「政治家としてのドストエーフスキー」（A99）。

（16）メラー＝ヴァン＝デン＝ブルック『第三帝国』の初版（A95）および新版（第三版、A96）は、いずれも著者名としては姓のみを表記し、名（アルトゥーア）は記していない。

II　最初のナチ詩人がのこした遺産

（1）アルフレート・ローゼンベルク編・解説『ディートリヒ・エッカルト――ひとつの遺産』（A129）。

（2）ヒトラーは、ミュンヒェンの一小右翼政党「ドイツ労働者党」（DAP）に一九一九年十月十九日に入党したとき、五五五番という党員番号を与えられた。じっさいには五十五番目の党員だったが、党員番号は五〇一番から始まっていたためである。ヒトラー自身は、党員番号七番を自称していた。この党がヒトラーのイニシアティヴによって「国民社会主義ドイツ労働者党」（NSDAP）と改名したのち、かれは、一九二一年七月、初代党首のアントン・ドレクスラーを支持する反対派から党の主導権を奪取するために脱党を宣言し、かれの政治的・組織的手腕を欠いては党が成り立っていかないことを認めざるをえなかった反対派の全面屈服を待って、再入党することになる。その結果、かれは二一年七月二十九日の臨時党大会で圧倒的多数（五五三対一）の支持を得て党首に選出されたが、新しい党員番号は三六八〇番となった。その後、ミュンヒェン一揆の失敗でNSDAPが解党に追い込まれたのち、二五年二月の再結党によって初めて、ヒトラーは党員番号のうえでもナチ党の第一人者となることができたのである。

（3）ディートリヒ・エッカルト「献詩」（A25）。

なお、ディートリヒ・エッカルトの伝記的な事項については、前掲の『ディートリヒ・エッカルト――ひとつの遺産』（A129）にローゼンベルクが付した解説と、ナチ党機関紙『フェルキッシャー・ベオーバハター』一九四三年三月二十三日付に掲載された「h・k」署名の生誕七十五年を記念する記事、「ディートリヒ・エッカルト一八六八年三月二十三日生まれ」（A65）を主として参照した。

（4）この詩は、一八九五年に上演されたエッカルトの戯曲『休暇中のタンホイザー――夏のお伽噺』（*Tannhäuser auf Urlaub, ein Sommermärchen.*）に献辞として付された。

（5）エッカルト『ハインリヒ六世――四つの出来事で綴るドイツの歴史』（*Heinrich VI., deutsche Historie in vier Vorgängen.* 1914.）。

（6）ローゼンベルク「ディートリヒ・エッカルト――ひとつの遺産」（A129）。

（7）バイエルン革命を文化史的に考究したものとしては、野村修『バイエルン革命と文学』（B29）がある。

（8）アルフレート・ロート『国民社会主義の大衆歌謡――生成、イデオロギー、および機能についての研究』

（A133）。

（9）「ハンガリーの恐怖《テロル》の日々から」（*Aus Ungarns Schreckenstagen*）。ローゼンベルク編『ディートリヒ・エッカルト――ひとつの遺産』（A129）所収。（……も原文のまま。）

（10）テーオドール・フリッチュ『ユダヤ人問題ハンドブック――ユダヤ民族について判定を下すためのもっとも重要な諸事実』（A38）。索引を含めて正味六〇〇ページのこの本は、当初『反ユダヤ主義カテキズム教理問答書』（*Antisemitischer Catechismus*）という題名で一八八七年から刊行されていたものが、一九三〇年に改題されて、引き続きロングセラーとなっていた。一九四三年には第四九版（発行部数累計＝二七万九〇〇〇～三三万部）が出ている。

（11）ローゼンベルク『二十世紀の神話――魂と精神の形成をめぐる現今の諸闘争についての一評価』（A127）。「ナチズムの聖典《バイブル》」と称されたこの本は、一九三六年末までに五二万三〇〇〇部、四四年末の時点で総計一一〇万部が刊行された。邦訳＝吹田順助・上村清延訳『二十世紀の神話』（B64）。

（12）ローゼンベルク「ユダヤ人という時事問題」（A131）。

（13）ローゼンベルク『血と名誉――ドイツ再生のための闘争』（A126）。なお、「ユダヤ人という時事問題」の引用は本書に収載されているものに拠った。

（14）ローゼンベルク「ゲルリヒ博士対ディートリヒ・エッカルト」（A130）。この論説は、のちにローゼンベルクの論集『権力をめぐる闘争』（A132）に収載された。

（15）エッカルト「内外のユダヤ性」（A24）。この論文は、一九一九年の年頭から約半年間、『アウフ・グート・ドイチュ』に連載され、未完のまま中断された。ローゼンベルク編著の『ディートリヒ・エッカルト――ひとつの遺産』（A129）に再録されている。引用はこれに拠った。

（16）エーバーハルト・イェッケル編『ヒトラー全文書――一九〇五―一九二四年』（A70）の編者序文より。なお、後出のヒトラーの手紙は、この資料集に収められている。

（17）エッカルト「アードルフ・ヒトラー」（A22）。この詩は、ローゼンベルク編著の『ディートリヒ・エッカルト——ひとつの遺産』（A129）に再録されているほか、一九三六年に刊行されたハンス・ギレ編の選詩集『詩のなかの新生ドイツ』（A42）にも収載された。

(18) 引用は、イェッケル編『ヒトラー全文書——一九〇五―一九二四年』（A70）に拠る。

(19) 註3参照。

(20) エッカルト「ドイツよ目覚めよ！」（A27）。歌詞の第一聯および第二聯は、ナチ党党歌集（A88）の一九三三年版（第二二版、四七万六〇〇〇〜五五万部）、および三七年版（第三三版・改訂新版、一〇〇万一〇〇〇〜一〇五万部）に拠る。歌の題名は、前者では「ドイツよ目覚めよ！」（*Deutschland erwache!*）となっており、「国民社会主義ドイツ労働者党の突撃歌」（*Sturmlied der Nationalsozialistischen Deutschen Arbeiter-partei*）という添え書きが付されている。後者では、「嵐、嵐、嵐」（*Sturm, Sturm, Sturm*）、その下にカッコでくくって「ドイツよ目覚めよ」（*Deutschland erwache*）と記されている。なお、第三聯の歌詞は、どちらにおいても省略されている。

Ⅲ 死者たちも、ともに行進する

(1) エルンスト・オットヴァルト『ドイツよ目覚めよ！』（A107）。ここで言及したオットヴァルトの諸作品の原題は以下のとおりである。『安寧と秩序——国粋主義青年の生活を描く小説』（*Ruhe und Ordnung. Roman aus dem Leben der nationalgesinnten Jugend.*）（A108）。『なぜなら彼らはなすべきことを知っているから——あるドイツの裁判小説』（*Denn sie wissen, was sie tun. Ein deutscher Justiz-Roman.*）（A106）。『日ごとに四人』（*Jeden Tag vier.*）。なお、オットヴァルトに対するルカーチの批判とオットヴァルトの反論は、栗原幸夫他編『資料・世界プロレタリア文学運動』第六巻（B13）に訳載されている。

(2) ベルトルト・ブレヒト『ガリレイの生涯』（A13）。邦訳＝岩淵達治訳、岩波文庫（B42）。

(3) ヴァルター・フレンツ（SS第一三聯隊第一大隊第一中隊）「ホルスト・ヴェッセル——あるドイツ的な英雄の運命」（A37）。

（4）　ホルスト・ヴェッセルの伝記的事項については、①後出のH・H・エーヴェルス『ホルスト・ヴェッセル――あるドイツ的運命』（A33）、②ホルストの妹であるインゲボルク・ヴェッセルによる伝記『わが兄ホルスト――ひとつの遺志』（A156）、③同じくインゲボルクが『新しい精神、新しい時代』という表題で編集刊行した「ドイツ青少年読本」（註5参照）にみずから書いている「ホルスト・ヴェッセル」（*Horst Wessel*）と題する伝記に拠った。ただし、各種事典類を参照して記述の客観性を期した。とくにホルスト・ヴェッセルの生年月日については、資料によって諸説がある。例えば、ツェントナー／ベデュルフティヒ『第三帝国大事典』（A171）、ユルゲン・ヒレスハイム／エリーザベト・ミヒャエル『国民社会主義作家事典』（A63）、ヴォルフガング・ベンツ他『国民社会主義百科事典』（A11）は、いずれも一九〇七年一月十日としている。ロバート・S・ウィストリッチ『ナチ・ドイツ人名事典』（A161、162）は、一九〇七年九月九日としている。第三帝国時代に刊行されたカール・リヒャルト・ガンツァー『ドイツの指導者《フューラー》の顔』（A40）は、一九〇七年三月九日としている。しかし、妹であるインゲボルク（インゲという名称を用いている）は、上記③においてホルスト・ヴェッセルの誕生日を「一九〇七年十月九日」としている。これは、一九三六年に刊行されたヴィリ・アンドレーアス／ヴィルヘルム・フォン・ショルツ編『ドイツの偉人――新しいドイツの伝記』第四巻（A2）のホルスト・ヴェッセルの項に掲載されているかれの墓碑の写真（そこにはかれの生歿年月日が刻まれているのが明瞭に読み取れる）とも合致する。本稿では、この「十月九日」を採用した。

（5）　インゲ・ヴェッセル編『新しい精神、新しい時代――ドイツ青少年読本』（A158）。これに収載されたホルスト・ヴェッセルの紀行文は、「自転車でニュルンベルクへ。一九二七年」（*Mit dem Rade nach Nürnberg 1927*）と題されている。なお、インゲボルク＝インゲのこの編著と、『わが兄ホルスト』（A156）との出版元である「フランツ・エーアー書店」は、「NSDAP中央出版所」すなわちナチ党専属の出版社である。

（6）　インゲによる伝記は註4の②参照。「戦友たち、歌声を響かせよう」（*Kam'raden, laßt erschallen*）に始まる歌が、『国民社会主義ドイツ労働者党歌集』（A88）の一九三三年版に作者名を示さぬまま収載されている。この歌には種々のヴァリエーションがあったので、これがホルスト・ヴェッセルの作詞そのものかどうか、明らかではない。

(7) この「われらとともに闘いに赴く意志があるのは誰か」(*Wer will mit uns zum Kampfe ziehn*) に始まる歌については、アルフレート・ロート『国民社会主義の大衆歌謡――生成、イデオロギー、および機能についての研究』(A133) が言及している。なお、ホルスト・ヴェッセルの歌「旗を高く掲げよ!」の歌詞は、ナチ党歌集『国民社会主義ドイツ労働者党歌集』(A88) のうち、一九三三年発行の第二二版(四七万六〇〇〇〜五五万部) および三七年発行の第三三版改訂版(一〇〇万一〇〇〇部〜一〇五万部) に拠った。

(8) アルフレート・ロート『国民社会主義の大衆歌謡』(A133) に拠る。

(9) ハンス・ハインツ・エーヴェルス『ホルスト・ヴェッセル――あるドイツ的運命』(A33)。邦訳は、池田浩士編訳「ドイツ・ナチズム文学集成」第一巻、『ドイツの運命』(B10) に収載されている。

(10) H・H・エーヴェルスの上述の諸作品の原題と邦訳は以下のとおりである。『戦慄』(*Das Grauen*)=前川道介・佐藤恵三訳『エーヴェルス短編集蜘蛛・ミイラの花嫁』(一九七三年七月、創土社) 所収。『憑かれた人びと』(*Die Besessenen*)。『魔法使いの弟子』(*Der Zauberlehrling*)=佐藤恵三訳『魔法使いの弟子』(七九年八月、創土社)。『アルラウネ』(*Alraune*)。『吸血鬼』(*Vampir*)=前川道介訳『吸血鬼』(七六年八月、創土社)。同(抄訳)=植田敏郎訳『吸血鬼』(「世界大ロマン全集」三三巻、一九五七年十二月、東京創元社)。『見霊者』(*Geisterseher*)。

(11) 映画『プラークの大学生』(*Der Student von Prag*) は、ビデオで観ることができる (IVCV—3070S)。また、この映画を小説化したものがある。ドクトル・ラングハインリヒ-アントス (Dr. Langheinrich-Anthos) という作者名を持つその小説は、前川道介訳で一九八五年九月に創元推理文庫に収められた。

(12) オットー・ランク『分身――精神分析学的研究』(A116) は、ジグムント・フロイト編の『イマーゴ――精神分析を精神諸科学に適用するための雑誌』第三巻(一九一四年) に発表されたのち、一九二五年に単行本として国際精神分析出版社 (Internationaler Psychoanalytischer Verlag, Leipzig/Wien/Zürich) から刊行された。邦訳=有内嘉宏訳『分身 ドッペルゲンガー』(B51)。なお、『大晦日の夜の椿事』(*Die Abenteuer*

der Silvesternacht, 1815）は、「失われた鏡像の話」（*Die Geschichte vom verlornen Spiegelbild*）をも含めて、E・T・A・ホフマンの『カロ風幻想作品集』（*Fantasiestücke in Callots Manier*, 1814-15）に収められている。邦訳＝深田甫訳「ホフマン全集」2、『カロ風幻想作品集』Ⅱ（一九七九年五月、創土社）所収。

（13）「キーントップ」という短縮形がエーヴェルスの提唱によるものだったことは、小説版『プラークの大学生』（創元推理文庫、一九八五年九月、東京創元社）の訳者、前川道介も巻末解説「エーヴェルスと映画」のなかで言及している。

（14）ハンス・ハインツ・エーヴェルス『ドイツの夜の騎手たち』（A34）。わたしの手許にあるこの版本の扉には、ドイツでの旧蔵者が購入の日付をペン書きで記入しているが、それは「三二年八月十五日」である。遅くともこの日までに第二刷の一万一〇〇〇部が印刷されていたことがわかる。（書籍の刷り部数は一〇〇〇部単位で表示され、上記の2.—12. Tausendというのは総計で一〇〇一冊目から一万二〇〇〇冊目までを一度に印刷したことを示している。このことからまた、初刷はおそらく一〇〇〇部だったことが推定できる。）

（15）マンフレート・オーヴェレシュ編『ドイツ現代史年代記——政治・経済・文化』第一巻「ヴァイマル共和国」（A110）に拠る。

（16）①ブレヒト『第二次世界大戦のシュヴェイク』（A14）。②エーリヒ・ヴァイネルトの替え歌は、インゲ・ランメル編『労働者の歌』（A83）に、別の二篇の替え歌（いずれも詠み人知らず）とともに収められている。

Ⅳ　ヨーゼフ・ゲッベルスの想像力

（1）引用は、ゲッベルス『デァ・アングリフ』（A44）に収載されたものに拠る。

（2）たとえば、クルト・リース『ヨーゼフ・ゲッベルス——ひとつの伝記』（A124）、ツェントナー／ベデュルフティヒ『第三帝国大事典』（A171）、ローベルト・ヴィストリヒ『第三帝国人名辞典』（A161）など。

（3）ゲッベルスの日記からの引用は、一九二四年八月脱稿の「回想録」を含めて一九四一年七月八日までの分についてはエルケ・フレーリヒ編『ヨーゼフ・ゲッベルスの日記・全断片』（A51）に、またそれ以後の分については ラルフ・ゲオルク・ロイト編『ヨーゼフ・ゲッベルスの日記』（A52）に拠っている。

（4）『デァ・アングリフ』（攻撃）は、一九二七年七月四日に月刊誌として創刊され、二八年一月から週刊新聞となった。二九年十月初めから週二回の発行となり、三〇年十一月一日からは日刊紙となって、三二年十月一日以後は一日に二回、「正午版アングリフ」と「夜のアングリフ」が発行された。発行部数は、創刊当時は二千部だったが、三九年には約一五万部、四四年には三〇万部に達した。最終は、ゲッベルスの死の一週間前、四五年四月二十四日号である。

（5）ゲッベルス『ミヒャエル――日記が語るあるドイツ的運命』（A48）。

（6）ゲッベルスの日記の各版については、参考文献・資料のA48以下を参照されたい。

（7）クルト・リース『ヨーゼフ・ゲッベルス――ひとつの伝記』（A124）。

（8）わたしの手許にある『ミヒャエル』の初版本の見返しには、《Frankfurt/M/Berckmüller/Weihnachten/1928.》という旧蔵者による鉛筆の書き込みがある（／は改行箇所）。つまり、フランクフルト・アム・マインのベルクミュラーという人物は、一九二八年のクリスマスにこの本を購入したのである。

（9）ラルフ・ゲオルク・ロイト「ヨーゼフ・ゲッベルスの日記とその来歴」（A118）、および同『ゲッベルス』（A120）を参照。

（10）ゲッベルスの日記（A52）への編者ロイトの註による。

（11）ラルフ・ゲオルク・ロイト「ヨーゼフ・ゲッベルスの生涯における不変数としての信念とユダヤ人憎悪」（A119）、および同『ゲッベルス』（A120）による。

（12）音楽分野における統制についての研究としては、エリック・リーヴィー『第三帝国の音楽』（A87）がある。

（13）ゲッベルスの伝記的事項に関しては、とくに註記しないかぎり、主としてロイト『ゲッベルス』（A120）に拠っている。

V 国民社会主義文化の創出に向けて

（1） 歴史上のドイツ文化圏では、一三四八年創立のプラーク（プラハ）大学、一三六五年創立のヴィーン大学のほうが古いが、一九三六年の時点ではこれらは外国であるチェコとオーストリアのものであり、当時の「第三帝国」の大学としてはハイデルベルクがもっとも古かったのである。

（2） ベルンハルト・ルスト／エルンスト・クリーク『国民社会主義ドイツと科学——帝国大臣ルストとエルンスト・クリーク教授によるハイデルベルクでの講演』（A134）。

（3） ルストの伝記的事項については、ウィストリッチ『第三帝国人名事典』（A161、162）、ペータース『民衆のための第三帝国事典』（A111）、ツェントナー／ベデュルフティヒ『第三帝国大事典』（A171）などを参照した。

（4） 以下の法文については、ヨーゼフ・ヴルフ編『第三帝国における造形芸術』（A165）、ヴァルター・ホーファー編『国民社会主義・資料集一九三三—一九四五年』（A66）を参照した。

なお、「帝国文化院」（Reichskulturkammer）と、その各部局である「帝国著作院」（Reichsschrifttums-kammer）等々とは、同じ「院」（Kammer）という名称を冠されているが、機構としてのレベルが異なるので、本来であれば日本語では「帝国文化庁」と「帝国著作局」等々とに訳し分けるべきだろう（Kammer というドイツ語は、「部屋」、すなわち日本語の「院」「庁」「局」「部」「室」などを意味する）。しかし、原語が敢えて同じ名称を用いているので、本書でもそれに従った。

また、「帝国」という訳語を充てた Reich《ライヒ》は、「邦」または「州」（Land）の上位にある「国」を意味する概念であり、ヴァイマル共和国（正式名称は Deutsches Reich）以後のドイツに関するかぎり「帝国」という訳語は適切ではない。しかし、すでに述べたとおり、ナチズム体制は自らの国家を、中世以来の「神聖ローマ帝国」（第一帝国）、プロイセン主導の「ドイツ帝国」（第二帝国）に次ぐ「第三帝国」として位置づけていたので、本書においてすべてそうであるように、ここでも意図的に「帝国」という訳語を用いた。ただし、前後の関係から必要な場合には、「全国」「国立」などの訳語を充てた。

（5）引用はヴルフ編の資料集『第三帝国における文学と詩』（A166）に拠る。

（6）「批評禁止」命令の法文は、ヴルフ編『第三帝国における造形芸術』（A165）に収載されているほか、同書および同じ編者による『第三帝国における文学と詩』（A166）にも関連資料が収められている。

（7）「頽廃芸術展」についての資料・解説としては、ステファニ・バロン『頽廃芸術』（A9）、池田浩士・編訳『表現主義論争』（B3）などがある。

（8）「頽廃音楽」展については、主として、ヴルフ編『第三帝国における音楽』（A167）に収載されている資料を参照した。

（9）H・S・ツィーグラー『第三帝国における実践的文化活動』（A172）。一九三三年に第二版が出され、一九三四年の時点で改訂第三版、総計一万三〇〇〇部を刊行していた。

（10）これについては、とりわけ、ギャラファー『ナチスドイツと障害者「安楽死」計画』（B12）、ミュラー＝ヒル『ホロコーストの科学』（B47）を参照されたい。

（11）ナチズムと科学との関係については、もっとも基本的な研究成果として、ペーター・ルントグレーン編『第三帝国における科学』（A90）がある。また、同時代の日本における紹介書としては、「ナチス叢書」の一冊として一九四一年三月に刊行された深尾重光『ナチスの科学政策』（B39）がある。

（12）教育とナチズム体制との関わりについてのボイムラーの見解は、一九三七年に刊行されたかれの論文集『政治と教育』（A4）にまとめられている。

（13）クリークのこの講演は、ルストのものと併せて『国民社会主義ドイツと科学』の表題で刊行された（註2参照）。

VI　二つの大戦の英雄として

（1）人狼部隊の成立の経緯とペンツベルク（Penzberg）の殺戮については、主として以下の文献を参照した。事件の経過や殺害された市民の人数などについて異同があるが、本稿では、経過の記述についても数値についても、もっとも控え目なものに従った。
①アルノー・ローゼ『人狼《ヴェーアヴォルフ》　一九四四―四五年』（Ａ125）。
②クラウス・マンマッハ『抵抗　一九三九―四五年』（Ａ91）。
③エドガー・ヴォルフルム「戦争末期数ヶ月間における抵抗」（Ａ163）。シュタインバッハ／トゥーヘル編『国民社会主義にたいする抵抗』（Ａ144）所収。
④ベンツ／グラーメル／ヴァイス編『国民社会主義百科事典』（Ａ11）。
⑤ペータース『民衆事典第三帝国』（Ａ111）。
⑥ツェントナー／ベデュルフティヒ『第三帝国大事典』（Ａ171）。
（2）　ヘルマン・レーンス『ヴェーアヴォルフ』（Ａ89）。
（3）　アーヘン市長殺害（カーニヴァル作戦）については以下を参照した。
①トレース／ホワイティング『カーニヴァル作戦』（Ａ146）。
②ローゼ、前掲書（Ａ125）。
③ヘルマン・ヴァイス「人狼《ヴェーアヴォルフ》」（Ａ150）。ベンツほか、前掲書（Ａ11）所収。
（4）　『ヴェーアヴォルフ――追撃部隊のためのヒント集』（Ａ153）。
（5）　ツェーバーライン『ドイツへの信念』（Ａ175）。なお、発行部数は、ここで言及したいずれの作品についても、わたしの手許にある版本によって確認できる数値にもとづいている。
（6）　ツェーバーラインの伝記的事項については、主として以下を参照した。
①ヘルムート・ランゲンブーハー『時代の民族的文学』（Ａ85）。
②ヴァルデマール・エールケ『現代のドイツ文学』（Ａ105）。
③ヘルマン・シェーファー『現代のドイツ作家』（Ａ136）。
④ユルゲン・ヒレスハイム／エリーザベト・ミヒャエル『国民社会主義作家事典』（Ａ63）。
（7）　わたしの手許にある『ドイツへの信念』の一冊には、この言葉と署名が「ブロンネンブルク、三九年一月六

日」の日付とともにペンで記されている。献呈相手の名前がないので、何かのおりに、おそらく未知の読者から求められてサインしたものと思われる。

（8）ツェーバーライン『良心の命令』（A173）。

（9）①ツェーバーライン『安穏な部署』（A174）。②同『満身創痍の樹』（A176）。

（10）ローゼ、前掲書（A125）。

Ⅶ　日常茶飯事の政治性

（1）ヘルマン・シュテール『生死を賭けて』（A140）。

（2）シュテール『聖者屋敷』（A141）。

（3）ヘルマン・シュテールとナチズムとの関係については、池田浩士『ファシズムと文学――ヒトラーを支えた作家たち』（白水社、一九七八年四月。新版＝インパクト出版会、二〇〇四年十二月刊行予定）を参照されたい。

（4）シュテール『三夜』（A142）。

（5）クルト・エッガース『ドイツ人ヨープの劇』（A28）。なお、ヨープ（Job）という主人公の名は、旧約聖書『ヨブ記』の人物、あらゆる悲惨と苦難に耐え抜いて悪魔《サタン》に屈しなかったヨブに由来している。

（6）エッガース『戦士の革命』（A29）。

（7）ヒレスハイム／ミヒャエル『国民社会主義作家事典』（A63）。なお、エッガースの伝記的なことがらについては、これ以外に、ヴァルデマール・エールケ『現代のドイツ文学』（A105）、ヘルマン・シェーファー『現代のドイツ作家』（A136）を参照した。

（8）SS隊員への人種的な選別は、第二次世界大戦での人的損害が大きくなるにつれてドイツ人だけでは足りなくなり、占領下にあったポーランド（「総督領」と呼ばれた）から「金髪碧眼」などアーリア人種のすぐれた特徴とされるものをそなえている少年や幼児を集めてドイツ人SS隊員に養成することまで行なわれるようになった。ナチに「さらわれて」SS隊員にされた一ポーランド人の記録、アロイズィ・トヴァルデツキ『ぼくはナチにさらわれた』（B26）が邦訳されている。

（9）レーニ・リーフェンシュタールの『民族の祭典』、『美の祭典』は、日本でもビデオが市販されている（B59、60）。『意志の勝利』はアメリカで英語字幕入りのものが出ているが（B55）、日本の一般ビデオ・ショップでは売っていない。

「遺伝病子孫防止法」による断種、および心身に障害を持つ人びとにたいするナチス国家の施策および実践についての邦訳文献としては、ベンノ・ミュラー＝ヒル『ホロコーストの科学――ナチの精神科医たち』（B47）、ヒュー・G・ギャラファー『ナチスドイツと障害者「安楽死」計画』（B12）がある。

（10）ナチス・ドイツの政治・社会・文化をテーマとする研究や概説書のほとんどすべてが映画について言及しているが、映画を中心テーマとした研究書および資料集もきわめて多数に上っている。比較的入手しやすいものを記せば以下のとおりである。

①岩崎昶『ヒトラーと映画』（B4）。
②瀬川裕司『ナチ娯楽映画の世界』（B24）。
③同『美の魔力――レーニ・リーフェンシュタールの真実』（B25）。
④サバイネ・ヘイク『第三帝国の大衆映画』（A57）。
⑤ボグスラフ・ドゥレヴニャク『ドイツ映画　一九三八―一九四五年』（A21）。
⑥ヨーゼフ・ヴルフ『第三帝国における演劇と映画――資料集』（A169）。

（11）当時の収入、生活経費については、グルンベルガー『第三帝国の社会史』（A56）、フォッケ／ライマー『ヒトラー政権下の日常生活』（A35）、シェーンボウム『ヒットラーの社会革命』（A138）などを参照。

（12）第三帝国の映画に関する統計的数値は、ドゥレヴニャク『ドイツ映画　一九三八―一九四五年』（A21）に拠っている。

(13) これらの映画の原題はつぎのとおりである。なお、②④⑤の末尾の（　）内の番号は、巻末の文献・資料リストの番号と対応している。また、この三作品はビデオ（ＶＨＳ）およびＤＶＤで販売されている（販売元は紀伊国屋書店）。

①『美と力への道——現代の身体文化を描く映画』（*Weg zu Kraft und Schönheit. Ein Film über moderne Körperkultur.*）。

②『聖山』（*Der heilige Berg.*）（Ｂ57）。

③『大いなる跳躍』（*Der große Sprung.*）。

④『ピッ・パリュの白い地獄』（『死の銀嶺』*Die weiße Hölle vom Piz Palü.*）（Ｂ56）。

⑤『モンブランの嵐』（*Stürme über dem Montblanc.*）（Ｂ61）。

⑥『白銀の乱舞』（*Der weiße Rausch. Neue Wunder des Schneeschuhs.*）。

⑦『ＳＯＳ氷山』（*SOS Eisberg.*）。

(14) リーフェンシュタール『青の光——ドロミーテ地方の山岳伝説』（Ｂ54）。この映画のビデオは、アメリカからの輸入品として入手することができる。

(15) ベーラ・バラージ『視覚的人間』（Ａ６）。

(16) バラージ『映画の精神』（Ａ５）。

(17) レーニ・リーフェンシュタール『回想　一九〇二―一九四五年』（Ａ122）による。

(18) リーフェンシュタール『低地』（Ｂ58）。この映画も、アメリカからの輸入版ビデオ（VHS）で観ることができる。なお、ここで言及したリーフェンシュタールの映画の原題はつぎのとおりである。①③⑤⑥の末尾の（　）内の番号は、巻末の文献・資料リストの番号と対応している。

①『青の光』（*Das blaue Licht. Eine Berglegende aus den Dolomiten.*）（Ｂ54）。

②『信念の勝利』（*Der Sieg des Glaubens.*）。

③『意志の勝利』（*Triumpf des Willens.*）（Ｂ55）。

④『自由の日！——われらの国防軍』（*Tag der Freiheit!——Unsere Wehrmacht.*）。
⑤『オリンピア』（*Olympia.* 第一部『民族の祭典』*Fest der Völker.* 第二部『美の祭典』*Fest der Schönheit.*）（B59、60）。
⑥『低地』（*Tiefland.*）（B58）。

（19）ファイト・ハーラン『ティルジットへの旅』（*Die Reise nach Tilsit*）のビデオその他は市販されていないが、東京ドイツ文化センターがフィルムを所蔵しており、また、上映企画にさいしての紹介冊子『鉤十字の支配下で——「第三帝国」の映画（ドイツ映画史7）』（B36）が同センターから一九八四年に刊行されたことがある。

（20）アルノルト・ファンク『新しき土』は、ビデオ版が紀伊国屋書店から発売されている。

（21）アルノルト・ブロンネン『父親殺し』（A18）。

（22）ゲッベルス『カイザーホーフから首相官邸へ』（A54）。「カイザーホーフ」とは、ミュンヒェンに本拠地を置くナチ党が、中央政府を掌握する陣容を固めるためにベルリンでの党首脳部の執務室を設置したホテルの名である。一九三三年一月三十日のヒトラーの首相就任によって、この執務室は首相官邸に移ることになったのだった。

（23）ブロンネン『アルノルト・ブロンネン、尋問調書を取られる』（A16）。

（24）クラウス・ヴィンカー『鉤十字の下のテレビジョン』（A160）。

（25）ボグスラフ・ドゥレヴニャク『ドイツ映画　一九三八—一九四五年』（A21）による。

（26）アルノルト・ブロンネンの生涯と作品については、池田浩士『ファシズムと文学』（註3）を参照されたい。

Ⅷ　自発性の文化表現としてのナチズム

（1）『ベルリーナー・ロカール‐アンツァイガー』（ベルリン地方報知新聞）一九三四年二月十八日号。引用は、ヨーゼフ・ヴルフ編『第三帝国における演劇と映画』（A169）に拠る。

（2）クルト・ハイニッケ『ノイローデ——ドイツ的労働の劇』この作品は、翌一九三四年七月に初演された同じ作者の『帝国への道』と併せて、ハイニッケ『帝国への道――二つのティングシュピール』（A61、62）として刊行された。

(3) ティングシュピールおよびティングプラッツについては、主として以下のものを参照した。エーゴン・メンツ「シュプレヒコールと分列行進――ティングシュピールの生成について」（A94）、ヘニング・アイヒベルク「国民社会主義のティングシュピール――ファシズムと労働者文化における大衆演劇」（A31）、ウーヴェ＝カルステン・ケテルゼン『英雄的な存在と民族主義的な死について――第三帝国の劇文学によせて』（A79）、同『英雄的演劇――第三帝国の演劇理論についての研究』（A78）。

(4) エーゴン・メンツは、「何らかの組織が形成され、「ティングシュピールという名称なり厳密な規範なりが定まる以前に、最初のいくつかの作品が出現した。一九三三年初夏のことである」と述べている。（「シュプレヒコールと分列行進」（A94））。

(5) ヘニング・アイヒベルク「国民社会主義のティングシュピール」（A31）によれば、メラーは戦後の一九六四年十月および六五年一月に手紙のなかでこの数字を挙げた。

(6) 引用は、ヨーゼフ・ヴルフ『第三帝国における演劇と映画』（A169）に拠る。

(7) リヒャルト・オイリンガー『ドイツ受難劇一九三三年』（A32）。

(8) アイヒベルク「国民社会主義のティングシュピール」（A31）。

(9) ハイニッケ『帝国への道』（A61）。なお、註2をも参照のこと。

(10) 引用はヴルフ編『第三帝国における演劇と映画』（A169）に拠る。

(11) メンツ「シュプレヒコールと分列行進」（A94）。

(12) 同前。

(13) ニーレンツ『労働の交響楽《シンフォニー》』（A104）。この劇の脚本は、鉄槌《ハンマー》を持つ工場労働者と大鎌を持つ農業労働者とが工場の煙突を背景にしてシュプレヒコールをしながら行進しているところを構成主義風に描いた布装の表紙で刊行された。

(14)　メラー『フランケンブルクの骰子の賭け』(A100)。
(15)　ブレンナー『国民社会主義の芸術政策』(A15)。
(16)　ピントゥス編『人類の薄明』(A112)。

あとがき

ヒトラーを総統《フューラー》とするナチズムの運動が、一九三三年にまず国家権力を掌握し、次いで翌年には運動内部の強力な反対勢力を抹殺したとき、ヒトラーは「国民革命」の終了を宣言して、「今後千年間ドイツには革命は起こらない」と豪語した。そのかれの権力は十二年余りしか続かなかった。かれの権力の崩壊後、すでに六十年近い年月が経過している。ナチズムの過去をあらためて想起するとき、時の経過の速さを思わずにはいられない。けれども、時の速さは、ナチズムの勝利から瓦解までの、そして瓦解から現在までの期間についてのみ、われわれの胸を打つのではない。それにもまして、一九二三年十一月のミュンヒェン一揆からわずか九年で政権を掌握したその速さが、われわれを暗澹たる思いにさせるのである。

ヒトラーが合法的にドイツ共和国の首相に就任したのは、人類史上もっとも民主主義的といわれた「ヴァイマル憲法」のもとでのことだった。その憲法は、ナチス・ドイツの崩壊にいたるまで、廃止されたわけではなかった。ただ、その憲法のもとで制定された「全権委任法」によって、「第三帝国」のあの十二年間が始まったのである。ドイツ革命から、「十一月の裏切り」から、そこに至るまでに、わずか十余年の年月が全速力で疾駆したのだった。――これは、しかし、遠い異国の遙かな昔のはなしではない。「平和憲法」と呼ばれるものを持ちながら、そのたった一条さえも変更しないまま、その憲法のもとで制定された仮りそめの法律によって、一気に戦争国家の時代へと突入してしまったわれわれの現実と、戦後民主主義から「国民革命」へのヒトラーの道は、まったく無縁ではなくなってしまったのだ。

本書の各章を蝸牛のような足取りで書き重ねながら、わたしは、自分のこの小さな作業が現実によって幾重にも追い抜かれていくのを、ほとんど恐怖をおぼえながら見ていなければならなかった。しかし、それはまた、「第三帝国」の社会と文化を、そして何よりも人間を、「虚構のナチズム」というモティーフに即して再考したいという当初からの意図を、繰り返し励ましてくれる時代の流れでもあった。本書のページのかなりの部分が、「第三帝国」の前史に属する人物たちや出来事のために費やされているのは、このことと関係している。このモティーフは、もっとも身近な生活の具体性が、どれほどまでに虚構に依拠して生きられているかという、ファシズムを考えるとき避けて通ることのできない問題と、密接に関わっている。ナチズムの勝利について見るなら、ヒトラーのナチ党は、ヴァイマル時代の全時期をつうじて、そしてそればかりか政権を掌握した直後の一九三三年三月の選挙においてさえも、一度として国政選挙で過半数の得票率を獲得したことはなかったのである。ナチズム崩壊後の戦後民主主義時代にもっぱら強圧的な恐怖政治の側面からのみ論じられた「第三帝国」が、一九七〇年代からのちにはその「明るい」側面、そこでの人びとの「生きがい」や「共同性」、「一体感」の実現という側面にも着目されるようになったのは、ナチズム研究を大きく進展させる重要な事実だった。けれども、この研究動向は、ともすれば、ナチズムは圧倒的な国民によって支持されていた、という一面的な見かたを誘発しかねなかった。なるほど、一九三六年から三八年にかけての「黄金時代」に多くの「国民」がヒトラーを支持し誇りとする気持ちを抱いたとしても、合法的な選挙で第一党となったナチ党は、最高でも四三・九パーセントの票しか獲得できなかったのである。有権者の過半数は、現在の日本でと同様に、ファシズムを拒否していたのだった。

問題はそこから始まる。ナチズムをも含むファシズムは、阻止されるべくして阻止されなかったのだ。これにはもちろん多くの理由と原因があるだろう。だが、それらのうちの少なからぬものは、たとえば経済的根拠や物理的な諸要因と客観的・具体的に関連していたのではない。ナチズムの運動が現実の力を持ちえたのは、それが人びとの夢や希望を、いわば土壌とし養分として生きたからである。それゆえにまた、ナチズムそのものが、ナチズムにもとづく政治・社会体制そのものが、大きな虚構でしかなかったのである。ナチズムにたいするボイコットや反対は、この虚構を撃つことができなかった。虚構は、現実以上に現実的な力を持っていた。そのデマゴギーを論理的に批判し非難することで、ナチズムの虚構を撃つことはできない。ナチズムをも含むファシズムにたいしては、その虚構を撃つことなしに、既成のどのような個別科学の武器をもって立ち向かっても、決定的な打撃を与えることはできないだろう。ナチズムとは別のイデオロギーを対置することが、別種のファシズムを生むことにしかつながらないのは、すでに歴史から明らかだろう。

本書は、ナチズムにたいしては何が無力かということを、まず明らかにしなければならない――という基本的な課題設定によって書かれている。解決ではなく、それを目指した模索が、本書の目的である。どのページの裏にも、どの文字や図版の背後にも、いまの現実にたいする思いがうずくまっているとはいえ、安直なアナロジーを排して過去の遠い事柄そのものに接近することを試みようとした。そこで生きて死んだ群像たち自身が語り始めることを、もっぱら念じた。急激な破滅への過程がすでに始まっているいま、わずか数年の尺度で歩みを速くしてみても無益だと考えるからだ。

本書の各章は、書き下ろしで書かれた。ただひとつ、第三部VIだけは、慶應義塾大学法学研究会の『教養論叢』第一一一号（二〇〇一年一月刊）、「深田甫先生退職記念特集号」に書かせていただいたものを基礎にしている。しかしそれも、ほとんど原型をとどめぬほど加筆修正をほどこした。全巻を統一的なものとして書いているが、もちろん、各章を独立のものとしてどの章から読んでいただいても何ら差し支えはない。

本書がこのようなかたちでできるまでには、人文書院の落合祥堯さんの大きなお力添えをいただいた。際限もなく完成が先送りされることに熱意と励ましによって歯止めをかけていただくことがなければ、本書は永久に日の目を見なかっただろう。落合さんのおかげで、超大国と追随国家によるテロル、とのたたかいという焦眉の課題に、小さな視座から立ち会うことがまだできる時期に本書が刊行される幸運を持つことになるのである。

二〇〇四年二月

池田浩士

人名索引

・註、文献・資料リストにのみ登場する人名は原則として省略した。
・それ以外にもスペースの関係で割愛したものが若干ある。
・本文との関連で必要と思われるものにのみ生歿年を付記した。

ア 行

アイスナー、クルト（Kurt Eisner） 91-94,96,97,124
アイヒベルク、ヘニング（Henning Eichberg） 338
アイヒマン、アードルフ（Adolf Eichmann） 192
アインシュタイン、アルベルト（Albert Einstein） 102
アーマン、マックス（Max Amann, 1891.11.24.～1957.3.30.） 79,80,100,111,215,216
アンカ→シュタールヘルム
イエス・キリスト（Jesus Christus） 104,107,168,169,181,194,335
イェッケル、エーバーハルト（Eberhard Jäckel） 109
イェーニッケ、エルナ（Erna Jaenicke） 135,136,141,160
イジドール（Isidor）→ヴァイス
イプセン、ヘンリク（Henrik Ibsen） 81,86
ヴァイス、ベルンハルト（Bernhard Weiß） 161
ヴァイツゼッカー、エルンスト・フォン（Ernst von Weizsäcker） 17-19
ヴァイツゼッカー、リヒャルト・フォン（Richard von Weizsäcker） 18
ヴァイネルト、エーリヒ（Erich Weinert） 153
ヴァーグナー、ローベルト（Robert Wagner） 345
ヴァッサーマン、ヤーコプ（Jakob Wassermann） 216
ヴァルトベルク、マックス・フォン（Max Freiherr von Waldberg） 182,191
ヴァルラフ、ギュンター（Günter Wallraff） 33
ヴィンカー、クラウス（Klaus Winker, 1963～） 308
ヴェーゲナー、パウル（Paul Wegener） 143
ヴェッセル、インゲボルク（インゲ）（Ingeborg/Inge Wessel） 74
ヴェッセル、ヴェルナー（Werner Wessel） 135
ヴェッセル、ホルスト（Horst Wessel, 1907.10.9.～1930.2.23.） 116,130-139,140-142,144,146,151-155,159-163,173,197,198,211,288,344
ヴェーナー、ヨーゼフ・マグヌス（Josef Magnus Wehner） 252
ヴェルフェル、フランツ（Franz Werfel）

216
ヴェンツェル少尉（Leutnant Wenzel） 247
ヴォルフハイム、フリッツ（Fritz Wolfheim） 50
ウンルー、フリッツ・フォン（Fritz von Unruh） 216
エーアハルト、ヘルマン（Hermann Ehrhart, 1881.11.29.～1971.9.27.） 125, 128, 133, 144, 150
エーヴェルス、ハンス・ハインツ（Hans Heinz Ewers, 1871.11.3.～1943.6.12.） 139-154
エッガース、クルト（Kurt Eggers, 1905.11.10.～1943.8.12.） 276-289
エッカルト、ディートリヒ（Dietrich Eckart, 1868.3.23.～1923.12.26.） 76-92, 94-100, 105-115, 118, 126, 127, 129, 130, 138, 150, 263, 266, 267, 347, 348
エッシェリヒ、ゲーオルク（Georg Escherich） 126, 150
エップ、フランツ・クサーファー・フォン（Franz Xaver Ritter von Epp, 1868.10.16.～1946.12.31.） 125, 126, 150, 254
エルゼ→ヤンケ
エルツベルガー、マティアス（Matthias Erzberger） 125, 150, 304
エルナ→イェーニッケ
エルンスト、パウル（Paul Ernst） 217
オイリンガー、リヒャルト（Richard Euringer, 1891.4.4.～1953.8.29.） 328, 330-335, 339, 341, 351
オットヴァルト、エルンスト（Ernst Ottwalt, 1901.11.13.～1943.8.24.） 117, 118, 125, 145
オッペンホフ、フランツ（Franz Oppenhoff） 247
オルガ→フェルスター

カ 行

カイザー、ゲオルク（Georg Kaiser） 216
カップ、ヴォルフガング（Wolfgang Kapp, 1858.7.24.～1922.7.12.） 90, 125, 289, 304
カメーニイ、アルフレート（Alfred Kaményi 筆名＝Durus） 117
カーメネフ、レフ（Lev Kamenew） 102
カール、グスタフ・フォン（Gustav von Kahr, 1862.11.29.～1934.6.30.） 76
ガンサー、ハンス（Hans Ganßer） 113
カント、イマヌエル（Immanuel Kant） 239
ギースラー、パウル（Paul Giesler, 1895.6.15.～1945.5.?） 249, 273, 274
ギースラー、ヘルマン（Hermann Giesler, 1898.8.2.～1987.1.20.） 249
キリスト→イエス
グライヒェン、ハインリヒ・フォン（Heinrich von Gleichen-Rußwurm） 72, 73
クラカウアー、ジークフリート（Siegfried Kracauer） 102
クリーク、エルンスト（Ernst Krieck, 1882.7.6.～1947.3.19.） 237, 240-242
グリーゼ、フリードリヒ（Friedrich Griese） 217
グリム、ハンス（Hans Grimm, 1875.3.22.～1959.12.16.） 40, 217, 252, 277
クリンチュ、ハンス-ウルリヒ（Hans-Urlich Klintsch） 128

クレンペラー、オットー（Otto Klemperer） 191,195
グロス、ジョージ（George Grosz） 62
クン、ベーラ（Bêla Kun） 98
グンドルフ、フリードリヒ（Friedrich Gundolf） 182,191,195
クンフィ、ジグモンド（Zsigmond Kunfi） 98,99
ゲオルゲ、シュテファン（Stefan George） 337
ゲオルゲ、マンフレート（Manfred George） 298,299
ゲッベルス、パウル・ヨーゼフ（Paul Joseph Goebbels, 1897.10.29.～1945.5.1.） 38,41,119-121,134,136,138,140,141,143,152,159-198,210,211,214,215,218-220,225,226,235,248,295,305,306,308,310,313,314,324,326,344,345
ゲーテ、J. W. v.（Johann Wolfgang von Goethe） 104,279
ケラーマン、ベルンハルト（Bernhard Kellermann） 216
ゲーリング、ヘルマン（Hermann Göring, 1893.1.12.～1946.10.15.） 38,41,150,211,223,224,226
ケルシュ、カール・ハインツ（Karl Heinz Kölsch） 175
ケルナー、ルートヴィヒ（Ludwig Körner） 216
ゲルリヒ博士（Dr. Gerlich） 105
小杉勇 302
ゴッホ、ヴィンセント・ヴァン（Vincent van Gogh） 169
コール、ヘルムート（Helmut Kohl） 16,17,19
コルヴィン、オットー（Otto Korvin） 98
コルベンハイヤー、エルヴィン・グイド（Erwin Guido Kolbenheyer） 40,217,277

サ 行

ザイサー、ハンス・フォン（Hans Ritter von Seißer） 76
サムエイ、ティボル（Tibor Szamuely） 98
ザローモン、エルンスト・フォン（Ernst von Salomon） 304
シェール、グスタフ・アードルフ（Gustav Adolf Scheel） 210
シェーンベルク、アルノルト（Arnold Schönberg） 225
ジノヴィエフ、グリゴリー（Grigorji Sinowjev） 102
シュヴァルツ、ハンス（Hans Schwarz） 72
シュタールヘルム、アンカ（Anka Stahlherm；ゲッベルスは Stalhelm と表記） 175,176,179,181-183,187,192,193,197,225
シュッツ、ヴィルヘルム・フォン（Wilhelm von Schütz） 182
シュテール、ヘルマン（Hermann Stehr, 1864.2.16.～1940.9.11.） 276-279,287
シュトライヒャー、ユーリウス（Julius Streicher） 254
シュトラウス、リヒャルト（Richard Strauss） 216
シュネーベルガー、ハンス（Hans Schneeberger） 295
シュペーア、アルベルト（Albert Speer） 218,249

シュラーゲター、アルベルト-レオ（Albert-Leo Schlageter, 1894.8.12.～1923.5.26.） 37,40,41,42-75,76,77,97,129,130,149,184
シュラム、ヒルデ（Hilde Schramm） 25-29,32
シュレッサー、ライナー（Reiner Schlösser） 216
シーラッハ、バルドゥーア・フォン（Baldur von Schirach, 1907.5.9.～1974.8.8.） 211
ズーダーマン、ヘルマン（Hermann Sudermann） 301
スターリン、イョージフ（Josif Stalin） 46
スピノザ、バルフ（Baruch de Spinoza） 109
ゼボッテンドルフ、ルードルフ・フォン（Rudolf von Sebottendorf） 89

タ 行

ツィーグラー、アードルフ（Adolf Ziegler, 1892.10.16.～1959.8.18.） 216,223,224,236
ツィーグラー、ハンス・ゼヴェールス（Hans Severus Ziegler, 1883.10.13.～1978.5.1.） 219,224-231,235-237,290
ツヴァイク、アルノルト（Arnold Zweig） 252
ツェーバーライン、ハンス（Hans Zöberlein, 1895.9.1.～1964.2.13.） 245,252-275,287
ツェルギーベル、カール（Karl Zörgiebel） 160
ディートリヒ、オットー（Otto Dietrich） 216
ドヴィンガー、エートヴィン・エーリヒ（Edwin Erich Dwinger） 252
ドゥレヴニャク、ボグスラフ（Bogusław Drewniak） 294
ドストエーフスキー、フョードル（Fjodor M. Dostojewski） 44,63-69,167,168
トラー、エルンスト（Ernst Toller） 93,97
ドレクスラー、アントン（Anton Drexler, 1884.6.13.～1942.2.24.） 89
ドレースラー-アンドレス、ホルスト（Horst Dreßler-Andress） 215,308,309
トロツキー、レオン（Leon Trotzki） 46,97,102

ナ 行

ナポレオン（Napoleon Bonaparte） 53,70,266
ニーレンツ、ハンス・ユルゲン（Hans Jürgen Nierenz） 346
ネチャーエフ、セルゲイ（Sergej Netjaew） 151

ハ 行

ハイドリヒ、ラインハルト（Reinhard Heydrich） 192
ハイニッケ、クルト（Kurt Heynicke, 1891.9.20.～1985.3.18） 315,319,324,338,341-343,344,349,351,353
ハイルマン、ハンス・ディーター（Hans Dieter Heilmann） 19
ハインリヒ六世（Heinrich VI.） 86-88
パウロ（Paulus） 106,107
パスカル、ブレーズ（Blaise Pascal）

109
ハダモフスキー、オイゲン（Eugen Hadamovsky） 308
バッケブーフ、ヘルベルト（Herbert Backebuch） 215
ハートフィールド、ジョーン（John Heartfield） 62
原節子 302
バラージ、ベーラ（Béla Balázs, 1884.8.4.〜1949.5.17.） 295-299
ハーラン、ファイト（Veit Harlan） 41, 301, 311
バル、ルーディ（Rudi Ball） 201
バルテルス、アードルフ（Adolf Bartels, 1862.11.15.〜1945.3.7.） 192, 225, 236
バルトーク、ベーラ（Béla Bartók） 296
ハルトマン、パウル（Paul Hartmann） 216
ピスカートル、エルヴィン（Erwin Piscator） 62, 102
ビスマルク、オットー・フォン（Otto Fürst von Bismarck） 110, 278, 279
ヒトラー、アードルフ（Adolf Hitler, 1889.4.20.〜1945.4.30.） 9, 11-13, 19, 20, 23, 29, 30, 32, 33, 37-39, 44, 45, 55, 56, 72, 75-79, 89, 90, 94, 105, 106, 109-113, 118, 122, 124, 126, 128, 130-132, 135, 139, 144, 146, 150, 153, 154, 158, 163, 177, 180, 184, 195-197, 200, 201, 213, 215, 218, 221, 222, 225, 226, 229, 231, 249-255, 261, 266, 270, 272, 274, 276, 283, 289, 291, 292, 298, 299, 306, 310, 311, 318, 337, 344, 345, 350
ヒムラー、ハインリヒ（Heinrich Himmler, 1900.10.7.〜1945.5.23.） 23, 39, 132, 211, 246, 247, 249, 255, 274
ヒンデンブルク、パウル・フォン（Paul von Hindenburg） 127
ピントゥス、クルト（Kurt Pinthus） 353
ファイト、コンラート（Conrad Veit, 1893.1.22.〜1943.4.3.） 143
ファンク、アルノルト（Arnold Fanck, 1880〜1974） 294, 295, 299, 301, 302
フィルビンガー、ハンス・カール（Hans Karl Filbinger） 19
フェーダー、ゴットフリート（Gottfried Feder, 1883.1.27.〜1941.9.24.） 89
フェヒター、パウル（Paul Fechter） 40
フェルスター、オルガ（Olga Förster） 308, 309
フェルディナント二世（Ferdinand II.） 348
ブーデ、ハインツ（Heinz Bude） 10
ブーバー、マルティン（Martin Buber） 108
フライ、ノルベルト（Norbert Frei） 11-13
プラーガー、ヴィルヘルム（Wilhelm Prager） 294
フランク、ハンス（Hans Frank, 1900.6.12.〜1946.10.16.） 89
フリスゲス、リヒャルト（Richard Flisges） 176, 178-180, 182, 184-190, 198
フリック、ヴィルヘルム（Wilhelm Frick, 1877.3.12.〜1946.10.16.） 132, 225, 226
フリッチュ、テーオドール（Theodor Fritsch） 98, 99, 101-103
フリードリヒ一世（赤髯王）（Friedrich I.） 86
プリュッツマン、ハンス（Hans Prützmann） 246

フルトヴェングラー、ヴィルヘルム（Wilhelm Furtwängler） 216
ブルンク、ハンス・フリードリヒ（Hans Friedrich Blunck, 1888.9.3.～1961.4.25.） 40,215,217-219,277
ブレヒト、ベルトルト（Bertolt Brecht） 129,152,296,304
フレンケル、ハインリヒ（Heinrich Fränkel） 165
フレンツ、ヴァルター（Walter Frentz） 131,138,139
ブレンナー、ヒルデガルト（Hildegart Brenner） 351
フロイト、ジグムント（Sigmund Freud） 143
ブロンネン、アルノルト（Arnolt Bronnen, 1895.8.19.～1959.10.12.） 303-313
ヘス、ルードルフ（Rudolf Heß, 1894.4.26.～1987.8.17.） 89
ベートマン-ホルヴェーク、モーリッツ・アウグスト・フォン（Moritz August von Bethmann-Hollweg） 88
ヘーニヒ、オイゲン（Eugen Hönig） 216
ヘーラー、アリ（Ali Höhler） 136,154
ヘルツ、トーマス（Thomas Herz） 17
ヘルベルト、ウルリヒ（Urlich Herbert） 8,9
ヘンドリクセン、ヘルベルト（Herbert Hendrichsen） 182
ポー、エドガー・アラン（Edgar Allan Poe） 142
ボイムラー、アルフレート（Alfred Baeumler） 236,237,241
ボグダーノフ、アレクサンドル（Alexandr Bogdanow） 102
ホフマン、E. T. A.（E. T. A. Hoffmann） 143
ポルシェ、フェルディナント（Ferdinand Porsche） 12
ボルマン、マルティン（Martin Bormann） 132

マ 行

マイヤー、ヘレーネ（Helene Mayer） 200
マルクス、カール（Karl Marx） 65-67,264
マン、トーマス（Thomas Mann） 216
マン、ハインリヒ（Heinrich Mann） 216
マンヴェル、ロージャ（Roger Manvell） 165
ミーゲル、アグネス（Agnes Miegel） 40,217,277
ミューザーム、エーリヒ（Erich Mühsam） 94,97
ミュンヒハウゼン、ベリエス・フォン（Berries Freiherr von Münchhausen） 217,277
ムンメ、ゲオルク（Georg Mumme） 181
メラー、エーバーハルト・ヴォルフガング（Eberhard Wolfgang Möller, 1906.1.6.～1972.1.1.） 328,347,350
メラー-ヴァン-デン-ブルック、アルトゥーア（Arthur Moeller van den Bruck, 1876.4.23.～1925.5.30.） 37,44,45,49-54,63-74,97
メンツ、エーゴン（Egon Menz） 344,345
モーゼ（Moses） 109

モルゲンシュテルン、クリスティアン（Christian Morgenstern） 86

ヤ 行

ヤンケ、エルゼ（エリーザベト）（Else/Elisabeth Janke, 1897.12.25〜?） 182-186, 190, 193-195, 197
ユダ、イスカリオテの（Judas Ischariot） 175, 181
ユンガー、エルンスト（Ernst Jünger） 252
ヨギヒェス、レオ（Leo Jogiches） 97
ヨースト、ハンス（Hanns Johst, 1890.7.8.〜1978.11.23.） 39-42, 55-57, 59, 61-63, 72, 215, 217, 224, 277
ヨーゼフ、ヨーゼフ（Josef Joseph） 192

ラ 行

ライ、ステラン（Stelan Ley） 143
ライヒ、アルベルト（Albert Reich） 83, 84, 257, 262, 263, 272
ラウビンガー、オットー（Otto Laubinger） 216, 342
ラウフェンベルク、ハインリヒ（Heinrich Laufenberg） 50
ラデック、カール（Karl Radek） 46-55, 63, 67, 68, 74, 97, 102
ラーテナウ、ヴァルター（Walther Rathenau） 78, 112, 125, 150, 277, 303
ラーベ、ペーター（Peter Raabe） 216
ランク、オットー（Otto Rank） 143, 145
ランダウアー、グスタフ（Gustav Landauer） 93, 97
リース、クルト（Curt Riess） 164
リチャード一世（Richard I.） 86
リッベントロプ、ヨアヒム・フォン（Joachim von Ribbentrop） 17, 18
リーフェンシュタール、レーニ（Leni Riefenstahl, 1902.8.22.〜2003.9.8.） 199-291, 294-301
リープクネヒト、カール（Karl Liebknecht） 97, 141, 154, 155, 260, 261
ルカーチ、ジェルジ（György Lukács） 99, 117, 296
ルクセンブルク、ローザ（Rosa Luxemburg） 97, 155, 261
ルスト、ベルンハルト（Bernhard Rust, 1883.9.30.〜1945.5.8.） 202-212, 217, 219, 225, 226, 234, 235, 237, 240, 241, 278
ルーデンドルフ、エーリヒ（Erich Ludendorff） 76, 196
ルンマー、ハンス（Hans Rummer） 245
レヴィネ、オイゲン（Eugen Leviné） 93, 97
レーヴェントゥロー、エルンスト・ツー（Ernst Graf zu Reventlow） 46, 47
レーガン、ロナルド（Ronald Reagan） 17
レーニン、ニコライ（Nikolai Lenin） 97, 109, 155
レマルク、エーリヒ・マリーア（Erich Maria Remarque） 252
レーム、エルンスト（Ernst Röhm） 124, 126, 131, 150, 246, 254, 344
レルシュ、ハインリヒ（Heinrich Lersch） 44, 72
レン、ルートヴィヒ（Ludwig Renn） 252
レーンス、ヘルマン（Hermann Löns） 246, 248
ロイト、ラルフ・ゲオルク（Ralf Georg Reuth） 192

ローゼ、アルノー（Arno Rose）　274
ローゼンベルク、アルフレート（Alfred Rosenberg, 1893.1.12.～1946.10.16.）
40,76,79-82,84,85,88,92,94,96,99-105,106,109,110,112,211,218,236,237,255
ロッソー，オットー・フォン（Otto Hermann von Lossow）　76
ロート、アルフレート（Alfred Roth）
96

文献・資料リスト

- 本書で引用、言及または参照した文献・資料に限定した。
- 配列は、A（欧文文献・資料）は著者名のアルファベット順、B（邦文文献・資料）は同じく五十音順とし、それぞれについて通し番号を付した。註で言及した書名等の末尾の番号（A 24、B 57、など）がこれと対応している。
- 新聞・雑誌・歌集などは、題名によって上記の配列にしたがっている。また、邦訳文献の著者名表記は当該訳書のままとした。
- Aに挙げる欧文文献・資料に邦訳（公刊されているもの）がある場合は、Bにそれを記載し、その番号を（→ B16）などのように示した。また、邦訳文献・資料の原典は（→ A93）などとして検索の便をはかった。
- 雑誌や複数の筆者による論集に収められた個別論文の場合は、その雑誌・論集を（→ A39）などによって示した。

A 欧文文献・資料

1. *Ämter, Abkürzungen, Aktionen des NS-Staates. Handbuch für die Benutzung von Qellen der nationalsozialistischen Zeit*. Herausgegeben vom Institut für Zeitgeschichte.（*Texte und Materialien zur Zeitgeschichte Band 5*）. München: K. G. Saur Verlag.
2. Andreas, Willy / Scholz, Wilhelm von (Hrsg.)*: Die Großen Deutschen. Neue Deutsche Biographie.*（*4 Bde*）. Berlin: Propyläen Verlag, 1936.
3. *Ästhetik und Kommunikation. Beiträge zur politischen Erziehung*. Heft 50, Jahrgang 13, Dezember 1982. Berlin: Ästhetik und Kommunikation e.V.
4. Baeumler, Alfred: *Politik und Erziehung. Reden und Aufsätze*. Berlin: Junker und Dünnhaupt Verlag, 1937.
5. Balázs Béla: *Der Geist des Films*. Halle (Saale): Verlag Wilhelm Knapp, 1930. （→ B31）
6. Balázs: *Der sichtbare Mensch. Eine Film-Dramaturgie.* Halle (Saale): Verlagsbuchhandlung Wilhelm Knapp. Zweite Auflage, o.J〔1924〕.(→ B32）

7. Bankier, David: *Die öffentliche Meinung in Hitler-Staat. Die "Endlösung" und die Deutschen. Eine Berichtigung*. Berlin: Berlin Verlag Arno Spitz GmbH., 1995.
8. Barbian, Jan-Pieter: *Literaturpolitik im 〈Dritten Reich〉. Institutionen, Kompetenzen, Betätigungsfelder*. Frankfurt am Main: Buchhandler-Vereinigung GmbH, 1993.
9. Barron, Stephanie: "*Degenerate Art" The Fate of the Avant-Garde in Nazi Germany*. New York: Harry N. Abrams, INC., Publishers, 1991.
10. Bartels, Adolf: *Einführung in das deutsche Schrifttum für deutsche Menschen. In 52 Briefen*. Leipzig: Koehler & Amelang, Zweite verbesserte Auflage, 1933.
11. Benz, Wolfgang / Graml, Hermann / Weiß, Hermann: *Enzyklopädie des Nationalsozialismus*. Stuttgart: Klett-Cotta, 1997.
12. Bessel, Richard (ed.): *Life in the Third Reich*. Oxford and New York: Oxford University Press, 1987. (→ B43)
13. Brecht, Bertolt: *Leben des Galilei*. In: Bertolt Brecht, *Gesammelte Werke 3*. Frankfurt am Main: Suhrkamp Verlag, 1967. (→ B42)
14. Brecht: *Schweyk im Zweiten Weltkrieg*. In: Bertolt Brecht, *Gesammelte Werke 5*. Frankfurt am Main: Suhrkamp Verlag, 1967.
15. Brenner, Hildegard: *Die Kunstpolitik des Nationalsozialismus. (rowohlt deutsche enzyklopädie Band 167/168)*. Reinbek bei Hamburg: Rowohlt Taschenbuch Verlag, 1968.
16. Bronnen, Arnolt: *Arnolt Bronnen gibt zu Protokoll. Beiträge zur Geschichte des modernen Schriftstellers*. Mit einem Nachwort von Hans Mayer. Kronberg/Ts.: Athenäum Verlag, 1978.
17. Bronnen: *O. S. Roman*. Berlin: Ernst Rowohlt Verlag, 1.-10. Tausend, 1929.
18. Bronnen: *Vatermord. Schauspiel*. Berlin: Ernst Rowohlt Verlag, 1925./3.-4. Auflage, 1925. / In: Arnolt Bronnen: *Stücke*. Nachwort von Hans Meyer. Kronberg/Ts.: Athenäum Verlag, 1977.
19. Bude, Heinz: *Bilanz der Nachfolge. Die Bundesrepublik und der Nationalsozialismus. (suhrkamp taschenbuch wissenschaft 1020)*. Frankfurt am Main: Suhrkamp Taschenbuch Verlag, 1992.
20. Denkler, Horst/Prümm, Karl (Hrsg.): *Die deutsche Literatur im Dritten*

Reich. Themen • Traditionen • Wirkungen. Stuttgart: Philip Reclam jun., 1976.

21. Drewniak, Bogusław: *Der deutsche Film 1938-1945. Ein Gesamtüberblick*. Düsseldorf: Droste Verlag GmbH, 1987.
22. Eckart, Dietrich: *Adolf Hitler*. In: Rosenberg (Hrsg.): *Dietrich Eckart*. (→ A129)
23. Eckart: *Aus Ungarns Schreckenstagen*. ibid. (→ A129)
24. Eckart: *Das Judentum in und außer uns*. ibid. (→ A129)
25. Eckart: *Widmung*. ibid. (→ A129)
26. Eckart: *Der Bolschewismus von Moses bis Lenin. Zwiegespräch zwischen Adolf Hitler und mir*. München: Verlag Franz Eher Nachf., 1923. / 2. Auflage: *Der Bolschewismus von Anfängen bis Lenin. Zwiegesprach zwischen Adolf Hitler und Dietrich Eckart*. München: Verlag Franz Eher Nachf., 1925.
27. Eckart: *Deutschland, erwache! (Sturm, Sturm, Sturm)* In: *Liederbuch der Nationalsozialistischen Deutschen Arbeiterpartei*. (→ A88)
28. Eggers, Kurt: *Das Spiel von Job dem Deutschen. Ein Mysterium*. Berlin: Volkschaft-Verlag für Buch, Bühne und Film GmbH., 1933.
29. Eggers: *Die kriegerische Revolution*. Berlin: Zentralverlag der NSDAP., Franz Eher Nachf. G.m.b.H., 1941. / 51.-100. Tausend, 1941.
30. Ehrlich, Lothar/John, Jürgen (Hrsg.): *Weimar 1930. Politik und Kultur im Vorfeld der NS-Diktatur*. Köln Weimar Wien: Böhlau Verlag. 1998.
31. Eichberg, Henning; *Das nationalsozialistische Thingspiel. Massentheater in Faschismus und Arbeiterkultur*. In: *Ästhetik und Kommunikation*. Heft 26, Dezember 1976.
32. Euringer, Richard: *Deutsche Passion 1933. Hörwerk in sechs Sätzen. (Stalling-Bücherei 〈Schriften an die Nation〉 Nr. 24)*. Oldenburg i. O./Berlin: Gerhard Stalling, 1933. / 17.-21. Tausend, 1933.
33. Ewers, Hans Heinz: *Horst Wessel. Ein deutsches Schicksal*. Stuttgart und Berlin : J. G. Cotta'sche Buchhandlung Nachfolger, 1932. (→ B10)
34. Ewers: *Reiter in deutscher Nacht*. Stuttgart und Berlin: J. G. Cotta'sche Buchhandlung Nachfolger, 〔2. Auflage〕, 2.-12. Tausend, 1932.
35. Focke, Harald/Reimer, Uwe: *Alltag unterm Hakenkreuz. Wie die Nazis das*

Leben der Deutschen veränderten. Reinbek bei Hamburg: Rowohlt Taschenbuch Verlag GmbH, 1979. (→ B41)

36. Frei, Norbert: *People's Community and War: Hitler's Popular Support*. In: Mommsen, H. (ed.): *The Third Reich between Vision and Reality*. (→ A101)
37. Frenz, Walther: *Horst Wessel. Ein deutsches Heldenschicksal*. In: *Unser Schiff*. Heft 19, 5. Juli 1933. (→ A147)
38. Fritsch, Theodor: *Handbuch der Judenfrage. Die wichtigsten Tatsachen zur Beurteilung des jüdischen Volkes*. Leipzig: Hammer-Verlag, 1930. / 49. Auflage (279. bis 330. Tausend), 1944.
39. Fröhlich, Elke (Hrsg.): *Die Tagebücher von Joseph Goebbels*. (→ A50, 51)
40. Ganzer, Karl Richard: *Das deutsche Führergesicht. 204 Bildnisse deutscher Kämpfer und Wegsucher aus zwei Jahrtausenden*. München/Berlin: J. F. Lehmanns Verlag, 1935. / Dritte, durchgesehene Auflage (23.-30. Tausend), 1939.
41. GEW Berlin (Hrsg.): *Wider das Vergessen. Antifaschistische Erziehung in der Schule. Erfahrungen, Projekte, Anregungen*. Frankfurt am Main: Fischer Taschenbuch Verlag, November 1981.
42. Gille, Hans (Hrsg.): *Das Neue Deutschland im Gedicht*. Eingeleitet und herausgegeben von Dr. Hans Gille. (*Deutsche Ausgaben Bd. 284*). Bielefeld und Leipzig: Velhagen und Klasing, 1936.
43. Glaser, Hermann: *Das Dritte Reich. Anspruch und Wirklichkeit*. Freiburg in Breisgau: Herder Bücherei, 1961. (→ B14)
44. Goebbels, Joseph: *Der Angriff. Aufsätze aus der Kampfzeit*. Zusammengestellt und eingeleitet von Hans Schwarz van Berk. München: Zentralverlag der NSDAP. Franz Eher Nachf., 1935.
45. Goebbels: *Der geistige Arbeiter im Schicksalskampf des Reiches. Rede vor der Heidelberger Universität am Freitag, dem 9. Juli 1943*. München: Zentralverlag der NSDAP., Franz Eher Nachf. G.m.b.H., o.J. [1943].
46. Goebbels: *Die Zeit ohne Beispiel. Reden und Aufsätze aus den Jahren 1939/40/41*. München: Zentralverlag der NSDAP. • Franz Eher Nachf., 1941.
47. Goebbels: *Kampf um Berlin*. München: Zentralverlag der NSDAP., Franz Eher Nachf., 1934. (→ B19)

48. Goebbels: *Michael. Ein deutsches Schicksal in Tagebuchblättern*. München; Verlag Frz. Eher Nachf., G.m.b.H., 1929. / 8. Auflage (32.-36. Tausend), München: Zentralverlag der NSDAP., Franz Eher Nachf., 1936. (→ B20)

49. Goebbels: *Das Tagebuch von Joseph Goebbels 1925/26, mit weiteren Dokumenten*. Herausgegeben von Helmut Heiber. Stuttgart: 1960. (→ B16)

50. Goebbels: *Die Tagebücher von Joseph Goebbels. Sämtliche Fragmente*. Herausgegeben von Elke Fröhlich. Teil I: *Aufzeichnungen 1924-1941*, in 4 Bänden und Interimsregister. München/New York/London/Paris: K. G. Saur Verlag, 1987.

51. Goebbels: *Die Tagebücher von Joseph Goebbels*. Teil I: *Aufzeichnungen 1923 bis 1941*. Herausgegeben von Elke Fröhlich. 9 Bände in 14 Tlbdn. München u.a.: K.G. Saur Verlag, 1997-2003. / Teil II: Diktate 1941-1945. Hrsg. Von E. Fröhlich. 15 Bände. München u.a. : K.G. Saur Verlag, 1993-1996.

52. Goebbels: *Tagebücher 1924-1945*. Herausgegeben von Ralf Georg Reyth, in 5 Bänden. München: R. Piper GmbH & Co. KG.

53. Goebbels: *Tagebücher. Aus den Jahren 1942-43*. Mit andern Dokumenten herausgegeben von Louis P. Lochner. Zürich: Atlantis Verlag, 1948.

54. Goebbels: *Vom Kaiserhof zur Reichskanzlei*. München: Zentralverlag der NSDAP., Franz Eher Nachf. G.m.b.H., 1934. (→ B17)

55. Goldbach, Marie-Luise : *Karl Radek und die deutsch-sowjetischen Beziehungen 1918-1923*. Bonn-Bad Goldesberg : Verlag Neue Gesellschaft, 1973.

56. Grunberger, Richard: *A Social History of the Third Reich*. Harmondsworth, Middlesex: Penguin Books Ltd., 1971. (→ B15)

57. Hake, Sabine: *Popular Cinema of the Third Reich*. Austin: University of Texas Press, 2001.

58. Heilmann, Hans Dieter: *Das Ansehen der Stadt ist langsam wieder in Wachsen begriffen*. In: *Ästhetik und Kommunikation*, Heft 50, Dezember 1982. (→ A3)

59. Herbert, Urlich: *Good times, bad times: Memories of the Third Reich*. In: Bessel, R. (ed.): *Life in the Third Reich*. (→ A12)

60. Herz, Thomas / Schwab-Trapp, Michael: *Umkämpfte Vergangenheit. Diskurse über den Nationalsozialismus seit 1945*. Opladen: Westdeutscher Ver-

lag, 1997.

61. Heynicke, Kurt: *Der Weg ins Reich.* Berlin: Volkschaft-Verlag für Buch, Bühne un Film GmbH., 1935.

62. Heynicke: *Neurode. Ein Spiel von deutschen Arbeit.* Berlin: Volkschaft-Verlag für Buch, Bühne un Film GmbH., 1935.

63. Hillesheim, Jürgen / Michael, Elisabeth: *Lexikon nationalsozialistischer Dichter. Biographien-Analysen-Bibliographien.* Würzburg: Verlag Königshausen & Neumann, 1993.

64. Hitler, Adolf: *Mein Kampf. (2 Bde). Erster Band: Eine Abrechnung.* 47. Auflage dieser Ausgabe (Gesamtauflage 4450000 Exemplare). / *Zweiter Band: Die nationalsozialistische Bewegung.* 44. Auflage. München: Zentralverlag der NSDAP., Frz. Eher nachf., 1939. (→ B33)

65. h.k.: *Dietrich Eckart. Geboren am 23. März 1868.* In: *Völkischer Beobachter* vom 23. März 1943.

66. Hofer, Walther (Hrsg.): *Der Nationalsozialismus. Dokumente 1933-1945.* Frankfurt am Main: Fischer Bücherei KG. (→ B45)

67. Hoffmann-Axthelm, Dieter(D. H.-A.): *Editorial. 50 Jahre '33, 50 Jahre heute.* In: *Ästhetik und Kommunikation*, Heft 50, Dezember 1982. (→ A3)

68. Horn, Walter: *Der geistige Soldat des Dritten Reiches.* In: Hanns Johst: *Meine Erde heißt Deutschland. Aus dem Leben und Schaffen des Dichters.* Berlin: Büchergilde Gutenberg, 1938.

69. Hotzel, Curt: *Hanns Johst. Der Weg des Dichters zum Volk.* Berlin: Frundsberg Verlag, 1933.

70. Jäckel, Eberhard: *Hitler, sämtliche Aufzeichnungen : 1905-1924.* Stuttgart: Deutsche Verlags-Anstalt, 1980.

71. Johst, Hanns: *Die fröhliche Stadt. Schauspiel.* München: Albert Langen/Georg Müller Verlag, 1925. (→ B50)

72. Johst: *Der junge Mensch. Ein ekstatisches Szenarium.* München: Delphin-Verlag. 1916. (→ B49)

73. Johst: *Maske und Gesicht. Reise eines Nationalsozialisten von Deutschland nach Deutschland.* München: Albert Langen/Georg Müller Verlag, 36. bis 40. Tausend, 1935.

74. Johst: *Ruf des Reiches — Echo des Volkes! Eine Ostfahrt*. München: Verlag Franz Eher Nachf., GmbH., 1940. / 5. Auflage (71.-90. Tausend), 1942.
75. Johst: *Schlageter. Schauspiel*. München: Albert Langen/Georg Müller Verlag, 1933. (→ B48)
76. Johst: *Standpunkt und Fortschritt.* (*Stalling-Bücherei* 〈*Schriften an die Nation*〉*58.*). Oldenburg i. O.: Gerhard Stalling, 1933.
77. Kater, Michael H.: *Different Drammers. Jazz in the Culture of Nazi Germany*. New York/Oxford: Oxford University Press, 1992.
78. Ketelsen, Uwe-Karsten: *Heroisches Theater. Untersuchungen zur Dramentheorie des Dritten Reichs*. Bonn: H. Bouvier u. Co. Verlag, 1968.
79. Ketelsen: *Von heroischem Sein und völkischem Tod. Zur Dramatik des Dritten Reiches*. Bonn: H. Bouvier u. Co. Verlag, 1970.
80. Klee, Ernst: *Das Personenlexikon zum Dritten Reich. Wer war was vor und nach 1945 ?* Frankfurt am Main: S. Fischer Verlag, 2003.
81. Krieck, Ernst: *Die Objektivität der Wissenschaft als Problem*. In: Rust/Krieck: *Das nationalsozialistische Deutschland und die Wissenschft*. (→ A134)
82. Kühnl, Reinhard: *Der deutsche Faschismus in Quellen und Dokumenten*. Köln: Pahl-Rugenstein Verlag, 1975. / 3. Aufl., 1978.
83. Lammel, Inge: *Das Arbeiterlied.* (*Reclams Universal-Bibliothek Bd. 84*). Leipzig: Verlag Philipp Reclam jun., 1970.
84. Langenbucher, Hellmut: *Nationalsozialistische Dichtung. Einführung und Übersicht*. Berlin: Junker und Dünnhaupt Verlag, 1935.
85. Langenbucher: *Volkhafte Dichtung der Zeit*. Berlin: Junker und Dünnhaupt Verlag, 1937. / 6., unveränderte Auflage, 21. bis 30. Tausend der Gesamtauflage, 1941.
86. Leggewie, Claus : *Von Schneider zu Schwerte. Das ungewöhnliche Leben eines Mannes, der aus der Geschichte lernen wollte*. München : Carl Hanser Verlag, 1998. (→ B63)
87. Levi, Erik: *Music in the Third Reich*. Houndmills, Basingstoke, Hampshire and London: The Macmillan Press LTD, 1994. (→ B52)
88. *Liederbuch der Nationalsozialistischen Deutschen Arbeiterpartei*. München: Verlag Franz Eher Nachf., 22. Auflage (476.-550. Tausend), 1933. / 33.

neubearbeitete Auflage (1001. bis 1050. Tausend), 1937.

89. Löns, Hermann: *Der Wehrwolf. Eine Bauernchronik*. In: Hermann Löns, *Sämtliche Werke (in 8 Bdn.). Achter Band*. Leipzig: Hesse & Becker Verlag, 1923.

90. Lundgreen, Peter (Hrsg.): *Wissenschaft im Dritten Reich. (edition suhrkamp 1306)*. Frankfurt am Main: Suhrkamp Verlag, 1985.

91. Mammach, Klaus: *Widerstand 1939-1945. Geschichte der deutschen antifaschistischen Widerstandsbewegung im Inland und in der Emigration*. Berlin: Akademie-Verlag, 1987.

92. Manfrass, Klaus: *Türken in der Bundesrepublik • Nordafrikaner in Frankreich. Ausländerproblematik im deutsch-französischen Vergleich*. Bonn/ Berlin: Bouvier Verlag, 1991.

93. Manvell, Roger/Fraenkel, Heinrich: *Doctor Goebbels. His Life and Death*. London: Heinemann, 1960. (→ B46)

94. Menz, Egon: *Sprechchor und Aufmarsch. Zur Entstehung des Thingspiels*. In: Denkler/Prümm (Hrsg.): *Die deutsche Literatur im Dritten Reich*. (→ A20)

95. Moeller van den Bruck: *Das Dritte Reich*. Berlin: Ring-Verlag, 1923.

96. Moeller van den Bruck: *Das Dritte Reich*. Dritte Auflage: Bearbeitet von Hans Schwarz. Hamburg: Hanseatische Verlagsanstalt, 31. bis 35. Tausend, 1931.

97. Moeller van den Bruck: *Das Recht der jungen Völker. Sammlung politischer Aufsätze* herausgegeben von Hans Schwarz. Berlin: Verlag Der Nahe Osten, 1932.

98. Moeller van den Bruck: *Der politische Mensch*. Herausgegeben von Hans Schwarz. Breslau: Verlag Wilh. Gottl. Korn, 1933.

99. Moeller van den Bruck: *Dostojewski der Politiker*. In: *Das Recht der jungen Völker*. (→ A97)

100. Möller, Eberhard Wolfgang: *Das Frankenburger Würfelspiel*. Berlin: Theaterverlag Albert Langen/Georg Müller, 1936.

101. Mommsen, Hans (ed.): *The Third Reich between Vision and Reality. New Perspective on German History 1918-1945. (German Historical Perspectives, XII)*. Oxford and New York: Berg, 2001.

102. Mosse, George L.: *Der nationalsozialistische Alltag. So lebte man unter Hitler*. Königstein/Ts.: Athenäum Verlag, 1978.

103. Mytze, Andreas W. : *Ottwalt. Leben und Werk des vergessenen revolutionären deutschen Schriftstellers. Im Anhang bisher unveröffentlichte Dokumente*. Berlin: Verlag europäische ideen, 1977.

104. Nierenz, Hans Jürgen: *Symphonie der Arbeit*. Berlin: Theaterverlag Albert Langen/Georg Müller, o.J. 〔1933〕

105. Oehlke, Waldemar: *Deutsche Literatur der Gegenwart*. Berlin: Deutsche Bibliothek Verlagsgesellschaft m.b.H., 1942.

106. Ottwalt, Ernst: *Denn sie wissen, was sie tun. Ein deutscher Justiz-Roman*. Berlin: Malik-Verlag, 1931. / 2. Auflage (7.-10. Tausend), April 1932.

107. Ottwalt: *Deutschland erwache! Geschichte des Nationalsozialismus*. Wien/ Leipzig: Hess & Co., 1932. / Reprint = Berlin: Verlag europäische ideen, 1975; 3. Auflage, 1978.

108. Ottwalt: *Ruhe und Ordnung. Roman aus dem Leben der nationalgesinnten Jugend*. Berlin: Malik-Verlag, 1929.

109. Ottwalt: *Schriften*. Herausgegeben von Andreas W. Mytze. Berlin: Verlag europäische ideen, 1976.

110. Overesch, Manfred: *Chronik deutscher Zeitgeschichte*. Bd. 1: *Die Weimarer Republik*. Düsseldorf: Droste Verlag, 1982. / Bd. 2/I : *Das Dritte Reich 1933-1939*. Droste, 1982./Bd. 2/II : *Das Dritte Reich 1939-1945*. Droste, 1983.

111. Peters, Ludwig: *Volkslexikon Drittes Reich. Die Jahre 1933-1945 in Wort und Bild*. Tübingen: Grabert-Verlag, Zweite, überarbeitete Auflage, 1994.

112. Pinthus, Kurt (Hrsg.): *Menschheitsdämmerung. Symphonie jüngster Dichtung*. Berlin: Ernst Rowohlt Verlag, 1920. / *Menschheitsdämmerung. Ein Dokument des Expressionismus*. Reinbek bei Hamburg: Rowohlt taschenbuch Verlag, 1958.

113. Radek, Karl: *Der Weg ins Nichts*. In: *Internationale Presse-Korrespondenz*, Nr. 105 vom 25. Juni 1923.

114. Radek, K.: *In den Reihen der deutschen Revolution 1909-1919*. München: Kurt Wollf Verlag, 1921.

115. Radek, K.: *Der Weg der Kommunistischen Internationale. Referat über die*

Taktik der Kommunistischen Internationale, gehalten auf dem III. Weltkongreß, Moskau, Juli 1921. (*Bibliothek der Kommunistischen Internationale 18*). Hamburg: Verlag der Kommunistischen Internationale, Carl Hoym Nachf. Louis Cohnbley, 1921.

116. Rank, Otto: *Der Doppelgänger. Psychoanalytische Studie.* Leipzig/Wien/Zürich: Internationaler Psychoanalytischer Verlag, 1925. (→ B51)
117. Reichel, Peter: *Der schöne Schein des Dritten Reiches. Faszination und Gewalt des Faschismus.* München: Carl Hanser Verlag, 1991.
118. Reyth, Ralf Georg: *Die Tagebücher des Joseph Goebbels und ihre Überlieferungsgeschichte. Einführung.* In: Joseph Goebbels, *Tagebücher 1924-1945. Band 1.* (→ A52)
119. Reyth: *Glaube und Judenhaß als Konstanten im Leben des Joseph Goebbels. Einführung.* In: Joseph Goebbels, *Tagebücher 1924-1945. Band 1.* (→ A52)
120. Reyth: *Goebbels. Eine Biographie.* München/Zürich: R. Piper GmbH & Co. KG, 1991.
121. Reyth (Hrsg.): Joseph Goebbeks, *Tagebücher.* (→ A52)
122. Riefenstahl, Leni: *Memoiren 1902-1945.* (*Zeitgeschichte. Ullstein Buch Nr. 33114*) Frankfurt/M-Berlin: Verlag Ullstein GmbH, Februar 1990. (→ B62)
123. Riefenstahl: *Memoiren 1945-1987.* (*Ullstein Biographi. Ullstein Buch Nr. 34998*). Frankfurt/M-Berlin: Verlag Ullstein GmbH, Juni 1992. (→ B62)
124. Riess, Curt: *Joseph Goebbels. Eine Biographie.* Baden-Baden: Verlagsbuchhandlung, 1950. (→ B53)
125. Rose, Arno: *Werwolf 1944-1945. Eine Dokumentation.* Stuttgart: Motorbuch Verlag, 1980.
126. Rosenberg, Alfred: *Blut und Ehre. Ein Kampf für deutsche Wiedergeburt. Reden und Aufsätze von 1919-1933.* Herausgegeben von Thilo von Trotha. München: Zentralverlag der NSDAP., Franz Eher Nachf., 1934. / 18. Auflage (111.-115. Tausend), 1938. (→ B63)
127. Rosenberg: *Der Mythus des 20. Jahrhunderts. Eine Wertung der seelisch-geistigen Gestaltenkämpfe unserer Zeit.* München: Hoheneichen-Verlag, 1930. / 103.-104. Auflage (Gesamtauflage 523000 Exemplare), 1036. (→ B64)
128. Rosenberg: *Dietrich Eckart. Ein deutsches Leben.* In: Rosenberg (Hrsg.):

Dietrich Eckart. Ein Vermächtnis. (→ A129)

129. Rosenberg, Alfred (Hrsg.): *Dietrich Eckart. Ein Vermächtnis*. Herausgegeben und eingeleitet von Alfred Rosenberg. München: Verlag Frz. Eher Nachf., 1928.

130. Rosenberg: *Dr. Gerlich gegen Dietrich Eckart*. In: *Völkischer Beobachter*, 31. März 1921. / Rosenberg: *Kampf um die Macht*. (→ A132)

131. Rosenberg: *Jüdische Zeitfragen*. In: *Auf gut Deutsch*. 23. Oktober 1919./ Rosenberg: *Blut und Ehre*. (→ A126)

132. Rosenberg: *Kampf um die Macht. Aufsätze von 1921-1932*. Herausgegeben von Thilo von Trotha. München: Zentralverlag der NSDAP., Franz Eher Nachf., 1937. / 3. Auflage (31.-40. Tausend), 1938.

133. Roth, Alfred: *Das nationalsozialistische Massenlied. Untersuchungen zur Genese, Ideologie und Funktion. (Epistemata: Würzburger Wissenschaftliche Schriften; Reihe Literaturwissenschaft, Bd. 112)*. Würzburg: Königshausen und Neumann, 1993.

134. Rust, Bernhard/Krieck, Ernst: *Das nationalsozialistische Deutschland und die Wissenschaft. Heidelberger Reden von Reichsminister Rust und Professor Ernst Krieck. (Schriften des Reichsinstituts für Geschichte des neuen Deutschlands)*. Hamburg: Hanseatische Verlagsanstalt, 1936.

135. Rust, Bernhard: *Nationalsozialismus und Wissenschaft. Rede des Reichsministers Rust beim Festakt in Heidelberg*. In: Rust/Krieck: *Das nationalsozialistische Deutschland und die Wissenschaft*. (→ A134)

136. Schäfer, Hermann: *Deutsche Dichter der Gegenwart. Ihr Leben und ihre Werke*. Tokyo: Verlag Tokyo Kaiseikan, Dezember 1944. (→ B22)

137. Schmitz-Berning, Cornelia: *Vokabular des Nationalsozialismus*. Berlin • New York: de Gruyter, 2000.

138. Schoenbaum, David: *Hitler's Social Revolution. Class and Status in Nazi Germany 1933-1939*. London: Weidenfeld and Nicolson, 1967. (→ B23)

139. Schramm, Hilde: *Faschismus als Unterrichtsthema: Anregungen und Schwierigkeiten. Auswertungen von Interviews mit Lehrerinnen und Lehrern*. In: GEW Berlin: *Wider das Vergessen*. (→ A41)

140. Stehr, Hermann: *Auf Leben und Tod. Zwei Erzählingen*. Berlin: S. Fischer

Verlag. / In: Hermann Stehr: *Gesammelte Werke in neun Bänden. Festausgabe zum sechzigsten Geburtstage des Dichters am 16. Februar 1924. Band 1.* Trier: Friedr. Linz Verlag, 1924. / *Auf Leben und Tod. Erzählungen.* Hermann Stehr: *Gesammelte Werke. Erster Band.* Berlin: Horen-Verlag, 1927.

141. Stehr: *Der Heiligenhof. Roman.* In zwei Bänden. Berlin: S. Fischer Verlag, 1918. / In: Hermann Stehr: *Gesammelte Werke in neun Bdn. Festausgabe. Band 6 und 7.* Trier: Friedr. Linz Verlag, 1924. / *Der Heiligenhof.* (In einem Band). 373.-345. Tausend der Gesamtaiflage. München: Paul List Verlag, 1952.

142. Stehr: *Drei Nächte. Roman.* Berlin: S. Fischer Verlag, 1909./In: Hermann Stehr: *Gesammelte Werke in neun Bdn. Festausgabe. Band 5.* Trier: Friedr. Linz Verlag, 1924. / 12. bis 14. Tausend. Berlin: Horen-Verlag, 1928. / *Drei Nächte.* 118.-122. Tausend. München Leipzig Freiburg I. BR.: Paul List Verlag, 1949.

143. Stehr, Hermann / Rathenau, Walther: *Zwiesprache über den Zeiten. Geschichte einer Freundschaft in Briefen und Dokumenten.* Herausgegeben von Ursula Meridies-Stehr. München: Paul List Verlag, 1946.

144. Steinbach, Peter / Tuchel, Johannes (Hrsg.): *Widerstand gegen Nationalsozialismus.* Berlin: Akademie Verlag, 1994.

145. Strothmann, Dietrich: *Nationalsozialistische Literaturpolitik. Ein Beitrag zur Publizistik im Dritten Reich.(Abhandlungen zur Kunst-, Musik- und Literaturwissenschaft, Bd. 13).* Bonn: Bouvier Verlag Herbert Gbrundmann, 1985.

146. Trees, Wolfgang / Whiting, Charles: *Unternehmen Karneval. Der Werwolf-Mord an Aachens Oberbürgermeister Oppenhoff.* Aachen: Triangel Verlag, September 1982.

147. *Unser Schiff.* Heft 19, *Sonder-Nummer: SA und SS*, 5. Juli 1933. Stuttgart: Franckh'sche Verlagshandlung.

148. Wallraff, Günter: *Ganz unten.* Köln: Verlag Kiepenheuer & Witsch, 1985. (→ B7)

149. Weinert, Erich: *Die Fahne hoch!* In: Inge Lammel: *Das Arbeiterlied.* (→ A83)

150. Weiß, Hermann: *Werwolf.* In. Benz/Graml/Weiß: *Enzyklopädie des Nationalsozialismus.* (→ A11)

151. Weizsäcker, Richard von: *40. Jahrestag der Beendigung des Zweiten Weltkrieges*. In: *Bulltetin des Presse-und Informationsamtes der Bundesregierung*, Nr.52 vom 9. Mai 1985. (→ B5)

152. Weizsäcker: *Deutscher Bundestag, 8. Mai 1985. 40. Jahrestag der deutschen Kapitulation*. (Tonband) Ennepetal: Telliton GmbH, o.J.

153. *Werwolf. Winke für Jagdeinheiten*. Erlen: KABINET Verlag, 1986. / 6. Auflage, 1998.

154. Wessel, Horst: *Die Fahne hoch!* In: *Liederbuch der Nationalsozialistischen Deutschen Arbeiterpartei*. (→ A88)

155. Wessel, Horst (?): *Kam'raden, laßt erschallen!* ibid. (→ A88)

156. Wessel, Ingeborg: *Mein Bruder Horst. Ein Vermächtnis*. München: Zentralverlag der NSDAP., Franz Eher Nachf., 1936.

157. Wessel, Inge (Hrsg.): *Das neue Buch für Mädels*. Stuttgart: Loewes Verlag Ferdinand Carl, 3. Auflage, o.J.

158. Wessel, Inge (Hrsg.): *Neuer Geist—neue Zeit. Das deutsche Jugendbuch*. Jahrgang 1937. München: Verlag Franz Eher Nachf., 1937.

159. Wessels, Wolfram: *Hörspiele im Dritten Reich. Zur Institutionen-, Theorie- und Literaturgeschichte. (Abhandlungen zur Kunst Musik und Literaturwissenschft, Band 366)*. Bonn: Bouvier Verlag Herbert Grundmann, 1985.

160. Winker, Klaus: *Fernsehen unterm Hakenkreuz. Organisation • Programm • Personal. (Medien in Geschichte und Gegenwart, Band 1)*. Köln; Weimar; Wien: Böhlau Verlag GmbH, 1994.

161. Wistrich, Robert S.: *Who's Who in Nazi Germany*. London and New York: Routledge, 1995.

162. Wistrich: *Wer war wer im Dritten Reich. Anhänger, Mitläufer, Gegner aus Politik, Wirtschaft, Militär, Kunst und Wissenschaft*. Aus dem Englischen übersetzt von Dr. Joachim Rehork. München: Harnack Verlag, 1983.

163. Wolfrum, Edgar: *Widerstand in den letzten Kriegsmonaten*. In: Steinbach/ Tuchel (Hrsg.): *Widerstand gegen den Nationalsozialismus*. (→ A144)

164. Wolter, Heike: *"Volk ohne Raum"—Lebensraumvorstellungen im geopolitischen, literarischen und politischen Diskurs der Weimarer Republik. Eine Untersuchung auf der Basis von Fallstudien zu Leben und Werk Karl*

Haushofers, Hans Grimms und Adolf Hitlers. Münster-Hamburg-London: LIT Verlag, 2003.

165. Wulf, Joseph: *Die bildenden Künste im Dritten Reich. Eine Dokumentation.* (*Ullstein Buch Nr. 33030*). Frankfurt am Main-Berlin-Wien: Verlag Ullstein GmbH., Mai 1983.
166. Wulf: *Literatur und Dichtung im Dritten Reich. Eine Dokumentation.* (*rororo Taschenbuch Ausgabe*). Hamburg: Rowohlt Verlag. Februar 1966.
167. Wulf: *Musik im Dritten Reich. Eine Dokumentation.* (*Ullstein Buch Nr. 33032*). Frankfurt am Main-Berlin-Wien: Verlag Ullstein GmbH., Mai 1983.
168. Wulf: *Presse und Funk im Dritten Reich. Eine Dokumentation.* (*Ullstein Buch Nr. 33029*). Frankfurt am Main-Berlin-Wien: Verlag Ullstein GmbH., April 1983.
169. Wulf: *Theater und Film im Dritten Reich. Eine Dokumentation.* (*Ullstein Buch Nr. 33031*). Frankfurt am Main-Berlin-Wien: Verlag Ullstein GmbH., Mai 1983.
170. Zentner, Christian: *Illustrierte Geschichte des Dritten Reiches*. München: Südwest Verlag, 1983.
171. Zentner, Christian / Bedürftig, Friedemann (Hrsg.): *Das grose Lexikon des Dritten Reiches*. München: Südwest Verlag, 1985; Genehmigte Lizenzausgabe für Weltbild Verlag, Augsburg, 1993.
172. Ziegler, Hans Severus: *Praktische Kulturarbeit im Dritten Reich. Anregungen und Richtlinien für die künftige Volkserziehung.* (*Nationalsozialistische Bibliothek, Heft 22*). München: Zentralverlag der NSDAP., Frz. Eher Nachf., Dritte verbesserte Auflage (9.-13. Tausend), 1934.
173. Zöberlein, Hans: *Der Befehl des Gewissens. Ein Roman von den Wirren der Nachkriegszeit und der ersten Erhebung*. München: Zentralverlag der NSDAP., Franz Eher Nachf., 1937. / 4. Auflage (71.-90. Tausend), 1937.
174. Zöberlein: *Der Druckposten. Eine Frontgeschichte aus dem Jahre 1917.* (*Soldaten—Kameraden! Band 1*). München: Zentralverlag der NSDAP., Franz Eher Nachf., 1940.
175. Zöberlein: *Der Glaube an Deutschland. Ein Kriegserleben von Verdun bis zum Umsturz*. München: Zentralverlag der NSDAP., Frz. Eher Nachf., 1931.

/ 26. Auflage (276.-300. Tausend), 1938.

176. Zöberlein: *Der Schrapnellbaum. Vom Stellungskrieg an der Somme.* (*Soldaten—Kameraden! Band 9/10*). München: Zentralverlag der NSDAP., Franz Eher Nachf., 1940. / 8.Auflage (151.-200. Tausend), 1943.

B　邦文文献・資料

1. 『朝日年鑑』昭和18年版。朝日新聞社、1942年10月。
2. 阿部良男『ヒトラー全記録　20645日の軌跡』。柏書房、2001年5月。
3. 池田浩士（編訳）『表現主義論争』。れんが書房新社、1988年2月。
4. 岩崎昶『ヒトラーと映画』。(朝日選書39)、朝日新聞社、1975年6月。
5. ヴァイツゼッカー、リヒャルト・フォン『荒れ野の40年——ヴァイツゼッカー大統領演説』。永井清彦訳（岩波ブックレット No.55)、岩波書店、1986年2月。(→ A151, 152)
6. ヴァイツゼッカー『過去の克服・二つの戦後』。山本務訳（NHKブックス705)、日本放送出版協会、1994年8月。
7. ヴァルラフ、ギュンター『最底辺』。マサコ・シェーンエック訳、岩波書店、1987年6月。(→ A148)
8. エーヴェルス、ハンス・ハインツ『プラークの大学生』。ビデオ・フィルム版(VHS)＝IVCV-3070S。
9. エーヴェルス（筆名＝ドクトル・ラングハインリヒ-アントス）『プラークの大学生』。小説版＝前川道介訳（創元推理文庫)、東京創元社、1985年9月。
10. エーヴェルス『ホルスト・ヴェッセル——あるドイツ的運命』。池田浩士編訳「ドイツ・ナチズム文学集成」第1巻『ドイツの運命』所収、柏書房、2001年9月。(→ A33)
11. カミングス、A（編）『革命の肖像画——カール・ラデック評論集　1918-1934』。大中弥生子訳、三一書房、1982年1月。
12. ギャラファー、ヒュー・G・『ナチスドイツと障害者「安楽死」計画』。長瀬修訳、現代書館、1996年8月。
13. 栗原幸夫／安宇植／池田浩士／海原峻／江川卓／竹内実／水野忠夫編『資料・世界プロレタリア文学運動』全6巻、三一書房、1972年9月—1974年12月。
14. グラーザー、ヘルマン『ヒトラーとナチス——〈第三帝国〉の思想と行動』。関楠生訳（現代教養文庫)、社会思想社、1963年4月。(→ A43)
15. グルンベルガー、リチャード『第三帝国の社会史』。池内光久訳、彩流社、2000

年１月。（→ A56）
16. ゲッベルス、パウル・ヨゼフ『ゲッベルスの日記　第三帝国の演出者』。西城信訳、番町書房、1974年７月。（→ A49）
17. ゲッベルス『勝利の日記』。佐々木能理男訳、第一書房、1941年10月。（→ A54）
18. ゲッベルス『大崩壊——ゲッベルス最後の日記』。桃井真訳、講談社、1984年10月。
19. ゲッベルス『伯林奪取』。下村昌夫訳、永田書店、1940年10月。（→ A47）
20. ゲッベルス『ミヒャエル——日記が語るあるドイツ的運命』。池田浩士編訳「ドイツ・ナチズム文学集成」第１巻『ドイツの運命』所収、柏書房、2001年９月。（→ A48）
21. 齋藤秀夫『ナチス・ドイツの文化統制』。日本評論社、1941年６月。
22. シェーファー、ヘルマン『現代のドイツ文学（作家と作品）』。稲木勝彦訳、東京開成館、1944年３月。（→ A136）
23. シェーンボウム、デイヴィド『ヒトラーの社会革命——ナチ・ドイツにおける階級と地位』。大島通義／大島かおり訳、而立書房、1978年５月。（→ A138）
24. 瀬川裕司『ナチ娯楽映画の世界』。平凡社、2000年７月。
25. 瀬川『美の魔力——レーニ・リーフェンシュタールの真実』。現代書館、2001年８月。
26. トヴァルデツキ、アロイズィ『ぼくはナチにさらわれた』。足達和子訳、共同通信社、1991年８月。
27. 新関良三『ナチス独逸の演劇』。弘文堂書房、1940年６月。
28. 西牟田祐二『ナチズムと自動車工業』（京都大学経済学叢書５）、有斐閣、1999年10月。
29. 野村修『バイエルン革命と文学』。（白水叢書52）、白水社、1981年２月。
30. ハーバーマス／ノルテ他『過ぎ去ろうとしない過去——ナチズムとドイツ歴史家論争』。徳永恂他訳、人文書院、1995年６月。
31. バラージュ、ベラ〔バラージ、ベーラ〕『映画の精神』。佐々木基一／高村宏訳、創樹社、1984年２月。（→ A5）
32. バラージュ〔バラージ〕『視覚的人間——映画のフォラマツルギー』。佐々木基一／高村宏訳（創樹選書）、創樹社、1975年11月。／新装版＝1983年６月。／岩波文庫版＝岩波書店、1986年12月。（→ A6）

33. ヒトラー、アドルフ『完訳　わが闘争』。上下。平野一郎／将積茂訳（角川文庫）、角川書店、1973年10月。（→ A64）
34. ボラージュ、ベエロ〔バラージ、ベーラ〕『映画美学と映画社会学』〔『映画の精神』の全訳〕。佐々木能理男訳（映画科学研究叢書第15編）、往来社、1932年5月。（→ A5）
35. 平井正『レニ・リーフェンシュタール――20世紀映像論のために』。晶文社、1999年9月。
36. 平井正（編）『鉤十字の支配下で――「第三帝国」の映画』。（ドイツ映画史7）、東京ドイツ文化センター、1984年。
37. 平井（編）『戦争のしるしの下に』。（ドイツ映画史　8）、東京ドイツ文化センター、1984年。
38. ファンク、アルノルト『新しき土』（106分）。ビデオ・フィルム版（VHS/DVD）＝IVKP-13。
39. 深尾重光〔重正〕『ナチスの科学政策』。（ナチス叢書）、アルス、1941年3月。
40. 深尾重正『ナチスの放送戦争』。（ナチス叢書）、アルス、1941年7月。
41. フォッケ、H.／ライマー、U.『ヒトラー政権下の日常生活――ナチスは市民をどう変えたか』。山本尤／鈴木直訳（そしおぶつくす）、社会思想社、1984年9月。（→ A35）
42. ブレヒト、ベルトルト『ガリレイの生涯』。岩淵達治訳（岩波文庫）、岩波書店、1979年11月。（→ A13）
43. ベッセル、リチャード（編）『ナチ統治下の民衆』。柴田敬二訳（人間科学叢書16）、刀水書房、1990年6月。（→ A12）
44. ヘルテリッヒ、フリッツ『ナチス独逸の演劇統制』。河合信雄訳、興亜書局、1942年11月。
45. ホーファー、ワルター『ナチス・ドキュメント　1933-1945年――13階段への道』。救仁郷繁訳（論争叢書4）、論争社、1960年3月。（→ A66）
46. マンヴェル、ロージャー／フレンケル、ハインリヒ『第三帝国と宣伝――ゲッベルスの生涯』。樽井近義／佐原進訳、東京創元新社、1962年12月。（→ A93）
47. ミュラー-ヒル、ベンノ『ホロコーストの科学――ナチの精神科医たち』。南光進一郎監訳、岩波書店、1993年8月。
48. ヨースト、ハンス『愛国者シュラーゲター』。青木重孝訳、二學書房、1942年7月。（→ A75）

49. ヨースト『若き人』。伊藤武雄訳（世界戯曲全集第18巻、独墺篇８）、近代社世界戯曲全集刊行部、1927年10月。（→ A72）

50. ヨースト『楽しみの邑《まち》』。小宮豊隆／奥津彦重訳（近代劇全集第10巻、独逸篇10）、第一書房、1929年10月。（→ A71）

51. ランク、オットー『分身　ドッペルゲンガー』。有内嘉宏訳、人文書院、1988年11月。（→ A116）

52. リーヴィー、エリック『第三帝国の音楽』。望田幸男監訳、名古屋大学出版会、2000年12月。（→ A87）

53. リース、クルト『ゲッベルス——ヒトラー帝国の演出者』。西城信訳、図書出版社、1971年９月。（→ A124）

54. リーフェンシュタール、レーニ『青の光』（70分）。輸入ビデオ・フィルム版（VHS）。

55. リーフェンシュタール『意志の勝利』（115分）。輸入ビデオ・フィルム版（VHS）。

56. リーフェンシュタール『死の銀嶺』〔『ピツ・パリュの白い地獄』〕（134分）。ビデオ・フィルム版（VHS/DVD）＝IVKP-11。

57. リーフェンシュタール『聖山』（90分）。ビデオ・フィルム版（VHS/DVD）＝IVKP-99。

58. リーフェンシュタール『低地』（97分）。輸入ビデオ・フィルム版（VHS）。

59. リーフェンシュタール『美の祭典』（97分）。ビデオ・フィルム版（VHS/DVD）＝IVCV-3016W。

60. リーフェンシュタール『民族の祭典』（115分）。ビデオ・フィルム版（VHS/DVD）＝IVCV-3015W。

61. リーフェンシュタール『モンブランの嵐』（93分）。ビデオ・フィルム版（VHS/DVD）＝IVKP-12。

62. リーフェンシュタール『回想』。上下。椛島規子訳、文藝春秋、1991年。（→ A122, 123）

63. ローゼンベルク、アルフレット『ナチスの基礎』。加田哲二監訳、白揚社、1940年３月。（→ A126）

64. ローゼンベルク、アルフレート『二十世紀の神話——現代の心霊的・精神的な価値闘争に対する一つの評価』。吹田順助／上村清延訳、中央公論社、1938年８月。（→ A127）

（著者略歴）

池田浩士（いけだ・ひろし）

1940年６月　大津市生まれ。

慶応義塾大学大学院博士課程修了。

1968年４月から2004年３月まで京都大学勤務。

2004年４月から京都精華大学勤務。

（主な著書）

『ルカーチとこの時代』（平凡社，1975年）

『ファシズムと文学――ヒトラーを支えた作家たち』（白水社，1978年）

『教養小説の崩壊』（現代書館，1979年）

『抵抗者たち――反ナチス運動の記録』

（TBS ブリタニカ，1980年／新版＝軌跡社，1990年）

『大衆小説の世界と反世界』（現代書館，1983年）

『文化の顔をした天皇制』（社会評論社，1986年／増補版＝2004年）

『死刑の〔昭和〕史』（インパクト出版会，1992年）

『〔海外進出文学〕論・序説』（インパクト出版会，1997年）

『火野葦平論――〔海外進出文学〕論・第１部』（インパクト出版会，2000年）

『歴史のなかの文学・芸術――参加の文化としてのファシズムを考える』

（河合文化教育研究所，2003年）

『池田浩士コレクション』全10巻（インパクト出版会，刊行中）

（主な編訳書）

『ルカーチ初期著作集』全４巻（三一書房，1975-76年）

『ドイツ・ナチズム文学集成』全13巻（柏書房，刊行中）

（主な訳書）

エルンスト・フィッシャー『回想と反省――文学とコミンテルンの間で』

（人文書院，1972年）

エルンスト・ブロッホ『この時代の遺産』

（三一書房，1982年／「ちくま学芸文庫」版，1994年）

虚構のナチズム
「第三帝国」と表現文化

二〇〇四年 三 月二〇日 初版第一刷印刷
二〇〇四年 四 月 一 日 初版第一刷発行

著 者 池田浩士

発行者 渡辺睦久
発行所 人文書院
612-8447 京都市伏見区竹田西内畑町九
Tel 〇七五(六〇三)一三四四 Fax 〇七五(六〇三)一八一四 振替 〇一〇〇〇・八・一一〇三

印刷 創栄図書印刷株式会社
製本 坂井製本所

ISBN4-409-51053-3 C3022

ファシズムの想像力　小岸昭／池田浩士 鵜飼哲／和田忠彦 編
あの熱狂はなんだったのか。ファシズムの「魅惑」を文学・思想・映画・音楽・メディアに求めた総合研究。
A５上504頁 5800円

生活の中の植民地主義　水野直樹 編
初詣、命名、戸籍、体操など生活と身体に刻まれた日本の植民地主義の記憶を可視化する試み。
四六並172頁 1500円

複数の沖縄　西成彦 原毅彦 編
グローバルな力に抗して浮上してきた沖縄の「移動性」と「複数性」。ポストコロニアルの視点から捉える。
A５並440頁 3500円

暴力と音　平井玄 著
ベンヤミン『暴力批判論』とファノン『地に呪われたる者』を軸に、寄せ場労働者など新しい「階級」を構想。
四六上276頁 2400円

過ぎ去ろうとしない過去　ハーバーマス／ノルテ他著 徳永／清水／三島他訳
ナチズムの戦争犯罪は歴史上数多ある誤ちの一つか。過去の克服とは何か。ドイツ歴史家論争を収録。
四六上260頁 2800円

記憶の暗殺者たち　P・ヴィダル＝ナケ著 石田靖夫 訳
ナチによるユダヤ人虐殺など、実際はなかった？　歴史修正主義に抗して、記憶の中に歴史の真実を探る。
四六上304頁 2800円

マルクス主義者とユダヤ問題　エンツォ・トラヴェルソ著 宇京賴三 訳
ユダヤ性と社会主義の統合はありうるか。マルクス「ユダヤ人問題」からアウシュヴィッツまでの歴史。
四六上408頁 3900円

ホロコーストのフランス　渡辺和行 著
ドイツ軍占領下ヴィシー政権による対独協力とユダヤ人迫害。キリスト教界の沈黙。フランスの神話に迫る。
四六上284頁 2500円

（定価は二〇〇四年三月二〇日現在、税抜）